ハヤカワ文庫NF

〈NF538〉

〈数理を愉しむ〉シリーズ

アルゴリズム思考術

問題解決の最強ツール

ブライアン・クリスチャン＆トム・グリフィス
田沢恭子訳

早川書房

8342

ALGORITHMS TO LIVE BY

The Computer Science of Human Decisions

by

Brian Christian and Tom Griffiths

Translated by
Kyoko Tazawa
Published 2019 in Japan by
HAYAKAWA PUBLISHING, INC.
This book is published in Japan by
direct arrangement with
BROCKMAN, INC.

家族へ

目次

アルゴリズム思考術

問題解決の最強ツール

はじめに

人の暮らしのアルゴリズム

サンフランシスコでアパートを探しているとしよう。おそらくアメリカで部屋探しが最も大変な町だ。IT産業が活況に沸く一方で、厳しい都市計画法によって新規の建築が制限されているせいで、サンフランシスコはニューヨークと並ぶほど住宅価格の高い都市となり、ニューヨークよりも競争が激しくなったと多くの人は感じている。新規の住宅物件が出たかと思うとほんの数分で成約済みとなり、オープンハウスには見学者が押し寄せる。いち早く家主のもとへ馳せ参じて保証金を握らせることのできた者が部屋の鍵を勝ち取るというケースも少なくない。

市場がこれほど厳しいと、理屈のうえで「合理的な消費者」に特徴的な行動であるはずの事実確認や熟慮などしている暇はほとんどない。ショッピングセンターやネット通販での買い物なら決断を下す前に複数の選択肢を比べることもできるが、サンフランシスコで住まい探しをする場合には、ほかの部屋はいっさい見ないで目の前の物件にするか、それとも次の物件に賭けて今のはあきらめるか、即座に決断を迫られる。

話を単純化するために、市場に出ているなかで最良のアパートに入居できる可能性の最大化だけを求めていることにしよう。よい物件を「見たのに逃してしまう」こと、そして「見る機会をもたない」こと、こんな二つのもったいない状況を掛け値なしの最小限に抑えたい。ところがすぐさまジレンマに直面する。判断基準がないのに、どうしたらアパートが本当に最良かどうかわかるのだろう。アパートをたくさん見ない限り（そして見送らない限り）、判断基準は定められないのではないか。集めた情報が多ければ多いほど、最良の物件に出会ったときにそれが最良だとわかる可能性が高くなるはずだ。もっとも、逃したあとで気づく可能性も高くなるが。

では、どうすればよいのか。情報を集めるという行為そのものが結果に悪影響を与えてしまう場合に、どうしたら適切な情報にもとづく判断ができるのだろう。これはきわめて困難な状況で、パラドックスに限りなく近いと言える。

この種の問題にぶつかったとき、たいていの人は直感的に、「見る」ことと「跳ぶ」ことを秤《はかり》にかける必要があるというようなことを口にするだろう。つまり、判断基準を定めるのに十分な数のアパートを見たうえで、その基準を満たすものならよしとするということだ。実際、このように秤にかけるという考え方は正論そのものだ。もっとも、どこで線を引くべきかと問われたら、ほとんどの人は自信をもって答えることができない。しかし、安心してよい。答えはあるのだ。

三七パーセント。

最良の物件に入居できる可能性を最大にしたければ、部屋探しに充《あ》てる時間の三七パーセント（一カ月かけるつもりなら最初の一一日間）までは結論を出さずにただ物件を見て回る。小切手帳は家に置いておき、判断基準を定めることに専念する。しかし三七パーセント以降は、それまでに見たどの物件よりもよい部屋に出会ったらすぐさま保証金を払って契約するのだ。これは「見る」と「跳ぶ」を直感的に満足のいく形で折りあわせた答えであるばかりでなく、最適であることが証明可能な解となる。

そう言えるのは、部屋探しは数学で「最適停止」問題と呼ばれるタイプの問題だからだ。先ほどの三七パーセントルールは、この種の問題を解くための一連の単純な手順（コンピューター科学者は「アルゴリズム」と呼ぶ）を規定している。じつは部屋探し以外にも、日常生活の中で最適停止問題が出現する場面はたくさんある。一つずつ順番に現れる選択肢を選び取るか見送るかというパターンは、いくらか形を変えながら暮らしの中でしょっちゅう生じている。駐車スペースに車を停めるまでに、同じ区画を何回ぐるぐると回るか。リスクの高いベンチャービジネスを売却するタイミングを計りながら、どこまで幸運に頼り続けるか。家や車を売るときに、もっと条件のよい買い手が現れるのを待つのはいつ切り上げるべきか。

もっと悩ましい事柄に関しても、同様の問題に直面することがある。交際相手を選ぶときだ。二股をかけるつもりがないなら、最適停止の考え方は答えを出す手だてとなる。

シンプルなアルゴリズムは部屋探しにとどまらず、日常生活において最適停止の問題に直面するあらゆる状況で答えを与えてくれる。日々、人は最適停止が絡む問題と闘っていて(もっとも、詩人は駐車に伴う苦労よりも恋愛のもたらす試練に多くのインクを費やしてきたに違いないが)、場合によってはそのためにかなりの苦痛を味わっている。しかし、苦しむ必要などない。少なくとも数学的には、それらはみな解決可能な問題なのだ。日常生活の中で、アパートや駐車スペースや交際相手を決めるのに迷う人たちを目にするのはめずらしくないが、彼らはみなすでに答えの出ている問題をわざわざ解いているようなものだ。彼らに必要なのはセラピストではない。アルゴリズムが必要なのだ。セラピストに助けを求めても、早まらず手遅れにもならないように、適切で快適なバランスをとるようにと言われるだけだ。

一方、アルゴリズムは三七パーセントという解決策を教えてくれる。

◆

誰もが直面する問題もある。われわれの生《せい》が有限な空間と時間の中で営まれているという事実から、直接的に生じる問題だ。一日のあいだに、あるいは一〇年のあいだに、何をすべきで何をしないでおくべきか。どの程度の無秩序なら受け入れるべきで、どの程度の秩序なら過剰なのか。最も充実した人生を送るには、未知の経験とお気に入りの経験とのあいだでどんなバランスをとるべきか。

これらは人間だけの問題と思われるかもしれないが、じつはそうではない。半世紀以上前から、コンピューター科学者はこうした日常のジレンマに相当する問題に取り組み、多くを解決してきた。負荷を最小限にして最短の時間でユーザーの要求すべてに応じるには、プロセッサーの「注意」をどう配分すべきか。異なるタスクの切り替えはどんなタイミングで行なうべきで、そもそもタスクはいくつ実行すべきか。限られたメモリー資源を活用するには、どんな方法がベストか。データをさらに集めるべきか、それとも既存のデータだけを使って作業すべきか。今日こそ行動すべきかと一日レベルでタイミングを見極めるのさえ人間には難しいが、われわれを取り巻くコンピューターはミリ秒レベルでやすやすと判断を下している。コンピューターが判断を下す際の方法から、われわれが学べることはたくさんある。

　人の暮らしにアルゴリズムを役立てようというのは、妙な組み合わせと思われるかもしれない。多くの人にとって「アルゴリズム」という言葉は、ビッグデータ、大きな政府《ビッグガバメント》、巨大《ビッグ》企業《ビジネス》といった得体の知れない巨大な力を想起させるからだ。これらは現代社会のインフラとなりつつあるが、人の営みに対しては実用的な知恵や指針を与えてくれそうにない。しかしじつは、アルゴリズムというのは問題解決に用いられる有限な一連の手順にすぎず、コンピューターよりもはるかに広い範囲で用いられる。そしてはるかに昔から存在する。機械で使われるようになるよりもずっと前から、人間はこれを使ってきたのだ。

　「アルゴリズム」という言葉は、九世紀に計算の記述方法に関する書物を著《あらわ》した古代ペルシアの数学者、アル＝フワーリズミーの名に由来する（彼の著作『アル＝ジャブル・ワル＝ムカーバラ』の「アル＝ジャブル」が転じて英語で「代数学」を意味するalgebraとなった）。

ただし、これまでに知られている最古の数学的アルゴリズムは、アル＝フワーリズミーの著作よりも早く生まれている。バグダッドの近くでシュメール語の刻まれた四〇〇〇年前の粘土板が発見されたのだが、そこには長除法（割り算の筆算）のやり方が記されていた。しかし、アルゴリズムを使うのは数学だけではない。レシピを見てパンを焼くのは、アルゴリズムに従うということだ。編み図を見てセーターを編むときにも、あるいは石の縁《ふち》を鋭利にしようと鹿角《しかづの》の先端をぴったり同じ場所に何度も打ちつける（すぐれた石器をつくるのに大事な工程だ）ときにも、やはりアルゴリズムに従っている。石器時代から、アルゴリズムは人類のテクノロジーの一部をなしてきたというわけだ。

◆

本書では、人が日々直面する困難に対してよりよい解決策を模索するという「人間のアルゴリズム設計」の概念を探っていく。日常生活にコンピューター科学の視点を応用することにより、さまざまな規模で多様な成果がもたらされてきた。最も身近なところでは、個々の問題を解決するのに役立つ現実的で具体的なアイディアが得られる。最適停止を理解すれば、「見る」べきときと「跳ぶ」べきときがわかる。探索と活用のトレードオフからは、未知の物事への挑戦とお気に入りの物事の享受との配分バランスを見出す方法がわかる。ソート理論は、オフィスの整理をどうすべきか（そしてそもそも整理すべきか）を教えてくれる。クロゼットの収納方法が知りたければ、キャッシュ理論が役に立つ。スケジューリング理論が理解できれば、時間の上手な使い方がわかる。

その次のレベルとして、コンピューター科学はこれらの各領域で作用するもっと重要な原理を理解するための語彙を与えてくれる。カール・セーガンの言葉を借りれば、「科学は一つの知識体系である以上に、考え方そのものである」（『サイエンス・アドベンチャー』中村保男訳、新潮選書より引用）のだ。厳密な数値解析や容易な答えが期待できないほど現実の生活が混沌としている場合でも、これらの問題のもっと単純なバージョンで鍛えられた直感や概念を使うことで、重要な事柄を理解して前へ進む方法が手に入る。

もっと視野を広げれば、コンピューター科学の視点から物事を見ることによって、人間の心の本質、合理性の意味、そして「われわれはいかに生きるべきか」という人類最古の問いについて理解を深めることができる。環境から課された問題が基本的に計算で解ける問題である場合、それを解く手段として認知作用を検討すれば、人間の合理性に対するわれわれの見方が一変する可能性もある。

コンピューターの内部の働きを調べれば、物事の考え方や決め方、あるいは信じるべきものやとるべき行動が明らかになるのではないか。こんな見方は、多くの人にとってきわめて還元主義的であるばかりでなく的外れだと思われてしまうかもしれない。コンピューター科学が考え方やふるまい方について何かを教えてくれるとしても、われわれはそれに耳を傾けたいと思うだろうか。SFに登場する人工知能やロボットを見ても、それらのあり方はわれわれの誰一人として自らの生《せい》として生きたがらないもののように感じられる。

その理由の一端は、われわれがコンピューターというものを温かみのない機械的で決定論的なシステムととらえている点にある。厳然たる演繹《えんえき》的な論理を用い、膨大な選択肢をすべて列挙したうえで決定を下し、どれほどの時間と困難が伴おうともまさに正しい答えを出す――コンピューターとはそんな機械だと思われているのだ。実際、コンピューターを最初に思いついた人物が頭に描いていたのはそのようなものだった。その人物、アラン・チューリングは、計算機による計算という概念を定義するのに、延々と続く計算で必要とされる手順を慎重にこなしてまぎれもなく正しい答えを出す数学者のたとえを用いていた。

そんなわけで、現代のコンピューターが難問を与えられたときにはこれとは違うふるまいをすると言ったら、驚かれるかもしれない。もちろん、単純な算術は現代のコンピューターにとって格別に手ごわいものではない。現在のコンピューター科学における最大の難題は、人との対話、破損したファイルの修復、囲碁の勝負といったタスク、つまり規則が明確でなかったり、必要な情報の一部が欠けていたり、正解を見つけるのに天文学的な数の可能性を検討することが求められたりするような問題だ。最も困難なタイプの問題を解決しようと研究者が考案したアルゴリズムでは、コンピューターがその強大な計算力に過度に依存しなくなっている。現実世界のタスクに立ち向かうには、計算力にものを言わせるのではなく、偶然を受け入れ、時間と精度をトレードオフし、近似を用いることが必要となる。

コンピューターが現実世界の問題にうまく対処できるようになるにつれて、人の生活に応用できるアルゴリズムを生み出すだけでなく、人間の認知そのものを比較するためのよりよい基準も与えてくれるようになる。一〇年か二〇年ほど前から、行動経済学が人間についてずいぶん奇妙な物語を語ってきた。われわれがじつは不合理で間違いを犯してばかりの存在であり、それは風変わりで欠陥だらけの「脳」というハードウェアによるところが大きい、ということが明らかにされてきたのだ。このように人間をおとしめるような話がだんだんと広まってきたが、いまだ活発な議論の的《まと》である問題も残っている。たとえば視覚や言語や因果的推論といったさまざまな認知タスクにおいて、何百万ドルもするスーパーコンピューターよりも四歳児のほうが依然としてすぐれているのはなぜなのか、といった問題だ。

日常的な問題への解決策としてコンピューター科学が示す答えから読み取れるのはしかし、人の心についてのまったく違う物語だ。現実生活は、ごく単純に言えば手ごわい問題だらけである。人の犯す間違いが明らかにするのは、人の脳の不完全さというより、むしろ問題自体の難しさであることが少なくない。目の前にある問題の基本構造やその解の性質を把握し、アルゴリズムによって世界について考えることは、人間がじつはどれほどすぐれた存在かを知り、人間の犯すミスをもっとよく理解する助けとなる。

実際、人間はコンピューター科学者が研究している問題のなかでもとりわけ難しい問題に絶えず直面している。不確実性、時間の制約、情報の欠損、世界の急激な変化に対処しながら、決定を下す必要にしばしば迫られる。最先端のコンピューター科学をもってしても、効率的で誤ることのないアルゴリズムが見つかっていないような問題にぶつかることもある。一部の状況については、そのようなアルゴリズムがそもそも存在しない可能性もあると思われる。

しかし、完璧なアルゴリズムが見つかっていない場合でも、このうえもなく手ごわい現実世界の問題に挑む幾多のコンピューター科学者の闘いから、さまざまな知見がもたらされてきた。苦心の末に得られたそれらの教えは、合理性に関するわれわれの直感とかみ合わず、世界を整然とした数式で表そうと尽力する数学者の提示する厳密な規定からもかけ離れている。それらの教えによれば、すべての選択肢を常に検討する必要はないらしい。さらには、常に最良と思われる結果を目指す必要はないとか、ときには混乱を引き起こせとか、フットワークを軽くしろとか、仕事を放置しろとか、考えすぎずに直感を信じろとか、リラックスしろとか、コインを投げろとか、許しつつも忘れるなとか、自分に正直であれなどという。ともあれ、コンピューター科学の教えに従って生きることとは、さほど悪いこととは思えない。たいていのアドバイスとは違って、コンピューター科学の教えには証拠による裏づけがあるのだ。

◆

コンピューター用のアルゴリズムの設計は、当初、数学と工学という二つの学問分野のはざまに存在する奇妙なハイブリッドだった。同様に人間用のアルゴリズムの設計も、もともと基盤となる学問分野をもたないテーマだ。今日《こんにち》のアルゴリズム設計は、コンピューター科学や数学や工学を利用するだけでなく、その親戚である統計学やオペレーションズリサーチといった分野からも恩恵を受けている。機械のために設計されたアルゴリズムが人間の心とどう結びつくかを考える際には、認知科学、心理学、経済学などにも目を向ける必要がある。

本書の著者二人は、そうした学問分野の垣根を越えた領域に精通している。ブライアンはコンピューター科学と哲学を勉強してから大学院で英語学を修め、この三分野の交わる部分でキャリアを築いてきた。トムは心理学と統計学を学んだのちにカリフォルニア大学バークリー校の教授となり、ここで人間の認知とコンピューターの演算処理との関係について思索をめぐらすことにほとんどの時間を費やしている。だが、人間用のよりよいアルゴリズムの設計に関係するすべての分野を一人で網羅する専門家には誰もなれない。そこで生活の指針となるアルゴリズムを目指す探索の一環として、著者らは過去五〇年間で特によく知られているアルゴリズムのいくつかを考案した人たちから話を聞いた。世界トップクラスの頭脳の持ち主に、彼らの研究が自身の生活に臨む姿勢に――結婚相手探しから靴下の整理に至るまで、さまざまな場面で――どう影響しているかと質問した。

次の章から、コンピューターと人の心がともに遭遇する格別に手ごわい難題をめぐる旅が始まる。有限の空間、有限の時間、限られた注意、未知の未知数、不完全な情報、予測不可能な未来にどう対峙するか。どうすれば堂々と自信をもってそれらに対峙できるか――ほかの人もみな同じことを目指している社会の中で。本書を通じて、これらの問題の基本的な数学的構造について理解し、その構造を最大限に利用できるようにコンピューターがどう設計されているか（われわれの想像に反する場合もある）を知ることになる。また、心の働きや、同じ制約に対処しながら同じ問題に立ち向かう際に心とコンピューターがとる、互いに異なるが密接に関係する方法についても理解していく。最終的に得られるのは、身近な問題に役立つ具体的な解決策だけでなく、きわめて卑近な人間のジレンマの背後にも存在する精妙な構造を見抜く新たな方法だけでもなく、また、互いに強く結びついた存在としての人間とコンピューターの苦難に対する認識だけでもない。もっと深遠なものが手に入る。身のまわりの世界を語るための新たなボキャブラリー、そしてわれわれ自身について真に新しい何かを知る機会が得られるはずである。

1　最適停止
「見る」のをやめるタイミング

キリスト教徒はみな結婚式の招待状の冒頭で、自分たちの結婚が神の特別な思し召しによるものだと厳粛に断言するが、哲学者たる私はこの点についてもっと詳細に論じたいと思う……。

――ヨハネス・ケプラー

ほかのだれよりもマーティンさんがお好きなら、そして、いままであんな好ましい人とつき合ったことがないとお考えになるのなら、どうしてためらうことなどいりましょう？（『エマ』阿部知二訳、中公文庫より引用）

――ジェーン・オースティン

大学のカウンセラーのあいだで「ターキー・ドロップ」（感謝祭の別れ）と呼ばれている、

ごくありふれた現象がある。高校時代からつきあっていたカップルが別々の大学に入り、最初の年の感謝祭に帰省すると、四日後に大学へ戻るときには別れているというのだ。

本書の著者の一人であるブライアンも大学一年生のときにこの不安にさいなまれ、大学カウンセラーのもとを訪れた。高校時代のガールフレンドは州をいくつも隔てた別の大学に進んだので、二人はその距離に苦しんでいた。さらに「自分たちはどのくらいよい関係なのか」という、もっと奇妙でもっと哲学的な問いとも闘っていた。二人とも、その答えを出す基準となるようなほかの交際経験などなかった。ブライアンのカウンセラーはこのカップルが典型的な大学一年生のジレンマに陥っていることを見て取り、驚くほど突き放したアドバイスを与えた。「データを集めなさい」。

二股をかけることなく交際相手を次々に替えていこうとすれば、根本的な問題にいつか必ず直面する。自分にとって最高の相手がどんな人かわかるほど、たくさんの人に会ってきただろうか。データ収集に励み続けた結果、まさにその相手を逃すことになったらどうする？心の中で究極の堂々めぐりが起きているようなものだ。

すでに見たとおり、この堂々めぐりや不安に駆られた新入生の叫びは、数学者が「最適停止」問題と呼ぶものであり、じつは答えがあると考えられる。その答えとは「三七パーセント」だ。

もちろん、その答えがつかめるかどうかは、恋愛について置く想定しだいなのだが。

秘書問題

最適停止問題では常に、重大なジレンマはどの選択肢を「選択」すべきかではなく、いくつの選択肢を「検討」すべきかという点にある。このタイプの問題は、交際相手や部屋を探す人だけでなく、車のドライバーや住宅の所有者、強盗など、さまざまな人に関係する。

三七パーセントルール＊は、最適停止のパズルとして最も有名な「秘書問題」と呼ばれる問題から生まれた。状況設定は、先ほど見たアパート探しのジレンマとよく似ている。秘書の求人に応募してきた人たちを面接しているとしよう。面接官が目指すのは、応募者のなかで最も優秀な人材が採用できる可能性を最大にすることである。各応募者に点数をつけるのは難しくとも、応募者を気に入ったかどうかは簡単にわかるものだ（数学者なら、応募者どうしの相対的な順位を表す「序数」はわかっても、なんらかの一般的な尺度による量的評価を表す「基数」まではわからないものだ、という言い方をするかもしれない）。面接官はランダムな順番で、一人ずつ面接していく。面接した応募者を採用したいと思ったら、いつでも好きなときに採用を決めてよい。面接官が選んだ応募者は辞退しないことになっており、そこで選考は終了する。ただしいったん不採用とした応募者をあとから採用することはできな

＊本書ではアルゴリズム名の初出時にゴチック体を用いる。

い。

秘書問題が最初に活字で記されたのは（「秘書」という言葉は登場しないが）、《サイエンティフィック・アメリカン》誌の一九六〇年二月号だったと一般に考えられている。娯楽数学を扱ったマーティン・ガードナーの人気コラムでパズルがいくつか紹介されたうちの一つだった。だが、この問題の起源は驚くほど謎に満ちている。私たち自身の調査は、初めのうちは憶測の域を出なかった。しかし調査はやがて思いがけず探偵のごとく体を張った任務となり、スタンフォード大学まで車を走らせてガードナーの資料保管庫を訪ね、二〇世紀の中ごろに彼がやりとりした手紙の入った箱をいくつもひっくり返すに至った。手紙を読むのは電話を立ち聞きするようなものだ。聞こえるのは一方の声だけなので、相手の言葉は推測するしかない。どうやらガードナーも五〇年ほど前に秘書問題の起源を解明しようとしたらしいが、私たちが見られるのはその探索に対する返信だけだった。手紙を読み進めるにつれて、話はどんどん錯綜してわけがわからなくなった。

ハーヴァード大学の数学者フレデリック・モステラーは、一九五五年に同僚のアンドリュー・グリーソンから秘書問題の話を聞いた記憶があり、グリーソンも別の誰かから聞いたらしい。アルバータ大学のレオ・モーザーは、ボーイング社のR・E・ギャスケルが記した「ちょっとしたメモ」に秘書問題のことが書かれていたという手紙をよこし、さらにギャスケル自身は同僚から聞いた話だと言っていたそうだ。ラトガース大学のロジャー・ピンカムは一九五五年にデューク大学の数学者のJ・ショーンフィールドから初めて秘書問題のことを聞き、「彼はミシガン大学の誰かから聞いたと言っていたように思います」と手紙に記していた。

その「ミシガン大学の誰か」というのがメリル・フラッドという人物であることはほぼ間違いない。数学界以外ではおよそ無名だが、コンピューター科学に彼がおよぼした影響を避けて通ることはほとんど不可能だ。巡回セールスマン問題（本書の第8章で詳しく論じる）を世に広め、囚人のジレンマ（第11章で扱う）を考案し、さらには「ソフトウェア」という用語の生みの親ではないかとも目《もく》されている。一九五八年に三七パーセントルールを初めて発見したと認められているのもフラッドであり、彼自身は一九四九年からこの問題について考えていたと主張している。ただし彼は先行した何人かの数学者の名も挙げていた。

どこから出てきたにせよ、秘書問題はほとんど理想的と言ってもよい数学パズルであると見なされるようになったと言えば十分だろう。説明するのは簡単だが解くのはとんでもなく大変で、答えは簡潔だがその示唆することは興味深い。そのためこの問題は口づてに広まって、一九五〇年代の数学界をあっというまに席巻した。そして一九六〇年にガードナーが書いたコラムのおかげで、一般の人さえこの問題に心を奪われるようになった。一九八〇年代までに秘書問題とそのバリエーションについてはじつに多くの分析がなされ、そうした分析は秘書問題自体のサブフィールドとして論文で扱われるに至った。

登場する秘書については、文化によって本来の様式に人類学的なひねりが加わっているのを見るとなかなかおもしろい。チェスはそのイメージから中世のヨーロッパで生まれたと思われがちだが、じつは八世紀のインドに起源がある。一五世紀に強引な「ヨーロッパ化」がなされ、君主がキングとなり、大臣がクィーンとなり、象がビショップに変わった。同様に、最適停止問題にもさまざまなバリエーションがあり、いずれも当時の重大な関心事を反映している。一九世紀には、宝くじといった奇をてらったものや、求愛してくる男性を選ぶ女性が登場した。二〇世紀の初期には、自動車旅行でホテルを探すドライバーや、女性を選ぶ男性求愛者が描かれていた。男性優位の時代でオフィスに事務処理が山積した二〇世紀中盤には、女性アシスタントを選ぶ男性上司が登場した。「秘書問題」という名称でこの問題を初めて明確に呼んだのは一九六四年の論文であり、やがてこの呼び方が定着した。

三七パーセントはどこから？

秘書探しが失敗に終わるとすれば、それは切り上げるのが早すぎたか遅すぎたかのどちらかである。早まってしまった場合、最も優秀な応募者には出会わないままだ。遅すぎた場合には、もっと優秀な人材がいるのではないかと、いもしない応募者が現れるのを待ち続けることになる。戦略を最適なものとするには、あたかも慎重さと軽率さとのあいだで綱渡りをするように、両方のあいだで適切なバランスを見出すことが明らかに必要である。

最も優秀な応募者を見つけようとしていて、一番以外は要《い》らないと思っているなら、今までに面接をしたなかで最良ではない応募者を採用することなど考えてはならない。それははっきりしている。しかし、今までで最良の応募者が現れたとしても、それだけでは採用を決めるのに十分ではない。当たり前だが、たとえば最初に面接する応募者は必ずそれまでで最良となるからだ。もっと広く考えると、面接を進めていくにつれて「今までで最良」の応募者に遭遇する確率は当然下がっていく。たとえば二人めの応募者が今までで最良となる確率は半々だが、五人めでは五分の一、六人めでは六分の一……となる。その結果、秘書探しを続けていくと、「今までで最良」の応募者が現れたときに受ける印象がしだいに強くなる（やはり当然ながら、そのような応募者はそれまでのどの応募者よりもすぐれている）。ただし、その頻度はだんだん下がっていく。

最初に出会った「今までで最良」の応募者（要するに最初の応募者）を採用するのが早計なのはわかりきっている。応募者が一〇〇人いる場合、一人めよりも優秀だからという理由で二人めの「今までで最良」の応募者を採用するのもやはり急ぎすぎだろう。では、どうすればよいのか。

直感的には、いくつかの戦略が考えられる。たとえば、それまでの誰よりもすぐれた応募者に出会うのが三回めになったら採用する。四回めでもいい。あるいは、ぱっとしない応募者ばかりの「不振」がしばらく続いたあとで「今までで最良」の応募者が現れたらその人に決めるという手もある。

しかし実際のところ、これらの比較的妥当と思われる戦略はいずれも最善策にはならない。

最適解は「見てから跳べ《ルック・ゼン・リープ》」ルール（訳注　Look before you leap〔石橋を叩いて渡る〕ということわざを踏まえている）というものなのだ。「見る」（選択肢を探ってデータを集める）作業にかける時間をあらかじめ決めておき、そのあいだはどんなによさそうな応募者が現れても決して採用しない。所定の時間が過ぎたら、「跳ぶ」段階に入る。これ以降は、「見る」段階で会った最高の応募者よりすぐれた人材が現れたら、ただちに採用を決定する。

この「見てから跳べ」ルールがどのようにして出てくるのかを理解したければ、応募者がごく少数の場合に秘書問題がどう展開するか考えるとよい。応募者が一人だけなら話は早い。この応募者を採用するだけだ。二人の場合には、どうあがこうとも成功の確率は半々だ。一人め（五割の確率で最良の応募者である）を採用してもいいし、一人めを却下すればおのずと二人め（こちらが最良である確率も五割）を採用することになる。

応募者を三人にしてみよう。話は俄然《がぜん》おもしろくなる。ランダムに選ぶなら、最良の応募者を採用できる確率は三分の一、つまり三三パーセントだ。応募者が二人の場合には、偶然の確率を上回る結果は出せない。三人ではどうか？　じつは偶然にまさることができる。ただし、すべては二人めの応募者をどうするかにかかっている。一人めの面接時には、情報がない。今までで最良というだけだ。三人めの面接では、あとがない。今までの応募者はすべて落としてしまったので、最後に残った応募者を採用するしかないのだ。しかし二人めを面接するときには、両方の要素が少しずつ入ってくる。一人めと比べてどうかがわかっている一方で、採否を選ぶ余地もある。一人めより優秀なら採用し、優秀でなければ断ることにし

応募者数	採用に入る前に面接する人数	最良の応募者を採用できる確率
3	1 (33.33%)	50%
4	1 (25%)	45.83%
5	2 (40%)	43.33%
6	2 (33.33%)	42.78%
7	2 (28.57%)	41.43%
8	3 (37.5%)	40.98%
9	3 (33.33%)	40.59%
10	3 (30%)	39.87%
20	7 (35%)	38.42%
30	11 (36.67%)	37.86%
40	15 (37.5%)	37.57%
50	18 (36%)	37.43%
100	37 (37%)	37.10%
1000	369 (36.9%)	36.81%

表1　秘書を採用するのに最適な方法。

たらどうなるか。応募者が三人の場合、じつはこれが考えうる最良の戦略なのだ。意外に思われるだろうが、この方法を使えば応募者が二人のときと同じくちょうど五〇パーセントの確率で最良の応募者を採用することができる。*

応募者が四人のケースで同様のシナリオをすべて調べてみると、やはり二人めの応募者の段階から「跳ぶ」態勢に入るべきであることがわかる。五人の場合には、三人めより前で跳んではならない。

応募者数を増やしていくと、「見る」段階と「跳ぶ」段階の境界線を引くべき時点が応募者全体の三七パーセントで落ち着く。ここから三七パーセントルール**が出てくる。最初の三七パーセントまでは誰も選ばずにただ見て、三七パーセント以降はそれまでに面接したどの応募者よりも優秀な人材が現れたところですかさず跳ぶべきなのだ。

じつはこの最適戦略に従うと、最良の応募者を採用できる確率が最終的に三七パーセントとなる。この戦略自体と成功の確率がぴったり同じ数字になるというのは、この問題の示す興味深い数学的対称性の一つである。表1は、さまざまな応募者数における秘書問題の最適戦略を示す。応募者が増えるにつれて、「見る」から「跳ぶ」に切り替えるべきタイミングと同じく、成功率も三七パーセントに近づいていくのがわかる。

しかし、可能な限り最良の戦略を用いても失敗率が六三パーセントという厳然たる事実を見過ごすわけにはいかない。秘書問題では最適な行動をとっても、半分以上は失敗に終わり、応募者のなかで最良の人材を採用することができないのだ。恋愛を「唯一無二の相手」に出会うことと考える人にとって、これは耳をふさぎたくなる話だ。それでも悪いことばかりではない。直感的には、応募者が増えれば最良の人材を選び出す可能性は着実に下がっていくはずだと思われるかもしれない。たとえば応募者からランダムに一人を選ぶとすると、応募者が一〇〇人なら成功する確率は一パーセントだが、一〇〇万人いたら成功率は〇・〇〇〇一パーセントとなる、と。ところが驚くべきことに、秘書問題では確率が変わらない。最適な時点で「見る」のをやめれば、一〇〇人の応募者から最良の人材を選び出せる確率は三七パーセントである。そして信じがたいかもしれないが、応募者が一〇〇万人いてもやはり成功率は三七パーセントなのだ。つまり、応募者が多ければ多いほど、最適アルゴリズムを知っていることの価値が高くなる。最良の人材を見つけられない可能性のほうが高いのは確かだが、膨大な選択肢を前にしたときには、その数がどれほど多くても、最適停止が最良の防御策となる。

恋人にジャンプ

＊この戦略では、最良の応募者を落としてしまうリスクが三三パーセント、面接に至らないリスクが一六パーセントとなる。詳しく説明すると、応募者が三人の場合、1-2-3、1-3-2、2-1-3、2-3-1、3-1-2、3-2-1という六通りの順番が考えられる。一人めの面接をしたあとで、これより優秀な応募者が現れたらただちに採用するという方法では、六通りのうち三つ（2-1-3、2-3-1、3-1-2）で最良の応募者を採用することができ、残りの三つでは失敗に終わる。手遅れのパターンが二つ（1-2-3、1-3-2）と早計のパターンが一つ（3-2-1）である。

＊＊実際には三七パーセントよりわずかに手前。正確に言うと、応募者を「見る」割合として数学的に最適なのは、1／eである。このeというのは、複利計算で使う数学的定数e、すなわち二・七一八二八……である。もっとも、小数点以下第一二位までeを知らなくても大丈夫だ。三五パーセントから四〇パーセントのあいだなら、最高に迫る成功率が得られる。数学的な詳細については、原注（別途ダウンロードされたい。URLは巻末四九三ページに）を参照。

男女間の性欲の強さは、あらゆる時代をつうじてほとんど一定であり、代数の用語でいえばそれは既知数と考えてよいだろう（『人口論』斉藤悦則訳、光文社古典新訳文庫より引用）。

――トマス・マルサス

私はファーストキスを捧げた相手と結婚しました。子どもたちにこの話をすると、不気味そうな顔をしますが。

――バーバラ・ブッシュ

マイケル・トリックはカーネギー・メロン大学でオペレーションズリサーチの教授になる前の大学院生時代、恋人を求めていた。「この問題は研究済みだと気づいた。秘書問題と同じではないか！　空いたポストがあって、候補者に一人ずつ順番に会って、目指すのはそのなかからポストに最適な人を選ぶことなのだから」。そこで彼は計算してみた。生涯で出会う女性の人数はわからないが、三七パーセントルールには一定の柔軟性がある。候補者の人数だけでなく、探索する時間にも適用できるのだ。一八歳から四〇歳までを探索期間とすると、二六・一歳になったら「見る」から「跳ぶ」に切り替えるべきということになる。折しもトリックはまさにその年齢だった。そこで、かつてつきあったどの女性よりもすばらしい女性を見つけたとき、とるべき行動は明らかだった。そう、跳んだのだ。「彼女が〝完璧〟かどうかはわからなかった（このモデルの想定では、僕がそれを判断することはできないのしかし、このアルゴリズムの手順に関して条件を満たしているのは間違いなかった。だからプロポーズした」と彼は記している。

「ところが、断られてしまった」。

少なくとも一七世紀以来、数学者たちは恋愛に苦しめられてきた。伝説的な天文学者のヨハネス・ケプラーは、惑星が楕円軌道を描くという事実の発見者として、あるいはガリレオやニュートンを巻き込んで宇宙における人類の位置に関する認識を覆《くつがえ》した「コペルニクス革命」の立役者として、今では最もよく知られているだろう。しかしケプラーにも現世的な悩みがあった。一六一一年に最初の妻を亡くすと再婚相手を探し始めたが、その困難な探求は長く続き、交際した女性は全部で一一人にのぼった。最初の四人のうちでは四人めの女性が最も気に入った（「背が高くて丈夫そうな体格だったので」）が、探索をやめなかった。「彼女に決めかけたところで新たな女性が現れ、愛情と理性が五人めの女性にせよと私に迫った。私への恋慕、しとやかな貞節、堅実な経済観念、勤勉さ、そして継子《ままこ》となる子らに示す愛情によって、彼女は私の心をとらえたのだった」とケプラーは書き残している。

「それでも、私は探索を続けた」。

友人や親戚から次々に女性を紹介され、自分でも探し続けたが、気が乗らなかった。五人めの女性が頭から離れなかったのである。全部で一一人と交際した末に、彼はもう探すのをやめようと決めた。「レーゲンスブルクへの旅支度をしている最中に五人めの女性を訪ね、思いのたけを伝えると、向こうも受け入れてくれた」。ケプラーとズザンナ・ロイッティンガーは結婚し、ケプラーが最初の結婚でもうけた五人の子に加えて、新たに六人の子に恵まれた。伝記によれば、ケプラーはそれからずっと、ごく穏やかで喜びに満ちた家庭生活を送ったらしい。

ケプラーとトリックは、配偶者探しにおいて秘書問題では単純化のために切り捨てられてしまう現実を、互いに逆の形で実体験した。古典的な秘書問題では採用された候補者は必ずポストを受け入れることになっているので、トリックが経験したような拒絶は起こらない。また、いったん見送った候補者を「呼び戻す」ことはできないので、ケプラーのやり方はこれに反している。

秘書問題が最初に紹介されてからの数十年間、このシナリオのバリエーションがいろいろと研究され、さまざまな条件のもとで最適停止のための戦略が解明されている。たとえば拒絶の可能性については、単純明快な数学的解決策がある。早くから頻繁にアタックするのだ。たとえば断られる確率が半々の場合、三七パーセントルールを導き出したのと同様の数理解析によれば、探索をちょうど四分の一まで終えたらアタックを開始する。断られたら次に現れる「今までで最良」の相手にアタックを続け、OKがもらえるのを待つ。この方法なら、最終的に成功する（最良の候補者にアタックして受け入れてもらえる）確率も二五パーセントとなるはずだ。このシナリオではそもそも基準を確立するのが一般に難しいうえに拒絶という障害も加わるのだから、二五パーセントというのはそんなに悪くないのではないだろうか。

ケプラーは、自らを探索の続行へと走らせた「不安と疑い深さ」を悔やんだ。「ほかのさまざまな望みを満たすのは無理だと気づく以外に、私の落ち着かぬ心が運命を甘受できる方法はほかになかったのだろうか」と、親しい女友だちに手紙でこぼしている。これについてはまたしても、最適停止理論がいくらかの慰めを与えてくれる。不安と疑い深さというのは道徳的もしくは精神的な退廃の表れではなく、じつは敗者復活のチャンスが存在しうるシナリオにおいては最良の戦略の一部となるのだ。一度見送った候補者を呼び戻せる場合、最適アルゴリズムは例の「見てから跳べ」ルールをひとひねりしたものとなる。様子見の期間を長くして、挽回の計画を加えるのだ。

たとえば、すぐさまアタックすれば確実に受け入れてもらえるが、あとからアタックした場合には二分の一の確率で拒否されるとしよう。この場合、数学的には、候補者の六一パーセントに会うまでは様子見を続け、残りが三九パーセントを切ってから「今までで最良」の人がいたらそこで決断を下すべきだ。ケプラーのようにすべての可能性を検討してもまだ相手が見つからない場合には、前に見送ったなかで最良の相手に戻る。この再挑戦を許すシナリオでもやはり戦略と結果のあいだに対称性が見られ、最良の相手が手に入る確率は六一パーセントとなる。

ケプラーの場合、現実と古典的な秘書問題との違いがハッピーエンドにつながった。じつはトリックの場合にも、古典的な秘書問題にはない現実のひねりがうまく作用した。ふられたあと、彼は学位を取得してドイツで就職した。そこで「バーに入り、美女と恋に落ち、三週間後には一緒に暮らし始め、〝しばらく〟アメリカで暮らしてみないかと誘った」。相手は応じ、六年後に二人は結婚したのだった。

よいものを見逃さない――完全情報

古典的な秘書問題では、適切なタイミングで採用を申し出れば必ず了承され、一度きりのタイミングを逸したら決して了承してもらえないと想定している。しかし本書で検討した最初のバリエーションではこの想定に変更を加えて、拒絶や呼び戻しを可能にした。これらのバリエーションでも最良のアプローチはオリジナルと変わらず、しばらくは様子見をして、ある時点で決断の態勢に入るのがベストだ。

しかし秘書問題の想定のなかには、これらよりさらに基本的だが問い直したほうがよさそうな点がある。秘書問題においては、候補者間の比較以外に候補者についての情報がないという想定だ。よい候補者やよくない候補者とはどんなものかについて、客観的な認識がなく、事前の知識もない。そのうえ二人の候補者を比較する場合には、ただ優劣がわかるだけで、優劣の度合いについてはわからない。だからこそ、期待や基準を調整しているあいだに優秀な候補者が早々と現れてしまったら見送ってしまうおそれがあるのを承知のうえで、「見る」段階が不可欠とされているわけだ。数学者はこのタイプの、従来言われる最適停止問題を「無情報ゲーム」と呼ぶ。

この設定は、たいていのアパート探しやパートナー探し、さらには秘書探しの実態から間違いなくかけ離れている。この設定とは違って、なんらかの客観的な基準があるとしよう。たとえば、すべての秘書がタイピングの検定試験を受験し、その結果がSAT（大学進学適性試験）やGRE（大学院進学適性試験）やLSAT（ロースクール進学適性試験）のようにパーセント順位（訳注　全体の分布において下位から何パーセントに位置するかを示す数値）のスコアとして出ているとする。つまり、タイピング試験の全受験者のなかで応募者がどこに位置するのか、スコアを見ればわかる。五一パーセント順位なら平均をわずかに上回り、七五パーセント順位なら受験者全体の四分の三よりも優秀、といった具合だ。

応募者の集団が人口全体を代表し、いかなる点でも偏りや自己選択が生じないと仮定しよう。さらに、応募者について重要なのはタイピングのスピードだけと考える。この場合、数学で「完全情報」と呼ばれるものが得られ、状況が一変する。「基準を定めるのに経験の蓄積は要らない。有益な選択が即座にできる場合もある」という言葉が、一九六六年にこの問題を取り上げた独創的な論文に記されている。言い換えれば、最初に現れたのが九五パーセント順位の応募者だった場合、評価する側にはそれがただちにわかるので、自信をもってその場で採用を決めることができる。言うまでもなく、これは応募者のなかに九六パーセント順位以上の者がいるとは考えないということを前提としている。

ここで問題が生じる。ポストに最適な人材の採用を目指すなら、もっと優秀な応募者がこれから現れる可能性を考慮することがやはり必要だ。しかし完全情報があるのなら、その可能性を直接的に計算するのに必要なものはすべてそろえられる。たとえば、次の応募者が九六パーセント順位以上である確率は常に二〇分の一となるはずだ。そこで、選考をやめるかどうかは残りの応募者の人数だけで決められる。完全情報があれば、跳ぶ前に見る必要がないのだ。代わりに**閾値**《いきち》**ルール**を使って、一定のパーセント順位より上の応募者が現れたらただちに採用するというやり方もできる。閾値を設定するのに初めのほうの候補者たちを検討する必要はない。しかし、応募者があとどのくらい残っているかについてはきちんと把握しなくてはならない。

計算してみれば、応募者がたくさん残っている場合には、非常に優秀な応募者が現れてもさらに優秀な応募者が見つかることを期待して見送るべきだが、残りの選択肢が少なくなってきたら、平均を上回ってさえいればとにかく採用する態勢に入るべきだということがわかる。つまるところ、選択肢が少なければ基準を下げよという、心が躍るとは言えないがおなじみのメッセージだ。また逆に、海にいる魚が多ければ基準を上げよとも言える。いずれにしても大事なのは、基準をどのくらい上げ下げすべきかは計算すればわかるということだ。

このシナリオで数字を特定するのに最も簡単な方法は、結末からさかのぼって考えるというやり方だ。言うまでもなく、もうあとがないという場合には、最後の応募者を採るしかない。しかし最後から二人めの応募者を検討する場合には、この応募者が五〇パーセント順位より上かという点が問題となる。答えがイエスなら、その応募者を採用する。ノーなら、次

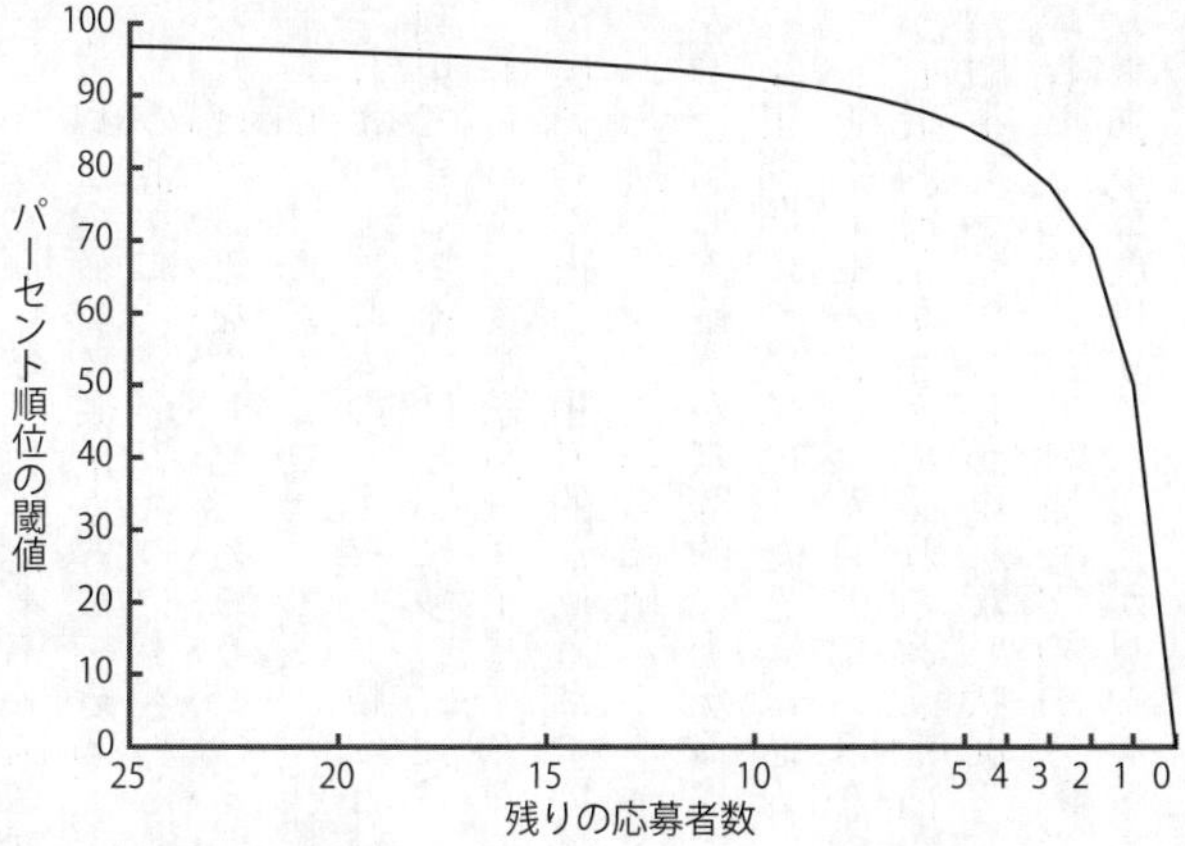

図1　秘書問題の完全情報バージョンにおける最適停止の閾値。

の応募者が五〇パーセント順位より上である確率は当然ながら半々なので、最後の応募者に賭けるべきだ。同様に、最後から三人めについては六九パーセント順位より上、最後から四人めなら七八パーセント順位より上……という条件を満たしていれば、その応募者を採用する。残りの応募者が多ければ多いほど、この基準を上げることができる。選択肢が完全に尽きるまでは、絶対に平均を下回る者を採用してはならない（応募者全体のなかで最良の人材を見つけることだけを目指しているので、今までで最良でない者を採るのも絶対にだめだ）。

　このような秘書問題の完全情報バージョンでは、最良の応募者を採用できる確率は五八パーセントとなる。確実とはとうてい言えないが、無情報ゲームの三七パーセントルールで成功率が三七パーセントだったのと比べれば、かなり高い数字だ。応募者の人数がどれほど多くなっても、事実がすべて手元にあれば半々以上の確率で目的が達成できる。

このように、完全情報のゲームからは意外でいくらか不思議な結果が得られる。恋愛と比べれば、金鉱を探し当てるほうがはるかに成功の見込みが高いのだ。つかみどころのない情動反応（すなわち「恋愛」）を追い求めている人には、経験と比較基準が必要かもしれない。それよりも、収入のパーセント順位といった客観的な基準で相手を判断している人のほうが、利用できる情報がはるかに多い。

もちろん、資産総額やタイピングのスピードだけを評価基準とすべき理由はない。集団内で候補者の占める相対的な位置について完全情報を与えてくれるならどんな基準でも、「見てから跳べ」ルールから閾値ルールへと解決策を変えてくれるので、集団内で最良の候補者を選び出せる確率が飛躍的に上がるはずだ。

秘書問題については、たとえば恋人（または秘書）を探す際にぶつかる現実世界の実情にもっと沿わせるといった目的で、ほかの想定を変更したバリエーションがたくさんある。しかし最適停止が与えてくれる教えを活かせる場は、恋愛や人材採用にとどまらない。選択肢が順番に一つずつしか現れない状況で最良の選択を目指すという状況は、住宅の売却、駐車場探し、あるいは賭け事などの引き際の見定めなどの基本的な枠組みでもある。そしていずれもある程度はすでに答えが見つかっている問題である。

売却のタイミング

古典的な秘書問題から二つの点を変更すると、舞台はにわかに恋愛から不動産売買へと変わる。前に最適停止問題の一例としてアパート探しのプロセスを取り上げたが、住宅の所有をめぐっても最適停止の事例には事欠かない。

たとえば家を売却するとしよう。数軒の不動産業者に相談してから、自宅を売りに出す。ペンキは塗り直したし、庭の手入れもした。あとは買い手が現れるのを待つばかりだ。ふつうは買い手からオファーされるたびに、応じるか断るか決めなくてはならない。だが、断ることにはコストが伴う。次のオファーが来るまであと一週分（または一カ月分）のローンを支払わなくてはならないし、待ったからといって確実にもっとよいオファーが来るわけでもない。

住宅の売却は、完全情報ゲームと似ている。買い手のオファーは客観的な金額で提示されるので、オファーの優劣だけでなく優劣の度合いまでわかる。そのうえ市場全般の状況についての情報もあるので、期待できるオファーの範囲について少なくともおよその予想をすることは可能だ（ここから、先ほどのタイピング試験の例と同じく、各オファーについて「パーセント順位」の情報が得られる）。しかし秘書問題と違うのは、最良のオファーを確保することが目標ではないという点である。大事なのは売却プロセス全体で最大の金銭を得るこ

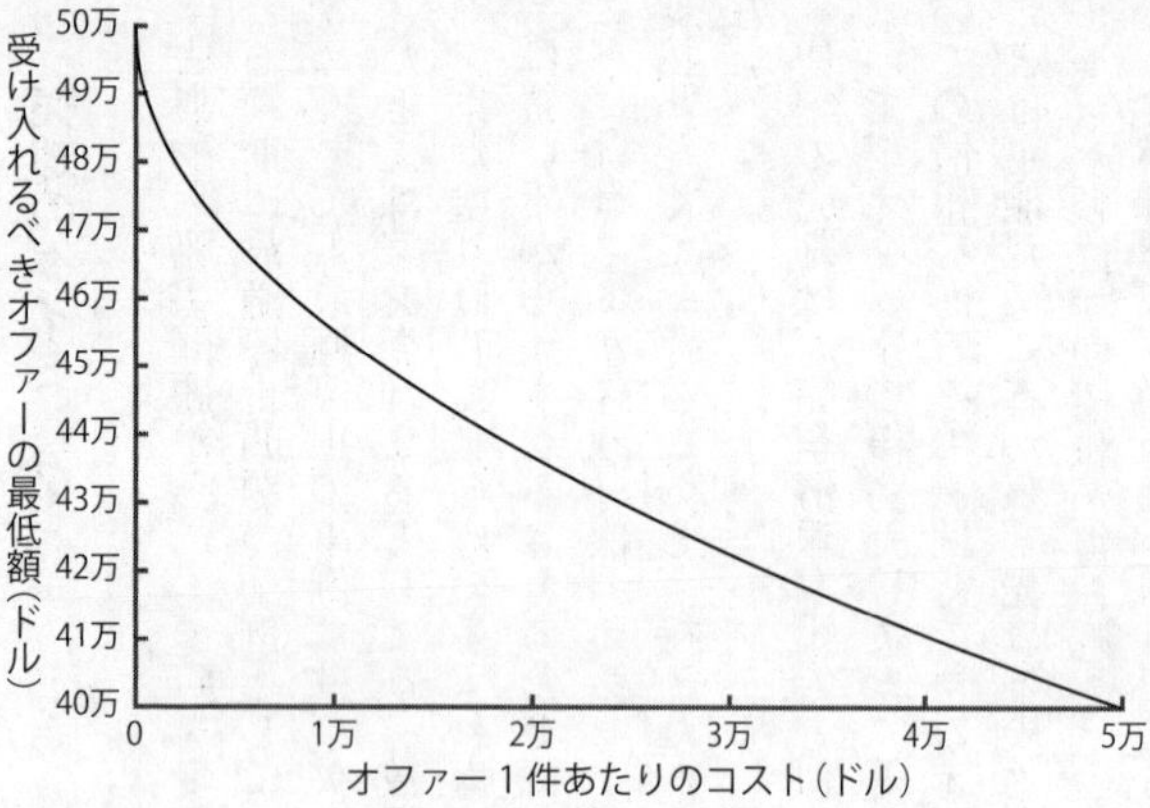

図2　住宅売却問題における最適停止閾値。

となのだ。待っているあいだにも金銭的なコストがかかるなら、今日のうちによいオファーを受け入れるほうが、数カ月後にもう少しだけよいオファーを受け入れるよりも得策だろう。

　市場の情報があれば、閾値を定めるために様子見をする必要がない。すぐさま閾値を定めて、それに届かないものはすべて無視し、閾値を超えた最初の選択肢を選べばよい。確かに、ある時期までに売却しなければ貯蓄が尽きてしまうとか、一定数のオファーしかもらうつもりがなくてそれ以降には関心がないという場合には、その限界が近づいたら基準を下げるべきだ（買い手が「積極的」な売り手を好むのには理由がある）。しかし、そうした切羽詰まった事情がない場合には、待機戦術の費用便益分析だけに注意を向ければよい。

　ここではごく単純なケースを分析しよう。オファーされる価格の範囲がはっきりわかっていて、その範囲内ではどのオファーも等しい確率で生じるというケースだ。オファー（または自分の貯蓄）が尽きることを心配しなくてよいなら、もっと有利な取引を待つことによって生じる可能性のある損得だけを考えればよい。目の前のオファーを断った場合、この先にもっとよいオファーが来る可能性はあるのか。あるとすればどのくらいよいオファーなのか。待つためのコストを払ってもおつりがくるほどなのか。じつはこの計算はかなり単純で、いくらなら待機を停止すべきかを表す明確な関数を、オファーを待つ際のコストの関数として与えてくれる。

この数学的な答えでは、売ろうとしているのが何百万ドルもする豪邸かおんぼろのあばら家かは考慮されない。考慮されるのは、来る可能性のあるオファーの最高額と最低額の差だけだ。具体的な数字を入れると、このアルゴリズムがかなりの明瞭な指針を与えてくれる仕組みがわかる。たとえば、期待されるオファー金額の範囲が四〇万ドルから五〇万ドルだとしよう。まず、待機のコストがわずかなら、ほぼ無限に選り好みして大丈夫だ。次のオファーを待つためのコストがほんの一ドルですむ場合、しばらく待って、四九万九五五二ドル七九セント出すという買い手が現れてくれれば、ほぼ最大の利益が得られる。一方、待機のコストがオファー一件につき二〇〇〇ドルかかるならば、四八万ドルでも手を打つべきだ。市場が低調で、待機のコストがオファー一件あたり一万ドルかかる場合には、四五万五二七九ドルを上回るオファーが来たら手を打つ。そして待機のコストが期待オファー範囲の半分（今の例では五万ドル）以上になるなら、次のオファーを待ってもなんらメリットはない。

オファーが舞い込んだらすぐさま話をまとめるのがベストだ。困窮した者に選り好みは禁物なのだ。

この問題で大事なのは、閾値が探索のコストのみで決まるということだ。次によいオファーが来る確率（および探索のコスト）はまったく変化しないので、運や不運は関係がなく、探索の続行に伴って停止価格を下げるべき理由はない。探索を始める前に基準を定めたら、あとはひたすらそれに従うだけだ。

最適化の専門家であるウィスコンシン・マディソン大学のローラ・アルバート・マクレイは、自分の家を売却するときに最適停止問題の知識が役に立った。「最初に高額のオファーが来ました」と彼女は語る。「でも、コストがとても大きかったのです。先方は、私たちが予定していたよりも一カ月早く家を明け渡すことを望んでいたので。次にまたそこそこのオファーが来ました……が、私たちはこれぞと思えるオファーが来るまで粘りました」。多くの売り手にとって、好条件のオファーを一つか二つ断るというのは気が狂いそうな話だ。断った直後にそれ以上のオファーが来なければなおさらだ。しかしマクレイは動じず、冷静さを保った。「本当にとてもきつかったでしょうね――数学が味方をしてくれるということを知らなかったら」。

オファーが一つずつ来て、次のオファーの探索や待機にはコストがかかるというあらゆる状況において、この方針は使える。つまり、家の売却以外にもさまざまなケースでこの方針は大きな意味をもつ。たとえば経済学者はこのアルゴリズムを使って、職探しをモデル化している。失業者がいるのに求人の空きが埋まらないという、ほかの見方ではパラドックスと思われる事実も、これでうまく説明できる。

じつはここで挙げた二つの最適停止問題のバリエーションにはもう一つ、さらに思いがけない性質がある。先に見たとおり、ケプラーの配偶者探しでは見送ったチャンスを「呼び戻す」ことができた点が重要だった。しかし住宅の売却や職探しでは、一度断ったオファーを再検討することが可能だとしても、そしてそのオファーがまだ確実に有効だとしても、決して戻るべきではない。過去に閾値を超えていなかったものが、今になって超えているということはないはずだ。探索を続けるために払ったコストは取り戻せない。妥協せず、あとからあれこれ考えるのはやめる。そして、振り返ってはいけない。

駐車のタイミング

私が思うに、大学の運営上の三大問題は、学生にとってのセックス、同窓生にとっての運動部、教職員にとっての駐車です。

――カリフォルニア大学学長（一九五八～六七年）クラーク・カー

車もまた、最適停止問題が頻発し、振り返ることが一般に得策でない範疇《はんちゅう》に属する。ドライバーは秘書問題を扱った初期の文献に登場しているし、絶えず前に進んでいかなくてはならないという制約ゆえに、運転中に下される決断はほとんどが停止問題となる。レストランやトイレを探すときもそうだし、都会のドライバーにとっては駐車スペース探しが何よりも切実な停止問題だ。駐車のあれこれについて話を聞きたければ、《ロサンゼルス・タイムズ》紙が「駐車界のスーパースター」と評したカリフォルニア大学ロサンゼルス校（UCLA）の都市計画栄誉教授、ドナルド・シャウプの右に出る者はいない。私たちは彼を訪ねるために、北カリフォルニアから車で南へ向かった。想定外の交通状況に遭遇しても大丈夫なように、時間にはたっぷり余裕を見ておくとシャウプに約束した。「〝想定外の交通状況〟を見越して予定を立てるとおっしゃいますが、むしろ想定される交通状況を見越して予定を立てるべきだと思いますよ」と先方は応じた。シャウプはおそらく著書『無料駐車の高コスト』で最もよく知られ、人が車で目的地へ向かうときに直面する現実をめぐる議論と理解を推し進めるのに大きく貢献している。

ドライバーとはまさに同情すべき存在だ。シャウプがモデル化したとおり、理想の駐車スペースというのは、規定の駐車料金、駐車場所から最終目的地まで歩く時間と労力、スペースを探すのにかかる時間（場所や時間帯などによって大きく異なる）、ガソリンの消費量のあいだで細かなバランスが最適化される場所だ。同乗者がいれば駐車料金は分担できるが、探索時間や徒歩の負担は分担できないので、同乗者の人数によってバランスが変わる。同時に、駐車スペースの供給が最も多い地域はまた需要も最も多いかもしれないということを考える必要がある。周囲を走るほかのドライバーをこちらが出し抜こうとする一方で、向こうもこちらを出し抜こうとするという点で、駐車にはゲーム理論的な要素があるとも言える。*といっても、駐車をめぐる問題の多くは「使用率」という一つの数字に落とし込むことができる。使用率とは、すべての駐車スペースのうち使用されているスペースの割合を表す。使用率が低ければ、よい駐車場所が簡単に見つけられる。使用率が高ければ、どんな駐車場所もなかなか確保できない。

シャウプによれば、駐車にまつわる悩みの多くは、きわめて高い使用率につながるやり方を自治体が採用している結果だという。特定の場所で駐車料金が安すぎれば（あるいは考えるのも恐ろしいことだが、完全にタダだったら）、ちょっと離れたところに車を停めて歩くよりもそこに駐車したいという強い動機が生じる。そして誰もがそこに駐車しようとするが、たいていはすでにスペースがいっぱいになっているので、結局は駐車場所を探して時間を浪費し、化石燃料を燃やすことになる。

シャウプの考えた解決策では、需要に応じて料金の変更が可能なデジタル式のパーキングメーターを設置し（これはすでにサンフランシスコの中心部で採用されている）、目標とする使用率を念頭に置いて料金を設定する。シャウプは使用率を八五パーセント前後にすべきだと言うが、これはたいていの大都市で路肩の一〇〇パーセント近くが車で埋まっている実

＊ゲーム理論の計算の危険性について、詳しくは第11章で扱う。

態と比べてずいぶん低い数字だ。使用率が九〇パーセントから九五パーセントに上がると、駐車している車は五パーセント増えるだけなのに、空いたスペースを探すのにかかる時間は二倍になる、とシャウプは指摘している。

駐車とは最適停止問題だということに気づけば、駐車戦略に対して使用率が与える主たる影響がはっきりする。道路を走行中、ドライバーは空いたスペースが目に入るたびに決断を迫られる。ここに停めるか、それとも運に任せてもう少し目的地のそばまで行ってみるか。

無限に続く道路を走っているとしよう。この道路には等間隔で駐車スペースが設けられていて、ドライバーは最終目的地まで歩く距離を最短に抑えることを目指す。この場合、答えは「見てから跳べ」ルールである。最適停止したいドライバーは、目的地から一定の距離に入るまでは空いたスペースがあってもすべてやり過ごし、一定の範囲内に入ったら最初に見つけたスペースに駐車する。「見る」から「跳ぶ」に切り替えるべき地点は、使用されている可能性の高いスペースの割合、すなわち使用率によって決まる。表2に、代表的な使用率におけるこの距離を示す。

この無限に続く道路の駐車スペース使用率が大都市並みの九九パーセントで、空いたスペースが一パーセントしかない場合には、目的地からおよそ七〇スペースに相当する距離（四〇〇メートル以上）に入って最初に見つけたスペースに停めるべきだ。しかしシャウプの主張を採用して使用率を八五パーセントまで下げることができれば、目的地から半ブロックの距離に入るまでは必死に探さなくてよい。

使用率（%）	駐車する態勢に切り替えるべき地点（目的地までのスペース数）
0	0
50	1
75	3
80	4
85	5
90	7
95	14
96	17
97	23
98	35
99	69
99.9	693

表２　駐車スペースを見つけるのに最適な方法。

もっとも、完璧な直線で無限に続く道路を走るというのは、現実にはほぼありえない。それゆえほかの最適停止問題と同様、研究者はこの基本シナリオに加えるさまざまな変更を検討してきた。たとえば、Uターンしてよいケースや、目的地に近づくにつれて利用可能な駐車スペースが減っていくケース、あるいは同じ目的地へ向かうドライバーどうしが競合するケースなどの最適駐車戦略を研究している。しかし問題のパラメーターが正確にはどんなものであれ、空いたスペースが多ければ確実に対処が容易となる。このことから自治体当局は、駐車というのは資源（駐車スペース）を確保してその利用（使用率）を最大化するといった単純なものではないということに気づくべきだろう。駐車とはプロセス（最適停止問題）でもあり、注意力、時間、燃料を消費し、大気汚染や交通渋滞を引き起こす。この問題全体に対処できなければ、適正な政策とは言えない。そして意外に思われるかもしれないが、とても都合のよいブロックに空きスペースが見つかることこそ、じつは駐車政策が正しく機能していることを示すしと考えられるのである。

私たちはシャウプに、車の多いロサンゼルスでUCLAへの通勤を自身の研究によって最適化できているのかと尋ねた。世界随一の駐車問題専門家ともなれば、ひょっとして秘密兵器のようなものをおもちでは？

やはりもっていた。「自転車で通勤しています」。

やめるタイミング

一九九七年、《フォーブス》誌はボリス・ベレゾフスキーをロシアで一番の富豪と認定した。保有する総資産はおよそ三〇億ドルだった。そのわずか一〇年前には、彼はソ連科学アカデミーからもらう給料で生活する数学者だった。しかし研究を通じて築いた業界の人脈を利用して、ソヴィエトの自動車メーカー〈アフトワズ〉と外国の自動車メーカーとの提携を仲介する会社を設立し、それによって巨額の資産を手にした。その後、ベレゾフスキーの会社はアフトワズ車を扱う大手ディーラーとなり、分割払い方式の採用によってルーブルのハイパーインフレから恩恵を受けた。彼はこの企業提携から得た資金でアフトワズ自体の所有権の一部を買い取り、それから放送局のORTテレビ、さらには石油会社のシブネフチも買収した。新興財閥《オリガルヒ》の一角に食い込んだベレゾフスキーは政治にも関与するようになり、一九九六年にはボリス・エリツィンの大統領再選を支援し、一九九九年にはエリツィンの後継者となるウラジーミル・プーチンの大統領選挙も支援した。

しかし、ベレゾフスキーの運もここまでだった。プーチンの当選後まもなく、ベレゾフスキーは大統領の権限を拡大することになる憲法改正案に公然と異議を唱えた。プーチン批判を堂々と続けたため、両者の関係はこじれた。二〇〇〇年一〇月、ベレゾフスキーからの批判について質問されたプーチンはこう答えた。「一度しか使えないが使えば致命傷を与えられる棍棒が準備できているけれども、まだそれを使っていないという状況だ。……怒りが限界を超えたら、われわれは躊躇しない」。翌月、ベレゾフスキーはロシアを永久に離れてイギリスに亡命し、そこでプーチン政権への批判を続けた。

ベレゾフスキーはロシアを去るタイミングをどうやって決めたのか。「勝っているうちにやめろ」ということわざについて数学的に考える方法でもあるのだろうか。確かに彼ならば、この問題について考察したかもしれない。というのは、何年も前に数学者として手がけていたテーマがまさに最適停止だったからだ。彼は秘書問題だけを扱った最初の（そして今のところ唯一の）書籍を執筆している。

勝っているうちにやめるという問題についてはいくつかのスタイルが分析されているが、

おそらくベレゾフスキーのケースに最もぴったりなのは（ロシアのオリガルヒには申し訳ないが）「泥棒問題」と呼ばれるものだ。この問題では、泥棒が繰り返し盗みを働く機会を与えられる。盗みに成功するたびに稼ぎが手に入り、逃げきれる可能性は常にある。しかし現場を押さえられたら逮捕され、蓄えた財産をすべて失ってしまう。稼ぎの期待値を最大にするには、どんなアルゴリズムに従えばよいだろう。

強盗映画の制作者を困らせてしまうかもしれないが、この問題には答えがある。老いて引退した元泥棒を引っ張り出して最後の仕事をさせようと強盗団が画策しているとき、老練の泥棒に必要なのは計算だけだ。そのうえ、答えにはあまり意外性がない。逃げきれる確率を捕まる確率で割った数にほぼ等しい回数に達したら、足を洗うべきである。腕利きの泥棒がいつも九〇パーセントの確率で逃げおおせる（逆にすべてを失う確率が一〇パーセント）とすれば、九〇÷一〇で九回やったところでやめるのだ。成功する確率が半々しかない下手な素人の場合はどうか。初めてのときにはどうせ失うものなどないが、そのまま調子に乗るのはやめたほうがいい。

ベレゾフスキーは最適停止の専門家だったにもかかわらず、彼自身の物語は悲劇的な結末を迎える。二〇一三年三月、バークシャーにある自宅のバスルームで、ドアがロックされ首にひもが巻かれた状態で死んでいるのを護衛係が発見した。検視の結果、公式見解として自殺と判断された。ロシア国内の敵を相手とした派手な訴訟が続き、資産の多くを失ったために首を吊ったということだった。彼はもっと早くやめるべきだったのかもしれない。数千万ドルを稼いだあたりでやめておき、政治にはかかわらないほうがよかったのではないだろうか。しかし残念ながら、そんなやり方は彼の流儀に反する。数学者仲間のレオニード・ボグスラフスキーは、自分とベレゾフスキーが若手研究者だったころの思い出話をしたことがある。水上スキーをしようとモスクワ近郊の湖に行ったのだが、使うはずのボートが故障してしまった。デイヴィッド・ホフマンは著書『オリガルヒ』でその日のことをこんなふうに描写している。

友人たちは湖岸でたき火をしたが、ボグスラフスキーとベレゾフスキーはモーターを修理しようと船着場へ向かった。……三時間かけて、二人はモーターを分解して再び組み立てた。それでもモーターは動かなかった。仲間のパーティーはほとんど終わってしまったが、ベレゾフスキーはやめるわけにはいかないと言った。「僕たちはいろいろやってみた」とボグスラフスキーは語る。ベレゾフスキーは絶対にあきらめようとしなかった。

意外なことに、絶対にやめないという戦略も最適停止の文献に登場する。これまで多様な例を紹介してきたあとでは意外かもしれないが、逐次的意思決定問題のなかには最適停止の規則が存在しないものもあるのだ。単純な例として「三倍かゼロか」というゲームがある。一ドルが手元にあり、次のようなゲームを好きなだけプレイしてよいとしよう。そのゲームとは、手持ちの資金をすべて賭けると、五〇パーセントの確率でその金額が三倍になって返ってくるが、五〇パーセントの確率で全額を失うというものだ。このゲームは何回プレイするのがよいだろう。単純なゲームだが、この問題には最適停止ルールが存在しない。プレイするたびに、平均利得は少しずつ上がっていく。最初に一ドルを賭けると、三ドルもらえる確率が五割、すべて失う確率も五割なので、一回めで手にする金額の期待値は一・五〇ドルとなる。初回で幸運に恵まれたなら、勝ち取った三ドルが次の回には九ドルになるか、あるいは〇ドルになるかという二つの可能性があり、このときに得られる金額は平均で四・五ドルとなる。この計算から考えれば、果てしなく賭けを続けるべきである。しかしこの戦略に従うと、いつかはすべてを失うときが来る。解かずに敬して遠ざけたほうがよい問題というのもあるのだ。

人生は停止問題に満ちている

この世で生きるのは一度きりだと思う。だから、どんな善行をするにしても、誰に対してどんな親切をするにしても、今やらせてほしい。先送りしたり放置したりさせないでほしい。この道を再び通ることはないのだから。

——スティーヴン・グルレ（訳注　フランス生まれのアメリカのクエーカー教徒）

午後を有効に使うこと。持って帰れるものじゃないんだから……（『ティンカー・クリークのほとりで』金坂留美子・くぼたのぞみ訳、めるくまーるより引用）。

――アニー・ディラード

ここまで、暮らしの中で人が停止問題に直面する具体的なケースを見てきた。日々、われわれのほとんどがなんらかの形でこの種の問題にぶつかるのは間違いない。登場するのは秘書かもしれないし、あるいは結婚相手かアパートかもしれないが、いずれにしても人生は最適停止問題だらけだ。そこでぜひとも知りたいのは、われわれが――進化や教育や直感によって――実際に最良の戦略に従っているのかということである。

一見したところ、答えはノーである。一〇件あまりの研究で同じ結果が出ている。もっとよい選択肢に出会わぬまま、早々と探索をやめてしまう傾向があるらしい。この研究結果について掘り下げるべく、私たちはカリフォルニア大学リヴァーサイド校のアムノン・ラパポートに話を聞いた。彼は四〇年以上にわたって実験室で最適停止の実験を手がけている。一九九〇年代、ラパポートはダリル・シールと共同で、古典的な秘書問題を最も忠実になぞった実験を行なった。この実験では、被験者は応募者を四〇人または八〇人に設定した秘書問題に何度も取り組まされた。全体として最良の応募者を選べる割合は約三一パーセントとかなり良好で、最適戦略の三七パーセントとさほど変わらなかった。ほとんどの被験者は

「見てから跳べ」ルールに合致したふるまいを見せたが、全体の五分の四で跳ぶのが早すぎた。

ラパポートは、実生活で最適停止問題の答えを出す際にはこれを念頭に置いていると話してくれた。たとえばアパートを探すときには、さっさと決めてしまいたいという衝動と闘うそうだ。「私はもともとひどくせっかちで、最初に見つけたアパートに決めてしまいたくなるのですが、なんとか気持ちを抑えようと努めるのです！」。

しかしこのように焦る気持ちが生じるということから、古典的な秘書問題には織り込まれていない要素が浮かび上がる。時間の役割である。秘書を探しているあいだずっと、秘書のいない状態が続くのだ。しかも、面接に時間を取られて本来の仕事が片づかない。

こうしたコストに着目すると、実験室で秘書問題を与えられた被験者がさっさと探索をやめる理由が説明できるかもしれない。シールとラパポートは、たとえば応募者一人の面接にかかるコストが、最良の秘書を見つける価値の一パーセントに相当すると考えられる場合、最適戦略は二人の実験で被験者が実際に「見る」から「跳ぶ」に切り替えたタイミングと完璧に合致することを明らかにした。

不思議なのは、シールとラパポートの実験では探索のコストが設定されていなかったにもかかわらず、被験者があたかもコストが存在するかのようにふるまったのはなぜかということだ。

それは、人には時間のコストというものが常に存在するからだ。これは実験の設計によって生じるのではなく、人の生活に伴うものである。

ゆえに探索に「内在」する時間コストは、最適停止モデルにおいて通常は考慮されないとはいえ、人の意思決定が往々にしてモデルの示す答えから逸脱する理由の説明となるかもしれない。最適停止の研究をしているニール・ビアデンは、「探索をしばらく続けると、われわれ人間はたいてい飽きてくる。飽きるのは不合理な現象ではないが、厳密にモデル化するのは難しい」と述べている。

それでも、このせいで最適停止問題の重要性が減じるわけではない。むしろもっと重要な意味をもつようになる。なぜなら、時間の流れがすべての意思決定を最適停止へと変えるからだ。

「最適停止の理論が扱うのは、特定の行動をとるべきタイミングをいかにして見極めるかという問題である」と、最適停止に関する最も信頼できる教科書の冒頭に記されている。人間のありようを記述した言葉として、これほど簡にして要を得たものはほかになかなか思いつかない。われわれは株を売買するのに適切なタイミングを判断する。それは確かだ。しかしそれだけでなく、特別なときのためにとっておいたワインを開けたり、人の話をさえぎったり、誰かにキスしたりするのにふさわしい瞬間についても判断する。

こう考えると、秘書問題の根底にある基本的だが最も現実離れしていると感じられる想定、すなわち厳密に逐次的であくまでも一方向にしか進まないという設定は、まさに時間の本質であることがわかる。ということは、最適停止問題で明確に設けられる前提は、生きることに伴う暗黙の前提なのだ。だからこそ、われわれはまだ見ぬ可能性にもとづいて判断することを迫られ、最適なふるまいをしていても高い確率で失敗することを受け入れざるをえない。手放した選択肢は戻ってこない。似たような選択肢に出会うことはあるかもしれないが、まったく同じものに再会することはない。躊躇、すなわち行動をとらないことは、行動をとった場合と同じく、あとで取り消すことができない。一方通行の道路を進むドライバーにとって、まわりの空間は、じつはわれわれ三次元空間の住人にとっての第四次元、すなわち時間に等しい。なぜなら、道は決められた向きに、ただ一度しか通れないからだ。

われわれは、合理的な意思決定とはすべての選択肢を徹底的に調べ上げて入念に比較したうえで最良の選択肢を選ぶことだと信じ込んでいる。しかし実際には、時計（または心臓）が音を立てて動いているとき、意思決定（あるいは思考全般）のさまざまな側面のなかで、やめるタイミングほど重要なものはほとんどない。

2　探索と活用
最も新しいものと最もすばらしいもの

おなかが鳴った。お気に入りのイタリア料理店に行くか、それともこのあいだオープンしたばかりのタイ料理店にするか。親しい友人を連れていこうか、それとも親しくなりたい新しい知り合いを誘ってみようか。考えるのが面倒になって、家で何か食べることにするかもしれない。うまくいくとわかっているレシピでつくるか、インターネットで新しいレシピを探すか。いや、ピザを頼むのはどうだろう。注文は「いつもの」でいいか、それとも何か特別なメニューがあるか訊いてみようか。食事にありつく前に、もうすっかりくたくただ。レコードを聴くか、映画を見るか、本を読むか――そしてどの作品にするか――を考えるのは、もはや気の休まることとは思えない。

日々、われわれは「新しいものを試すか、いつものお気に入りにするか」というごく限られた次元で異なる選択肢を前にして、絶えず決断を迫られる。新規と伝統、最も新しいものと最もすばらしいもの、冒険するかお気に入りを楽しむか――人生はこれらのあいだのバランスだと、感覚的には理解できる。しかしアパート探しでぶつかる「見るか跳ぶか」のジレンマと同様、「どんなバランスをとるべきか」という問いには答えが出ていない。

一九七四年に刊行された名著『禅とオートバイ修理技術』（五十嵐美克訳、ハヤカワ文庫）で、著者のロバート・パーシグは会話を始めるときの「何か変わったことはないか？」という言葉を批判している。この問いが「それをひたすら追い求めたとしても、結局行き着くところは果てしのない些事《さじ》の連続であり、明日の障害でしかない」というのだ。そして「何がベストか？」（以上、五十嵐訳）と問うほうがはるかによいと述べている。

しかし、現実はそんなに単純ではない。お気に入りのなかでも特に「ベスト」となっている歌やレストランも、最初は自分にとってただ「新しい」ものにすぎなかったということを思い出せば、未知の「ベスト」がどこかにあるかもしれないということに気づかされる。そして、「新しい」ものというのは少なくともいくらかは注意を向けるに値するということにも思い至る。

古くからの格言にもこうした対立が登場するが、解決には至っていない。「新たな友をつくれ　ただし古き友を大切にせよ／新たな友は銀　古き友は金なのだから」とか「これほど豊かですばらしい人生はない／しかし友がもう一人加わるくらいの余地はある」という言葉は十分に正しい。その響きには非の打ちどころがない。しかし充実した人生という最高の合金をつくるための「金」と「銀」の配合については、役立つことを何も教えてくれない。

コンピューター科学者は、五〇年以上も前からこのバランスを見つける試みを続けている。

そしてこの問題に「探索と活用のトレードオフ」という名前までつけている。

探索と活用

英語の「explore」（探索）と「exploit」（活用）という語には、一方は苦心して見つけ出すこと、他方はやすやすと利用すること、という正反対のニュアンスがある。しかしコンピューター科学者にとっては、これらの語の意味ははるかに具体的でニュートラルだ。単純に言うと、探索とは情報を「集める」ことであり、活用とは既知のよい結果を得るために手元の情報を「使う」ことだ。

生きるためには探索が欠かせない。それはすんなり理解できる。だが、生きるためには活用も欠かせないということも忘れてはいけない。それどころかコンピューター科学の定義に従えば、活用はわれわれが人生で最高の瞬間と考えるものの多くに見て取れる。休暇に家族が集まるのは活用である。愛書家が熱いコーヒーの入ったカップとお気に入りの本を用意して読書用の椅子に腰を落ち着けるのも、バンドが熱狂的なファンたちの前で大ヒット曲を演奏するのも、あるいは夫婦が「二人の大切な歌」に合わせて踊りながら時の試練に耐えてきたのも、やはり活用である。

さらに言えば、探索は苦しみの種《たね》にもなりうる。

たとえば音楽のすばらしい点の一つは、絶えず新しい曲が生み出されていることだ。ところが音楽ジャーナリストにとっては、絶えず新しい曲が生み出されるのが音楽の厄介な点でもある。音楽ジャーナリストであれば、探索のアンテナをいっぱいに広げて、常に新しい音楽ばかりを聴くことになる。音楽ファンなら音楽ジャーナリズムの世界で働くのは楽園で過ごすようなものと想像するかもしれないが、いつも新しいものを探索していなくてはならないとなれば、自分の耳で選りすぐった果実を楽しむことなどできず、地獄の苦しみを味わうことになる。音楽情報サイト《ピッチフォーク》の編集長を務めたスコット・プラジェンホーフほど強くこの苦しみを実感した人はなかなかいない。彼は音楽評論家の生活について、「仕事をしていても、暇を見つけては自分の聴きたいものを聴こうとするものですよね」と語っている。質の定かでない未聴の曲に翻弄されるのをやめて、好きな曲ばかり聴きたいという願いは切実を極め、仕事を放り出してまでザ・スミスを聴きたくなってもそうできないようにと、iＰｏｄには新しい曲しか入れていなかったそうだ。ジャーナリストというのは、ほかの人たちが活用できるように探索をしてやる殉教者のようなものだ。

コンピューター科学において、探索と活用のせめぎあいが最も明確に現れるのは「多腕《たわん》バンディット問題」と呼ばれるシナリオである。この妙な名前は、カジノのスロットマシンを指す「一本腕の強盗《バンディット》」という俗称に由来する。さまざまなスロットマシンがずらりと並んだカジノに足を踏み入れたとしよう。当たる確率はマシンによって異なる。もちろん問題は、その確率をあらかじめ教えてもらえないことだ。最も当たりのよい（スロットマシンマニアなら「ルーズな」と言う）マシンがどれで、金をぼったくられるのはどのマシンか、実際にプレイしてみるまではまったくわからない。

言うまでもなく、客が求めるのは手にする賞金の総額を最大にすることだ。そのためには、いくつかのマシンのアームを引き（探索）、そのなかで最もよさそうなマシンを選ぶ（活用）必要があるのは間違いない。

この問題の微妙な点を理解するために、マシンが二台しかないことにしよう。一台では全部で一五回プレイしたうちの九回は当たり、六回は外れとなった。もう一台では二回だけプレイし、当たりと外れが一回ずつだった。どちらのマシンがよさそうだろうか。

単純に当たりの回数をプレイした回数で割れば、マシンの「期待値」が得られ、この方法では一台めのほうが明らかにまさっている。一台めでは九勝六敗だったので期待値が六〇パーセントとなるのに対し、二台めは一勝一敗なので期待値は五〇パーセントにとどまる。しかし、話はそんなに簡単ではない。二回しかプレイしていないのでは、決して十分とは言えない。つまり、二台めが本当はどのくらいよいのかについてはまだ何とも言えない気がする。

言ってみれば、レストランやアルバムを選ぶのは、実生活というカジノでどのアームを引くか決めるという問題だ。しかし探索と活用のトレードオフを理解することは、食べる場所や聴く音楽について下す決断を改善する方法となるだけではない。われわれが年齢とともに目標をどう変えるべきか、あるいは最良のものを選ぼうとすることが必ずしも最も合理的な行動方針ではないのはなぜか、といった問題に関する根本的な洞察も与えてくれる。そしてじつは、よりによってウェブデザインと臨床試験という、ふつうは同じ文の中で触れられることのない二つのトピックの核心にも、このトレードオフが存在する。

人は往々にして個々の意思決定を切り離して扱い、常に期待値の最も高い結果を見つけることに意識を向けがちである。しかし意思決定というのは一つひとつが独立していることはほとんどなく、期待値が知れれば万事めでたし、というわけでもない。次の決定だけを考えているのではなく、今後同じ選択肢について下すすべての決定について考えているならば、探索と活用のトレードオフはそのプロセスに対してきわめて重大な意味をもつ。この点について、数学者のピーター・ホイットルはバンディット問題が「あらゆる人間の行動にはっきりと表れる葛藤を本質的な形で体現する」と記している。

では、二本のアームのうちどちらを引くべきか。これは意地悪な問いだ。というのは、その答えは本書でまだ取り上げていない事柄に完全に依存するからだ。じつは、カジノにどのくらい滞在するつもりかが問題となる。

残り時間を見極める

「今を生きろ《カルペ・ディエム》」。一九八九年の映画『いまを生きる』のとりわけ心に残るシーンで、ロビン・ウィリアムズが生徒に呼びかける。「今を生きろ、君たち。自分の力で特別な人生を生きるんだ」。

じつに含蓄のある教えだ。しかし、いささか自己矛盾しているとも言える。今を生きることと人生を生きることは、まったく別の行為ではないか。「食え、飲め、楽しめ。明日には死ぬ身なのだから」という格言があるが、その逆も必要かもしれない。「新しい外国語か楽器を習い始め、見知らぬ人とちょっとした会話をせよ。人生は長く、長い年月のあいだにはどんな楽しみが花開くかわからないのだから」。お気に入りの行動と新たな行動を秤《はかり》にかける場合、それらを実行する時間がどのくらい残っているかという点が何よりも重要となる。

「私は住んでいた町を離れるときよりも新しい町に引っ越したときのほうが、新しいレストランを試すことが多いですね」と、データ科学者でブロガーのクリス・スタチオは言う。彼は仕事とプライベートの両方で、探索と活用のトレードオフに向きあった経験が豊富だ。「このごろはたいてい行きつけのレストランに行っています。近々ニューヨークを離れることになっているので。二年ほど前にインドのプネーで暮らし始めたときには、気に入りそうにない店でも手あたりしだいに試してみたものです。しかしプネーを離れる日が近づくと、新しい店を試すのではなく、なじみの店を訪ねて回ったのです。……もう少しいい店を見つけたとしても、そこにはあと一、二回しか行かれないのですから、冒険するにはおよばないでしょう」。

新しいものを試す場合、探索して新たなお気に入りを見つけることとの価値は時間とともに下がる一方だという厳然たる事実がある。せっかく気に入るものが見つかっても、それを堪能する機会が残り少なくなっていくからだ。町を離れる最後の夜に魅惑的なカフェに出会っても、もう再び訪れることはない。

裏を返せば、活用の価値は時間とともに上がる一方だとも言える。現時点で知っている最もすてきなカフェは、当然ながら先月までに知っていた最もすてきなカフェに少なくとも匹敵はするはずだ（先月以降に新たに見つけたのなら、前から知っていたカフェよりもすてきかもしれない）。だから得た知識をあとで活用する時間がありそうな場合には探索し、活用すべき状況になったら活用するのがよい。残り時間がどのくらいあるかによって戦略が決まる。

おもしろいことに、このように残り時間によって戦略が決まることから、逆に戦略を観察すれば残り時間を推測することもできる。たとえばハリウッドを見てみよう。一九八一年に興行収入でトップテンに入った映画のうち、シリーズものの続篇は二作だけだった。一九九一年にはこれが三作、二〇〇一年には五作、二〇一一年には八作に達した。それだけでなく二〇一一年には、大手映画製作会社の公開した映画のなかでシリーズものの占める割合が過去最高を記録した。そして二〇一二年になると、この記録はすぐに破られた。さらにその翌年にも再び破られることになった。二〇一二年一二月、ジャーナリストのニック・アレンはあきらかにうんざりしたようすで翌年を予想した。

『X-MEN』の六作めに加えて、『ワイルド・スピード6』、『ダイ・ハード5』、ろう。『アイアンマン3』や『ハングオーバー!!!3』、それに『ザ・マペッツ』、『スマーフ』、『G・I・ジョー』、『バッドサンタ』の続篇も登場するに違いない。

製作会社にしてみれば、シリーズものには固定ファンが約束されている。つまり金のなる木、ドル箱、金鉱というわけだ。このような安全策だらけの状況は、スタチオが町を離れるときと同じ「短期主義」の姿勢の表れである。シリーズものは完全な新作よりもとりあえずヒットする可能性が高い。しかしこんなやり方ばかりしていては、将来の人気シリーズが生まれなくなってしまう。こうしたシリーズものの氾濫は、嘆かわしい（評論家は間違いなくそう思っている）だけでなく、いくらか痛ましくもある。ほぼ完全に活用だけを狙う段階に入ったことによって、映画産業が時代の終焉に近づいているということをほのめかしているようにも感じられるのだ。

ハリウッドの経済情勢を調べてみると、この直感が裏づけられる。最大手クラスの製作会社の収益は二〇〇七年から二〇一一年にかけて四〇パーセント減り、鑑賞券の売り上げも過去一〇年のうち七年で減っている。《エコノミスト》誌によれば、「コストの増大と収入の下落のはざまで、大手製作会社はヒットすると思われる映画をもっとつくろうとしてきた。それはたいてい、続篇、前篇、あるいは知名度の高いキャラクターが登場する作品となる」。要するに、カジノから追い出される前に、わかっているなかで最良のマシンのアームを引いているのだ。

勝てばキープ

多腕バンディット問題に対処する方法をはっきりと教えてくれる最適アルゴリズムを見つけるのは、信じがたいくらい難しいということがわかっている。実際、ピーター・ホイットルによれば、第二次世界大戦中にこの問題の解決を目指す取り組みが「連合軍の分析担当官の体力と気力をひどく奪ったので……究極の知的妨害行為の手段として、この問題をドイツ国内に投下したらどうかという声まで上がっていた」らしい。

解決への第一歩が踏み出されたのは、第二次世界大戦後のことである。コロンビア大学の数学者ハーバート・ロビンズが、完璧ではないがかなり確実性の高い、単純な戦略が存在することを示したのだ。

ロビンズは、スロットマシンが二台というケースだけを検討し、「**勝てばキープ、負ければスイッチ**」アルゴリズムという解を提案した。一方のマシンをランダムに選び、勝ちが続く限り同じアームを引き続ける。いったん負けたら、今度はもう一方のマシンに切り替える。この単純な戦略は完全な答えには程遠いが、ロビンズはこれがただの偶然に頼るよりは確実によい結果を出すということを一九五二年に証明した。

ロビンズに続き、「勝てばキープ」の原理をさらに検討した論文が次々に発表された。マシンをすでに決めていてそのマシンが勝ったばかりなら、そのマシンの推定価値は高まるしかないはずだから、いっそう積極的にそのマシンのアームを再び引くべきだということは、直感的に理解できる。そして実際、さまざまな条件において「勝てばキープ」は探索と活用のバランスをとる最適戦略の一要素となる。

だが、「負ければスイッチ」は話が違う。負けるたびに別のマシンに切り替えるというのは、ずいぶんせっかちなやり方だ。同じレストランに一〇〇回行って、毎回すばらしい料理が出てくるか考えてみればよい。一回満足できなかったからといって、その店がだめだと決めつけてよいものだろうか。せっかくのよい選択肢を、完璧でなかったからといって過度に厳しく退《しりぞ》けるべきでない。

もっと重要なのは、「勝てばキープ、負ければスイッチ」では最適化を行なうべき期間がいつ終わるのかがまったく考慮されないことだ。お気に入りのレストランで最後に食べた料理が満足のいくものでなかった場合、このアルゴリズムでは常に次は別の店へ行くべきとされる。たとえこの町で過ごす最後の夜であろうとも、それは変わらない。

それでも、多腕バンディット問題にいち早く取り組んだロビンズの研究を皮切りに多数の論文が発表されるようになり、研究者たちはそれから数年間で大きな前進を遂げた。ランド研究所の数学者リチャード・ベルマンは、選択肢と機会が全部でいくつあるかがあらかじめ正確にわかっている場合の厳密解を突き止めた。完全情報の秘書問題のときと同様、ベルマンは基本的に結果からさかのぼって後ろ向きに考えるという手を使った。アームを最後に引いたところを想像することから始めて、先行する決定から起こりうるすべての結果を踏まえたならどのスロットマシンを選ぶべきかと考えたのだ。この答えが出たら、今度は最後から二番めの機会について考えて、さらに一つずつ前へさかのぼり、スタートにたどり着くまでこれを繰り返す。

ベルマンの方法で得られる答えは鉄壁だが、カジノに長く滞在して選択肢がたくさんある場合には、めまいのするような――あるいは実行不可能な――量の作業が必要となるかもしれない。そのうえ当然ながら、起こりうる未来をすべて計算できるとしても、プレイする機会が何回あるか（さらには選択肢がいくつあるか）は必ずしも正確にわかるわけではない。これらの理由から、多腕バンディット問題は実質的に未解決のままとなっている。ホイットルの言葉を借りれば、「すぐさま古典となり、難攻不落の代名詞となった」のだった。

ギッティンズ指数

といっても数学ではよくあるとおり、特殊は普遍へ至る入り口である。一九七〇年代、ユニリーバ社はジョン・ギッティンズという若い数学者に、自社の医薬品を使った臨床試験の一部を最適化するのに力を貸してほしいと依頼した。しかし、結果として彼らが手にしたのは意外にも、一世代にわたって未解決のままだった数学の難題に対する答えだった。

現在はオックスフォード大学で統計学教授を務めるギッティンズは、ユニリーバから与えられた問題について熟考した。数種類の化合物がある場合、特定の病気に効く可能性の高いものを突き止めるにはどんな方法が最も迅速か。ギッティンズはこの問題を可能な限り最も普遍的な形式にしようと試みた。調べるべき選択肢が複数あって、各選択肢で利得の生じる確率が異なり、それらのあいだで一定量の労力(または費用か時間)を配分しなくてはならない。言うまでもなく、これは多腕バンディット問題のバリエーションだ。

営利を求める製薬会社も、またこの会社の製品を使う医師も、探索と活用のトレードオフが突きつけてくる相容れない要求に絶えず直面する。企業としては創薬に研究開発費を投資したいが、収益性の高い現行製品の好調な売れ行きも確保したい。医師は既存の治療薬のなかで最高のものを処方して患者に必要な治療を受けさせたいが、さらにすぐれた治療薬につながる可能性のある実験的研究を促進したいとも願う。

明らかにどちらのケースでも、どのように時間枠を設定すべきかはあまり定かでない。ある面では、製薬会社と医師はどちらも不確定な未来に関心をもっている。本来、企業というのは永久に存続することを望むはずだし、医療の面では画期的な新薬によってまだ生まれてさえいない将来の人が助かる可能性もある。それにもかかわらず、現在のほうが重視される。今日治癒した患者のほうが、今から一週間後や一年後に治癒する患者よりも価値が高いと見なされるし、収益についても確実に同じ見方がされる。このように未来よりも現在に価値があるとする考え方を経済学者は「割引」と呼ぶ。

それまでの研究者と違って、ギッティンズはこの考え方を用いて多腕バンディット問題に取り組んだ。いつ終わるか決まっている期間においてではなく、無限だが割引の生じる未来において、利得を最大化することを目標とした。

われわれは実生活の中でこのような割引を経験している。一〇日間の休暇でどこかの町を訪れている人は、レストランを選ぶときに残りの滞在日数を念頭に置いているはずだ。一方、その町に居住している人にとっては、そんなレストラン選びにあまり意味はない。むしろ、未来へ進むほど利得の価値が下がると考えるかもしれない。つまり、明日の食事よりも今夜の食事のほうが大事で、一年後の食事よりは明日の食事のほうが大事だが、どのくらい大事かはその人なりの「割引関数」によって変わってくる。ギッティンズは、利得のもつ価値が幾何級数的に下がっていくと想定した。これはつまり、レストランで食事をする場合、ある日の食事の価値は前回その店で食事をしたときの価値を一定の割合で割り引いていったものになるということだ。たとえば、バスにはねられる確率が毎日一パーセントだと思っている人は、明日のディナーには今日のディナーと比べて九九パーセントの価値しかないと考える。これは、明日にはディナーが食べられないかもしれないからだ。

この幾何級数的割引の想定を用いて、ギッティンズは「少なくともかなりすぐれた近似」と思われる戦略について考えた。多腕バンディットのアームを一本ずつ別々に考えて、それぞれの価値を割り出そうとしたのだ。この際に彼は、なかなか気の利いた仕掛けを思いついた。買収である。

テレビの人気ゲーム番組《ディール・オア・ノー・ディール》では、二六個のブリーフケースに一セントから一〇〇万ドルまでの賞金が入っていて、出場者はそのうちの一つを選ぶ。ゲームの途中で銀行家《バンカー》と称する謎の人物がときどき電話をかけてきて、出場者の選んだブリーフケースを開けないのなら金を与えるといって、そのつど異なる金額を提示する。確実にもらえる金がいくらなら、ブリーフケースに入っている金額不明の賞金を放棄するのか。決めるのは出場者だ。

ギッティンズは《ディール・オア・ノー・ディール》の放送開始より何年も前のことだが）、多腕バンディット問題がこれと変わらないことに気づいた。事前に情報がまったく、あるいはほとんど得られないどんなスロットマシンにも、次にもう一度プレイした場合に勝つ確率がこのくらいならもうプレイをやめてよいと思える、そんな率が存在する。この率（ギッティンズは「動的配分指数」と呼んだが、今では**ギッティンズ指数**と呼ばれている）から、ここでとるべき明白な戦略がわかる。この指数が最も高いマシンで常にプレイするのだ。*

実際、この指数戦略はただのすぐれた近似解ではないことが判明した。この戦略なら、利得が幾何級数的に割引されていく多腕バンディット問題は完全に解決できる。探索と活用の

＊本節をおおまかにまとめると――ギッティンズ指数が高いうちに稼げ。

負け数 ＼ 勝ち数	0	1	2	3	4	5	6	7	8	9
0	.7029	.8001	.8452	.8723	.8905	.9039	.9141	.9221	.9287	.9342
1	.5001	.6346	.7072	.7539	.7869	.8115	.8307	.8461	.8588	.8695
2	.3796	.5163	.6010	.6579	.6996	.7318	.7573	.7782	.7956	.8103
3	.3021	.4342	.5184	.5809	.6276	.6642	.6940	.7187	.7396	.7573
4	.2488	.3720	.4561	.5179	.5676	.6071	.6395	.6666	.6899	.7101
5	.2103	.3245	.4058	.4677	.5168	.5581	.5923	.6212	.6461	.6677
6	.1815	.2871	.3647	.4257	.4748	.5156	.5510	.5811	.6071	.6300
7	.1591	.2569	.3308	.3900	.4387	.4795	.5144	.5454	.5723	.5960
8	.1413	.2323	.3025	.3595	.4073	.4479	.4828	.5134	.5409	.5652
9	.1269	.2116	.2784	.3332	.3799	.4200	.4548	.4853	.5125	.5373

表3　勝ち数と負け数の関数としてのギッティンズ指数。
次回の報酬は今回の報酬の90%に等しいと想定した場合。

あいだのバランス問題も解消し、両者を考慮に入れた一つの数値を最大化するという、もっと単純なタスクとなる。ギッティンズはこの偉業を得意がったりしない。「フェルマーの最終定理にはまるでおよびませんよ」と言って、楽しそうに笑う。だがギッティンズのこの定理は、探索と活用のジレンマに関するいくつもの重大な問題を片づけたのだ。

特定のスロットマシンについて、過去の記録とプレイヤー側の割引率を踏まえてギッティンズ指数を実際に計算するのは、やはりなかなかややこしい。それでも特定の想定一式についてギッティンズ指数が特定できれば、同じ形式のあらゆる問題に対してその指数を使うことができる。大事なのは、この指数がマシンごとに別個に計算されるので、マシンの台数さえ関係ないということだ。

表3に、九回までの勝ちと負けにおけるギッ

ティンズ指数を示す。ここでは次にプレイするときの利得は今の利得の九〇パーセントに等しいと想定している。これらの値を使うと、身のまわりのさまざまな多腕バンディット問題を解くことができる。たとえばこれらの想定のもとでは、過去の実績が九勝六敗（期待値は六〇パーセント）のスロットマシンよりも一勝一敗（期待値は五〇パーセント）のマシンを選ぶべきである。表で該当する欄を見ると、情報の少ない一勝一敗のマシンは指数が〇・六三四六であるのに対し、過去のプレイ回数の多い九勝六敗のマシンの指数は〇・六三〇〇にすぎないことがわかる。これで答えは出た。今回は運を試し、探索するのだ。

表のギッティンズ指数の値を見ると、ほかにも興味深い点がいくつかある。まず、「勝てばキープ」の原理が作用していることがわかる。どの行でも、左から右へ行くにつれて指数は必ず大きくなっていく。よって、あるアームで今までずっと勝っていて、今回引いたらまた勝ったという場合には、（表を右へたどって）さらにまた同じアームを引くほうが理にかなうというものだ。二つめの点として、「負ければスイッチ」に従ったらまずい場面もあることがわかる。最初に九連勝したあとで一回負けると、指数は〇・八六九五になる。それでも表中のほとんどの数値と比べれば大きいので、おそらく少なくともあと一回は同じアームに賭けるべきだろう。

しかしこの表で最も興味深いのは、最上行の左端の欄かもしれない。〇勝〇敗、つまりまったく情報がない場合、アームの期待値は〇・五〇〇〇だが、ギッティンズ指数は〇・七〇二九となっている。まったく試したことのないマシンのほうが、一〇回中七回当たりを出す

		勝ち数									
		0	1	2	3	4	5	6	7	8	9
負け数	0	.8699	.9102	.9285	.9395	.9470	.9525	.9568	.9603	.9631	.9655
	1	.7005	.7844	.8268	.8533	.8719	.8857	.8964	.9051	.9122	.9183
	2	.5671	.6726	.7308	.7696	.7973	.8184	.8350	.8485	.8598	.8693
	3	.4701	.5806	.6490	.6952	.7295	.7561	.7773	.7949	.8097	.8222
	4	.3969	.5093	.5798	.6311	.6697	.6998	.7249	.7456	.7631	.7781
	5	.3415	.4509	.5225	.5756	.6172	.6504	.6776	.7004	.7203	.7373
	6	.2979	.4029	.4747	.5277	.5710	.6061	.6352	.6599	.6811	.6997
	7	.2632	.3633	.4337	.4876	.5300	.5665	.5970	.6230	.6456	.6653
	8	.2350	.3303	.3986	.4520	.4952	.5308	.5625	.5895	.6130	.6337
	9	.2117	.3020	.3679	.4208	.4640	.5002	.5310	.5589	.5831	.6045

表4　勝ち数と負け数の関数としてのギッティンズ指数。
次回の報酬は今回の報酬の99%に等しいと想定した場合。

ことがわかっているマシンよりも魅力的ということだ。表をここから対角線にたどっていくと、一勝一敗の場合は指数が〇・六三四六、二勝二敗なら〇・六〇一〇……となっている。五割の勝率が続けば、指数は最終的に〇・五〇〇〇に近づいていく。そのマシンがじつはなんら特別なものでないことが実際の成績から明らかとなり、さらなる探索を促す「ボーナス」はいずれ奪い取られる。だが、この〇・五〇〇〇への接近がとてもゆるやかに進む一方で、探索のボーナスは強力に作用する。実際、一回めで負けて〇勝一敗となっても、ギッティンズ指数が五〇パーセントを上回っている点は注目に値する。

　未来に対する割引率を変えると探索と活用のトレードオフも変わるということもわかる。表4には前の表とまったく同じ情報を記載しているが、次回の利得は今回の九〇パーセントではなく九九パーセントの価値があると想定している。未来には現在とほぼ同じ価値があると考えると、確実なものを選ぶよりも偶然に賭ける価値はさらに高くなる。この場合、まったく試していない○勝○敗のマシンは、八六・九九パーセントの確率で当たりが保証されているに等しいのだ。

このように、探索で得た成果を活用する機会がある場合、ギッティンズ指数は未知のものを選ぶべきとする厳密で明確な根拠となる。「隣の芝は青い」ということわざがあるが、数学はその理由を教えてくれる。既知のものと未知のものとで違いはないと予想されている場合、あるいは未知のもののほうが不利かもしれないと思われている場合でも、未知のもののほうが有利な可能性があるのだ。試されていないルーキーは、実力が拮抗《きっこう》していると思われるベテランよりも価値が高い（少なくともシーズン開幕直後は）が、それはルーキーについての情報のほうが少ないからにほかならない。探索にはそれ自体の価値がある。というのは、新しいものを試せば最良のものを見つけ出す可能性が上がるからだ。そして現在ばかりを見据えるのではなく未来にも目を向ければ、新しいものを選びたくなる。

このようにギッティンズ指数は、多腕バンディット問題に対して驚くほど単純明快な答えを与えてくれる。しかし、だからといってこの問題についての話がここで終わるわけではなく、日常生活で遭遇する探索と活用のトレードオフがすべてこれで決着できるわけでもない。たとえばギッティンズ指数が最適となるのは、ある一定の強固な想定のもとにおいてのみである。ギッティンズ指数は将来の利得に対する幾何級数的割引にもとづいており、各プレイの価値が直前のプレイから一定の割合で下がると想定している。しかし行動経済学や心理学のさまざまな実験によって、現実の人間はそんな想定をしないということが示されている。それに、選択肢の切り替えに伴ってコストが生じるなら、ギッティンズ戦略はもはや最適でもない（隣の芝はいくらか青く見えるかもしれないが、垣根を乗り越えていくほどではない）。ましてや新たにローンを組むことなどありえない）。もっと重大かもしれない問題は、ギッティンズ指数がすぐに計算できるものではないという点だ。ギッティンズ指数の表を持ち歩いていればレストランの選択を最適化することはできるが、そんな手間暇をかけるまでもないかもしれない（「ちょっと待って。決めてあげるから。あの店は三五回のうち二九回おいしかったけど、こっちの店でおいしかったのは一六回中一三回だな。ということはギッティンズ指数は……。あれ？　みんなはどこに行った？」）。

ギッティンズ指数が考案されて以来、この問題ゆえにコンピューター科学者や統計学者は多腕バンディットを扱うのにもっと単純で柔軟な戦略を探し出してきた。それらの戦略は、さまざまな状況において最適なギッティンズ指数を算出するよりも人間（および機械）にとって利用しやすいが、効果はギッティンズ指数に匹敵する。それらはまた、どちらの可能性に賭けるかを決める際に人間が抱く最大の不安の一つにも対処してくれる。

後悔と楽観

後悔も少しはしたが、あえて言うほどではない。

――フランク・シナトラ

私自身は楽観主義者です。そうでないことを選んでも、大してものの役に立たない。

――ウィンストン・チャーチル

ギッティンズ指数がややこしすぎるなら、あるいは幾何級数的割引がなじまない状況にいるのなら、別の手がある。「後悔」に着目するのだ。何を食べるか、誰と過ごすか、どの町に住むかを決めようとするとき、後悔したくないという気持ちが大きく立ちはだかる。よい選択肢がいくつかあるなかで選択を誤ったら、そのせいで自分を責めることになりやすい。この種の後悔は、やり損ねたこと、つまり試さなかった選択肢が原因であることが多い。経営学者のチェスター・バーナードは、こんな忘れがたい言葉を記している。「やってみれば、失敗しても何か少しは得るところがあるが、やってもしないのは、やればあったかもしれない測りしれない可能性を失うだけだ」。

後悔するのはいやだという思いはまた、やる気に火をつける力も強い。ジェフ・ベゾスはアマゾンの創業を決意する前、ニューヨークの投資会社D・E・ショウで安定した高給のポストに就《つ》いていた。シアトルでオンライン書店を始めるというのは思いきった転身だったので、上司（D・E・ショウ）からはよく考えるようにと忠告された。ベゾスはこう述懐している。

自分で見出した枠組みのおかげで、信じがたいくらい決断が容易になりました。私はこの枠組みを「後悔最小化の枠組み」と名づけました――こんなものに名前をつけるのはオタクだけでしょうね。それで私は八〇歳になった自分を想像して、「オーケー。今、私は自分の人生を振り返っているところだ。後悔の数が最小限になっていればいいのだが」と言えたらよいと思いました。八〇歳の自分がこの試みを悔やむことはないと確信できました。インターネットというものが真に重要なものになると感じていましたから、これにかかわろうとしたことを悔やみはしまいと思いました。失敗しても後悔しませんが、挑戦しなかったら後悔するとわかっていました。来る日も来る日も後悔にさいなまれるとわかっていたのです。だからそう考えたとき、驚くほどたやすく決断できたのです。

コンピューター科学は、後悔のない人生を与えることはできない。しかしベゾスが求めていたような、後悔が最小の人生なら与えてくれるかもしれない。後悔とは、自分が実際にしたことと、あとから考えてベストだったと思われることを比較した結果である。多腕バンディットでは、バーナードのいう「やればあったかもしれない測りしれない可能性」がじつは正確に測ることができ、後悔を数字で表すことができる。後悔とは、特定の戦略に従って実際に得た利得の総量と、常に最良のアームを引くことによって得られたはずの理論上の利得の総量との差なのだ（それがどのアームか最初からわかっていたらよかったのだが）。さまざまな戦略についてこの数字を計算すれば、後悔が最小となる戦略を突き止めることができる。

「勝てばキープ、負ければスイッチ」を扱った初期の研究からおよそ三〇年経った一九八五年、ハーバート・ロビンズは多腕バンディット問題で二度めの成功を狙った。彼はコロンビア大学で同僚の数学者レイ・ツェリョンと共同で、後悔に関するいくつかの重要な点を証明することに成功した。まず、自分が全知の存在ではないとすると、たとえ可能な限り最良の戦略を選んでも、後悔の総量は時間とともにおそらく増え続ける。というのは、最良の戦略といえども常に完璧というわけではないからだ。第二に、最良の戦略を選ぶと、それ以外の戦略を選んだ場合よりも後悔の増大するペースは遅くなる。そのうえ、よい戦略を用いれば、後悔の蓄積するペースは時間とともに低下していく。これは、問題についての情報が増え、よりよい選択ができるようになるからである。第三に最も具体的な点として、ここでも自分が全知ではないと考えると、可能な限り最小の後悔とは、アームを引くたびに対数的な割合で増大する後悔である。

後悔が対数的に増大するというのは、たとえば最初の一〇回とそれに続く九〇回とで間違いを犯す回数が同じで、最初の一年間と続く九年間とでも間違いを犯す回数が同じ（さらに最初の一〇年間と続く九〇年間でも同様）ということである。これはいくらかの心の支えとなる。というのは、ふつうに考えたらいつか後悔をまったくしなくなるということは現実的に期待できないが、後悔最小化のアルゴリズムに従えば、年を追うごとに前の年より新たな後悔の減ることが期待できるのだ。

レイとロビンズを皮切りに、この数十年間に研究者は後悔の最小化を保証してくれるアルゴリズムの探索に乗り出している。見つかったアルゴリズムのうち最も支持を得ているのは**信頼上限**（UCB〔アッパー・コンフィデンス・バウンド〕）アルゴリズムと呼ばれるものである。

データをグラフで図示する場合にはしばしば、特定のデータ点を上下にまたぐ「エラーバー」と呼ばれる線が記される。これは測定の不確実性を示し、測定値が実際にとりうる「確からしい」値の範囲を表す。この範囲は「信頼区間」と呼ばれ、対象に関するデータが増えると評価の精度が上がることを反映して信頼区間は縮小する（たとえば期待値が同じであっても、二回のうち一回当たったスロットマシンは一〇回のうち五回当たったマシンよりも信頼区間が広いはずだ）。信頼上限アルゴリズムに従えば、多腕バンディット問題では信頼区間の上端が最も高い選択肢を選べというきわめて単純な方針が得られる。

したがってギッティンズ指数と同様に、信頼上限アルゴリズムでも多腕バンディットの各アームに一つずつ数字を割り当てる。この数字は、今までに得られた情報にもとづいて、そのアームが合理的にとりうる最大の値に設定される。つまり信頼上限アルゴリズムでは、今までに最良の結果を出したアームがどれかは考慮せず、これから最良の結果を出せると合理的に考えられるアームを選ぶ。たとえば今までに訪れたことのないレストランは、すばらしい店かもしれない。一、二回ほど行って、料理をいくつか食べたとしても、その店が行きつけの店よりもすぐれているという可能性を否定するのに十分な情報は得られないかもしれない。ギッティンズ指数と同じく、信頼上限の値も常に期待値を上回るが、特定の選択肢についての経験が増えるにつれて、上回る幅は縮小していく（ぱっとしないレビューが何百件も寄せられているレストランがすばらしい店であることは期待できないが、ぱっとしないレビューが一件だけのレストランにはすばらしい店である可能性が残っている）。信頼上限アルゴリズムによる「おすすめ」は、ギッティンズ指数と同じようなものになるだろう。しかし信頼上限のほうがはるかに計算が簡単で、幾何級数的割引を想定する必要もない。

「不確実性に立ち向かう楽観主義」と称される原理を実装することで、信頼上限アルゴリズムは楽観主義とは完璧に合理的なものだということを示す。今までに得られた証拠をもとに、ある選択肢が最良の場合どのくらいよいものとなりうるかに着目することにより、このアルゴリズムは情報の少ないさまざまな選択肢を底上げする。その結果、意思決定プロセスに探索の要素がおのずと加わり、どの選択肢も大成功をもたらす可能性をもつことから、新たな選択肢に対して積極的に向かっていくようになる。同じ原理を、未知なる領域の価値を高めることによって周囲の空間を探索する「楽観ロボット」の製作にあたる、MITのレスリー・ケルブリングらも用いている。この原理が人の生活にも役立つことは間違いない。

信頼上限アルゴリズムがよい結果を出しうる、ということは、「疑わしきは罰せず」という原則の正当性を示すきちんとした根拠がある、ということになる。このアルゴリズムのアドバイスに従って、新しい人に会うときや新しいことに挑戦するときには大いに期待すべきだ。これから経験することが最良ではないという証拠がない限り、最良の結果を想定すべきなのだ。長い目で見れば、楽観主義は後悔に対する最善の防止策となる。

オンラインのバンディット

二〇〇七年、グーグルでプロダクトマネージャーを務めていたダン・シロカーは休暇を取ってシカゴに行き、当時は上院議員だったバラク・オバマの大統領選挙戦に加わった。「ニューメディア分析」チームの責任者として、陣営の設けた派手な赤色の「献金」ボタンを押させるために、グーグルがウェブでやっているある方式を導入した。すると、まさに驚くべき結果が出た。彼の仕事がもたらした直接の結果として、五七〇〇万ドルの献金が上積みされたのだ。

ボタンに何をしたのか。

A／Bテストをしたのだ。

A／Bテストとは次のようなものである。ある会社がウェブページの原案としていくつかのバージョンを作成する。色や画像を変えたり、ニュース記事の見出しを変えたり、あるいは画面上のアイテムの配置を変えてみたり、といったバリエーションをもたせるのだ。それからサイトを訪れるユーザーをランダムに割り振って、これらのさまざまなページを閲覧させる。通常、人数は均等にする。あるユーザーには赤いボタンを表示し、別のユーザーには青いボタンを表示する。あるユーザーには「献金」と記したボタンを見せて、別のユーザーには「寄付」と記したボタンを見せる。そして関係する測定項目（クリック率やユーザー一人あたりの平均額）を観察する。一定期間の経過後、統計学的に有意な効果が観察されたら、通常はより多くの成果を上げた「有効な」バージョンに固定するか、またはそれを次の実験で比較基準として用いる。

オバマの献金サイトの場合、シロカーのA／Bテストで重大な事実が明らかになった。サイトを初めて訪れるユーザーに対しては、「献金してプレゼントをもらう」と記したボタンが最も有効で、プレゼントの送付コストを考慮してもその優位性は変わらなかった。ニュースレターを長く購読しているが過去に献金したことのないユーザーに対しては、「献金をお願いします」が最も効いた。罪悪感に訴えかけたのだろうか。過去に献金したことのあるユーザーに対しては、再び献金してもらう効果が最も高かったのは「寄付」と書かれたボタンだった。過去に「献金」している人でも「寄付」ならいつでもさらに出してくれるということかもしれない。選挙戦チームが驚いたのは、どのケースでも、チームが考えたどんな写真や動画よりもオバマ一家のシンプルな白黒写真がよい結果を出したことだった。こうした個々の最適化すべてがもたらした正味の影響は莫大だった。

過去一〇年間にほぼどんな形であれインターネットを使った人は、誰かの探索・活用問題に取り込まれている。企業は自社に最大の収益をもたらしてくれるものを見つけたい一方で、同時にその収益を可能な限り最大限に活かしたいと考える。つまり探索と活用を狙う。アマゾンやグーグルといった巨大ハイテク企業は二〇〇〇年ごろからユーザーに対してA／Bテストの実施を始め、それ以来、インターネットは世界最大の対照実験の場となっている。これらの企業は何を探索し、何を活用しているのか。端的に言えば、その答えは「あなた」だ。マウスを操作させ、財布を開かせてくれるものなら、ありとあらゆる要素が狙われている。

企業は自社のサイトのナビゲーション、ダイレクトメールの件名や送信のタイミングについてA／Bテストを行ない、ときには実際の商品の機能や価格でもこのテストを行なう。「標準的」なグーグルの検索アルゴリズムやアマゾンの購入手順の代わりに、今や計り知れぬほど微妙な、表立っては触れられないバリエーションが存在する（グーグルが二〇〇九年にツールバーの一つで青色を四一の色調に変えてテストしたことはよく知られている）。同じサイトを訪れた二人のユーザーがまったく同じ経験をする可能性がほぼないと言ってもいいほどなのだ。

フェイスブック社でデータグループマネージャーをかつて務めたデータ科学者のジェフ・ハマーバッカーは、《ブルームバーグ・ビジネスウィーク》誌でこう語っている。「僕たちの世代で一番頭のいい人が、どうしたらユーザーに広告をクリックさせられるかと知恵を絞っているんです」。この言葉はミレニアム世代の「吠える」と考えるべきだ。「僕は見た狂気によって破壊された僕の世代の最良の精神たちを」（「吠える」『ギンズバーグ詩集』諏訪優訳、思潮社より引用）という不朽《ふきゅう》の詩句を生んだのがビート世代の詩人、ギンズバーグの「吠える」だったように。ハマーバッカーはこの状況を「不愉快極まりない」と思っている。しかし誰がどう思おうとも、ウェブは過去のマーケッターが想像もしなかったような実験を、クリックの実験科学という形で実現している。

二〇〇八年の大統領選挙でオバマがどうなったかは、もちろん誰もが知るところだ。だが、オバマ陣営の分析責任者、ダン・シロカーのその後についてはどうか。大統領の就任式が終わると、シロカーは西海岸のカリフォルニアに戻り、グーグルで同僚だったピート・クーメンとともに、ウェブサイトの最適化を行なうオプティマイズリーという会社を創業した。二〇一二年の大統領選挙戦までに、オバマの再選を目指す陣営と、共和党から戦いを挑むミット・ロムニー陣営の両方がこの会社のクライアントとなっていた。

A／Bテストが実験的に導入されてから一〇年ほどのあいだに、この手法はもはや秘密兵器ではなくなった。今ではインターネット上のビジネスや政治のやり方にしっかりと埋め込まれ、ほぼ当たり前と受け止められている。今度ブラウザーを開いたら、画面上の色、画像、言葉、それにもしかしたら価格さえも――そして確実に広告も――探索・活用アルゴリズムにもとづいたもので、ユーザーのクリックを狙っていると思って間違いない。この多腕バンディット問題では、ユーザーはギャンブラーではない。大当たり《ジャックポット》なのだ。

A／Bテストのプロセス自体は、時間とともに精緻化が進んできた。最も標準的な設定では、ユーザーを二つの選択肢に均等に分け、一定の時間にわたってテストしたうえで成績のよかったほうを採用するが、これは問題を解決するのに必ずしも最良のアルゴリズムではないかもしれない。というのは、テスト中にはユーザーの半分が劣った選択肢をあてがわれることになるからだ。これより有効な方法が見つかったら、非常に大きな成果が得られる可能性がある。グーグルの年間収入はおよそ五〇〇億ドルだが、現在のところ、その九〇パーセント以上が有料広告によるものだ。また、オンライン通販は年間数千億ドルに達している。つまり、探索・活用アルゴリズムは経済とテクノロジーの両面でインターネットのかなりの部分を動かしているということだ。どのアルゴリズムを使うのがベストかについては活発な議論が続いており、考えうるあらゆるビジネスのシナリオにおいて探索と活用のバランスをとる最適な方法をめぐって、統計学者、技術者、ブロガーらが果てしない応酬を繰り広げている。

探索・活用問題に対するさまざまな処方箋を明快に区別して論じるのは、どうしようもなく難しいと思われるかもしれない。しかしじつは、この区別はきわめて重要である。しかも闘いの場は大統領選挙やインターネット経済だけでない。人の命にかかわる場合もあるのだ。

臨床試験を試験する

一九三二年から七二年にかけて、アラバマ州メイコン郡で梅毒にかかった数百人のアフリカ系アメリカ人男性が、医師による治療を受けぬまま故意に放置された。これはアメリカ公衆衛生局による四〇年におよぶ「タスキーギ梅毒研究」という実験の一環だった。一九六六年、公衆衛生局職員のピーター・バクスタンがこれに異議を申し立てた。そして一九六八年にも再び異議を申し立てた。しかしアメリカ政府がようやく実験を中止させたのは、彼がこの話をマスコミに暴露してからだった。彼の話は一九七二年七月二五日付の《ワシントン・スター》紙に掲載され、翌日には《ニューヨーク・タイムズ》紙の一面に載った。

　国民の怒りの声と、それを受けた連邦議会公聴会に続き、医療倫理の原則と基準を明文化する取り組みが始まった。メリーランド州の閑静なベルモント会議場で委員会が開かれ、その成果として一九七九年に「ベルモント報告書」が発表された。報告書は、メイコン郡タスキーギ市で行なわれたこの実験――患者に対する医療従事者の責務からのまぎれもなく不適切で言語道断な逸脱――が二度と繰り返されないための、医学実験の倫理的なやり方に対する基盤を示している。しかし同時にここには、ほかの多くのケースで境界線を明確に定めることの難しさも指摘されている。

　「ヒポクラテスの誓いにある『害をなすなかれ』という文言は、長らく医療倫理の根本原則となってきた」と報告書は指摘する。「［生理学者の］クロード・ベルナールはこれを医学の研究分野にまで敷衍《ふえん》して、ほかの人にどのような利益がもたらされるにせよ、人を傷つけることがあってはならないと述べた。しかし害を避けるにはそもそも害をもたらす要因を知る必要があり、その情報を得る過程で、害をもたらすリスクに人をさらすおそれがある」。

このようにベルモント報告書は、自らのもつ最良の情報にもとづいて行動することと、情報をさらに増やすこととのあいだに対立が存在することを認めてはいるが、問題の解決には至っていない。同報告書では、情報の収集は非常に高い価値をもたらす可能性があるので、通常の医療倫理の一部は棚上げにされることもありうるとまで、明確に述べられている。新しい薬や治療法の臨床試験においては、害が生じるリスクを最小限に抑える手だてはとるにしても、一部の患者に対してはそのリスクがしばしば不可避となる、というのだ。

善行原則(訳注　医療倫理四原則の一つ)が常に明白そのものというわけではない。たとえば、参加した子どもに直接的な利益がただちに与えられる見込みがないのに最小限以上のリスクをもたらす「小児疾患に関する」研究には、倫理的に難しい問題が残る。そのような研究は容認できないと言う者もいれば、そのような制約を設ければ将来の子どもたちに大きな利益を約束する多くの研究を排除することになると指摘する者もいる。すべての困難な事例と同様、この問題においても、善行原則のあてはまるさまざまな主張が互いに対立し、難しい選択を余儀なくするかもしれない。

ベルモント報告書が発表されてからの数十年間に生じた基本的な疑問の一つは、臨床試験の標準的な実施方法が患者へのリスクを本当に抑制するのかということである。通常の臨床試験では、患者が複数の群《ぐん》に分けられ、試験期間にわたって群ごとに異なる治療を受ける(試験期間の終了前に試験が中止されることもあるが、それはまれな例である)。ここで目指すのは、試験そのものにおいて各患者に最良の治療を施すことではなく、複数の治療法を比較してどれがすぐれているかという問いを決着させることだ。このようにして試験期間中に一定割合の参加者にある経験をさせて、最終的に経験の優劣を明らかにするという点で、臨床試験の仕組みはウェブサイトのA／Bテストとそっくりである。ただし医師はA／Bテストをする企業と同様に試験の最中にも選択肢の優劣に関する情報をいくらか入手できるのだから、この情報を利用すれば、試験後の将来の患者だけでなく試験に参加している患者についても結果を改善できる可能性がある。

ウェブサイトの最適なデザインを特定する実験で懸かっているのは巨額の金だが、最適な治療法を見出す実験である臨床試験で得られる結果は生死に直結する。そして、現在の臨床試験は方法論が間違っていると考える医師や統計学者が増えている。治療法の選択は多腕バンディット問題として扱うべきであり、試験の途中であってもよりよい治療を患者に受けさせる努力をすべきと考えているのだ。

一九六九年、ニューヨーク州立大学の生物統計学者のマーヴィン・ゼレン(訳注 のちにハーヴァード大学に移った。故人)は「適応的」な臨床試験の実施を提案した。彼の出したアイディアの一つが、ランダム化した「勝ち残り」のアルゴリズムだった。「勝てばキープ、負ければ「スイッチ」のバリエーションで、ある治療法が成功すれば次にそれが使われる確率を上げ、失敗したら使われる確率を下げていくというやり方である。ゼレンの方式では、まず、試験対象とする二つの治療選択肢のそれぞれを表すボールを一つずつ帽子に入れる。帽子からランダムにボールを一つ取って、最初の患者の治療法を決める（このあとボールは帽子の中に戻す）。この治療法が成功したら、こちらの治療法を表すボールを帽子に一つ追加する。ボールは全部で三つとなり、そのうち二つは成功した治療法を表すものだ。選んだ治療法が失敗したら、もう一方の治療法を表すボールを一つ帽子に入れる。これでもう一方の治療法が選ばれる確率が上がる。

ゼレンのアルゴリズムが初めて実際の臨床試験で使われたのは、それから一六年後、体外式膜型人工肺治療（ECMO《エクモ》）という、幼児の呼吸不全に対する斬新な治療法に関する試験が行なわれたときだった。ECMOはミシガン大学のロバート・バートレットが一九七〇年代に開発したもので、肺へ向かう血液を体外に取り出し、機械で酸素を付加してから心臓に戻す。これは大胆な方法で、治療自体に起因するリスク（塞栓《そくせん》形成の可能性など）もあるが、ほかに打つ手がない状況では一つの選択肢となった。一九七五年、カリフォルニア州オレンジ郡で、人工呼吸装置でも十分に酸素が供給できない新生女児の命をECMOが救った。その後、この患者はすでに四〇歳の誕生日を過ぎ、結婚して子どももいる。しかし当初はECMOの技術と手術はきわめて実験的なものと考えられており、成人を対象とした初期の研究では従来の治療法と比べて利点が見られなかった。

一九八二年から八四年にかけて、バートレットとミシガン大学の同僚らは、呼吸不全をきたした新生児を対象とする研究を行なった。チームは「有用性は証明されていないが命を救う可能性のある治療法を行なわないという倫理的な問題」に挑みたいと明言し、「単に従来の無作為割付法に従うためだけに、命を救える治療法を一部の患者に実施しないことには否定的」だった。そこで彼らはゼレンのアルゴリズムを採用した。その結果、患児一人が「標準的」な治療法に割り付けられて死亡し、実験的なＥＣＭＯに割り付けられた一一人は全員が生存した。正規の研究の終了後、一九八四年四月から一一月にかけてＥＣＭＯ治療の基準を満たす患児一〇人を対象としてさらに研究が続けられた。八人がＥＣＭＯを受けて全員が生存したのに対し、標準治療を行なった二人はともに死亡した。

しかしこれらのめざましい数字は、ミシガン大学でのＥＣＭＯ試験の終了直後から議論を巻き起こした。臨床試験で標準治療をこれほど少数の患者にしか行なわないというのは標準的な試験方法から著《いちじる》しく逸脱しており、手術自体もきわめて侵襲《しんしゅう》性が高く潜在的に危険を伴う。この論文の発表を受けて、ハーヴァード大学公衆衛生学部の生物統計学教授ジム・ウェアは同僚の医師らとともにデータを慎重に検討し、「さらに研究が行なわれない限り、ＥＣＭＯのルーチン使用の正当性を認めることはできない」と結論した。そして新たな臨床試験を計画した。バートレットらと同じく情報の収集と有効な患者治療とのバランスを見出す試みはしていたが、試験の方法は前の試験ほどラディカルではなかった。あらかじめ定めておいた死者数にどちらかの群が達するまで、ＥＣＭＯか標準治療のいずれかに患者をランダムに割り付ける。それ以降は効果の高い治療法に全患者を切り替えるという計画だった。ウェアの試験の第一段階では、標準治療を受けた患児一〇人のうち四人が死亡し、ECMOを受けた患児九人は全員が生存した。四人が死亡したという結果は第二段階へ移行するのに十分であり、この第二段階では二〇人の患児全員がECMOを受け、一九人が生存した。ウェアらはECMO使用の正当性を確信し、「これ以上の無作為割付を擁護するのは倫理的に難しい」と結論した。

しかし、ウェアの試験より早く同じ結論に達し、声高に主張している者がすでにいた。その一人が、多腕バンディットの世界的権威である統計学者、ドン・ベリーだった。《統計科学》誌でウェアの試験を報告する論文に添えられた論評において、ベリーは「ウェアの試験のように非ECMO治療に患者を無作為割付するのは倫理に反する。……私の考えでは、ウェアの試験は実施すべきでなかった」と述べている。

しかし、ウェアの試験も医学界全体を納得させたわけではなかった。一九九〇年代、イギリスで二〇〇人近い患児を対象として、ECMOに関する新たな試験が行なわれた。今回の試験では適応的アルゴリズムを使わず、患児をランダムに二つの対等な群に割り付けるという従来の方法が採用された。試験の実施者らは、ECMOの有用性には「利用できるエビデンスの解釈にばらつきがあるので議論の余地がある」と述べて試験を正当化した。その結果、イギリスでの試験で見られた両治療法の差は、アメリカで行なわれた二つの試験ほど顕著ではなかった。それでもこの試験結果は「ECMOを支持する方針をとれば死亡リスクが抑制できるという先行する予備的知見と合致する」と結論された。この知見を得るためにかかったコストは？　「標準治療」群のほうがＥＣＭＯ治療群よりも二四人多く患児が死亡したことだ。

適応的な方法を用いた臨床試験の結果がなかなか受け入れられなかったことは、理解しがたいと感じられるかもしれない。だが、二〇世紀の初頭に統計学が出現したことによって、医学がどうなったか考えてみればよい。新しい治療法が生まれるたびにその場しのぎのやり方で医師らが互いを納得させるしかなかった分野から、エビデンスの説得力の有無について明確な指針の存在する分野へと変わったことを思い出してほしい。広く受け入れられた標準的な統計学にもとづくやり方を変更すれば、少なくとも一時的にこのバランスが乱れることもありうる。

ＥＣＭＯをめぐる議論のあと、ドン・ベリーはミネソタ大学の統計学科からヒューストンのＭＤアンダーソンがんセンターに移り、多腕バンディットの研究を通じて構築した方法を用いてさまざまながん治療法の臨床試験を設計している。依然としてランダム化臨床試験に対して強硬な批判を続けているが、そのような姿勢をとっているのは彼だけではない。近年、彼が支持を求めて闘ってきた考え方がようやく主流になりつつある。二〇一〇年と二〇一五年には、食品医薬品局（ＦＤＡ）が医薬品と医療機器の「適応的デザイン」臨床試験に関する「指針」文書の草案を発表した。ＦＤＡは長らく自分たちの信頼する選択肢に固執してきたが、このような文書を発表したことから察するに、いよいよ別の方法の探索をする気になったのかもしれない。

世界は変わる

多腕バンディットについていったん理解すると、身のまわりのいたるところでこのバンディットの存在に気づくようになる。ある決定を下した場合、その結果として、たいていあとで別の決定を下すのに利用できる情報がもたらされるものだ。だから最適停止のときと同様、人が一般にこのタイプの問題をどれほどうまく解決するのかを知りたくなるのは当然である。この問いについては、心理学者や行動経済学者が実験を行なって広範に調べている。

人は概して探索に重きを置きすぎる傾向があるらしい。最良のものよりも新しいものを過度に高く評価しがちなのだ。一九六六年、エイモス・トヴェルスキーとウォード・エドワーズはこの現象を簡単に実証する実験を行なって発表した。ライトが二つ設置された箱を被験者に見せて、それぞれのライトが全試行回数のうち一定の（ただし未知の）割合だけ点灯すると伝える。それからどちらのライトが点灯するかを観察するか、または観察せずに点灯すると思われるライトに賭けるか、いずれかの選択肢を実行する機会を合計一〇〇〇回与える（もっと古典的なバンディット問題の設定とは違って、この実験では同時に賭けと観察の両方となる「プレイ」をすることができない。被験者は最後まで自分の賭けが当たったかどうか知らされない）。これは純然たる「探索」対「活用」の問題であり、情報収集とその活用が主導権をめぐって真っ向からぶつかりあっている。たいていの被験者は、しばらく観察してから最良と思われる結果に賭けるという手堅い戦略を用いた。ただし一様に、本来必要な時間よりもかなり長い時間を観察に充《あ》てていた。その時間というのはどのくらい余分だったのか。ある実験では、一方のライトを全体の六〇パーセント、もう一方を四〇パーセントで点灯するという、格別に目立つわけではなく、きわめてわかりにくくもない程度の頻度差をもたせた。この場合、被験者は平均で観察を五〇五回行ない、残りの四九五回で賭けをした。しかし数学的には、観察を三八回したところで賭けを始めるべきなのだ。こうすれば、金が手に入るチャンスが九六二回残る。

別の実験でも同じような結論が出た。一九九〇年代、ペンシルヴェニア大学ウォートン校の研究者であるロバート・マイヤーとシ・ヨンは、当たりの確率がわかっている選択肢一つと確率が不明な選択肢一つという合計二つの選択肢から一つを被験者に選ばせる実験を行なった。具体的に言うと、長く営業していて定時運航率がわかっている航空会社と、定時運航率がまだわからない新しい航空会社のいずれかを選ばせる、という実験である。一定期間にわたって定時に到着する回数を最大にするという目標を与えられた場合、古い航空会社のほうが明らかにまさっているわけではない限り、まずは新しい航空会社だけを利用するのが数学的に最適な戦略だ。よく知られている航空会社のほうがすぐれていることが明らかになったら――つまり新しい航空会社のギッティンズ指数が、なじみのある航空会社の定時到着率を下回ったら——さっさとおなじみの航空会社に切り替えて、決して新しい航空会社に戻ってはならない（この設定では、新しい航空会社を利用するのをやめたらそちらに関する情報はもう得られないので、名誉挽回のチャンスはない）。しかしこの実験では、被験者が新しい航空会社を利用したほうがよいときには十分に利用せず、利用しないほうがよいときに利用する傾向が見られた。また、新しい航空会社にきっぱりと見切りをつけず、しばしば選択肢のあいだを行き来し続けた。特に、どちらの航空会社も定時に運航していないときにその傾向が見られた。これらの結果はすべて、過剰探索の傾向と合致する。

心理学者のマーク・スタイヴァーズ、マイケル・リー、E＝J・ヴァーヘンマーケルスは四本腕バンディットの実験を行ない、四台のスロットマシンからプレイしたいマシンを一五回続けて被験者に選ばせた。それから被験者の用いたと思われる戦略を分類した。その結果から、被験者の三〇パーセントは最適戦略に最も近く、四七パーセントは「勝てばキープ、負ければスイッチ」に最も近く、二二パーセントは新しいマシンと今までで最良のマシンとのあいだをランダムに行き来したようだった。これもやはり過剰探索の傾向と合致する。というのは、「勝てばキープ、負ければスイッチ」やランダムな選択では、本来は活用だけをすべきゲームの終盤に、最良でない選択肢を試すことになるからだ。

つまりわれわれは秘書選びでは早まってしまいがちだが、航空会社選びでは探索をやめるのが遅すぎる傾向があるらしい。しかし秘書がいなければコストがかかるのと同じく、特定の航空会社を早まって選んでしまった場合にもコストが生じる。状況が変わるかもしれないからだ。

標準的な多腕バンディット問題では、各アームで当たりの確率はずっと変わらないことになっている。だが、航空会社やレストランなど、人が何度も選択を迫られる場では、確率は必ずしも不変ではない。各アームの当たりの確率が時間とともに変動するなら（これは「非定常バンディット」と呼ばれる）、問題ははるかに難しくなる（非常に難しく、完全に解くための手に負えるアルゴリズムが存在しないほどで、そのようなアルゴリズムはこの先もずっと出現しないと考えられている）。なぜそんなに難しいのかと言えば、その原因の一つは、もはや〝しばらく探索してから活用する〟だけではすまないという点にある。世界が変動する可能性のある場合、探索を続行するほうが正しい選択となるかもしれないのだ。何年か前に行ってがっかりさせられたレストランも、経営者が替わった可能性があるから、また行ってみるのも悪くないかもしれない。

ヘンリー・デイヴィッド・ソローはよく知られた随筆「ウォーキング」において、住まいの近くを歩くのが大好きで、周囲のようすに決して飽きたりせず、マサチューセッツの風景の中で常に新しいものや驚くべきものを見つけられるということに思いをめぐらせている。「事実、半径一〇マイルの円内、つまり午後のウォーキングの範囲内で目にすることのできる風景と、人生七〇年とのあいだにはある種の調和が存在する。どちらもけっしてなじみすぎることはない」（『ウォーキング』大西直樹訳、春風社より引用）。

移り変わる世界で暮らすには、自分の中にもいくらかの移り変わりが必要だ。物事が変化し続ける限り、探索を完全にやめてはならない。

とはいえ、標準的な多腕バンディット問題に合わせたアルゴリズム的手法は、変化する世界でも役に立つ。ギッティンズ指数や信頼上限といった戦略からは、合理的に有効な近似解や経験則が得られる。特に、時間が経過しても利得が大きく変動しない場合には有用だ。今の時代、世界の利得の多くはほぼ確実に、かつてないほど落ち着いている。ある週に食べごろだったイチゴ畑の果実は翌週になれば腐っているかもしれないが、アンディ・ウォーホルの言葉を借りれば「コークはコーク」(『ぼくの哲学』落石八月月訳、新潮社より引用)だ。われわれの直感は絶えず変化する世界に合うように進化してきたが、そんな直感が工業標準化の時代に必ずしも役に立つとは限らない。

おそらく最も大事なのは、最適解のあるさまざまな多腕バンディット問題について考えると、アルゴリズムが得られるだけでなく洞察ももたらされるということだ。探索と活用のバランス、残り時間の重要性、○勝○敗の選択肢の価値の高さ、後悔の最小化など、古典的なバンディット問題から生まれた概念を表す語彙は、目の前に現れる個々の問題だけでなく人の生涯全体について理解する新たな方法も与えてくれる。

探索と……

実験室での実験から明らかになる知見もあるが、人が遭遇するきわめて重要な問題の多くは時間的にあまりにも長期にわたるので、実験室では調べきれない。身のまわりの世界の構造を知り、持続的な社会的関係を築くことは、生涯にわたって続くタスクだ。ということは、生涯というスパンで序盤の探索と終盤の活用が一般的にどんなパターンを示すのかを知ると役に立つ。

人間には、発達心理学者なら誰でも解明し説明したいと願う、興味深い特徴がある。生きるのに十分な能力と自立性を獲得するのに何年もかかることである。カリブーやガゼルなら生まれた日にも捕食動物から逃れる力が必要だが、人間は歩き始めるまでに一年以上かかる。カリフォルニア大学バークリー校の発達心理学教授で『0歳児の「脳力」はここまで伸びる』（榊原洋一監修、峯浦厚子訳、PHP研究所）を執筆したアリソン・ゴプニックは、人間が自立までにこれほど長くかかる理由をこう説明している。「成長の過程で探索と活用のトレードオフの解決法を習得するためです」。すでに見たとおり、多腕バンディットをプレイするためのすぐれたアルゴリズムでは、早いうちに探索をたくさんして、得た情報をあとで活用する傾向がある。しかしゴプニックは「このパターンには、探索段階にいるあいだはよい利得が得られないという欠点があります」と指摘する。だから幼児期が存在するのだ。「幼児期には可能性の探索だけすればよく、利得の心配をする必要はないのです。利得のことは、ママやパパやおばあちゃんやベビーシッターが面倒を見てくれますから」。

生涯にわたるアルゴリズムにおいて、子どもはやがて終わる探索段階にいるだけだと考えると、未就学児の親はいくらか慰められるかもしれない（きわめて探索好きな未就学の娘が二人いるトム〔訳注　本書の著者の一人〕は、娘たちが後悔の最小となるアルゴリズムに従ってくれることを願っている）。しかしこの考え方からは、子どもの合理性に関する新たな洞察ももたらされる。ゴプニックによれば、「人が子どもをどうとらえてきたか、その歴史を見てみると、一般に子どもというのはさまざまな点で認知能力が不十分だと言われてきました。情報の活用能力という点では、まるで無能に見えるからです。靴紐が結べず、長期的な計画もろくに立てられず、注意力を集中するのも苦手です。子どもはこのたぐいのことが本当にだめなのです」。しかし、ボタンをランダムに押したり、新しいおもちゃに夢中になったり、ある対象から別の対象へとすばやく興味を移すのは、子どもがとても得意なことである。そして探索の時期にいるのなら、まさにそういうことをやるべきだろう。赤ん坊が家にあるものを片っ端から口に入れるのは、カジノでせっせとすべてのアームを引くのと同じことなのだ。

もっと一般的に言えば、合理性に関するわれわれの直感は、探索ではなく活用によって情報を得ていることがとても多い。意思決定について語る場合には、一つの決定から生じる直接的な報酬だけに目を向けるのがふつうだ。決定を下すときにいつもそれが最後の決定であるかのように考えるなら、確かに活用だけが意味をなす。しかし一生のあいだにはたくさんの決定を下すはずだ。それらの決定に関して、とりわけ人生の序盤には、探索――最良のものよりも新しいもの、安全なものよりおもしろいもの、熟慮されたものよりもランダムなもの——を重視するほうがじつは合理的ではないか。

子どもの気まぐれと思われるものが、じつは大人が気づいているよりも賢明な判断ということもあるかもしれない。

……活用

読書をしてきた人なら知っている岐路に私も到達した。この世で与えられた時間に限りがあるなかで、新しい本をもっと読むべきか、あるいはあのむなしい消費——むなしいというのは終わりがないからだ——をやめて、かつて最も強烈な楽しみを与えてくれた本を読み返すべきか。

——リディア・デイヴィス

幼児の対極には高齢者がいる。探索と活用のジレンマという観点から加齢をとらえると、われわれの生活が時間の経過とともにどう変わると考えるべきかについて驚くべき洞察も得られる。

スタンフォード大学の心理学教授ローラ・カーステンセンは、加齢をめぐる先入観に異議を申し立てることにキャリアを費やしている。特に、年齢とともに人の社会的関係がどのように変わるのか、そしてそれはなぜかについて研究してきた。基本的なパターンははっきりしている。人の社会的ネットワークのサイズ（すなわちかかわっている社会的関係の数）はほぼ例外なく、時間とともに縮小していくのだ。しかしカーステンセンの研究は、この現象に対してわれわれがもつべき見方を変えた。

従来の説明では、高齢者の社会的ネットワークが縮小するのは、加齢に伴って生活の質が低下することの表れの一つにすぎないとされる。つまり、社会的関係に貢献する能力の低下、身体の衰弱、社会からの全般的な離脱の結果と見なされる。しかしカーステンセンは、高齢者がじつは自らの意思で社会的関係を減らしているのだと主張してきた。彼女の言葉を借りれば、この縮小は「社会的および情動的な利得を最大化して社会的および情動的なリスクを最小化するために、自らの社会的ネットワークを戦略的かつ適応的に培《つちか》っていく、生涯にわたる選択プロセスの結果」なのだ。

カーステンセンの研究グループは、年齢とともに社会的ネットワークが縮小するのは、主として末梢的な関係を「切り捨て」て、親しい友人や家族からなる中核的な関係に気持ちを集中するからだということを見出した。このプロセスはどうやら意図的な選択らしい。人生の終わりに近づくと、人は最も意味のある人間関係に集中したくなるのだ。

カーステンセンと同僚のバーバラ・フレドリクソンはこの仮説を検証する実験を行ない、被験者に対し、三〇分を一緒に過ごすとしたら、身近な家族、最近読んだ本の著者、関心を共有していると思われる新しい知り合いのうち誰がよいか尋ねた。高齢の被験者は家族を選び、若い被験者は本の著者に会うことや新しい知り合いとの仲を深めることにも同程度の熱意を示した。しかし自分が国内の遠くへ引っ越すところだとしたらどうかと質問すると大きな変化が見られ、若い被験者も家族を選んだ。別の実験で、カーステンセンらは設定を逆にしても同じ結果が得られることを見出した。医学の飛躍的な進歩によって寿命が二〇年延びたならどうかと尋ねると、高齢の被験者の選ぶ答えは若い被験者と同様のものとなったのだ。つまり、人間関係に関する選択で見られたこれらの違いは年齢そのものによるのではなく、自分が下す決定について残り時間がどれだけあるかという認識と関係しているのだ。

残り時間に対する意識というのは、まさに探索と活用のジレンマに関するコンピューター科学が示唆することである。われわれは若者が気まぐれだと決めつける。そして高齢者というのは融通が利かないものだと決めつける。じつのところ、どちらもそれぞれの残り時間に対して完璧にふさわしくふるまっているのだ。社会的ネットワークを最も意味のある人間関係へと意図的に絞っていくのは、そうした関係を堪能できる残り時間が少ないことへの合理的な対応である。

高齢期は活用の時期だと理解すると、老化に伴う典型的な現象のいくつかを新たな視点でとらえることができる。たとえば大学に入るときは、初めて会う人たちでいっぱいの新たな社会的環境が楽しみでわくわくするのがふつうだ。それに対して高齢者介護施設に入るときには、初めて会う人たちでいっぱいの新たな社会的環境を思うとつらい気持ちになるのではないか。この違いをもたらす要因の一つは、探索と活用からなるひとつながりの時間的枠組の中でそれぞれの立っている位置が違うことだ。

探索と活用のトレードオフからは、年長者がくれるアドバイスをどう受け止めるべきかを学ぶこともできる。祖父がよいレストランを教えてくれたら、聞く耳をもつべきだ。何十年にもわたる探索の末に得た貴重な情報なのだから。ただし祖父が毎日午後五時になると必ず同じレストランで食事をしているというのなら、気兼ねなくほかの店を探索すべきだ。もっとも、よその店が祖父の行きつけの店にまさる可能性は低いが。

晩年とは、何十年もかけて集めてきた情報を活用する機会である。おそらくそう考えることで得られる最も深遠な洞察は、人生は時間とともによくなるはずだということだ。探索者は情報と引き換えに楽しみを手放す。すでに見たとおり、ギッティンズ指数や信頼上限アルゴリズムは、情報の少ない選択肢の魅力を期待値以上に高める。というのは、うれしい驚きは何倍もの利得となりうるからだ。しかしこれは同時に、ほとんどの場合に探索が必然的に期待外れに終わるということでもある。気持ちの多くをお気に入りのものに注げば、生活の質が高まるはずだ。そして実際そうなるらしい。カーステンセンの研究によれば、年配の人のほうが一般に自分の社会的ネットワークに満足していて、気持ちの面で若い人よりも高い充足度を報告することが多い。

そんなわけで、日暮れ近くのレストランの常連となって、生涯にわたる探索の果実を味わう日が訪れるのも大いに楽しみだ。

3 ソート

秩序を生み出す

探している語が「a」で始まるなら、本表の最初を調べよ。「v」で始まるなら、最後のほうを調べよ。「ca」で始まるなら「c」の最初を調べ、「cu」で始まるなら「c」の最後のほうを調べよ。ほかの語についてもすべて同様にせよ。

――ロバート・コードリー『アルファベット表』（一六〇四年）

ダニー・ヒリスはシンキングマシンズ社を創業する前、そしてあの有名な並列スーパーコンピューター〈コネクションマシン〉を発明する前、MITの学生として学生寮で暮らしていた。あるとき彼は、ルームメイトの靴下に愕然とした。

多くの大学生とは違って、ヒリスが愕然としたのはルームメイトの不潔さではない。ルームメイトが靴下を洗濯しないことに驚いたのではない。いや、洗濯はしていた。問題はそのあとだった。

ルームメイトは、洗濯済みの靴下を洗濯かごから一つ取り出す。次にもう一つ適当に取り出す。最初のと合わなければ、かごに戻す。こんなふうにして最初のとペアになる靴下が出てくるまで、一つずつ出しては戻すという作業を続けるのだった。

かごに入っている靴下が一〇組だけでも、このやり方では一組めが完成するまでに靴下を平均一九回取り出す必要があり、二組めを完成させるにはさらに一七回取り出さなくてはならない。すべてのペアをそろえるには、かごから平均一一〇回取り出すことになりそうだ。

コンピューター科学者の卵としては、別の部屋への移動を願い出ずにいられなかった。

靴下をそろえるにはどうするべきかという話になると、今やコンピューター科学者は驚くほど饒舌になる。二〇一三年にプログラミングのウェブサイト〈スタック・オーバーフロー〉に投稿された靴下問題をめぐっては、一万二〇〇〇語ほどの議論が交わされた。

「靴下には参ったよ！」と、伝説的な暗号研究者でチューリング賞を受賞したコンピューター科学者のロン・リヴェストは、訪ねていった私たちがこの話題を持ち出したときに打ち明けた。

このとき彼はサンダルを履いていた。

ソートの悦び

ソート（整列）こそ、コンピューターがこなす仕事の神髄だ。多くの点で、ソートがコンピューターを生み出したといっても過言ではない。

一九世紀の終盤、アメリカの人口は一〇年で三〇パーセントのペースで増加しており、国勢調査の「調査項目」は一八七〇年にはわずか五個だったが一八八〇年には二〇〇個を上回った。一八八〇年の国勢調査は集計に八年かかった。一八九〇年に次の国勢調査が始まる直前にぎりぎりで完了したわけだ。当時、「いらだたしい集計用紙と格闘する職員が……視力や正気を失わなかった」のは奇跡だと記した者もいる。この事業そのものが、自らの重みに耐えかねて今にも崩壊しそうだった。何か手を打たねばならない。

鉄道切符に穴をあける方式からヒントを得て、発明家のハーマン・ホレリスは〈ホレリスマシン〉という機械を使うシステムを考案した。厚紙のカードに穴を開けて情報を記録し、それを計数してソートするのだ。ホレリスは一八八九年にこれで特許を取り、一八九〇年の国勢調査で政府がこのホレリスマシンを採用した。それまでに誰も見たことのない装置だった。ある者は畏敬の念に満ちたようすでこう記している。「この装置はまるで神の水車のごとく正確に作動するが、速度は神の水車を凌駕《りょうが》する」。一方で、この発明品には限られた用途しかないと考える者もいた。「政府以外にこれを使う者はいないので、発明者が大儲けすることはないだろう」。ホレリスはこの言葉の書かれた新聞記事を切り抜いてとっておいたが、その予想が完全に当たることはなかった。彼の会社は一九一一年にほかの数社と合併し、コンピューティング・タビュレーティング・レコーディング・カンパニーとなった。数年後には改称し、インターナショナル・ビジネス・マシーンズ、つまりIBMとなった。

それから一〇〇年間、ソートはコンピューターの開発を牽引し続けた。「プログラム内蔵」式コンピューター用に書かれた最初のコードは、効率的なソートをするためのものだった。IBMの専用カードソート装置よりもコンピューターのほうがソート能力にすぐれていたことから、アメリカ政府は汎用装置への莫大な投資の正当性を認めた。一九六〇年代までに、ある調査では世界中のコンピューター計算資源の四分の一以上がソートに費やされていると推定された。そして言うまでもなく、ほぼあらゆるタイプの情報を扱う際にソートは不可欠である。最大値や最小値を見つけるにしても、頻度が最高や最低のものを探すにしても、集計や索引づくりをするにしても、重複データにフラグを立てるにしても、あるいは単に自分のほしいデータを探すにしても、たいていの場合、まずは目に見えないところでソートが行なわれる。

しかしソートはこれだけにとどまらず、さらにさまざまなところで実行されている。ソートの主たる目的の一つは、人間の目に利用しやすい形で物事を提示することである。つまり、ソートは人が情報を経験する際にも重要な役割を果たすのだ。ソートされたリストはいたるところに存在するので、「水とは何ぞや？」と問う魚がまれなように、その存在を認識するには意識的な努力が必要なほどである。そして意識すれば、それはありとあらゆる場所で見つかるのだ。

メールの受信ボックスでは、メールが何千通も入っていることもあるが、受信日時でソートされた上位五〇通ほどが表示されるのがふつうだ。口《クチ》コミサイトの〈イェルプ〉でレストランを検索すれば、所在地や評価に従ってソートされた数百軒のうち、トップの一〇軒ほどが表示される。ブログを見れば、日付順にソートされた記事一覧の一部が載っている。フェイスブックのニュースフィード、ツイッターのストリーム、レディットのホームページは、いずれもなんらかの独自の方法でソートしたリストとなっている。グーグルやビングなどは「検索エンジン」と呼ばれるが、この呼び方は適切ではない。正しくはソートエンジンなのだ。世界中の情報にアクセスする手段としてグーグルがこれほどの優位を保っていられるのは、数億にのぼるウェブページに含まれる文字を検出できるからというよりも（一九九〇年代のライバルたちも、たいていこれは十分にうまくできた）、ウェブページを巧みにソートして最も意味のある一〇のウェブページだけを表示するからだ。

ソートされた膨大なリストから切り取られた上位というのは、多くの点で普遍的なユーザーインターフェースとなっている。

コンピューター科学は、これらの事例すべてで人目につかずに起きていることを理解する方法をわれわれに与え、ひいてはわれわれが整理でお手上げ状態のときに助けとなるアイディアを与えてくれるかもしれない。日々、われわれは請求書や新聞や本や靴下などの整理におそらく思いのほか時間を取られている。その一方で、無秩序の害悪（および価値）を定量化すると、じつは整理などすべきでないケースも明らかになる。

さらに、調べ始めてみると、ソートすべき対象は情報だけでないことがわかってくる。人ムやボクシング場かもしれない。だからソートについていくらか理解すると、人間どうしがたまにしかけんかをせずに共存できる仕組みも説明できる可能性がある。つまりソートは、社会の本質についての驚くべき手がかりを与えてくれる。われわれが生み出す、もっと大きく重要な秩序の理解へと導いてくれるのだ。

スタジアも対象となるのだ。順位決定のコンピューター科学が最も思いがけず役立つのは、

ソートの苦しみ

「生産単位あたりのコストを下げるには、業務の規模を拡大するのが常道である」。J・C・ホスケンは、ソートについて初めて書かれた一九五五年の科学論文でそう述べている。これは経営学を専攻する学生なら誰でも知っている「規模の経済」だ。しかしソートに関しては、規模は破滅へのレシピだ。むしろソートに関しては、規模が大きくなると「ソートの単位コストは下がるのではなく上がる」。物事をまとめて処理すれば割安になるという通常の感覚に反して、ソートにおいては規模の拡大は著《いちじる》しい「規模の不経済」を伴う。一般に、二人分の食事をつくる手間は一人分の食事をつくるときと大差ない。そして、一人分の食事を二度つくるよりは確実に手間が少ない。しかしソートとなると、たとえば本が一〇〇冊入った書棚一つの整理には、五〇冊の本が入った書棚二つを整理するよりも時間がかかる。整

理すべき本が二倍あれば、一冊あたりの行き先候補の数も二倍になるからだ。処理すべき対象が増えれば増えるほど、作業はいっそう大変になる。

規模は負担となる。これがソート理論において何よりも根本的な第一の洞察である。

それならば、ソートの苦労や手間を最小化できるかどうかは、ソートすべき対象の数を最小化することにかかっている、と考えたくなる。そしてそれは正しい。靴下のソートに伴う計算の難しさを軽減する最良の策は、洗濯をもっとこまめにすることだ。たとえば今までの三倍の頻度で洗濯すれば、ソートのコストが九分の一に削減できる。実際、ヒリスのルームメイトが彼独自のやり方を続けるとしても、洗濯の間隔を一四日から一三日に短縮すれば、それだけで靴下をかごから取り出す回数が二八回減らせるはずだ（逆に間隔を一日延ばすだけで、取り出す回数は三〇回増える）。

このことからもわかるように、二週間というどうということのない期間でも、ソートの規模は手に負えないほどになってしまいかねない。ところがコンピューターは定常的に一回の処理で何百万ものアイテムをソートしなくてはならない。そのためには、映画『ジョーズ』のセリフを借りれば「もっと大きな船が必要だ」。そしてもっとよいアルゴリズムも。

だが、どのようにソートすべきか、どの方法がベストかという問いに答える前に、明らかにしておくべきことがある。スコアのつけ方だ。

ビッグO《オー》——最悪の事態の尺度

『ギネス世界記録』では、トランプ一組のソートの記録保持者はチェコのマジシャン、ズデニェク・ブラダーチとされている。二〇〇八年五月一五日、ブラダーチは五二枚のトランプをわずか三六・一六秒でソートした。* いったいどうやったのか。どんなソート方法でこのタイトルを獲得したのか。その答えがわかったらソート理論に興味深い光が当たるだろうが、ブラダーチはコメントを拒否した。

ブラダーチの技とそれを巧みにこなす腕前には感心するしかないが、じつは私たちでも彼の記録を破ることが不可能ではない。それは一〇〇パーセント断言できる。それどころか、二度と破られることのない記録が樹立できると自信をもって断言できる。記録保持者のタイトルを目指して、およそ八〇六五八一七五一七〇九四三八七八五七一六六〇六三六八五六四〇三七六六九七五二八九五〇五四四〇八八三二七七八二四〇〇〇〇〇〇〇〇〇〇〇〇回挑戦するだけだ。この八〇〇不可思議《ふかしぎ》（訳注　不可思議は数の単位で、一不可思議＝一×一〇の六四乗）を少し超えた数は五二の階乗であり、数学記号では「52!」と書く。これは五二枚のトランプ一組を並べたときに起こりうるパターンの数である。だいたいこの数と同じ回数だけ試行すれば、最初にシャッフルしたトランプが偶然の力で完全にソートされる瞬間がいずれ訪れる。こうなったら、クリスチャン＆グリフィスという本書の執筆チームの名をゼロ分ゼロ秒というなかなかのタイムとともに『ギネス世界記録』に堂々と載せることができる。

とはいうものの、私たちが挑戦しても志《こころざし》なかば、完璧な記録が樹立されるよりも先に宇宙が熱力学的死を迎えるのはほぼ確実だ。それでもこの試みを通して、記録保持者とコンピューター科学者とのあいだに存在する最大の根本的な違いが明らかになる。ギネス社にいるまともな人たちは、最良の結果（およびビール）だけを気にかける。もちろん、彼らに非はほとんどない。スポーツで記録に残るのは常に、最高の成績だけだ。しかしコンピューター科学者は最良の結果にはほとんど関心をもたず、むしろブラダーチのような人がソートに要する平均時間を知りたがるかもしれない。ブラダーチに八〇〇〇不可思議通りのパターンをすべてソートさせるか、あるいはほどほどのアイテム数のソートをさせて、全試行の平均記録を知りたがるのではないだろうか（コンピューター科学者がこの種の実験をやらせてもらえない理由がこれでおわかりだろう）。

そのうえ、コンピューター科学者は最悪のソート時間も知りたがるはずだ。最悪解析をすると、確実な保証ができるようになる。重要なプロセスが遅れることなく完了し、期限に間に合わないということがなくなるのだ。そこで本章の残り――そして実際には本書の残りすべて――では、特に明記しない限りはアルゴリズムの最悪のパフォーマンスだけを論じていく。

＊ブラダーチの記録はこれだけではない。これとほぼ同じタイムで、水中で自分の手にかけられた三つの手錠を外すこともできる。

コンピューター科学は、アルゴリズムの最悪シナリオを評価することを特に目的とした「ビッグO《オー》記法」という簡略な記述方法を生み出した。ビッグO記法には、その設計上、厳密ではないという固有の特徴がある。つまりアルゴリズムのパフォーマンスを分や秒で表すのではなく、問題のサイズとプログラムの実行時間とのあいだで成り立つ関係の種類を論じる方法なのだ。ビッグO記法は意図的に詳細を切り捨てるので、そこで浮かび上がるのは、問題をさまざまな広いくくりに分類するための枠組みである。

n人の客を招いて食事会を開くとしよう。客を迎えるために家を掃除するのに必要な時間は、客の人数にまったく左右されない。これは最も楽観的なタイプの問題で、「ビッグ・オー・1」と呼ばれ、書くときには「$O(1)$」と表記する。「定数時間」と呼ぶこともある。注目すべき点として、ビッグO記法では掃除にかかる実際の時間はいっさい考慮しない。常に一定で、客の人数にまったく影響されないからだ。客が一人でも、一〇人でも、一〇〇人でも、とにかく何人でも、すべき仕事は変わらない。

テーブル全体にローストビーフを配るのにかかる時間は「ビッグ・オー・n」であり、「$O(n)$」と表記する。これは「線形時間」とも呼ばれ、客の数が二倍になれば料理を全員に出すまでの時間も二倍になる。この場合も、ビッグO記法はそれぞれの客に出される料理の皿数や、料理のおかわりがあるかはいっさい考慮しない。どちらの所要時間も、やはり客の数に対して線形的に決まるからだ。「客の数」対「所要時間」のグラフを描けば直線になる。さらにビッグO記法においては、線形時間の要素が一つでもあれば、定数時間の要素はすべて存在しないのと同じ扱いを受ける。つまり、ただローストビーフを全員に一度ずつ行き渡らせるか、それとも三カ月かけて食堂を改修したうえでローストビーフを全員に一度ずつ行き渡らせるかというのは、コンピューター科学者にとっては実質的に等価なのだ。そんなのはおかしいと感じるなら、コンピューターが扱う値 n は容易に数千、数百万、数十億にもなりうるということを思い出してほしい。要するにコンピューター科学者はとてつもなく大規模な食事会を考えているのだ。何百万人という客を迎える場合、ローストビーフを全員に出す手間と比べれば家の改修などなんでもない。

客が到着し、全員が互いをハグして挨拶するとなったらどうだろう。最初の客がホストをハグする。二番めの客は二回ハグする。三番めの客は三回ハグする。全部でハグは何回されることになるのだろう。これは「ビッグ・オー・n の二乗」で、「$O(n^2)$」と表記され、「二乗時間」とも呼ばれる。ここでもやはり、n と時間との関係のおおまかな輪郭しか考慮しない。一人が二回ハグする場合の $O(2n^2)$ というものは存在せず、ハグの回数プラス料理を出す所要時間を表す $O(n^2+n)$ や、ハグの回数プラス家の掃除を表す $O(n^2+1)$ も存在しない。いずれも二乗時間なので、$O(n^2)$ ですべてカバーできる。

ここからもっと大変なことになっていく。「指数時間」$O(2^n)$ というのがあり、客が一人増えるごとにホストの仕事が二倍に増える。さらに大変なのが「階乗時間」$O(n!)$ と呼ばれるもので、これは本当に困難を極めるので、コンピューター科学者はジョークとして（トランプ一組が正しい順番になるまでシャッフルする話をしていたときのように）か、本当に

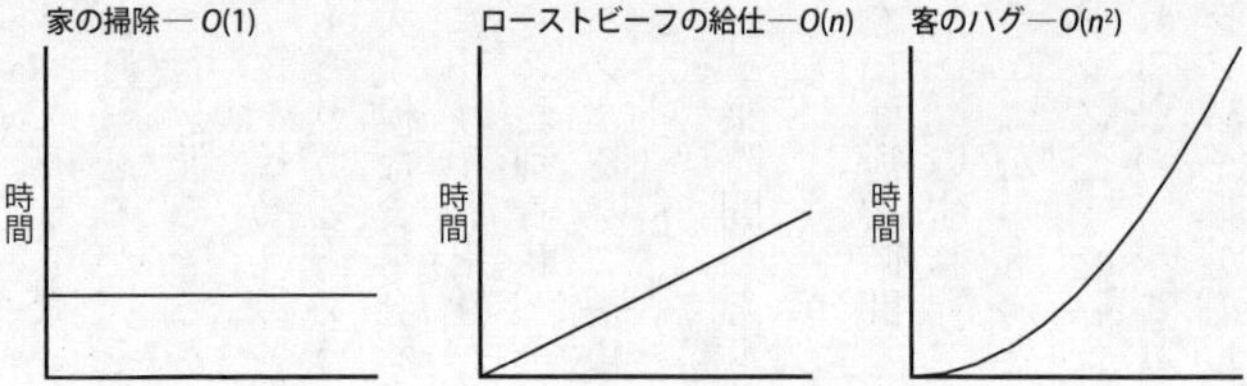

図3　定数時間 $O(1)$、線形時間 $O(n)$、二乗時間 $O(n^2)$。

心から論じたいと思うときにしか、このタイプの問題について語らない。

二乗時間——バブルソートと挿入ソート

二〇〇七年にオバマ上院議員がグーグルを訪れたとき、CEOのエリック・シュミットはふざけて就職面接のような質疑応答を始めた。「一〇〇万個の三二ビット整数を整列するのに最適な方法は？」と問うと、オバマは動揺したようすもなく、苦笑いを浮かべて答えた。「バブルソートはだめだと思います」。グーグルのエンジニアたちは歓声を上げた。「バブルソートにはぐっときた」と、一人があとで述懐している。

オバマがバブルソートを避けたのは正しい。このアルゴリズムはいわば、コンピューター科学を専攻する学生がトレーニングのために使う、サンドバッグのようなものだと言っていい。シンプルで、直感的に理解できるが、効率がすこぶる悪いのだ。

未整理のまま本棚に入っている本をアルファベット順に並べ替え

たいとしよう。本棚を端から見ていき、たとえばウォレス（Wallace）のあとにピンチョン（Pynchon）が来ているような順番の狂ったペアを見つけたら入れ替える、というのが自然なやり方だろう。ピンチョンをウォレスの前に入れてさらに探索を続け、棚の最後にたどり着くたびにまた最初に戻るということを繰り返す。順番の狂ったペアが見つからずに端から端まで進めるようになったら、そこで作業は完了だ。

これがバブルソートである。バブルソートは二乗時間を要する。順番の狂った本が n 冊あって、棚を一巡するたびに一冊につき最大で一ポジションだけ動かせる（小さな問題を見つけて小さな修復を施す）。したがって、棚全体が完全に逆の順番になっているという最悪の場合には、少なくとも一冊は n ポジション動かす必要がある。つまり n 冊の本を最大で n 回動かさなくてはならないので、最悪の場合には $O(n^2)$ となる。* これはひどい話ではない。先ほどの〝ソートできるまでシャッフルを続ける〟のが $O(n!)$ だったのと比べれば、はるかにましだ（コンピューター科学による裏づけが必要な人のために参考まで）。とはいえ、とかく数式の二乗項はすぐさまとんでもない値を取りがちだ。たとえば五段の書棚を整理するときには、一段の場合の五倍ではなく二五倍の時間がかかる。

＊実際に、バブルソートの平均実行時間がこれよりましになることはない。本は本来あるべき位置から平均で n／2ポジション離れているからだ。コンピューター科学者は n 冊の本を n／2回見るので、最悪の場合にはやはり $O(n^2)$ となる。

別の作戦を使ってもいい。棚から本をすべて出して、一冊ずつ戻すのだ。一冊めを棚の中央に置いて、二冊めを一冊めと比べて右か左に入れる。三冊めを取り、棚に並んだ本を左から右へと見て、入れるべき正しい位置を見つける。これを繰り返すうちに、やがてすべての本が棚の上で正しい順番で並ぶ。これで作業は完了だ。

コンピューター科学者は、このやり方を**挿入ソート**というもっともな名前で呼ぶ。ありがたいことに、これはほぼ確実にバブルソートよりもさらに直感的に理解しやすく、評判もそんなに悪くない。ただし残念なことに、じつはバブルソートより著《いちじる》しく速いというわけではない。すべての本を一回ずつ挿入しなくてはならず、挿入するたびに正しい位置を見つけるために平均で棚の本の半数ほどを見る必要がある。挿入ソートは実際にバブルソートよりいくらか速いが、やってみるとわかるとおり、やはり二乗時間の範疇には違いない。本棚一段より多くのものをソートするというのは、やはり相当に手ごわいのだ。

二乗時間の壁を破る――分けて征服

二つの完全にまともなやり方が、とてもではないがつきあいきれない二乗時間に陥るのを見てきた。そこで当然のこととして、これより速いソートが可能なのかという疑問が浮かんでくる。

この問いは生産性の問題のように感じられる。しかしコンピューター科学者に言わせれば、じつはむしろ形而上学《けいじじょうがく》に近い。つまり、光の速さ、タイムトラベル、超伝導体、熱力学的エントロピーについて考えるのと同じなのだ。宇宙の根源的な法則と限界にはどんなものがあるか。何が可能か。何が許されているか。こんなふうにしてコンピューター科学者は素粒子物理学者や宇宙論学者とまったく同様に、神の描いた設計図を垣間見《かいまみ》ている。秩序をもたらすのに必要な最小努力とはどんなものか。

（客が押し寄せる前に家を掃除するように）客が何人であろうと同じ時間で招待客リストをソートできる定数時間のソート$O(1)$を見つけることはできるのか。n冊の本の並んだ書棚がソートされていることをただ確認する作業さえ、定数時間で実行することはできない。なぜならn冊すべてを調べる必要があるからだ。だから定数時間で本をソートすることなどとうてい無理と思われる。

食卓に料理を行き渡らせるのと同程度の効率で、ソートすべきアイテムが二倍になれば作業も二倍になるだけという、線形時間のソート$O(n)$はどうだろう。今までの例から考えると、線形時間でもどうやら厳しそうだ。バブルソートと挿入ソートのどちらにしてもn^2となるのは、n冊の本を動かす必要があり、各移動で必要な作業の量もnに対応するからだ。本n冊×移動n回をただのnにするにはどうしたらよいのだろう。バブルソートで実行時間が$O(n^2)$となるのは、n冊の本をそれぞれ最大でnポジション移動させるためだった。挿入ソートでは、n冊の本すべてをほかの最大n冊の本と比べて正しい位置に挿入することから、実行時間はやはり二乗時間となった。線形時間のソートでは、ほかの本の冊数とは無関係に、定数時間でそれぞれの本を処理することになる。そんなことが可能とは考えにくい。そこで、二乗時間よりはスピーディーだが、おそらく線形時間ほどではないということがわかる。われわれに到達可能な点は、線形時間と二乗時間のあいだのどこかにあるのだろう。では、線形と二乗のあいだ、nと$n \times n$のあいだにアルゴリズムはないのだろうか。

じつはある。しかも、目に映っているのに見過ごされていた。

前にも述べたが、情報処理は一九世紀のアメリカ国勢調査から始まった。ハーマン・ホレリスが開発してのちにIBMが引き継いだ、物理的なパンチカードソート装置が使われた。一九三六年、IBMは別個にソートした二つのカードの山を一つに併合《マージ》できる「照合機」という装置の製造を始めた。二つの山がそれぞれソートされている限り、二つをまとめて一つの山にする手順は驚くほど簡単で、かかる時間は線形時間だった。二つの山の一枚めを比べて、数の小さいほうを新たにつくっている山に移し、すべてのカードが終わるまで同じ手順を繰り返すだけだ。

プログラム内蔵式コンピューターの威力を証明するためにジョン・フォン・ノイマンが一九四五年に書いたプログラムでは、照合というアイディアが見事な究極の結論へと行き着いていた。二枚のカードをソートするのはたやすい。数の小さいほうを上に重ねるだけだ。カード一枚の山が二つあって、それぞれの山がソート済みなら、照合によって四枚を一つのソートされた山にするのは難しくない。この手順を何度か繰り返すと、山はしだいに大きくなり、それぞれの山はすでにソートされた状態になっている。ほどなくして、完全にソートされた一つの山ができあがる。最後の劇的な併合によって、リフルシャッフル（訳注　トランプの組を二つに分けてそれぞれ両手に持ち、パラパラはじくようにカードを重ね合わせていく混ぜ方）によく似た動きを見せながら秩序がもたらされ、望みどおりの結果に至る。

　このやり方が今では**マージソート**と呼ばれている。これはコンピュータ科学において伝説的なアルゴリズムの一つだ。一九九七年に発表された論文には「コンピューティングの歴史においてソートが重要なのと同じくらい、マージソートはソートの歴史において重要である」と書かれていた。

　マージソートの威力は、これが線形時間と二乗時間の中間の計算量で実行できることに由来する。具体的には、「線形対数」時間と呼ばれる$O(n \log n)$である。照合を終えるたびにソートされた山の枚数が二倍になるので、n枚のカードを完全にソートするには、2を累乗してnに等しくなるのに要するのと同じ回数の照合が必要となる。この回数がまさに、2を底《てい》とする対数なのだ。二回の照合で最大四枚のカードをソートすることができ、もう一回照合するなら最大八枚、さらにもう一回照合するなら最大一六枚のソートができる。マージソートの「分けて征服」アプローチをきっかけとして、すぐさまほかの線形対数時間のソートアルゴリズムが続々と生まれた。線形対数時間の計算量が二乗時間の計算量に比べてたかだか一歩の改良にしか見えないとしたら、それははなはだ過小な評価である。たとえば国勢調査レベルのアイテム数をソートする場合、データを二九回調べるか三億回調べるかという

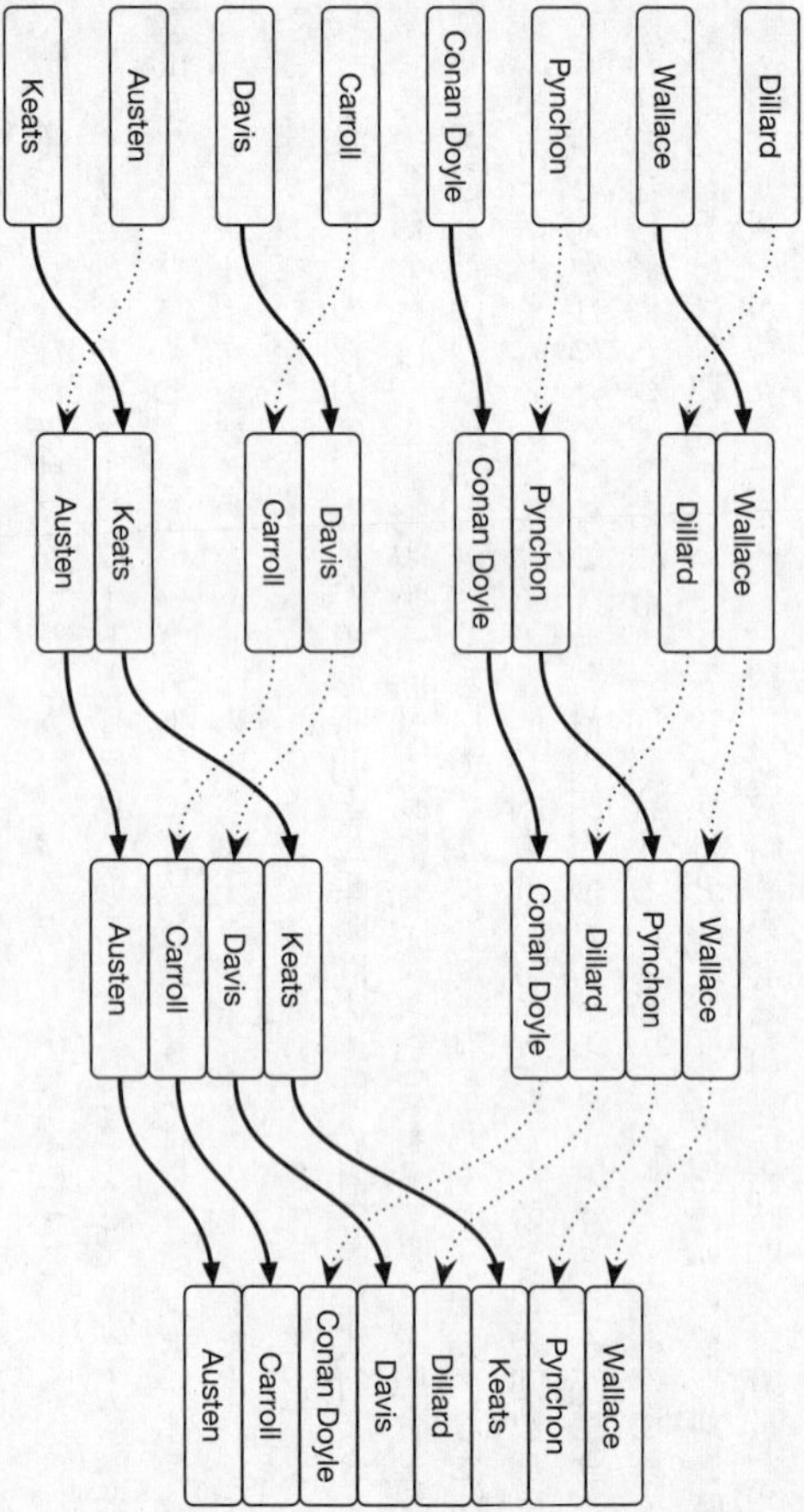

図4　マージソートの仕組み。未ソートの本8冊の入った書棚が1つある場合、まずは隣りあう2冊をソートされたペアにする。それから2つのペアを照合してソートされた4冊組にして、最後にこれらの組を照合して完全にソートされた状態にする。

違いになる。産業界の大規模なソート問題でこの方法が好まれるのも当然と言える。

マージソートは家庭内の小規模なソート問題にも実用できる。この方法がこれほど広く使われている理由の一つは、並列処理が容易な点にある。本棚の整理についてまだ戦略が決まらないなら、マージソートをすることにして、ピザを一枚注文しておいて友人を何人か呼べばよい。本を全員均等に割り当てて、担当の山をソートしてもらう。それから二人組になってそれぞれの山をまとめてもらう。山が二つになるまでこの手順を繰り返し、最後にこの二つの山をまとめながら書棚に並べる。ただし、ピザで本を汚さないように注意すること。

比較を超えて――対数時間を出し抜く

ワシントン州プレストンの近くにある地味な工業団地には、何の変哲もない灰色の建物がたくさん建っている。その一つに入っているのが、二〇一一年と二〇一三年の全米図書館ソート選手権の優勝者だ。仕切りで区切られた長いベルトコンベアが毎分一六七冊、一日八万五〇〇〇冊の本を運ぶ。バーコード読み取り機を通った本は自動的に選り分けられ、下向きに開く扉から九六個の運搬箱《バケット》のいずれかに落下する。

プレストンソートセンターは、本のソート施設として世界トップクラスの規模と効率を誇る。ここを運営しているキング郡ライブラリーシステムは、同等の設備をもつニューヨーク公立図書館と健全な競争を展開しており、四年にわたって接戦を繰り広げ、全米ナンバーワンのタイトルは両者のあいだを行き来している。「今年、うちがキング郡ライブラリーに負けるですって？」と、ニューヨークのソート施設〈ブックオプス〉の副責任者を務めるサルバトーレ・マガディーノが二〇一四年の対決の前に言った。「ありえませんね」。

理論家の目から見ても、プレストンソートセンターには格別に印象的な点がある。そこのシステムを通る本は$O(n)$、すなわち線形時間でソートされるのだ。

大事なのは、マージソートで達成される線形対数時間$O(n \log n)$は、まさにわれわれが期待しうる最良のものだという点である。n個のアイテムを一連のペア比較によって完全にソートしたい場合、$O(n \log n)$回より少ない比較では完了できないことが証明されている。これは宇宙の基本法則であり、そのことは疑う余地がない。

だが厳密に言って、ソートについての議論がここで打ち止めになるわけではない。というのは、一組のものを完全にソートする必要がない場合もあるし、アイテムどうしでペア比較をせずにソートできるときもあるからだ。この二つの原理を合わせると、線形対数時間よりも迅速におおまかで実用的なソートが可能になる。このことは**バケットソート**と呼ばれるアルゴリズムで見事に証明されており、プレストンソートセンターはその完璧な実例となっている。

バケットソートでは、アイテムをグループ化して互いにソートされた多数のカテゴリーに分けるが、カテゴリー内のソートについては考えない。それはあとですればよい（コンピューター科学において「バケット」という用語は未ソートのデータの集まりを指すだけだが、現実世界できわめて有効なバケットソートのなかには、キング郡ライブラリーシステムのように、まさに名が体を表すケースもある）。このソートのポイントは、n個のアイテムをm個のバケットにグループ化したい場合にはその作業が$O(nm)$という時間で完了する点にある。時間はアイテム数にバケットの個数を掛けた数に単純に比例するということだ。アイテム数に対してバケットの個数が比較的少なければ、ビッグO記法では丸められて線形時間の$O(n)$となる。

実際に線形対数時間の壁を破るのに大事なのは、ソートしようとしているアイテムの分布を知ることだ。バケットが適切に選べていないと、ソートしてもほぼ意味がない。たとえばすべての本が最終的に同じバケットに入るなら、まったく無意味である。一方、バケットをうまく選べば、アイテムをおよそ同じサイズのグループに分けることができる。ソートにおいて「規模は負担」という基本的な性質を考えれば、このようなグループ分けは完全なソートへ向かう大きな一歩である。本をアルファベット順に並べるのではなく配送先の分館ごとにソートする作業を行なうプレストンソートセンターでは、バケットの選択は貸出データによって決まる。貸出冊数は図書館によって異なるので、バケットを二つ、場合によっては三つ、割り当てられる館もあるかもしれない。

ソート装置で利用されているのと同様の知識は、人力でソート作業をする場合にも役立つ。ソートのエキスパートが働いている現場を見せてもらおうと、私たちはカリフォルニア大学バークリー校のドウ図書館とモフィット図書館へ向かった。両図書館で秩序を保つべき書架の全長は八四キロメートルもあり、作業はすべて人の手で行なわれている。図書館に返却された本はまず、議会図書館分類法による請求番号の記された棚が並ぶバックヤードに運ばれる。たとえばいくつかの棚に、返却されたばかりの請求番号PS３０００からPS９９９９までの本がごちゃ混ぜに入っている。アシスタントの学生が、図書館の書架に戻せるように最大一五〇冊を正しい順番に並べてカートに載せる。アシスタントはソートの基本的な研修を受けているが、仕事をするうちにそれぞれ独自のやり方を編み出していく。少し経験を積むと、カートいっぱいの一五〇冊をソートするのに四〇分もかからなくなる。その経験においては、期待すべきものを知るということが大きな部分を占める。

バークリーで化学を専攻する学部生でソート係のスターでもあるジョーダン・ホーは、PS３０００〜PS９９９９の棚に入った大量の本をさばきながら、彼のやり方を説明してくれた。

経験的に、３５００番台が多いということがわかっています。そこでまずは３５００番より下の本を探しておおまかに並べます。これが終わったら、今度はもっときちんと並べます。３５００番より下の本を片づけたら３５００番台をやりますが、この３５００番から３５９９番までは数が多いので、３５００番台で一グループにします。数が多ければさらに細かく分けて、３５１０番台、３５２０番台、３５３０番台とすることもあります。

ジョーダンは二五冊前後をカートに載せたら、挿入ソートを使って最終的な順番に並べることを目指している。彼の入念に考え抜かれた戦略は、まさにそれを達成するための正しいやり方だ――すなわちバケットソートである。さまざまな請求番号の本がそれぞれどのくらいあるかという確かな情報にもとづく予想によって、どんなバケットを使うべきか彼にはわかっている。

ソートは検索の事前対策

これらのソートアルゴリズムをすべて知っていれば、今度書棚の本をアルファベット順に並べるときに役立つはずだ。オバマ大統領と同じく、バブルソートはよくないということがわかるだろう。図書館の人間も機械も認めているとおり、この場合に有効な戦略はまずバケットソートで、山が十分に小さくなったら挿入ソートが適切となる。あるいはマージソートのピザパーティーをするのもよい。

しかし実際にこのプロセスの実行を手伝ってほしいとコンピューター科学者に頼んだら、そもそもソートする必要があるのかと真っ先に訊かれるはずだ。

コンピューター科学というのはつまるところトレードオフだ、と学部生は教わる。本書でも、「見る」と「跳ぶ」や「探索」と「活用」のあいだのバランスを扱ったところで、すでにこの点は見てきた。そしてとりわけ重大なトレードオフの一つが「ソート」と「検索」のあいだに生じる。基本原理としては、対象のソートに労力を注ぐことは、あとで検索に労力を費やさねばならないことに備える、先制攻撃にほかならない。細かいバランスをどうすべきかはその場の具体的なパラメーターによって決まるが、ソートというのは将来の検索を助ける場合のみ価値がある。そう考えると、驚くべきことが明らかになる。

無秩序は必ずしも悪くない。

検索するあてのまったくないものをソートするのは完璧な無駄であり、まったくソートされていないものを検索するのは非効率でしかない。

もちろん問題は、将来の使い方をどうやってあらかじめ見極めるか、である。

ソートのメリットを何よりもはっきりと見せつけるのは、グーグルなどのインターネット検索エンジンだろう。グーグルがユーザーの入力した検索フレーズを受け取って〇・五秒と経たぬうちにインターネット全体を探索できると考えると、信じがたい気がする。いや、さすがにそれは無理だ。そもそも、その必要がない。グーグルとしては、(a)将来に手持ちのデータが検索され、(b)検索は一度だけでなく何度も行なわれ、(c)データのソートに要する時間は検索に要する時間よりも「価値が低い」と見なされるということをほぼ確信している（この場合、結果が必要となる前にあらかじめソートを行なうのは機械で、検索するのは時間に大きな価値を置くユーザーだ）。これらすべての要因を考え合わせると、事前に膨大なソートを行なったほうがよい、という結論になる。そしてグーグルや同類の検索エンジンは実際にそうしている。

では、個人の本棚はアルファベット順に整理すべきなのか。たいていの一般家庭の本棚では、並べ替えに価値が認められる条件はほとんど成り立たない。特定の本を探し回ることはきわめてまれである。未ソートの対象を検索するのに伴うコストはかなり小さい。だいたいどのあたりにあるかわかっていれば、どんな本もすぐに見つけられる。ソートされた本棚では本を見つけるのに二秒かかり、未ソートの書棚では一〇秒かかるとしても、その差が決定的に状況を左右することはほぼありえない。あとで数秒の時間を短縮するためにあらかじめ何時間もかけて準備しておくほど、緊急に特定の本を必要とする事態はめったに起こらないのだ。さらに言えば、検索は目ですばやくできるが、手でソートするのは時間がかかる。

結論は明らかだ。本棚の整理に必要な時間とエネルギーは、すべての本を検索するのに要するそれより大きい。

整理できていない本棚のことで日々頭がいっぱいという人はそんなにいないかもしれないが、メールの受信ボックスが頭痛の種《たね》という人はかなりいるだろう。しかし、ここでも検索がソートをやすやすと打ち負かす。電子的なメッセージを手動でフォルダーに振り分けるのにかかる時間は、物理的な世界で紙の書類を整理するのとほとんど変わらない。一方、検索するにはメールのほうが紙の手紙よりもはるかに効率がよい。検索のコストが下がれば、それに伴ってソートの価値も下がる。

スティーヴ・ホイッテカーはメールの処理法に関する世界有数の専門家だ。IBMのリサーチサイエンティストであり、カリフォルニア大学サンタクルーズ校の教授も務めるホイッテカーは、二〇年近く前から人が個人情報を管理する方法を研究している（多くの人がまだメールを使用さえしていなかった一九九六年に「メールの過負荷」に関する論文を執筆した）。二〇一一年にはメールユーザーの検索とソートの習慣に関する研究を指揮し、「メールの整理は時間の無駄か」という論文を発表した。ネタバレになってしまうが、その論文の結論は力強い「イエス」だった。「実験で得られた結果ですが、経験にも裏づけられていますとホイッテカーは指摘する。「このたぐいの整理に関する問題について質問すると、皆さん決まってメールの整理を話題にしますが、これはいわば人生の一部の浪費なのです」。

無秩序の害と秩序の害が定量化可能であり、それらに伴うコストは「時間」という共通の通貨で計れる。コンピューター科学はそう教えてくれる。何かを整理せずに放置するのはだらしないと思われるかもしれない。将来の自分に責任を押しつけて、今の自分が先払いを拒否したコストに利息をつけて払わせるのに等しいと思われるのではないだろうか。しかし、話はそんなに単純ではない。ときとして、無秩序には容易な選択よりも大きな価値がある。それこそ最適な選択なのだ。

ソートとスポーツ

検索とソートのトレードオフから、しばしば無秩序はそのまま放置したほうが効率的であることがうかがわれる。とはいえ、人がソートをするのは時間の節約だけが目的とは限らない。最終的な秩序を生み出すこと自体が目的とされる場合もある。それが最も如実に表れる場所は、運動競技場をおいてほかにない。

一八八三年、チャールズ・ラトウィッジ・ドジソンは、イギリスのテニスの置かれた状況に対して多大なる疑念を抱いた。彼はこう述べている。

> 少し前のことだが、たまたまテニス大会を観戦していた私は、ある選手の嘆きを聞いた。トーナメントの早い段階で負けた(そのため入賞する可能性を完全に失った)うえに、自分よりかなり実力が劣るとわかっている選手が二位になるのを目《ま》の当たりにする屈辱を味わわされたというのだ。そこで私は現行の順位決定方法について考え始めた。

ふつうの観客なら、そんな「嘆き」はただの負け惜しみくらいにしか思わないかもしれない。しかし、ドジソンはただならぬ共感をもってそれを聞いた。オックスフォードの数学講師だった彼は、選手の嘆きによって、競技大会の本質を探る深遠な研究に踏み出した。

ドジソンは、オックスフォードの数学講師だけをやっていたわけではない。じつのところ、数学者だったことを知っている人のほうがまれだ。今では〝ルイス・キャロル〟として最もよく知られている。『不思議の国のアリス』をはじめとする一九世紀文学の数々の名作を執筆したときのペンネームだ。ドジソンは自身の数学と文学の才能を融合させて、あまり知られていない著作も発表している。その一つが「テニス大会――順位の正しい決め方および現行方式の誤りを示す証拠」という論文だった。

ドジソンの不満の矛先《ほこさき》は、**勝ち残り**（シングル・エリミネーション）**トーナメント**方式という仕組みに向けられた。選手が対戦し、一度負けたらただちに大会から敗退となる。しかし決勝戦で優勝者に敗れた選手が真の二番手とは限らず、優勝者と戦って敗れた選手なら誰でもじつは全選手のなかで二番めに強い可能性がある、とドジソンは強く主張した。皮肉なのは、オリンピックでは三位決定戦を実施するわけで、勝ち残り方式では三位を決めるのに十分な情報が得られないということをどうやらわれわれは認めているらしい、*ということだ。しかし実際には、勝ち残り方式では二位を決めるのに十分な情報も得られない。それどころか、優勝者以外については何もわからないのだ。ドジソンはこう記している。「現行の順位決定方式は、一位を除いてまったく無意味である」。要するに、銀メダルは嘘ということだ。

彼はさらにこう書いている。「数学的事実として、二番めに強い選手が実力に見合った順位となる確率は三一分の一六にすぎない。実力で上位の四選手が適正な順位となる確率は非常に低く、実際にそうなる確率は一対一二なのだ」。

ドジソンのペンの力をもってしても、テニス界を動かすことはほとんどできなかったらしい。彼が考えた解決策は、三回負けたら敗退となるトリプル・エリミネーション・トーナメント方式をややこしくひねったやり方で、自分を破った選手が負けたらその段階で敗退とするものだったが、支持を得ることはできなかった。ともあれ、彼の解決策が扱いにくいものだったにせよ、この問題に対する彼の批判はまさに的を射ていた（しかし残念ながら、勝ち残りトーナメント方式の大会では今でも二位が表彰されている）。

だが、ドジソンのロジックにはもっと深い洞察も見て取れる。われわれ人間がソートするのは、自分のもつデータや所有物だけではない。われわれ自身をソートすることもあるのだ。ワールドカップ、オリンピック、NCAA（全米大学体育協会）、NFL（アメリカプロフットボールリーグ）、NHL（アメリカプロアイスホッケーリーグ）、NBA（全米バスケットボール協会）、MLB（野球のメジャーリーグ）、は、いずれも暗黙のうちにソートの手順を実行している。シーズン戦、はしごトーナメント、プレイオフは、順位序列を決めるアルゴリズムである。

スポーツでおなじみのアルゴリズムの一つが**総当たり戦**方式である。n個のチームが自分以外のnマイナス一チームすべてと対戦する。最も包括的なやり方と言えるが、ひどく手間がかかる。すべてのチームを互いに対戦させるのは、夕食会ですべての客が互いにハグを交わすのに等しく、あの恐るべき二乗時間$O(n^2)$となってしまう。

＊ボクシングでノックアウトされた直後の選手が再び戦うのは医学的に危険と思われる場合など、選手二人に銅メダルが与えられることもまれにある。

はしごトーナメント方式は、バドミントン、スカッシュ、ラケットボールなどでよく用いられる。選手が一列の序列に並べられて、各選手は自分のすぐ上の選手に直接挑戦することができ、下の選手が勝てば順位が入れ替わる。はしごトーナメント方式はスポーツ界のバブルソートであり、それゆえ順位を確定するには二乗時間の $O(n^2)$ 回の試合が必要となる。

だが、おそらく最も広く用いられているのは、ブラケットトーナメント方式だろう。この方式は、三月の熱狂《マーチ・マッドネス》と呼ばれるあの有名なNCAAバスケットボールのトーナメントなどで採用されている。マーチ・マッドネスは、「六四校ラウンド」から始まり、「三二校ラウンド」、「スイート・シックスティーン」、「エリート・エイト」、「ファイナル・フォー」へと進み、最後が決勝戦となる。ラウンドごとにチーム数が半分に絞られていく。つまりこれは、おなじみの対数時間ではないだろうか。未ソートのチームのペアから始めて照合を繰り返していくという点で、この方式は実質的にマージソートだ。

すでに見たとおり、マージソートには線形対数時間、すなわち $O(n \log n)$ の時間がかかる。したがって、全部で六四チームが参加する場合には、はしごトーナメント方式や総当たり方式では六三ラウンド（二〇一六試合）も要するのに対し、ブラケットトーナメント方式なら六ラウンド（一九二試合）ほどで優勝チームが決まる。この差は大きい。アルゴリズム設計のおかげだ。

マーチ・マッドネスは六ラウンドで決着する。それは悪くなさそうだ。だが、ちょっと待った！　一九二試合？　マーチ・マッドネスは六三試合で終わるではないか。

じつは、マーチ・マッドネスは完璧なマージソートではない。六四チームすべての順位が完全に決まるわけではないのだ。各チームの正しい順位を決定するには、二位を決めるのにあと数試合、三位を決めるにもまた数試合……という具合にもっと試合をする必要があり、全部で線形対数的な試合数をこなすことになる。しかしマーチ・マッドネスではそうせず、ドジソンが不服を訴えたテニス大会と同様に、敗退したチームはソートしない勝ち残りトーナメント方式を用いている。この方式のメリットは、線形時間で完了する点にある。一試合ごとに確実に一チームが敗退していくので、最後に一チームを残すにはnマイナス一試合だけすればよい。つまり線形時間だ。逆に欠点は何かと言えば、一位以外の順位が正確にわからないことだ。

皮肉にも、勝ち残り方式ではどんな工夫もじつはまったく要《い》らない。とりあえず六三試合を行ないさえすれば、無傷のチャンピオンが一チームだけ残る。たとえば、「王者」チームに対して挑戦者が次々に戦いを挑む。王者チームを負かしたチームが新たな王者となり、挑戦を受けていく。しかし、この方式では同時に複数の試合をすることができないので、別個に六三のラウンドが必要という欠点がある。また、一つのチームが六三試合も続けて戦わされる可能性もある。疲労を考慮すると、これは理想的なやり方ではないかもしれない。

第1章で紹介したマイケル・トリックが生まれたのはドジソンよりゆうに一〇〇年以上あとだが、二一世紀に入ってスポーツに対するドジソンの数学的な姿勢を誰よりも強く受け継いでいるのはトリックだろう。本書ではすでに最適停止を扱ったところでトリックに登場してもらったが、恋人探しに三七パーセントルールを適用して失敗に終わってからの数十年間で、彼は夫となり、オペレーションズリサーチの教授となり、さらに今では野球のメジャーリーグの試合や、ビッグ・テンやACCといったNCAAの大会のために日程を管理する中心的立場となって、コンピューター科学を駆使して年間の試合計画を作成している。

トリックの指摘によれば、スポーツのリーグが重視するのはなるべく迅速かつ能率的に順位を決定することではない。日程表を見れば、シーズンを通じて盛り上がりが保たれるように考慮されていることが、はっきりとわかる。ソート理論でこれが関心事となることはまずない。

たとえばメジャーリーグでは、早く地区優勝チームが決まるのを見たいと思う人がたくさんいます。地区内の試合編成を無視すれば、開幕からまもないうちに優勝チームが決まることもあるかもしれません。しかしわれわれが実際にするのは、シーズン終了間際の五週間に地区内の全チームが互いに対戦するように日程を組むことです。なぜそうするかと言えば、早く地区優勝レースが決着することは重要ではないからです。シーズン最後の五週間に少なくとも六試合は、順位の近い敵と対戦させるのです。そうすることによって、日程やシーズンに対する関心が高まります。こうすれば、不確実性の解消が先延ばしされるからです。

さらに言えば、もちろんスポーツは必ずしも厳密に試合数を最小限に抑えるように設計されているわけではない。これを覚えておかないと、スポーツの日程作成のもついくつかの側面はコンピューター科学者にとって不可解に思われるだろう。トリックは二四三〇試合で構成される野球のレギュラーシーズンについて、こんなふうに述べている。「完全なソートをしたいなら、比較は $n \log n$ 回するのが正しいということはわかっています。これならすべての順位が決められます。しかし優勝チームだけ決まればいいのだとしたら、それだけのために n^2 回も試合をする必要はないでしょう?」。言い換えれば、線形対数時間で完全なソートができ、n 回よりも少ない試合で勝ち残り方式による無敗のチャンピオンを決めることができるとわかっているのに、なぜ $O(n^2)$ 試合の完全な総当たり戦を行なってからさらに数試合を行なうのか。それは、試合数を減らすとじつはメジャーリーグの利益にはならないからだ。コンピューター科学においては、不必要な比較は常に「悪」であり、時間と労力の無駄と見なされる。しかし、スポーツではまったく事情が違う。なにしろ多くの点で、試合そのものが大事なのだから。

あえて非効率に──ノイズと頑健性

スポーツをアルゴリズムという観点から見る眼を鍛える方法としておそらくさらに重要な

のは、銀メダルの価値がどこまで信用できるかを問うよりもまず、金メダルの価値がどこまで信用できるのかを問うことだろう。

マイケル・トリックはある種のスポーツにおいて、「たとえば野球では、チームの実力とはほぼ無関係に、一つのチームは全試合の三〇パーセントでは負けて全試合の三〇パーセントでは勝つものなのです」と言う。このことから、勝ち残り方式では厄介な問題が生じる。たとえばNCAAのバスケットボールで、対戦する強いほうのチームが七割の確率で勝つとする。大会で優勝するには六試合連続で勝つ必要がある場合、最強のチームでも優勝する確率は〇・七〇の六乗、すなわち一二パーセントにも満たない。言い方を変えれば、NCAAで真の最強チームが優勝できるのは一〇年に一度だけということになる。

種目によっては、試合の結果に七〇パーセントの信頼を置くことすら、最終スコアを過剰に信頼していることになるかもしれない。カリフォルニア大学サンディエゴ校の物理学者トム・マーフィーは、数理モデルの手法をサッカーに適用した。そしてサッカーはスコアの数字が小さいので、試合結果はたいていのファンが信じたがっているよりもずっと偶然に近いと結論した。「スコアが三対二なら、勝利チームのほうが本当に強い確率は八分の五にすぎない……。個人的には、この程度の差ではさほどすごいとは思えない。六対一で圧勝しても、その勝利が統計学的な偶然である可能性は七パーセント残っている」。

コンピューター科学者は、この現象を「ノイズ」と呼ぶ。本書でここまでに取り上げたソートアルゴリズムは、いずれも優劣の判断を決して誤らない、欠陥がなく完璧で確実な比較を想定していた。「ノイズのある比較」を許容すると、コンピューター科学でとりわけあがめられているアルゴリズムのいくつかが消え去り、逆にひどく評判の悪いいくつかのアルゴリズムが復活する。

ニューメキシコ大学のコンピューター科学教授デイヴ・アクリーは、コンピューター科学と「人工生命」が交差する領域で研究に携《たずさ》わっている。コンピューターは生物学から学べることがある、というのが持論だ。そもそも、生物の生きる世界はコンピューターが前提としているレベルに近い信頼性をもつプロセスをほとんどもたず、いわゆる「頑健性《ロバストネス》」を指向して土台から築き上げられている。アルゴリズムにおいても頑健性の価値をそろそろ認めるべきではないか、とアクリーは訴えるのだ。

というわけで、プログラミングに関する権威ある大著『The Art of Computer Programming』（Donald E. Knuth 著、有澤誠・和田英一監訳、アスキードワンゴ）が「バブルソートは明らかに望ましい特徴はもたない」（『The Art of Computer Programming』より引用）と大胆にも言いきっているにもかかわらず、アクリーらの研究ではバブルソートのようなアルゴリズムにも存在すべき場所がないわけではないことが示唆されている。対象を一度に一ポジションずつしか動かせないという非効率性こそがノイズに対する高い頑健性をもたらし、比較のたびに対象が大きく移動する可能性のあるマージソートなどのもっと高速なアルゴリズムよりもはるかに頑健なソートが実現できる。逆に、マージソートはその効率性ゆえに脆弱《ぜいじゃく》となる。マージソートで初期にエラーが生じた場合、勝ち残り方式の一回戦で不覚にも敗退するようなもので、優勝を期待して応援している人の期待が打ち砕かれるだけでなく、チームの順位が全体の下半分で確定してしまう。* 一方、はしごトーナメント方式ではバブルソートと同じく、たまたま一試合を取りこぼしても順位が一つ下がるだけですむ。

しかし実際には、ノイズのある比較に対して最も有効なアルゴリズムはバブルソートではない。この場合に最も有効なのは、**比較数え上げソート**というアルゴリズムである。このアルゴリズムでは、すべてのアイテムを互いに比較して、それぞれがほかのアイテム何個にまさっているかを数える。この数字がそのまま順位として使える。比較数え上げソートはすべてのペアを比較するので、バブルソートと同じく二乗時間のアルゴリズムである。したがって、従来のコンピューター科学の応用においてはあまり人気がないが、エラーへの許容性がきわめて高い。

このアルゴリズムの仕組みには聞き覚えがあるはずだ。比較数え上げソートは、総当たり方式とまったく同じなのだ。つまり、同じ地区の全チームと対戦し、勝敗の記録によって順位を決めるという点で、スポーツチームのレギュラーシーズンとよく似ている。

これまでに知られているソートアルゴリズム（二乗時間に限らず）のなかでこの比較数え上げソートが最も頑健であるという事実は、スポーツファンにとって特別な意味をもつはずだ。自分の応援するチームがプレイオフに進出できなくても嘆く必要はない、と教えてくれるのだ。マージソートで決まるプレイオフ進出は偶然に左右されるが、比較数え上げソートで決まるレギュラーシーズンの順位は偶然の結果ではない。優勝決定戦という方式は頑健ではないが、地区内の順位決定プロセスはまさにこれ以上ありえないほど頑健だ。言い方を変えてみよう。応援しているチームがプレイオフで早々と敗退してしまったら、それは運が悪かったということだ。一方、プレイオフに進出できなかったなら、それは実力のせいだ。スポーツバーで失意のファンどうしの慰めあいはできるかもしれないが、コンピューター科学者からはいっさい同情してもらえないだろう。

戦いの末に――力関係の序列

これまでに見てきたすべての例で、ソートのプロセスは常にトップダウンで押しつけられていた。図書館員が本を棚に並べるにしても、NCAAが試合の対戦相手や日程を決めるに

＊興味深いことに、NCAAのマーチ・マッドネスは、このアルゴリズムにつきものの欠点を軽減する意図をもって設計されている。すでに述べたとおり、勝ち残り方式最大の問題点と思われがちなのが、優勝チームと最初に対戦して負けたチームがじつは全体で二番めに強いチームであっても（未ソートの）下位半分に入ってしまうというシナリオだ。しかし、NCAAはランキングが上位のチームどうしが早い段階で対戦しないようシード方式を採用することで、この問題を回避している。マーチ・マッドネスの歴史において、第一六シードのチームが第一シードのチームを破ったことは一度もないことから、少なくともきわめて極端なケースについてはシード方式を信頼してよさそうである。

してもそうだ。しかし、一対一の比較が自発的にしか起こらないとしたらどうだろう。ボトムアップで有機的にソートが生じるとしたら、どんなことになるだろう。

たいていのスポーツがなんらかの統括機構の支配を受けるのに対し、ポーカーはこの一〇年間で爆発的に人気が高まったにもかかわらず、無秩序な面を残している。注目度の高い大会では出場者の順位を明確にする（そしてその順位に応じて報酬が支払われる）こともあるが、依然としてポーカーの大半は二人以上のプレイヤーが自ら同意したうえで、オンライン上で手番ごとに本物の金を賭ける「キャッシュゲーム」としてプレイされている。

そんなキャッシュゲーム・ポーカー界を知りつくしている人物と言えば、世界トップクラスのプレイヤーであるアイザック・ハクストンにまさる者はなかなかいない。たいていのスポーツでは実力を最大限に発揮すれば十分で、自分の技量に対する自意識は低ければ低いほどよい。ところがハクストンに言わせれば、「ある意味で、プロのポーカープレイヤーにとって最も大事なスキルというのは、自分の力量を正しく評価できることなのです。真に世界最強のプレイヤーでない限り、自分より強い相手との対戦を続けていたら、ほぼ確実に破産してしまいますから」。

ハクストンはヘッズアップ・ノーリミットのスペシャリストだ。「ヘッズアップ」というのは一対一で対戦するポーカーで、「ノーリミット」はまさにその名のとおり賭け金が最も高く、プレイヤーが支払いに耐えられる限りはいくらでも賭けられる。多数のプレイヤーが参加するポーカーのキャッシュゲームでは、弱いプレイヤー（金持ちの素人など）が一人いて、同じテーブルを囲むプロたちに金をむしり取られるというケースが少なくない。この場合、プロは自分たちのなかで誰が強いかについてはあまり気にしない。しかし、ヘッズアップの世界は事情が違う。「どちらが強いか、プレイヤーどうしで見方が違っているはずです――負けを承知でプレイしているのでない限り」。

では、見解が明確に一致し、誰も自分より強い相手と戦おうとしない場合にはどうなるのか。プレイヤーたちがひたすら椅子取りゲームをするような状況になる。たいていの場合、オンラインのポーカーサイトでは提供されるテーブルの数に限りがある。「ですから、五〇ドルか一〇〇ドルくらいのブラインド（訳注　カードが配られる前に払う賭け金）でヘッズアップ・ノーリミットのプレイをしたければ、それができるテーブルが一〇個しかなかったりします。そこで、今のところ最強だというコンセンサスのあるプレイヤー一〇人だけが……プレイしようという相手が現れるのを待ちかまえることになります」とハクストンは言う。もっと強いプレイヤーが現れて、どこかのテーブルに着いたら？　賭け金を献上するつもりがなければ、待っていたプレイヤーはさっさと退散する。

「サルが二匹いるとしましょう」と言うのはクリストフ・ノイマンだ。「一匹はゆったりと座って餌を食べています。そこに別のサルがやって来たら、先にいたサルは立ち去るでしょう」。

ノイマンはポーカーの比喩を語っているのではない。彼はヌーシャテル大学の行動生物学者で、マカクの集団における支配関係を研究している。先ほど彼が語った状況は「転位」と呼ばれる。

転位が起きるのは、動物が序列に関する自らの知識にもとづき、対決しても意味がないと判断したときである。多くの動物社会では、資源や機会、すなわち食料、交尾相手、好ましい居場所などが乏しいので、誰が何をもらうかをなんらかの方法で決めなくてはならない。あらかじめ序列を定めておくほうが、交尾のチャンスやよい草地が出現するたびに殴りあうよりも穏便に事が運ぶ。生き物が鉤爪やくちばしを互いに向けあっているのを目撃すると、われわれはたじろぐかもしれないが、生物学者は動物界の序列というのは暴力を回避するための暴力だと考えているのが常だ。

どこかで聞いたような話ではないだろうか。そう、これは検索とソートのトレードオフだ。序列の決定は、基本的に計算で答えを出せる問題に対するマッチョな解決策である。だから、農場でニワトリどうしのけんかを防ぐためにくちばしの尖端を取り除く「断嘴《だんし》」というのは、人間としてはよかれと思ってやっていることがじつは逆効果となる。けんかという権威によって序列を決めることができず、そのためニワトリたちがいかなる序列決定の手順も実行するのがはるかに難しくなってしまうのだ。そして多くの場合、集団内の敵対が逆に激化する。

動物の行動をコンピューター科学的な観点からとらえると、いくつかのことが見えてくる。たとえば、群れが大きくなるにつれて、各個体の遭遇する敵対的対立の回数が著《いちじる》しく――

少なくとも対数的に、場合によっては二次関数的に——増える。実際、雌鶏《めんどり》の「敵対行動」を調べた研究で「群れが大きくなるにつれて一羽あたりの攻撃的行為の回数も増える」ことが判明している。つまりソート理論から、倫理的配慮をもって家畜を飼育するには、群れのサイズを制限する必要があるということがわかる（野生のニワトリは一〇羽から二〇羽ほどの群れで行動する。これは商業用養鶏場で飼育される数よりもはるかに少ない）。研究ではまた、群れに新たな個体が加わらない限り、数週間で攻撃性は消失するらしいということも明らかとなり、群れが自ら序列を定めているという見方が裏づけられた。

自然界で分権的な、すなわち分散型のソートについて考える際に鍵となるのは、支配の序列が究極的には情報の序列だという事実である、とウィスコンシン大学マディソン校で複雑性・集合並列計算センターの共同責任者を務めるジェシカ・フラックは言う。フラックによると、こうした分散型ソートシステムには計算に伴って重大な負担が生じる。たとえばマカクの群れで起きるけんかの回数は、すべてのマカクが序列について詳細な（そして共通の）理解を抱いている限りは最小限に抑えられるが、この理解がないと暴力が起きる。

リーダーが現在の序列をどれほどきちんと把握できているかが問題だとすれば、推測力や記憶力のすぐれた動物のほうが対決は少ないはずだと、考えたくなる。そして、人間こそ最適な効率的ソートに最も近い位置にいると思われるかもしれない。ハクストンはポーカーの世界について「私はヘッズアップ・ノーリミットでやるホールデム（訳注　ポーカーのゲームの一つ）のプレイヤーとして世界の頂点に立つ一人です。頭の中には、私から見て世界のトップ二〇人ほどのかなり明確なランキングが入っています。ほかのトッププレイヤーの頭にも、それぞれ同じようなランキングがあるはずです。そのランキングは互いにかなり重なっているのではないかと思います」と語っている。キャッシュゲームが行なわれるのは、このランキングに違いがある場合だけだろう。

戦いではなくレースを

集団が自らをソートしようとする際に生じる二つの問題点を見てきた。集団が大きくなるにつれて、対決は少なくとも線形対数的に増えて、すべてのメンバーの生活が闘争的になる。また、全員の地位が絶えず変動するなかで、ライバルどうしは互いにほかの全員の地位を常に把握していなくてはならない。それを怠ると、本来なら不要なはずの戦いをするはめになる。この戦いによって、身体だけでなく精神にも負担が生じる。

しかし、必ずしもこんなやり方をする必要はない。コストを払わずに秩序を形成する方法は存在する。

たとえば、一試合の時間内で何万人という出場者をもれなく順位づけできる競技がある(これに対し、一万人が出場する総当たり方式の大会では、一億回の試合が必要となる)。ただし、試合に要する時間は最もスローな出場者によって決まる。そう、マラソンである。

こう考えると、ある重大な事実が見えてくる。レースというのは根本的に戦いとは違うということだ。

ボクサーとスキー選手、あるいはフェンシング選手とランナーの違いを考えてみよう。オリンピックのボクシングに出場する選手が表彰台に上がるには、脳震盪を起こす危険を$O(\log n)$回、ふつうは四回から六回ほどくぐり抜ける。出場者が増えれば、全選手の健康を危険にさらすことになる。一方、スケルトン、スキーのジャンプ、スノーボードのハーフパイプに出場する選手は、出場者数にかかわらず、重力との賭けを一定の回数だけこなせばよい。フェンシングの選手が対戦相手に身をゆだねるのは$O(\log n)$回だが、マラソン選手はレースを一度だけ走り抜けばよい。成績を評価する単純な数値尺度があれば、順位を特定する定数時間のアルゴリズムが得られる。

このように「序数」（順位だけを表す）から「基数」（対象を評価する定量的尺度を直接的に定める）へ移行すれば、ペアごとの比較を行なわなくてもおのずと集団をソートできる。したがって、一対一の直接対決を必要としない序列の決定が可能となる。〈フォーチュン500〉企業ランキングは、ある種の企業序列を生み出すという点でまさにその一例である。アメリカで最も価値の高い企業を特定するために、アナリストはマイクロソフトとゼネラルモーターズを比べてからゼネラルモーターズをシェブロンと比較し、それからシェブロンをウォルマートと比較して……というやり方で企業精査をする必要などない。このように一見するとリンゴ対オレンジの比較（企業向けソフトウェアの導入件数と石油の先物取引件数を比べることなどできるだろうか？）のようなものが、「金額」を媒介とすることによってリンゴ対リンゴの比較となる。比較基準（それがどんなものであれ）があれば、ソートをスケールアップする際に生じる計算の問題が解決できる。

たとえばシリコンヴァレーでは、企業間ミーティングに関する格言がある。「金のあるところへ行け。金は向こうから来ない」。ベンダーは起業家を詣《もう》で、起業家はベンチャー投資家を詣で、ベンチャー投資家は有限責任パートナーを詣でる。個人がこの序列の原理に憤慨するのは勝手だが、その裁定に異議を申し立てることはできない。そのため一対一のやりとりは、地位をめぐる攻防を最小限に抑えたものとなる。一般に二人の人間が相対《あいたい》すれば、交渉するまでもなく、どちらがどちらにどの程度の敬意を示すべきかはわかる。自分の詣でるべき相手がわからない者はいない。

同様に、海上の優先通行権は建前としてきわめて細かい慣習に支配されることになっているが、実際にはどちらの船がどちらの船に針路を譲るかは「総トン数の法則」というたった一つの単純明快な原則で決まる。ごく単純に言えば、小さいほうの船が道を譲るのだ。動物のなかにも、同じように明確な序列をもつものがいる。ノイマンは「たとえば魚を見てください。体の大きいほうが優先されます。じつに単純な話です」と述べている。そしてじつに単純なこのルールに従って、魚たちは円満に過ごしている。ニワトリやサルと違って、魚は血を流すことなく秩序を保っているのだ。

大規模な人間社会を実現させている要因について考える場合、農業、金属、機械といったテクノロジーに目を向けるのは簡単だ。しかし、定量化可能な尺度で地位を見定めるという文化的な慣行も同じくらい重要かもしれない。もちろん、基準が金である必要はない。たとえば「年長者を敬え」というような決まりも、互いの立場を特定する際に共通の定量的基準となる。人間どうしのみならず、国と国とのあいだでも同じ原理が働く。国内総生産（G20などの外交サミットで招待国リストの基準となる）のような基準は、不完全で粗雑な尺度だと指摘されることが多い。しかしなんらかの基準があれば、国の格づけをめぐる問題は、少なくとも線形対数的な数の対決と決着を要するものから、単一の基準ですべてを順位づけするものへと変わる。国家間の地位紛争がしばしば戦争という形をとることを考えると、この解決策は時間の節約になるだけでなく命を救うことにもなる。

　線形対数的な数の戦いも、小規模な集団では役に立つかもしれない。実際、自然界ではそうなっている。だが、一対一の比較によって地位が決まる世界では、そこで行き交うのが言葉であれ砲弾であれ、社会が成長すればたちまち対決の規模は手に負えないほど拡大していく。何十億という人々が同じ空間を共有している産業時代の規模で物事を動かしていくには、その先へと跳ぶことが求められる。序数から基数への飛躍が必要なのだ。

　われわれは日々の生存競争《ラットレース》をひどく嘆くが、それは「戦い《ラット》」ではなく「競走《レース》」だ。この事実こそ、われわれ人間をサルやニワトリから、そしてネズミからも、隔てる重要な鍵なのだ。

4 キャッシュ

さっさと忘れよう

われわれの知力を実際に使用するに当たって、忘却は記憶と同様に大切な機能である
(『心理学』今田寛訳、岩波文庫より引用)。

――ウィリアム・ジェイムズ

困ったことがある。クロゼットにものが収まりきらず、靴もシャツも下着も床にあふれ出ている。「そろそろ整理しないと」と思う。ここで考えるべきことは二つだ。まず、何をとっておくか。そして、どこに置くか。ありがたいことに、この二つの問題について考えることを生業《なりわい》としている人たちからなる小さな業界があり、その人たちは嬉々としてアドバイスをくれる。

何をとっておくかについては、マーサ・スチュワートは自分にいくつかの質問をしろと言う。「いつからある？　まだ使える？　同じものをもっていない？　最後に使ったのはい

つ？」。とっておくものをどこに置くかについては、「同じ種類のものはまとめること」と言い、彼女の同業者たちも同じ意見だ。フランシーヌ・ジェイは『捨てる 残す 譲る』（弓場隆訳、ディスカヴァー・トゥエンティワン）の中で「スカート、ズボン、ドレス、コートもそれぞれひとまとめにしてください」と言い、「アメリカで一番整理整頓の得意な男」を自称するアンドリュー・メレンは「アイテムは品目別に分類すること。スラックスは全部一緒、シャツも全部一緒、そしてコートやその他のアイテムも同様に。それぞれの品目のなかで、さらに色とスタイルで分類する。長袖か半袖か、あるいは襟ぐりの形などによって」と言う。作業にはソート問題がつきものとはいえ、このアドバイスはなかなかよさそうだ。確かに、全員が同じことを言っていると思われる。

ただし、収納についてひたすら考えをめぐらす専門家からなる業界はこれだけではない。もっと大きい業界があり、そこの専門家たちにはまた独自の考えがある。

クロゼットが突きつけてくる問題は、コンピューターがメモリーを管理する際にぶつかる問題とよく似ている。限られたスペースで、費用と時間をともに節約することを目指す。コンピューターが誕生して以来ずっと、コンピューター科学者は何を保存しどう保管するかという二つの問題と格闘してきた。その数十年におよぶ取り組みの結果を踏まえると、マーサ・スチュワートは捨てるべきものに関する四センテンスのアドバイスで、じつはいくつかの互いに相容れない提案をしていることがわかる。そしてそのなかに、ほかと比べてとりわけ重要な、一つの提案があるのだ。

メモリー管理のコンピューター科学によって、クロゼット(およびオフィス)内でものをどう配置すべきかも明らかにできる。一見したところ、コンピューターはマーサ・スチュワートの「同じ種類のものはまとめること」という教えを守っているように思われる。オペレーティングシステムはユーザーに対し、同じ種類のファイルを同じフォルダーにまとめて、内容に応じて細分化する階層を構築せよと促す。だが、机をきちんと整頓している学者がじつはときとして頭の中にカオスを秘めているのと同じく、一見整然としたコンピューターのファイルシステムも、入れ子になったフォルダーというわべの下で、データがじつは高度に操作されたカオスとなって保存されているのだ。

ここでは「キャッシュ」と呼ばれる処理が行なわれている。

キャッシュはメモリーの構造においてきわめて重要な役割を果たし、ミリメートルレベルのプロセッサーチップのレイアウトから世界規模のインターネットの地勢に至るまで、すべてを根底で支えている。キャッシュについて考えると、人間の生活に存在する多様な格納システムや記憶装置に対する新たな視点が得られる——機械だけでなく、クロゼットやオフィスや図書館、それに頭脳までもカバーするような。

メモリー階層

とても鋭い知性の持ち主だが、ほとんど記憶のない女がいた。……仕事をするのに必要なだけのことも覚えていて、しかもよく働いた（『ほとんど記憶のない女』岸本佐知子訳、白水Uブックスより引用）。

――リディア・デイヴィス

二〇〇八年ごろから、新しいコンピューターを買おうとする人は誰もが記憶装置を選ぶ際に、ある特定の難問にぶつかるようになった。「容量」と「速度」のあいだでトレードオフが必要なのだ。コンピューター業界では今、ハードディスクドライブ（HDD）からソリッドステートドライブ（SSD）への移行が進んでいる。同じ値段なら、HDDのほうが容量は大幅に確保できるが、処理速度はSSDがはるかにまさる。今ではたいていのユーザーがそのことを知っている。あるいはコンピューターの購入を検討し始めればすぐに気づく。

しかし、マシン自体の内部でこのトレードオフがさまざまなレベルで行なわれているということは、一般のユーザーに知られていないかもしれない。じつはこれこそがコンピューティングの基本原理の一つと見なされているほどなのだ。

一九四六年、プリンストン高等研究所で働くアーサー・バークス、ハーマン・ゴールドスタイン、ジョン・フォン・ノイマンは、電気「記憶機関」と名づけた装置の設計案を作成した。理想的な世界ではこの装置はもちろん無限容量の超高速保存が可能だが、現実にはそれは不可能である、と彼らは記した（今でも不可能だ）。代わりに三人は、次善の策と思われるものを提案した。それは「メモリーを階層状にして、各層は直前の層よりも容量は大きいがアクセス速度は遅くなる」というものだった。小容量で高速なものから大容量で低速のものまでさまざまなタイプのメモリーをうまくピラミッド状に積み重ねることによって、双方のいいとこ取りができるかもしれない。

メモリー階層の根底にある基本的な考え方は、図書館を利用したことのある人なら容易に理解できるはずだ。レポートのテーマについて調べ物をしていて、何度も参照する必要の生じそうな本が何冊かあるとしよう。そのつど図書館へ行くよりも、必要な本を借り出して自宅の机に置いておくほうが簡単に調べられるのは言うまでもない。

コンピューティングにおいて、この「メモリー階層」という考え方がようやくただの理論でなくなったのは、一九六二年にイングランドのマンチェスターで〈アトラス〉という名のスーパーコンピューターが開発されたときだった。メインメモリーは大容量のドラム型の部品で、これが蓄音機のシリンダーのように回転して情報を読み書きする。しかしアトラスにはもう一つ、もっと小容量で高速の、極のある磁石でできた「作業」メモリーも搭載されていた。データをドラムから磁石に読み出すと、そこでは処理が容易にできる。その結果をドラムに再び書き込む。

アトラスの開発からまもなく、ケンブリッジ大学の数学者モーリス・ウィルクスは、この小容量で高速のメモリーはデータを処理してからもとの場所に戻すための場として便利なだけではないことに気づいた。これを使えば、あとで同様の要求が生じることを予想して、再び必要となりそうな情報を意図的に保持し、マシンの動作を飛躍的にスピードアップさせることができるのだ。必要な情報が作業メモリーに残っていれば、ドラムから改めて読み出さずにすむ。ウィルクスの言葉を借りれば、この小容量のメモリーは「低速なメインメモリーから読み出したワードを自動的に蓄積し、あとで必要となったときに再びメインメモリーにアクセスする手間をかけずにその情報が利用できるように保持する」のだ。

もちろん大事なのは、ユーザーの求める情報がなるべく速く見つけられるように、この小容量で高速の貴重なメモリーを管理することだ。また図書館の比喩で説明しよう。必要な本をすべて一度に図書館から持ち帰り、その週のあいだは自宅でレポートが書けるなら、図書館の蔵書すべてが自宅の机で利用できるようになっているのとほとんど変わらない。図書館に足を運ぶ回数が増えれば増えるほど作業のペースが下がり、自宅の机は役に立たなくなる。

ウィルクスの出したアイディアは、一九六〇年代のうちにＩＢＭの３６０／８５スーパーコンピューターに実装され、そのときに「キャッシュ」と呼ばれるようになった。それからというもの、キャッシュはコンピューター科学のあらゆる場に姿を現すようになった。頻繁に参照する情報を手元に保持するという方法は非常に有効で、演算処理のあらゆる面で利用されている。プロセッサーにも、ハードドライブにも、オペレーティングシステムにも、ウェブブラウザーにも、キャッシュが搭載されている。ブラウザーにコンテンツを伝送するサーバーにも、やはりキャッシュがある。掃除ロボットに乗った猫の動画を瞬時に何度も再生できるのはそのおかげだ。しかし、話がいささか先走ってしまった。

過去五〇年あまりにわたる歴史において描かれてきたコンピューター像と言えば、毎年指数関数的な成長を遂げる、というものだった。その一つの側面を具体的に示しているのが、インテルのゴードン・ムーアが一九七五年に発表した「ムーアの法則」による予測である。これは、CPUのトランジスターの個数は二年ごとに倍増するという予測で、正確だったことで知られている。しかし、メモリーの処理性能はこれほどのペースで進歩しなかった。このことは、処理時間に対してメモリーへのアクセスコストも指数関数的に増大しているということを意味する。たとえばレポートを書くスピードが速ければ速いほど、図書館に行くたびに生じる生産性の損失が大きくなる。あるいは、ある工場で生産速度は毎年二倍ずつ上がっているのに、海外から納入される部品の数が変わらなければ、工場の遊んでいる時間が二倍になるようなものだ。ムーアの法則が発表されてからしばらくは、この法則があったところで、無駄に高速化して時間をもてあますプロセッサーができるのが関の山だと思われていた。一九九〇年代に入ると、これは「メモリーの壁」と呼ばれるようになった。

この壁を回避するためにコンピューター科学が生み出した最良の防御策は、メモリー階層を精巧化していくことだ。キャッシュにキャッシュを設け、さらにそのキャッシュにもキャッシュを設ける。最近の一般ユーザー用のノートパソコン、タブレット端末、スマートフォンではおよそ六レベルのメモリー階層が採用され、メモリーをうまく管理することがコンピューター科学にとってこれまでになく重要となっている。

では、キャッシュ（あるいはクロゼットでもいい）について真っ先に浮かぶ疑問から話を始めよう。いっぱいになってしまったらどうすればよいのか、という問題である。

追い出しと千里眼

どんどんつめこんでいけば、新しいことをひとつ覚えるたびに古いことをひとつ忘れるというときが、必ずやってくる。だから、無用の知識はどんどん忘れて、有用な知識のじゃまにならないようにすることが、きわめて重要なんだよ（『緋色の研究』アーサー・コナン・ドイル著、日暮雅道訳、光文社文庫より引用）。

——シャーロック・ホームズ

保存したいものがあるのにもうキャッシュが満杯という場合には、どうしても空きをつくらなくてはならない。コンピューター科学では、そのような空きをつくる作業を「キャッシュ置換」または「キャッシュエビクション（追い出し）」と呼ぶ。ウィルクスは「［キャッシュは］メインメモリーと比べるとほんのわずかな容量しかないので、無限にワードを保存することはできない。そこで、漸次《ぜんじ》上書きしていくためのアルゴリズムをシステムに組み込まねばならない」と記している。この種のアルゴリズムは「置換ポリシー」または「エビクションポリシー」、あるいは単純に「キャッシュアルゴリズム」と呼ばれる。

すでに紹介したとおり、ＩＢＭは一九六〇年代にキャッシュシステムの開発で先導的な役割を果たした。当然ながら、ＩＢＭは草創期のキャッシュアルゴリズムの研究が行なわれた拠点でもあり、おそらくそのなかでも最も重要な研究はラースロー・〝レス〟・ベラーディによるものだ。一九二八年にハンガリーで生まれたベラーディは、母国で機械工学を学んだあと、一九五六年にハンガリー革命が起きると「下着の替え一式と卒業論文」を入れたかばんだけを携《たずさ》えてドイツに逃れた。ドイツから今度はフランスに移り、一九六一年には妻と「幼い息子、そしてポケットに一〇〇〇ドルだけ」を道連れにアメリカへ渡った。ＩＢＭでキャッシュエビクションの研究を始めたころには、とっておくべきものと捨て去るべきものを見極める鋭敏な感覚が身についていたに違いない。

ベラーディが一九六六年に発表したキャッシュアルゴリズムに関する論文は、その後の一五年間でコンピューター科学において最も引用回数の多い論文となった。そこで説明されているとおり、キャッシュ管理が目指すのは、ユーザーの探している情報がキャッシュに見つからないのでもっと低速のメインメモリーを探すしかないという「ページフォールト」または「キャッシュミス」と呼ばれる状況の発生回数を抑えることだ。キャッシュエビクションポリシーとして最適なのは――おおむね当然ながら、とベラーディは書いている――キャッシュがいっぱいになったら、次に必要となるときが最も遠いと思われるアイテムから捨てていくというやり方である。

もちろん、次にいつ必要となるかを正確に知るのは、口で言うほどたやすくない。

先を見通して最適なポリシーを実行するとされる仮想的な全知の予見アルゴリズムは、今日《こんにち》ではベラーディに敬意を表して**ベラーディのアルゴリズム**と呼ばれている。ベラーディのアルゴリズムは、コンピューター科学者が「千里眼」のアルゴリズムと呼ぶものの一例である。つまり、未来のデータから情報を得るアルゴリズムだ。突拍子もない話に聞こえるかもしれないが、実際には必ずしもそうではない。あるシステムが将来に予想される事柄を把握していると思われる事例は実際に存在する。とはいえふつうは千里眼を手に入れるのはやはり容易ではなく、ソフトウェア技術者はベラーディのアルゴリズムを実装しようとすれば「実行困難」にぶつかることをジョークにする。そんなわけで問題は、現在から離れられないがゆえに未来については憶測するしかない身で、なるべく千里眼に近いアルゴリズムをいかにして見つけるかということになる。

キャッシュに新しいデータを加えて古いデータをランダムに上書きする**ランダムエビクション**という手がある。キャッシュ理論の初期に生まれためざましい成果の一つとして、このアプローチは完璧には程遠いとはいえ、そんなに悪くない。とにかくキャッシュを搭載すれば、どう管理しようともシステムの効率は確実に上がる。使用頻度の高いアイテムはすぐにキャッシュの手前付近に位置するようになる。また、もう一つのシンプルな戦略として、**先入れ先出し法**というのもある。キャッシュに入ってからの時間が最も長いアイテムを廃棄または上書きするというやり方だ（マーサ・スチュワートの「いつからある？」という問いと重なる）。もう一つ、**最長未使用時間法**という方法もあり、これは最後に使ってからの時間が最も長いアイテムを廃棄するというものである（スチュワートの「最後に使ったのはいつ？」にあたる）。

スチュワートのこの二つの問いが互いに大きく異なる方針を体現しているのもさりながら、これらの方針のなかに明らかにほかよりもうまくいくものがあるのだ。ベラーディが突き止めたのは、ランダムエビクション、先入れ先出し法、そして最長未使用時間法のバリエーションをさまざまなシナリオのもとで比較した結果、最長未使用時間法なら一貫して千里眼に最も近い結果が出せる、ということだった。最長未使用時間法の原理が作用するのは、コンピューター科学者が「時間的局所性」と呼ぶ性質のおかげである。プログラムが特定の情報を一度要求したならば、近い将来に再び同じ要求をする可能性が高い。この状況を時間的局所性という。時間的局所性はコンピューターが問題を解決する方法（たとえば関連した読み書きが連続して急速に行なわれるループの実行）から生じることもあるが、人が問題を解決するときにも時間的局所性は見られる。コンピューターで作業をするユーザーが、メール、ウェブブラウザー、ワープロを切り替えながら使用しているとしよう。この場合、これらの一つに最近アクセスしたという事実が手がかりとなって、ユーザーが再び同じ機能にアクセスする可能性が高いと判断される一方で、すべての条件が同等ならば、最後に使ってから最も長い時間の経過したプログラムはおそらくこの先もしばらく使われないと判断される。

じつは、この原理はコンピューターがユーザーに示すインターフェイスでもひそかに使われている。コンピューター画面上に開いたウィンドウには、プログラムの重なりあう順番を決めるためのシミュレートされた深度を表す「Ｚオーダー」という仕組みがある。これに従って、最後に使われてから最も時間の経ったプログラムは一番奥に回される。ファイアフォックスの元クリエイティブリーダー、エイザ・ラスキンによれば「最近のブラウザー（コンピューター）を使う時間の多くは、書類のデジタル的な置き換え整理《シャッフル》作業に費やされる」。この「シャッフル」はウィンドウズやＭａｃＯＳでタスクを切り替える際のインターフェイスにも反映されている。「Ａｌｔ」＋「Ｔａｂ」か「Ｃｏｍｍａｎｄ」＋「Ｔａｂ」のキーを押せば、最後に使用した時期の近いものから順にアプリケーションが画面上に並べて表示される。

エビクションポリシーに関する文献は、想像を超えるほど深いところまで網羅し、最終使用時期に加えて使用頻度まで考慮するアルゴリズムや、最終アクセスではなく最後から二番めのアクセス時期を追跡するアルゴリズムなども扱われている。しかし、画期的なキャッシュ方式はたくさんあり、それらのなかには条件しだいで最長未使用時間法に勝てるものもあるが、コンピューター科学者から圧倒的に支持されているのは最長未使用時間法そのもの（および少しだけ変更したもの）であり、随所で多様な用途にさまざまな規模で用いられている。最長未使用時間法は、ユーザーが次に必要とするものはおそらく最後に必要としたのと同じものであり、その次に必要とするものはおそらく最後から二番めに必要としたものと同じだということを教えてくれる。あるいは、最も必要となる可能性が最も低いのは、最後に使ってから最も長い時間の経ったものだということも。

ほかの考え方をすべき正当な理由がない限り、過去の鏡像こそ未来への最良の指針となるらしい。千里眼に最も近いのは、歴史は繰り返す——ただし向きを反転して——と見なす考え方なのだ。

図書館を裏返す

カリフォルニア大学バークリー校には、ガードナー・スタックスという地下の図書館がある。鍵のかかった扉と「関係者以外立入り禁止」と大書された掲示で図書館利用者を完全にシャットアウトした奥まった場所にあるのは、カリフォルニア大学図書館システムの至宝の一つだ。コーマック・マッカーシー、トマス・ピンチョン、エリザベス・ビショップ、J・D・サリンジャー。アナイス・ニン、スーザン・ソンタグ、ジュノ・ディアス、マイケル・シェイボン。アニー・プルー、マーク・ストランド、フィリップ・K・ディック。ウィリアム・カーロス・ウィリアムズ、チャック・パラニューク、トニ・モリスン。デニス・ジョンソン、ジュリアーナ・スパー、ジョリー・グレアム、デイヴィッド・セダリス。シルヴィア・プラス、デイヴィッド・マメット、デイヴィッド・フォスター・ウォレス、ニール・ゲイマン……。至宝と言っても、これは図書館の稀覯本コレクションではない。キャッシュである。

すでに述べたとおり、図書館は個人のデスクスペースと合わせて利用すれば、自然に生じたメモリー階層の一例となる。それだけでなく、さまざまなコーナーや保管施設を備えた図書館自体が、多数のレベルからなるメモリー階層のすぐれた例と言える。それに伴い、図書館ではさまざまなキャッシュ問題も生じる。図書館の限られた開架スペースにどの本を置くか、どの本を書庫に保管するか、そして遠隔地にある倉庫にどの本を送るか、決めなくてはならない。倉庫へ送る本の選別方法は図書館によって異なるが、たいていはなんらかの最長未使用時間法を使う。「たとえばメイン・スタックスの場合、一二年間で一度でも利用されているかどうかで決まります」と、カリフォルニア大学バークリー校の各図書館で選別作業を監督するエリザベス・デュピュイは言う。

一二年間も手つかずの本とは対極に位置するのが、前章で紹介した図書館の「分別」エリアだ。ここでは返却された本を完全にソートして書架に戻す。しかし皮肉なことに、せっせと本を棚に戻すアシスタントたちは、じつは秩序を乱しているとも言えるのだ。

というのは、時間的局所性が成り立っているのなら、分別用の棚にこそ、館内で最も重要な本が集まっているはずだからだ。最後に利用されてからの時間が最も短いということは、つまり利用者が求めている可能性の最も高い本だ。のべ何キロメートルもある書架でほぼ確実に最も需要が高く最も見る価値のある棚が人目から隠されて、職務に打ち込むスタッフの手で絶えずそこから本が運び去られるというのは、犯罪行為に近いのではないか。

一方、同大バークリー校の学部生が利用するモフィット図書館で最も目につき利用しやすい棚の置かれたラウンジには、新着図書が展示されている。図書館で最近読まれた本ではなく最近加わった本を優遇しているという点で、これは先入れ先出しキャッシュの一例と言える。

コンピューター科学者たちがこれまでに行なった検証のほとんどで、抜群の成績を残しているのは最長未使用時間アルゴリズムだ。このことを踏まえて、図書館を裏返すというシンプルな提案をしたい。新着図書は奥に置いて、必要な人が見つけられるようにする。そして返却されたばかりの本をラウンジに置けば、すぐにまた見てもらえる。

人間は社会的な生き物である。だから学生は仲間の読書習慣を知れば、おそらく関心をかき立てられるだろう。大学は学生に「必読書」を指定して本を読ませようとするが、この新しいやり方ならもっと有機的で自由な読書のあり方へとキャンパスが後押しされるに違いない。つまり、共通の知的基盤の確立が促進されるのだ。この場合、キャンパスで読まれている本がどんなものであれ、ほかの学生がそれらの本に遭遇する可能性がきわめて高くなる。こうして生まれるのは、必読書プログラムを草の根的でボトムアップ型の仕組みに変えたものだ。

このようなシステムは、社会的によい影響をもたらすだけでない。最後に返却された本は次にまた借り出される可能性が最も高いので、このシステムは効率の点でもすぐれている。人気の本がときによって書庫にあったりラウンジにあったりすることに、学生がとまどう可能性は確かにある。しかし、返却されたばかりで棚に戻されるのを待っている本は、いずれにしても書庫にないのだ。本は学生の手の届かない場所で、棚に戻るまでの時間を過ごすしかない。代わりに返却された本をラウンジに展示すれば、学生にとっては本が棚に戻るまでのブランクを完全になくすことができる。図書館員は本をわざわざ書庫に戻さずにすむし、学生は本をまた取り出すために書庫に入る手間が省ける。これこそまさに、キャッシュ本来の役割なのだ。

近所のクラウド

「じつは、わしらはこの国の地図をつくったのだ。縮尺一分の一の地図をな!」

「そんな地図を使うことってあるんですか?」と私は尋ねた。

「まだ広げたことがない。農家のやつらが反対したのだ。国全体が地図で覆われて、日が当たらなくなると言ってな。だから今のところ、国そのものを地図の代わりに使っている。これでもまあ役に立つ」とマイン・ヘルが答える。

――ルイス・キャロル

インターネットはゆるやかにつながったフラットで独立したネットワークと思われがちだ。しかし、実態はまるで違う。現在のところ、インターネット上のトラフィックのうち四分の

――は一つの会社が扱っているが、その会社はメディアの注目を集めることをほぼ完全に回避している。その会社とはマサチューセッツ州に本社を置くアカマイで、アカマイはキャッシュ関連の事業に携わっている。

インターネットとは、現実の地理を超越した非物質的で抽象的なものとも思われている。データが「クラウド」に存在すると言われるが、このクラウド（雲）という言い方からは拡散した遠い場所が暗示される。しかし、そのイメージも間違っている。インターネットというのは、じつは物理的なケーブルの束《たば》と金属製のラックでできているのだ。そして想像されているよりもずっと密接に現実の地理と結びついている。

コンピューターのハードウェアを設計する技術者は、極小規模で地形を考える。情報を伝送するワイヤの長さを抑えるために、高速のメモリーはプロセッサーの近くに置くのがふつうだ。今日《こんにち》のプロセッサーの周期はギガヘルツを単位としている。つまりナノ秒以下で動作するということだ。ちなみに、数ナノ秒というのは光が数センチメートル進むのにかかる時間である。したがって、コンピューターの内部部品の配置は非常に重要となる。これよりはるかに大きな規模で同じ原理をあてはめると、現実の地理がウェブの機能にとってきわめて大きな意味をもつことがわかる。ケーブルが数センチではなく数千キロにおよぶこともあるのだ。

物理的、地理的にユーザーにより近い場所でウェブページのコンテンツのキャッシュが用意できれば、コンテンツをもっと速く届けられる。現在、インターネット上のトラフィックの多くは、人気ウェブサイトのコピーを保持するコンピューターを世界中に配備した「コンテンツ配信ネットワーク」（CDN）で処理されている。このおかげで、ユーザーは大陸を隔てたオリジナルのサーバーまで長距離のアクセスをせずに、近場のコンピューターから利用したいページのデータを入手することができる。

こうしたCDNで最大規模のものを運営しているのがアカマイだ。コンテンツのプロバイダーは料金を払って自社のウェブサイトを「アカマイズ」することで、パフォーマンスの向上を狙う。たとえばオーストラリアのユーザーがBBCの動画をストリーム視聴する場合はおそらく、シドニーに設置されたアカマイのローカルサーバーにアクセスすればよく、データの転送要求がロンドンまで送られることは決してない。そんなことをする必要がないのだ。アカマイのチーフアーキテクトのスティーヴン・ルーディンは、「わが社の信条――そしてわが社の中核をなす事実――それは、距離が重要ということです」と言う。

すでに述べたとおり、ある種のメモリーは処理速度は速いが記憶単位あたりのアクセスコストが高くつくので、速度とコストの両面ともベストとなるように「メモリー階層」が構築されている。しかし有意義なキャッシュというのは、じつはさまざまに組み合わされたメモリー装置に限ったものではない。処理速度ではなく距離の近さが希少な資源である場合にも、やはりキャッシュは役に立つ。

需要の高いファイルは使用場所の近くに保存すべきという基本的な考え方は、純然たる物理的な場にも応用できる。たとえばアマゾンの巨大な商品発送センターでは、図書館やデパートなどとは違って、人間に理解しやすい在庫配置が採用されていないことが多い。スタッフは指示されているとおり、商品が入荷したら倉庫内のどこでもいいから置ける場所に置いて——バッテリーが鉛筆削り器、紙おむつ、バーベキュー用グリル、ギター独習用DVDと並んでいたりする——バーコードを使って中央データベースに各商品の位置を登録する。しかしこのわざと無秩序にしているかのような保管システムにも、目に見える例外が一つある。需要の高い商品は、ほかの商品よりもすばやくアクセスできる別のエリアに置かれているのだ。ここはアマゾンのキャッシュということになる。

最近になって、アマゾンはこのやり方をさらに一歩進めたイノベーションで特許を取得した。それは「予想出荷」に関する特許で、マスコミはあたかも顧客が注文さえしないうちにアマゾンがなんらかの方法で商品を送りつけることができるかのように報じた。IT企業はどこもそうだが、アマゾンもそんなベラーディの千里眼のような予知能力が手に入ったら大喜びに違いない。しかし、さすがにそれは無理だ。次善の策として、アマゾンはキャッシュに目をつけた。正確に言うと、アマゾンの取得した特許というのは、特定の地域で人気の高まっている商品をその地域の宅配センターに送る方式に関するものだ。要するに、自前のCDNで物理的な商品を運ぶようなものである。こうしておけば、客が注文した瞬間にはもう商品はすぐ近くまで来ている。個人の購買行動を予想するのは難しいが、数千人の購買行動を予測するとなれば大数の法則が働く。特定の日にバークリーで再生紙トイレットペーパーを注文する人が誰かしらいる。その「誰か」が注文したときには、すでに輸送ルートの残りわずかというところで商品が待機している。

ある地域で人気の高いものがその地域に由来する場合には、さらに興味深いクラウドの地理が出現する。二〇一一年、映画評論家のマイカ・マーティーズはネットフリックスのデータから各州で他州と比べて極端に人気のある映画を特定し、州ごとに「州民のお気に入り」を示すアメリカ地図を作成した。その結果、視聴者は自分の住む地域が舞台となった映画を圧倒的に好むことが判明した。ワシントン州民は、シアトルを舞台とした『シングルス』を好み、ルイジアナ州民はニューオーリンズが舞台の『ビッグ・イージー』を見ている。ロサンゼルス市民は『LAストーリー／恋が降る街』、アラスカ州民は『ブレイヴィング・アラスカ』、モンタナ州民は『モンタナ・スカイ』がお気に入りだ。*映画一本分のHD動画ファイルはデータ量が莫大なので、ローカルキャッシュの恩恵は計り知れない。『LAストーリー』のファイルを登場人物の暮らす――そしてなんといってもファンの暮らす――ロサンゼルスに置いておくようにネットフリックスが手配しているのは間違いない。

家庭内のキャッシュ

＊理由は不明だが、メイン州では『マイ・プライベート・アイダホ』の人気が最も高い。

キャッシュはコンピューターの内部でデジタル情報を整理するための手法として生まれたが、人の環境に存在する物理的な対象の整理にも使えることは明らかだ。スタンフォード大学の学長で、先駆的なコンピューターアーキテクトとして現代のキャッシュシステムの開発に一役買ったジョン・ヘネシーを私たちが取材したとき、その話題になると彼はたちどころにその結びつきを理解した。

> キャッシュは非常にわかりやすいものです。われわれは四六時中それをやっていますから。私が入手する情報の量は膨大で……あるものは今まさに使っていて、あるものは机の上に置いてあり、またあるものは整理済みでいずれ大学の保管庫に収納しますが、そこに入れてしまうと必要なときに探し出すのに一日つぶれてしまいます。それでも身のまわりを整理するために、われわれは常にこの方法を用いています。

これらの問題がよく似ていることから、コンピューター科学で得られた解決策を意識的に家庭で応用できる可能性が考えられる。

一つめとして、とっておくものと捨てるものを決めるとき、最長未使用時間法は先入れ先出し法よりもはるかにすぐれた原則となるかもしれない。大学時代から着ているTシャツでも、まだときどき着ているなら必ずしも捨てなくてもよい。だが、久しく穿《は》いていないチェック柄のズボンはどうだろう。リサイクルショップにもっていけば、誰かが大喜びで買うかもしれない。

二つめとして、便利な配置を考えよう。ものはふだん使う場所に最も近いキャッシュに置くこと。家庭の整理整頓を扱った本にこのアドバイスがはっきりと書かれていることはめったにないが、実在の人が自分にとってうまくいっている方法を語る際にはたいていこのやり方が出てくる。「ランニングや運動に使う用具は箱に入れて、玄関にあるコート用クローゼットの床に置いてある」と、ジュリー・モーゲンスターンの『ワーキング・ウーマンのための超整理法』（中小路佳代子訳、角川書店）に登場する人が話している。「玄関の近くにあるのは便利だ」（以上、中小路訳）という。

もう少し極端な例が、ウィリアム・ジョーンズの『一度見つけたら二度となくさない』に出ている。

ある女医が、自分はこんなところにものを置いておくのだと話してくれた。「子どもたちには変人だと思われていますが、あとでまた必要になると思われる場所にものを置くのです。ちょっとおかしな場所であっても」。そのやり方の例として、彼女は電気掃除機のフィルターパックの予備をリビングルームのソファの後ろに置いておくという。リビングルームのソファの後ろに？　そんな妙なところに？……じつは掃除機を使うのは、リビングルームのカーペットを掃除するときがふつうだ。……フィルターパックがいっぱいになって交換が必要となるのは、たいていリビングルームなのだ。だからそこに置いておく。

三つめに考えられるのは（クロゼットの整理指南書に登場するのはまだ先になりそうだが）、複数レベルからなるメモリー階層の応用だ。キャッシュを用意するのはそれだけで効率的だが、小容量で高速なものから大容量で低速なものへと複数レベルのキャッシュがあればなお都合がよい。収納については、クロゼットがキャッシュの一つのレベルであり、地下室も一つのレベルで、レンタルロッカーもまた一つのレベルとなる（言うまでもなく、これらはアクセス速度の高い順となっている。よって、あるレベルから次のレベルに移すものを決める際には、最長未使用時間の原理に従うべきである）。しかし、クロゼットよりもさらに小型ですばやくアクセスできて手近なレベルのキャッシュを一つ加えれば、もっとスピードアップできるかもしれない。

トム（本書の著者の一人）の妻は基本的にきわめて寛容な女性だが、脱いだ服をベッドのそばで山にしておくことだけは許さない。これがじつは非常に効率的なキャッシュのやり方なのだとトムが訴えても、聞く耳をもたない。幸運にも、私たちはコンピューター科学者たちとの対話から、この問題の解決策も知ることができた。カリフォルニア大学サンディエゴ校で認知の視点から検索エンジンの研究をしているリック・ブリューは、ハンガーラックを使えばよいと教えてくれた。近ごろあまり見かけなくなったが、ハンガーラックは着衣一式用のクロゼットのようなもので、ジャケット、ネクタイ、ズボンが掛けられる複合型ハンガーであり、家庭内でのキャッシュのニーズを満たすのにうってつけのハードウェアである。この一件から、コンピューター科学者は時間の節約だけでなく結婚生活も助けてくれるということがおわかりいただけただろうか。

整理《ファイリング》と山積《パイリング》み

とっておくものとその収納場所が決まったら、最後の関門は整理だ。どんなものをクロゼットにしまうか、そしてクロゼットはどこに置くべきかについてはすでに述べたが、クロゼットの中はどう整理したらよいのだろう。

家庭内の整理についてこれまで見てきたアドバイスに一貫しているのは、「同じ種類のもの」はまとめるという考えだ。しかし野口悠紀雄《のぐちゆきお》はおそらく誰よりも堂々とこの教えを無視する。「声を大にして言いたいのですが、私の整理法で最も根幹となる原則は、書類を内容によって分類しないということです」と彼は言う。野口は東京大学などに勤めた経済学者で、仕事やプライベートで物事をうまく処理するのに「超」役立つ方法を説く本をシリーズで出している。『「超」説得法』、『クラウド「超」仕事法』、『「超」勉強法』といったタイトルのなかで、今の話に最も関係があるのは『「超」整理法』だ。

経済学者としてキャリアを築き始めたころ、野口は手紙、データ、原稿といった情報に絶えず翻弄され、それらの整理に毎日かなりの時間が奪われていることに気づいた。そこで、よい方法はないかと考えた。そして、書類ごとにタイトルと日付を記した封筒を用意してそこに入れ、すべての封筒を大きな箱一つに収めるという単純な方法を編み出した。書類のしまい場所を考えなくてよいので、時間が節約できた。しかし、この方法では整理にはならなかった。やがて一九九〇年代の初めごろ、画期的なアイディアが浮かんだ。封筒を常に箱の左端に入れていくのだ。こうして「超」ファイリングシステムが生まれた。

左端挿入ルールは、新しい封筒だけでなく古い封筒についても守らなくてはいけない、と野口は説明する。封筒を取り出して中身を使ったあと、箱に戻すときには必ず左端に入れる。封筒を探すときにも、必ず左端から探し始める。こうしておけば、使った時期が最も新しい封筒は最短の時間で見つけられる。

野口によると、この方法を始めたのは、封筒をいちいちもとの位置に戻すよりも左端に入れるほうが簡単だったからだ。しかしだんだんと、ただ簡単なだけでなく驚くほど効率的でもあると感じるようになった。

野口式ファイリングシステムを用いれば、使ったものを片づけるときに間違いなく時間が節約できる。ただし、必要な封筒を見つけるのによい方法かという疑問は残る。ほかの効率性の権威たちは同類のものはまとめよと説いているが、野口のやり方は明らかにその教えに反している。英語で「整理された」を意味する「organized」という単語の起源も複数の器官(organ)がまとまってできた身体を想起させる。身体ではまさに「同類のものはひとまとめ」で細胞が組織され、形態や機能の似たものがまとまって配置されている。しかしコンピューター科学は、効率性の達人が与えてくれることのほとんどない、「保証」というものを与えてくれる。

当時の野口は知らなかったが、彼の書類整理法は最長未使用時間の原理を発展させたものと言える。最長未使用時間法では、キャッシュに新しいアイテムを加えるときには最も古いアイテムを捨てることになっているが、新しいアイテムをどこに置くかは決まっていない。この問いへの答えは、一九七〇年代から八〇年代にコンピューター科学者らが行なった一連の研究から得られる。彼らはこの問題を「自己組織化リスト」と呼び、問題の設定は書類整理をめぐる野口のジレンマとほぼそっくりだ。複数のアイテムが一列に並んでいて、そのなかから特定のアイテムをしょっちゅう探し出さなくてはならないとしよう。探索自体は直線的で、アイテムを端から一つずつ調べていく必要がある。しかし、探していたものが見つかったら、列のどこに戻してもかまわないとする。この場合、検索の効率を最大限に上げるにはどこに戻せばよいだろう。

一九八五年、ダニエル・スリーターとロバート・タージャンの発表した論文が、自己組織化リストの問題を決着させた。二人はリストを整理するさまざまな方法について、要求に対して起こりうるすべての結果を考慮して（これはコンピューター科学の典型的なやり方である）、最悪の場合のパフォーマンスを検証した。検索は先頭から始まるので、直感的には探索される可能性の最も高いアイテムが先頭にあるように並べればよいと思われる。では、探索される可能性の高いアイテムとはどれか。ここでまた例の千里眼がほしくなる。「あらかじめその順番がわかっていれば、全体を探索するのにかかる時間が最短となるようにデータ構造を最適化することができます」と、プリンストンとシリコンヴァレーを行き来するタージャンは言う。「これはオフラインの最適アルゴリズムです。神のアルゴリズムと言ってもいい。天のアルゴリズムと言ってもいい。もちろん未来のことは誰にもわかりません。だから問題は、未来がわからないなら、この天上の最適アルゴリズムにどれほど近づくことができるか、となります」。スリーターとタージャンの成果から、千里眼に対して「驚くべきことに、一定の条件内できわめて単純な自己調節スキームが生じる」ことが明らかとなった。わかりやすく言うと、最長未使用時間の原理に従ってただアイテムを常にリストの先頭に戻せば、探索にかかる時間全体は、未来がわかっている場合の二倍以上には決してならないはずということだ。こんな保証ができるアルゴリズムはほかにない。

野口式ファイリングシステムが最長未使用時間の原理の応用例だと気づくと、これが単に効率的というだけではないことがわかる。じつは「最適」なのだ。

スリーターとタージャンの成果からは、役に立つ方法がもう一つ得られる。野口式ファイリングシステムを横倒しにしてみよう。じつに単純な話だが、封筒の並んだ箱を横に倒せば封筒の積み重なった山になる。書類の山を調べるときには上から下へ見ていき、取り出した書類を戻すときにはもとの位置ではなく一番上に載せるのがふつうだ。*

つまり、自己組織化リストの数学は画期的な見方を教えてくれる。机の上にうずたかく積み上がった書類の山は、罪悪感をかき立てるよどんだカオスなどではなく、じつはこのうえもなく巧みに設計された効率的な構造だと言える。他人の目には無秩序に見える山が、実際は自己組織化する山なのだ。未来のことはわからないのだから、書類を戻す場所は山の頂上がベストだ。前章では、時間をかけてあらゆるものをソートするよりも、まったくソートしないでおくほうが効率的なケースについて考えた。しかし今ここで、整理が不要だとするまったく別の理由が見つかった。すでに整理できていたのだ。

忘却曲線

記憶《メモリー》を語るうえで、最も身近な「記憶装置」を忘れてはいけない。言うまでもなく、それは人間の脳である。この数十年間、コンピューター科学の影響を受けて、心理学者のあいだ

＊コンピューターで電子ドキュメントを山積み状態にして表示することもできる。コンピューターのファイル参照インターフェイスは、初期設定ではアルファベット順にフォルダーが並んでいる。しかし最長未使用時間法の威力を考えると、この順番をやめて「名前」順ではなく「最後に開いた」順でファイルを表示するほうがよいと思われる。探しているファイルはほぼ確実に一番上かその近くにある。

で記憶のとらえ方に革命的な変化が起きている。

人間の記憶に関する科学的研究は、一八七九年にベルリン大学のヘルマン・エビングハウスという若い心理学者が始めたとされている。彼は人間の記憶の働きを解明したいと思い、自然科学と同じく数学的な厳密さをもって心を研究することが可能であると示そうとした。そこで彼は自ら実験台となって実験を始めた。

来る日も来る日も、エビングハウスは意味のない音節のリストの暗記に取り組んだ。それから過去のリストをどのくらい覚えているか自分でテストした。これを一年間やり続けて、その結果として人間の記憶の研究における最も根幹的な成果の数々を生み出した。たとえば、同じリストを何度も繰り返すと記憶に残る期間が長くなることや、時間の経過とともに正確に思い出せるアイテムの個数が減っていくことなどを証明した。彼の研究結果から、経時的な記憶の消失を表すグラフが得られた。これが現在では心理学者のあいだで「忘却曲線」と呼ばれている。

エビングハウスの研究によって、人間の記憶に関する定量的な研究の信憑性が確立されたが、逆に謎も生まれた。なぜこのような曲線になるのか。この曲線が意味するのは、人間の記憶がすぐれているということなのか、それともお粗末だということなのか。この曲線の奥にはどんな事実が隠れているのか。心理学者はこれらの疑問に動かされて、一〇〇年以上にわたって考察や研究を続けている。

一九八七年、カーネギー・メロン大学の心理学者でコンピューター科学者のジョン・アンダーソンは、大学図書館の情報検索システムに関する文献を読んでいた。人間の記憶の研究で得られた知見を情報検索システムの設計に活かす方法について論文を書くつもりだった。あるいはそう思っていた。ところが逆のことが起きた。心の研究で欠けているピースが情報科学から得られることに気づいたのだ。

アンダーソンはこう述べている。「長らく、自分の説も含めて人間の記憶に関する従来の学説には何かが欠けていると思っていた。基本的に、どの説も記憶を最適化されていない恣意的な構造物ととらえていた。……私は以前から、記憶の基本プロセスというのはかなり適応的で、もしかしたら最適化もされているのではないかと思っていた。しかし、そう主張するための枠組みを見出すことができなかった。情報検索に関するコンピューター科学の文献を読んでいたとき、目の前にその枠組みがあるのに気づいた」。

忘却とは単に心のスペースが足りなくなることと考えるのがふつうだ。人間の記憶に関するアンダーソンによる新しい説明の中核には、問題が容量ではなく整理の仕方によるものだという見方がある。彼の説によると、心の記憶容量は基本的に無限だが、検索に使える時間には限りがある。アンダーソンは図書館をどこまでも長く伸びる、たった一段の書架にたとえた。野口式ファイリングシステムを米国議会図書館の規模に拡大したと考えればよい。書架には本を好きなだけ置けるが、手前に近い本のほうが速く見つけられる。

そうだとすると、人間の記憶力を高めるための鍵は、コンピューターキャッシュの性能を高めるための鍵と同じものとなる。それはすなわち、将来に要求される可能性が最も高いア

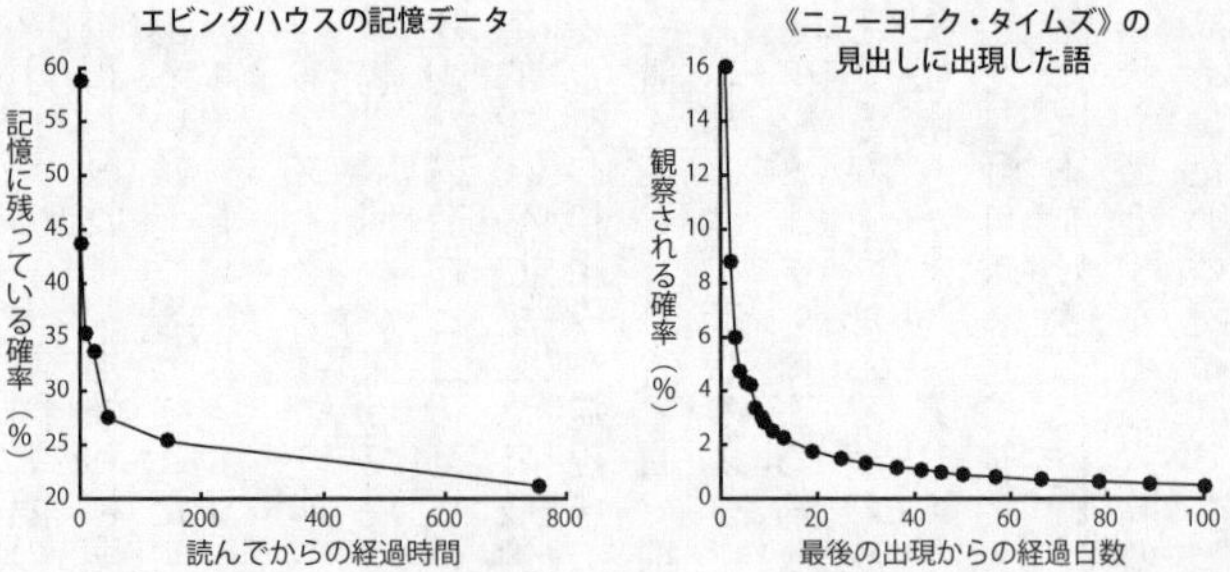

図5　人間の記憶と人為環境。左のグラフは、意味のない音節のリストからエビングハウスが正確に思い出すことのできた割合を、最初にリストを暗記してからの経過時間の関数として表したもの。右のグラフは、《ニューヨーク・タイムズ》紙の見出しで使われた語が再び使われる確率を、最初に使用されてからの経過日数の関数として表したもの。

イテムを予想することだ。

千里眼は別として、人間の世界でそのような予想をするのに最良の方法は、世界自体に関する理解を必要とする。アンダーソンはラエル・スクーラーと共同で、エビングハウスと同じような実験を人間の心ではなく人間社会を対象として行なった。世界自体が「忘却」する際に——時間とともに出来事や話題が消え去っていく際に——見られる特徴的なパターンとはどんなものか、という単純明快な問いを立てたのだ。アンダーソンとスクーラーは、《ニューヨーク・タイムズ》紙の見出し、子どもに話しかけている親の声の録音、アンダーソン自身のメール受信ボックスという、三種類の人為環境を分析した。その結果、どの環境においても特定の単語が再び出現する確率が最も高いのはその単語が使われた直後であり、その確率は時間の経過とともに下がっていくことが判明した。

つまり、現実そのものがエビングハウスの忘却曲線とよく似た統計学的構造をもっているのだ。

この事実から、注目すべきことが示唆される。心から記憶が消えていくときのパターンが、周囲で事物が消えていくときのパターンとそっくりならば、エビングハウスの忘却曲線に関する非常にわかりやすい説明が存在するかもしれない。脳は世界と完璧に同調していて、必要とされる可能性が最も高い記憶を利用可能にしていると考えられるのだ。

時間に着目してキャッシュについて考えると、記憶には不可避なトレードオフがあり、ある種のゼロサム性が伴うということがわかる。図書館の蔵書をすべて自宅の机に置いておくことはできず、店の商品をすべて店頭の目立つ場所に陳列することはできず、すべての見出しを一面のトップに掲載することはできず、すべての書類を山の頂上に載せることはできない。同様に、あらゆる事実や人の顔や名前を記憶の一番手前に保存することはできない。

「人間の記憶は最適化からは程遠いと思い込んでいる人がたくさんいる」とアンダーソンとスクーラーは指摘する。「そういう人は、記憶がうまく働かずにがっかりさせられることがしょっちゅうあると訴える。しかしこうした否定的な見方をしてしまうのは、莫大な記憶の集積の管理という、人間の記憶以前のタスクを理解できていないからだ。膨大なデータベースの管理を担うあらゆるシステムにおいて、検索の失敗は避けられない。無限個のアイテムへのアクセスを維持するのは、コストがかかりすぎるのだ」。

この知見から、人間の記憶についての新たな事実が明らかになった。これらのトレードオフが本当に不可避で、脳が周囲の世界に対してどうやら最適に同調しているのなら、年齢とともに訪れる不可避な「認知機能低下」と見なされる現象も、じつは別のものかもしれないのだ。

経験の暴虐

大著は大迷惑。

——カリマコス（紀元前三〇五〜二四〇年、アレキサンドリアの図書館長）

ブラックボックスから飛行機をまるごとつくったらどうか。

——スティーヴン・ライト

コンピューターではキャッシュを連ねたメモリー階層が必要とされるが、これはもっぱら、極端に高価なハードウェアだけでメモリーをまるごとつくるわけにはいかないという理由による。たとえば現在使われているコンピューターに搭載されている最速のキャッシュにはSRAMが使われているが、これはソリッドステートドライブ（SSD）で使われているフラッシュメモリーと比べて一バイトあたりの価格が一〇〇〇倍くらいする。とはいえ、キャッシュを使う理由はそれだけではない。可能な限り最速のメモリーだけを使って特注のマシンをつくるとしても、じつはやはりキャッシュが必要なのだ。

ジョン・ヘネシーに言わせれば、速度を損なうにはサイズだけで十分である。

サイズを大きくすれば、おのずと速度が遅くなりますね？　都市が大きくなれば、A地点からB地点まで移動するのにかかる時間が長くなります。図書館が大きくなれば、本を探すのにかかる時間が長くなります。机の上に積み上げた書類の山が大きくなれば、必要な書類を見つけ出すのにたくさん時間がかかります。そうでしょう？　じつは、この問題の解決策となるのがキャッシュなのです。……たとえば今、プロセッサーを買いに行けば、レベル1とレベル2のキャッシュをチップに搭載したものが手に入るでしょう。チップ一つにキャッシュが二つですよ！　そうしているのは、プロセッサーのサイクルレートについていくには、第一レベルのキャッシュはサイズに制限があるからです。

当然ながら、メモリーの容量が大きいほど、そこで情報を検索して取り出すのに時間がかかる。

本書を執筆しているブライアンとトムはまだ三〇代だが、人の名前などが「のどまで出かかっている」が出てこないせいで会話が滞《とどこお》ってしまうという状況を、すでにしょっちゅう経験している。ブライアンが一〇歳のころ、同じ学校の友だちは二〇人あまりいた。それから二〇年後、携帯電話に連絡先が入っている相手は数百人、フェイスブックでつながっている相手は数千人いる。これまでに四つの町で暮らしてきて、それぞれに友人、知人、同僚のコミュニティーがある。トムは研究者として今までに数百人と共同研究を行ない、数千人の学生を教えてきた（本書の執筆でも一〇〇人ほどと会い、一〇〇〇件ほどの文献を引いている）。もちろん、このような広がりは社会的な関係に限られるわけではない。標準的な二歳児が単語を二〇〇語ほど知っているのに対し、標準的な成人が知っているのは三万語だ。エピソード記憶について言えば、一年ごとに三〇万分ほどの覚醒している時間が経験の蓄積に加わる。

こう考えると、私たち二人が――あるいはほかの誰でも――まともな精神を保っていられるのは奇跡としか言いようがない。記憶力の低下など驚くに値しない。これほど大量のデータが蓄積していくなかで、心が機能を保ち応答を続けていられるという事実こそ驚くに値する。

記憶の根本的な問題がじつは容量ではなく整理の仕方にあるのなら、加齢が知的能力に与える影響についての考え方を改めるべきかもしれない。テュービンゲン大学のマイケル・ラムスカーが率いる心理学者と言語学者のチームが最近行なった研究で、「認知機能低下」と呼ばれる現象（すなわち検索の遅延とエラー）は検索プロセスの速度や質の低下によるものではなく、（少なくとも部分的には）対処すべき情報の量がどんどん増えていくことから生じる不可避な結果なのかもしれないということが示された。加齢によってほかにどんな問題が生じるにしても、脳は年齢を重ねるにつれて管理すべき記憶の量が増えていくので、まさに一日ごとに難しくなっていく計算問題を解かされるに等しい。若者がさっさと答えを出したら、高齢者は「おまえはまだ何も知らないからな！」と言ってそのすばやさをけなしてもいいというわけだ。

ラムスカーのチームは、余分な情報が人間の記憶に与える影響について、言語に焦点を当てて立証した。チームは一連のシミュレーションによって、単語や名前、さらには文字についても、たくさん知るほど認識するのが難しくなるということを示した。どれほどすぐれた整理のスキームがあっても、検索すべき対象が多ければおのずと所要時間が長くなる。これは忘却のせいではない。記憶が増えたせいだ。人間はいわばアーカイブになっていくのだ。

記憶にとって避けがたい計算上の要求を理解すれば、認知に対する加齢の影響を受け入れる助けとなるはずだ、とラムスカーは言う。「高齢者にできる最も重要で明白なことは、心とは自然の生み出した情報処理装置なのだという見方を理解するように努めることでしょう。歳をとると思いどおりにいかないと感じられることがありますが（人の名前がなかなか思い出せないとか！）、それはわれわれが取捨選択を迫られるものの量が増えたせいであって……必ずしも知力の低下の徴候というわけではありません」。彼によれば、「現時点で衰退と呼ばれているものの多くは、じつは学習なのです」。

キャッシュの概念を使うと、記憶に起きていることが理解しやすくなる。「頭の中が真っ白になる」という言い方があるが、この場合、正しくは「キャッシュミス」というべきだ。

頭の中の情報を検索するときに極端な遅延が生じることがあるが、そうなったら、頭の中の手前側に必要な記憶を置いていることがふだんはどれほど役立っているのかに思いをめぐらせよう。

そんなわけで、歳をとり、こうした遅延がときおり起きるようになっても、気に病む必要はない。遅延の長さは経験の豊かさの指標でもあるのだ。思い出すのに苦労するのは、知識が豊富であることの証《あかし》と言える。遅延がめったに起きないなら、それは記憶の整理がうまくできていることの証である。つまり、最も大切なものを最も手近な場所にしまっているということだ。

5　スケジューリング

最初のものを最初に

日々をどう過ごすかということは、いうまでもなく、人生をどう過ごすかということだ
——アニー・ディラード
(『本を書く』柳沢由実子訳、パピルスより引用)。

「スケジューリング理論の本を書いたらどうか」と私は言った。……「そんなに時間はかからないはずだ!」。本の執筆というのは戦争と似て、しばしば重大な計算違いを伴うものだ。一五年経ったが、『スケジューリング』はまだ完成していない。
——ユージーン・ローラー

月曜日の朝。スケジュール表はまだ真っ白だが、やるべき仕事はリストにずらりと並んでいる。ほかの仕事が終わってからでないと着手できないものもあれば(食器洗い機の中身を

まず出さないと、次の食器は入れられない)、一定の時刻までは始められないものもある(火曜日の夜より前にゴミを道路に出したら、近所の人から苦情が来る)。期限がはっきり決まっているものもあれば、いつやってもいいというものもあり、多くはその中間で流動的だ。急ぎだが重要ではないものがある一方で、重要だが急ぎではないものもある。「われわれが何者かは、何を繰り返し行なうかで決まる」というアリストテレスの格言が頭に浮かぶのではないだろうか――床をモップで掃除するにしても、家族と多くの時間を過ごすにしても、期限ぎりぎりに税務申告を処理するにしても、フランス語を勉強するにしても。

何を、いつ、どんな順番で片づけるか。日々の暮らしはその答えを待っている。

われわれは日常的に行なう事柄の順番を決めるなんらかの方法をいつもなんとか見つけているが、一般にどちらかというとそれが苦手だ。だからこそ、タイムマネジメントを指南する本がベストセラーリストにいつも入っているのだ。しかし残念ながら、それらの本に書かれている教えは往々にして首尾一貫せず矛盾している。『ストレスフリーの整理術』(デビッド・アレン著、田口元監訳、二見書房)は、二分以内で終わる仕事を思いついたら、それがどんなものであってもただちに処理せよという教えを説いている。この本のライバルにあたるベストセラーの『カエルを食べてしまえ!』(ブライアン・トレーシー著、門田美鈴訳、ダイヤモンド社)では、最も手ごわい仕事から始めて、だんだんと簡単なものへ進むべしとアドバイスする。『戦略的グズ克服術』(ネイル・A・フィオーレ著、菅靖彦訳、河出書房新社)は、われわれの多くが実際にやっている順番とは逆に、人づきあいとレジャーの予定をまず立てて、空いた時間に仕事を入れることを提案する。「アメリカの心理学の父」と称されるウィリアム・ジェイムズは「未完の仕事をいつまでも引きずるほど疲労を催すことはない」と主張したが、フランク・パートノイは『すべては「先送り」でうまくいく』（上原裕美子訳、ダイヤモンド社）で、わざと仕事をすぐに始めないほうがよいと訴えている。

大御所たちにはそれぞれのやり方があり、誰の言葉に耳を傾ければよいのか判断するのはなかなか難しい。

時間の使い方が学問となる

タイムマネジメントは人類が誕生したときからずっと悩みの種《たね》だったと思われるが、スケジューリングの科学が生まれた舞台は産業革命時代の機械工場だった。一八七四年、裕福な弁護士を父にもつフレデリック・テイラーは、ハーヴァード大学への入学許可を辞退して、フィラデルフィアでエンタープライズ・ハイドローリック・ワークス社の見習い機械工として働き始めた。四年間の見習い期間を終えた彼は、ミッドヴェイル・スティール・ワークス社に移り、旋盤工から職工長に、さらには技師長へと昇進した。この過程で、彼は自分の監督する機械（および作業員）の時間があまり有効に使われていないと感じるようになり、「科学的管理法」と自ら名づけた学問を築き上げた。

テイラーは計画室を創設してその中央に掲示板を設け、全員が見られるように工場の予定表を張り出した。掲示板には工場にある機械すべての名を記し、それぞれの機械で実行中の作業とその機械が空くのを待っている作業をすべて表示した。このやり方を発展させたのが、テイラーの同僚のヘンリー・ガントだった。彼は一九一〇年代にガントチャートを考案して、フーヴァーダムや州間ハイウェイシステムなど、二〇世紀を代表する大規模建設プロジェクトの多くで計画を助けることとなった。それから一世紀が過ぎたが、ガントチャートは今でもアマゾン、イケア、スペースXといった企業でプロジェクトマネージャーのオフィスの壁やパソコンの画面を飾っている。

テイラーとガントはスケジューリングを学問の対象とし、視覚的および概念的な形態を与えた。しかし、どのスケジュールがベストか判定するという根本的な問題を解決するには至らなかった。この問題が解決可能だという最初の兆しが見られたのは、それから数十年後のことだった。一九五四年にランド研究所の数学者、セルマー・ジョンソンが論文を発表したのだ。

ジョンソンが扱ったのは製本の工程だった。製本所では、一台の機械で印刷してから別の機械で製本を行なう必要がある。だが、このように機械二台で構成される設定について考えるなら、はるかに身近なところにごくありふれた例がある。洗濯がまさにそれだ。衣類を洗濯する場合、洗濯機で洗ってから乾燥機で乾燥させるという順番は変えられない。洗濯物の量が違えば、それぞれの機械でかかる時間も違ってくる。汚れがひどければ洗う時間は余分にかかるかもしれないが、乾燥はふつうの時間で完了する。量が多ければ乾燥にかかる時間は長くなるが、洗う時間は通常と変わらない。では、同じ日に複数回の洗濯をする場合、どうするのがベストか、とジョンソンは考えた。

彼の出した答えは、所要時間が最も短い工程、すなわち洗濯または乾燥が最短の時間で完了する一回分の洗濯物をまず特定することだった。洗濯の所要時間が短いなら、その洗濯物を最初に片づける計画を立てる。乾燥時間が短いならば、その洗濯物は最後に回す。残りの洗濯物についても同じ手順を繰り返し、スケジュールの両端から中央へと並べていく。

ジョンソンの考えたアルゴリズムが有効なのは、各回の洗濯物をどんな順番で処理しても、最初は洗濯機が稼働中で乾燥機が使われていない時間が生じ、最後には乾燥機が動いているが洗濯機は動いていない時間が生じるからだということは容易に理解できる。最短時間で洗濯が完了する回を最初にもってきて、乾燥時間が最短の回を最後に置くことによって、洗濯機と乾燥機が同時に稼働している時間を最大にすることができる。こうすれば、すべての洗濯物の処理にかかる時間全体を文句なしの最小値に抑えられる。ジョンソンの分析から、〝洗濯時間が最短なものから始めて、最短で乾燥できるもので終わる〟という、スケジューリングにおける最初の最適アルゴリズムが得られた。

ジョンソンの論文は、その直接の応用以外に、もっと重大な点を二つ明らかにした。一つはスケジューリングがアルゴリズムで表現できるということ、そしてもう一つはスケジューリングに最適解が存在するということだ。この研究をきっかけとして、考えうる限りあらゆる台数と種類の機械を備えたさまざまな架空の工場で使える戦略を探索した研究が大量に発表されるようになった。

本書では、それらの研究のなかでごく小さな領域に焦点を当てていく。製本や洗濯とは違って、たった一つの機械のスケジュールを扱う領域である。というのは、最も重大なスケジューリング問題に登場するのは「自分」という機械一つだけだからだ。

納期を守る

機械一台のスケジュールでは、最初からいきなり問題らしきものにぶつかる。製本を扱ったジョンソンの研究は、二台の機械が作業をすべて完了するのに要する時間全体を最短にすることを目指していた。しかし単一機械のスケジューリングでは、与えられたタスクをすべてこなすには、どんなスケジュールを立てても完了までにかかる時間全体は変わらない。つまり、順番はどうでもよいのだ。

大前提だが呑み込みにくい点なので、繰り返して言おう。機械が一台だけで、タスクをすべて片づけるつもりなら、どんな順番で作業を進めても全体の所要時間は変わらない。

そこで、まだ何も始めていないというのに、単一機械スケジューリングに関する第一の教えがもう出てきた。目標を明確にせよということだ。評価基準がわからなければ、どんなスケジュールがよいのかもわからない。これはコンピューター科学のテーマと共通している。計画を立てるには、まずは測定基準を決めなくてはならないのだ。そしてじつはここでどんな基準を選ぶかによって、どのスケジューリング方式が最適かという判断がもろに影響される。

ジョンソンが製本をテーマとした研究を発表するとすぐに、単一機械スケジューリングに関する論文が発表されるようになり、検討に値しそうな評価基準がいくつか提示された。そしてそれぞれの基準について、単純で最適な戦略が見つかった。

たとえば当然ながら仕事には納期があるのがふつうで、作業の遅れは納期遅れにつながる。そこで、最も遅れている作業の納期遅れ時間を工程全体の「最大納期遅れ時間」と考えることができる。これは経営者が勤務評定の際に重視する点（あるいは小売業やサービス業――ここでは先の〝「最も遅れた」作業〟が〝「最も長く待たされた」顧客〟になる――の現場で顧客が重視する点）かもしれない。

最大納期遅れ時間を最短にしたいなら、納期が最も近い作業から着手して、それから納期が遅いものへと順番に処理していくのが最良の戦略となる。この戦略は**最早**《さいそう》**納期優先**と呼ばれ、じつにもっともだと思われる（たとえばサービス業では実質的に、来店する客の「納期」は客が店に足を踏み入れた瞬間であり、店側は入店した順番に従って客に対応することになる）。しかし、この戦略には思いがけない側面がある。たとえば、各作業が完了するまでにかかる時間はまったくどうでもいい。計画には影響しないので、知る必要さえない。大事なのは納期だけだ。

仕事を片づけるのに最早納期優先をすでに実践しているという人もいるかもしれない。その場合、これが賢明な戦略であることを示すために、わざわざコンピューター科学を引き合いに出すまでもないだろう。しかし、これが最適戦略だということに気づいているだろうか。正確に言うと、「最大納期遅れ時間を短縮する」という基準だけを目指している場合には、この戦略が最適となる。しかし目指すものが違えば、別の戦略のほうが適切かもしれない。

一例として、冷蔵庫について考えてみよう。最近は地域支援農業に契約している人が多い。一週間か二週間に一度、契約者のもとに新鮮な農作物が大量に届けられる。詰め合わせられている野菜や果物は日もちが異なるので、傷《いた》みそうな順番に従って最早納期優先で食べていくのがまずは妥当だろう。ただし、話はこれで終わりではない。最早納期優先は、最大納期遅れ時間を短縮するのに最適な戦略だ。つまり、いずれ食べなくてはならない最もひどく傷んだ食材の傷みの度合いを最小限にすることができる。しかし、これは食べ物に対する基準として最も食欲をそそるものではないかもしれない。

代わりに、傷む食材の個数の最小化を目指すという手もある。この場合、**ムーアのアルゴリズム**という戦略を使えば最良の計画が立てられる。このアルゴリズムを用いる場合、まずは最早納期優先の場合と同様に、日もちの悪いものから一度に一つずつ食べる計画を立てる。しかし消費ペースが間に合いそうにないとわかったらすぐに計画を中断し、予定していた食事を見直して、最も大きな食材（すなわち消費するのに最も日数のかかりそうなもの）一つを廃棄する。たとえば、食べきるのに五、六回かかりそうなスイカを捨てる。そうすれば、あとのすべての食材に手をつける時期が大幅に繰り上げられる。その後もこのパターンを続け、日もちによって食べる順番を決めて、間に合わなくなったら計画済みの食材のなかで最大のものを捨てる。こうして残った食材を腐らせずに日もちの順番で食べきることができれば、計画は完遂できたと考えてよい。

ムーアのアルゴリズムは、廃棄せざるをえない食材の個数を最小限に抑えることができる。もちろん、その食材を堆肥《たいひ》にしたり、地域のフードバンクに寄付したり、近所の人に分けてもよい。しかし、民間企業や官庁ではプロジェクトをさっさと放棄することはできないので、納期に遅れたプロジェクトの件数（遅れの度合いではない）が最も重大な懸念となる。このような場合に遅れた仕事をどう処理するかについては、ムーアのアルゴリズムは関知しない。スケジュールの主たる部分から取り残された仕事は、順番など気にせず最後にやればよい。すでに遅れてしまったのだから、順番はもうどうでもいい。

仕事を片づける

其の脆《もろ》きは泮《と》けしめ易く、其の微なるは散じ易し（『老子』小川環樹訳、中公文庫より引用）。

——老子

納期が何よりも大事というわけではなく、なるべくたくさんの仕事をなるべく早く終わらせればよいという場合もある。しかしこの一見単純な希望を明確なスケジューリングの基準に置き換えるのは、じつはそんなに簡単ではない。

部外者の視点に立つというのが一つのやり方だ。すでに指摘したとおり、単一機械スケジューリングでは、作業をすべて完了するのにかかる時間はどうしても変えられない。しかし各作業にそれぞれ完了を待つ客がいるとしたら、客側の待ち時間全体を最小化する方法はある。月曜日の朝、予定表には所要日数が四日のプロジェクト一つと一日のプロジェクト一つが載っているとしよう。木曜日の午後（四日経過）に大きいほうのプロジェクトを完了させ、それから小さいほうのプロジェクトを金曜日の午後（五日経過）に完了させれば、客の待ち時間は四日プラス五日で合計九日となる。しかし着手する順番を入れ替えて、小さいほうを月曜日、大きいほうを金曜日に終わらせれば、クライアントの待ち時間は一日プラス五日の六日ですむ。仕事をする側にとってはどちらの順番でも一週間びっしり働くことに変わりはないが、順番を変えることで客の待ち時間はトータルで三日短縮できる。スケジューリング理論の研究者はこの基準を「合計所要時間」と呼ぶ。

合計所要時間の最小化から、**処理時間順**というごく単純な最適アルゴリズムが導き出される。これは、常に可能な限り最短で終わる仕事を先にせよというものである。

すべての仕事が急ぎではない場合でも、処理時間順を使えばとにかく仕事が片づく（『ストレスフリーの整理術』〔訳注　原題 *Getting Things Done* は「物事を片づける」という意味〕には二分以内で終わる仕事はすべてただちに実行せよという教えがあったが、これが処理時間順と相性がよいのは当然かもしれない）。この場合も仕事を完了させるのにかかる時間は変わらないが、処理時間順は未完の仕事の件数を可能な限り最もすばやく減らすことによって、気持ちを楽にしてくれる。合計所要時間という基準を別の言い方で表現することもできる。やるべき仕事を並べた「やることリスト」の短縮を最重視する方法とも言えるのだ。未完の仕事の一つひとつが頭痛の種だとしたら、最も簡単な仕事をさっさと片づければいくらか気分が晴れるかもしれない。

もちろん、未完の仕事がすべて同じ価値をもつわけではない。怒っている客に急いで「火を消す」メールを送るよりも先に、いくらか時間がかかるにしてもまずはキッチンのコンロの「火を消す」べきだろう。スケジューリングにおいては、こうした重要度の違いを「重み」という変数でとらえる。「やることリスト」を処理していく場合、これはまさに文字どおりの「重み」と感じられるかもしれない。というのは、仕事が一つ片づくたびに、肩の荷が下りていくからだ。仕事の所要時間はその荷が肩にのしかかっている時間の長さを表すので、「重みづけ」した所要時間（各仕事の所要時間に重みを掛けた積）の合計が短縮できれば、予定全体をこなしていく際のストレスの総量が軽減できる。

この目標に対する最適戦略は、処理時間順にちょっと手を加えたものとなる。各仕事の重みを完了までに見込まれる所要時間で割り、これによって得られた単位時間あたりの重要度

（"重さ"の比喩つながりで「密度」と呼んでもいい）が高いものから低いものへという順番で仕事を片づけていく。日々の仕事の一つひとつについて重要度を特定するのは難しいかもしれないが、それでもこの戦略からは便利な目安が得られる。重要度が二倍以上の場合のみ、二倍以上の時間がかかる仕事を優先させるのだ。

ビジネスの場では、「重み」はそれぞれの仕事がもたらす収益にたやすく置き換えられるだろう。したがって、報酬を時間で割るという考え方は、仕事ごとに時給を定めることに相当する（コンサルタントやフリーランスで働く人は、すでにこれを実地で行なっているかもしれない。個々のプロジェクトの報酬を単純に所要時間で割って、時給の高い順に仕事を引き受けて、というやり方だ）。おもしろいことに、この重みづけ戦略は動物の餌探し行動に関する研究でも紹介されている。ただし、報酬はドルやセントではなく木の実や果実だ。餌から得られるエネルギーの体内貯蔵率を最大化するには、餌の獲得と摂食に要する時間に対して餌から得られる熱量の比の高い食物から順番に食べるべきだし、動物たちはどうやら実際にそうしているらしい。

同じ原則を収入ではなく借金にあてはめると、「なだれ式返済」と呼ばれる戦略が得られる。この借金削減戦略では、債務の件数や金額はまったく考慮せず、利率が最も高い借金一件だけに返済資金を注ぎ込む。単位時間あたりの重要度に従って仕事を片づける戦略を、あたかも鏡に映したようなものと言えよう。そしてこの戦略は、借金の負担全体を可能な限り最もすばやく軽減してくれるはずだ。

一方、借金の金額よりも件数を減らしたいのなら――たとえば利率の差よりも、大量の請求書や取り立ての電話との闘いのほうが大問題だと思うなら――重みづけのない「とにかく片づける」方針の処理時間順に戻って、金額の少ない借金から順に返済していくことになる。債務削減の世界では、このやり方は「雪だるま式返済」と呼ばれる。現実に借金の件数と金額のどちらを優先的に減らすべきかをめぐっては、一般のマスコミでも経済学界でも活発な議論が続いている。

問題を選ぶ

単一機械スケジューリングについて論じ始めたときの話に戻ろう。「時計が一つあれば時刻がわかる。時計が二つあるとどちらが正しい時刻か迷いが生じる」と言われる。コンピューター科学は単一機械スケジューリングで利用できるさまざまな基準に対する最適アルゴリズムを与えてくれるが、基準を選ぶのは使う人自身だ。多くの場合、どの問題を解決するかも自分で決めることができる。

このことから、タイムマネジメントにおける典型的な弊害である「先送り」について考え直すラディカルな方法が得られる。一般に、先送りは不適切なアルゴリズムだと思われている。しかし、じつはその逆だとしたらどうだろう。取り組むべきでない問題を避ける最適な解決策だとしたらどうか。

『Xファイル』のあるエピソードで、主役のモルダーが身動きのできぬまま強迫神経症的な吸血鬼に襲われかけたとき、一袋のヒマワリの種を床にまいて身を守ろうとする。ばらまかれた粒を見ると集めずにいられない習性をもつ吸血鬼は、かがんで種を一つずつ拾い始める。やがて助けが現れ、モルダーは餌食となる危機を脱する。コンピューター科学者なら、これを「ピングアタック」とか「サービス妨害」攻撃と呼ぶだろう。システムに大量の些末《さまつ》な仕事を与えると、重要な事柄がカオスの中で埋没してしまうのだ。

先送りというと一般に怠惰《たいだ》や回避行動が連想されるが、なるべく迅速に仕事を片づけようと真剣かつ熱心に努力する人(またはコンピューターや吸血鬼)にも同様にたやすく先送りは起きる。たとえば二〇一四年にペンシルヴェニア州立大学のデイヴィッド・ローゼンバウムが中心となって行なわれた研究では、重たいバケツを二つ用意して、被験者に好きなほうを廊下の突き当たりまで運ばせた。バケツの一つは被験者のすぐそばに置き、もう一つは廊下を途中まで進んだところに置いておく。すると、研究チームにとって意外な結果が出た。被験者はすぐさま自分の近くにあるバケツを持ち上げて、指示された場所まで運んでいったのだ。途中でもう一つのバケツを通り過ぎることになるが、こちらを選んでいれば運ぶ距離はもっと少しですんだはずだ。「この一見不合理な選択は、〝目先取り〟の傾向を反映している。目先取りとはわれわれが考案した用語であり、身体的負担が余分にかかるとしても手近な目標の達成に飛びつくことを表す」と研究チームは記している。細かな雑用に手を出すばかりで大きなプロジェクトへの着手を先送りする行為も「手近な目標の達成に飛びつくこと」と見なせる。つまり、先送りする者は念頭にある未完の仕事の件数をなるべく早く減らそうと（最適な方法で！）行動しているとも言える。これが仕事を片づけるのにまずい戦略だというわけではない。戦略はすばらしいが、基準が間違っている。

コンピューターを使う場合には、スケジューリングの基準についての意識や意図に関してさらに危険が生じる。ユーザーインターフェースがひそかに（あるいはさほどひそかでなく）ユーザーに基準を押しつけてくる可能性があるのだ。たとえば現代のスマートフォンユーザーは、アプリのアイコンに「バッジ」がついているのをしょっちゅう目にする。この赤地に白抜きのせわしなげな数字は、そのアプリがユーザーに完了させたがっているタスクの件数を表す。たとえばメールの受信ボックスに表示される未読メッセージ数は、件数だけを伝えることによって、どのメールも重みには差がないものとして扱う。この場合、重みづけしていない処理時間順アルゴリズムをこの問題に適用して、すぐに処理できるメールから先に片づけて面倒なメールは後回しにするというやり方でバッジの数字をなるべく早く小さくしたとしても、責められるいわれがあるだろうか。

基準に従って生き、基準に従って死ぬ。もしも本当にすべてのタスクが等しい重みをもつなら、まさにすべてを一つの基準で処理していけばいい。しかし些事《さじ》の奴隷になりたくなければ、それなりの方策が必要だ。そのためにはまず、解決しようとしている単一機械の問題が本当に解決すべき問題なのかどうか確かめる必要がある（アプリのバッジの場合、そうしたバッジに真の優先順位を示させることはできないし、目の前の数字を最適な方法で減らしたいという衝動に打ち勝つこともできないというなら、あとはただバッジの表示をオフにするしかない）。

単に仕事を片づけるのではなく、重みの大きい仕事を片づけること――常に今できるなかで最も重要度の高い仕事を片づけること――だけを目指し続けるというのは、先送りを確実に治せる処方箋のように感じられる。しかしじつは、これでも十分とは言えない。コンピュータースケジューリングの専門家からなるチームが、想像のおよぶ限り最もドラマティックな形でこの教訓を示されることになった――火星の表面で、全世界が見守るなかで。

優先度逆転と先行制約

一九九七年の夏、人類は勝利の美酒に酔おうとしていた。火星の表面を探査機が初めて走行していた。一億五〇〇〇万ドルを投じて開発されたマーズ・パスファインダーは、時速二万六〇〇〇キロメートルで宇宙の虚空を進み、五億キロメートルの旅路を経て、宇宙グレードのエアバッグを使って、赤い岩で覆われた火星の表面に着陸した。

ところが、なかなか任務を開始しない。

地上では、ジェット推進研究所（ＪＰＬ）の技術者たちが不安と困惑に陥っていた。パスファインダーは最優先のタスク（データを「情報バス」に出し入れすること）をなぜか放置し、重要度が中くらいのタスクで時間をやり過ごしている。何がどうなっているのか。パスファインダーはこんなに頭が悪かったのか。

不意にパスファインダーは、自分が情報バスを許容不可能な長時間にわたって放置していたことに気づいた。ほかによい手立てがなかったので、コンピューター・システムを再起動させた。おかげで、これまでに終わっていた作業も大部分が無駄となってしまった。一日ほど経つと、また同じことが起きた。

JPLのチームは懸命に対応し、最終的にこの行動を再現して診断することに成功した。原因はスケジューリングの分野で「優先度逆転」と呼ばれる典型的な障害だった。優先度逆転が起きると、優先度の低いタスクがなんらかの作業のためにシステムのリソースを占拠する（データベースへのアクセスを占拠する、といったことだ）が、途中でタイマーに遮られ、作業が中断してシステムのスケジューラーが起動する。スケジューラーは優先度の高いタスクを設定するが、データベースが占拠されているのでこのタスクを実行することができない。そこでスケジューラーは優先度リストを下へたどり、代わりに優先度が中くらいでブロックされていないタスクをいろいろ実行する。高優先度のタスク（ブロックされている）やそのブロックの元凶となっている低優先度のタスク（中優先度のタスクすべてより下に並んでいる）には手を出さない。この悪夢のようなシナリオにおいて、システムにとって優先度が最も高いタスクはいつ終わるとも知れない長時間にわたって放置されることもありうる。*

ＪＰＬの技術者らはパスファインダーの問題が優先度逆転によるものであることを突き止めると修正プログラムを作成し、新たなコードを数億キロ離れたパスファインダーに向けて送信した。太陽系を突っきって届けられた解決策とはどんなものだったのか。それは優先度継承というものだった。低優先度のタスクが高優先度のリソースをブロックしていることが判明した場合、ただちにブロックされているものの優先度を「継承」して、低優先度だったタスクの優先度を一時的にシステム上で最高とする。

コメディアンのミッチ・ヘドバーグのネタにこんなものがある。「カジノにいたときのことだ。考えごとをしていたら、男が近づいてきて言うんだ。『どいてくれ、非常口をふさいでいる』って。こいつは火事が起きても俺が逃げないと思っているのか」。この警備員の言い分が優先度逆転だ。そしてヘドバーグの反論が優先度継承にあたる。避難する客たちの前でヘドバーグが非常口にゆったりともたれて逃げ道をふさげば、命を守るために避難するという高優先度の行為よりも、のんびりくつろぐという低優先度の行為を優先させることになる。しかし彼が客たちの優先度を継承すれば、そうはならない。そして非常口に殺到する客たちは、自らの優先事項をすぐさま他人に継承させることができる。「そのままでは焼け死んでしまう。脚が動かないわけでもないのに、非常口に突っ立っているやつがいるか」とヘドバーグはオチをつける。

この話から得られる教訓は、仕事を片づけたいという思いだけではスケジューリングの落とし穴を避けるのに万全ではなく、また、重要度の高い仕事から片づけたいという思いだけでもやはり足りないということだ。自分にできるなかで最も重要度の高い仕事を選び抜いて取り組むという方針は、いちずに近視眼的な姿勢で臨むと、ほかの人からは先送りと思われる結果につながりかねない。自動車のタイヤが空回りするように、すぐさま前に進みたいという熱意そのものが人を立ち往生させてしまう。「最も大事な事柄を、最もどうでもいい事柄に翻弄させてはならない」と、ゲーテが言ったとされる。賢者の教えのようにも聞こえるが、ときには大間違いとなる。最もどうでもいい事柄が片づかない限り、最も大事な事柄に着手できないこともある。このような場合は、どうでもいい事柄を、それに妨げられている大事な事柄とまったく等しい重要度をもつものとして扱うしかない。

別のタスクが完了しないと着手できないタスクがあるという状況を、スケジューリング理論の研究者は「先行制約」と呼ぶ。オペレーションズリサーチ専門家のローラ・アルバート・マクレイ（訳注　現在はローラ・アルバートと名乗っている）にとって、この原理をしっかり覚えていたことが自身の家庭で一度ならず助けとなった。「これがわかると本当に役に立つのです。もちろん三人の子育てをしていれば、スケジュールすべきことはたくさんあります。……出かけるには、その前に子どもに朝食を食べさせなくてはいけないし、そのためにはス

＊なんとも皮肉な話だが、パスファインダーのソフトウェアチームを率いたグレン・リーヴズは、この不具合の原因が「期限プレッシャー」と、開発段階でこの問題を解消することが「低優先度」と見なされていたという事実にあったとした。つまり、根本原因が問題自体を反映していたとも言える。

プーンを渡してやらなければなりません。ごく単純なことに気が回らず、そのせいですべてが遅れてしまうこともあります。スケジューリングのアルゴリズムについては、それがどんなものか知り、それを働かせ続けるだけでも、びっくりするほど役に立ちます。私はそうやって日々の用事をこなしているのです」。

一九七八年、スケジューリング研究者のヤン・カレル・レンストラは、バークリーで友人ジーンの引っ越しを手伝った際に、同じ原理を使うことができた。「緊急を要する作業を始める前に別の作業を終わらせなくてはいけなかったのに、ジーンはそれを先送りしていました」と、レンストラはその日のことを語る。借りたワゴン車を返さなくてはいけないが、あるる道具を返却するのにワゴン車が必要で、アパート内の何かを修理するのにその道具が必要だった。アパートの修理は緊急を要するものとは思われなかった（ゆえに先送りされていた）が、ワゴン車はすぐに返さなくてはいけない。「アパートの修理をもっと急を要するものと考えなくてはいけないんだと私は友人に説明しました」とレンストラは言う。彼はスケジューリング理論界の中心的存在だから、友人にこうアドバイスするのにふさわしい立場だった。しかしこの話のオチは、じつに愉快な皮肉だ。このエピソードは先行制約によって生じた優先度逆転のお手本のような例である。だが友人〝ジーン〟の正体は、二〇世紀で最も偉大な先行制約専門家と呼んでも過言ではない、ユージーン・ローラーだったのだ。

行く手を阻むもの

一連のタスクを最も効率的に完了する方法を考えながら生涯の多くを過ごしたことを考えると、ローラーがそのキャリアにたどり着くまでに歩んだ道のりは不思議なほど遠回りだった。彼はフロリダ州立大学で数学を学んでから、一九五四年にハーヴァード大学の大学院で研究を始めたが、博士課程を修了せずに退学した。ロースクール、陸軍、そして（彼の研究テーマにぴったりな）機械工場での勤務を経て、一九五八年にハーヴァードに戻って博士号を取得し、ミシガン大学に就職した。一九六九年に研究休暇でバークリーを訪れた彼は、かのヴェトナム戦争抗議デモで逮捕された。翌年、バークリーの教授陣に加わり、コンピューター科学科の「社会的良心」という評判を得た。一九九四年に彼が死去すると、計算機学会はローラーの名を冠した賞を創設し、われわれ人間にとってコンピューター科学のもつ可能性を明らかにした人を表彰するようになった。

ローラーが初めて行なった先行制約に関する研究で、先行制約に対処するのはかなり容易だということが示唆された。たとえば、複数のタスクがある場合に最大納期遅れ時間を最小化する最早納期優先アルゴリズムについて考えよう。タスクに先行制約がある場合、話はややこしくなる。特定のタスクが終わらないと着手できないタスクがあるなら、納期の近い順に片づければいいというわけにはいかない。しかし一九六八年にローラーは、最後からさかのぼる形でスケジュールを作成すれば問題はないということを証明した。ほかのタスクより先に終わらせる必要のないタスクだけに着目し、そのなかで期限が最も遅いタスクをスケジュールの最後にもっていく。同様にして、残りの（まだスケジュールに入っていない）タスクのうち、先に終わらせる必要がないという条件を満たすものだけについて、同じ手順を繰り返していけばよい。

しかし先行制約についてさらに詳しく調べていったローラーは、興味深いことに気づいた。前に見たとおり、「やることリスト」からなるべく早くたくさんの項目を消したいなら、最適な方法は処理時間順アルゴリズムだ。一方、先行制約を受けるタスクがある場合には、それに合わせて処理時間順アルゴリズムに手を加えるための、簡単な方法やわかりやすい方法はない。初歩的なスケジューリング問題のように思われたが、ローラーもほかの研究者も誰一人として解決するのに有効な方法を見つけるのは無理なようだった。

実際のところ、思っていたよりもはるかに厳しかった。ローラー自身、この問題はほとんどのコンピューター科学者の考えでは効率的な解法のない「手に負えない問題」と呼ばれるクラスに属するということを、まもなく発見することとなった。＊スケジューリング理論が遭遇した最初の障害と思われたものは、じつは越えがたいレンガの壁だった。

最適停止理論が役に立たない「三倍かゼロか」というゲームを紹介した際に見たとおり、言葉で明確に表現できる問題すべてに答えがあるわけではない。スケジューリングにおいては、タスクと制約からなる集合には必ずなんらかの最良スケジュールがあるはずなのは間違いない。ということは、スケジューリング問題は本質的に解決不可能ではない。しかし、妥当な時間内に最適スケジュールを見つけられる単純なアルゴリズムは存在しないということなのかもしれない。

このことからローラーやレンストラといった研究者たちは、ある問いに心を奪われた。スケジューリング問題のうち、「手に負えない」問題はどのくらいあるのか。製本工程を扱ったセルマー・ジョンソンの論文でスケジューリング理論が動きだしてから二〇年後、個々の解の探索だったものが、以前よりもずっと大がかりで野心的な探求になろうとしていた。スケジューリング理論という分野全体を把握しようとする試みが始まっていたのだ。

研究者たちが発見したのは、スケジューリング問題に変更を加えると、その変更がどれほど小さくても、手に負える問題と手に負えない問題とのあいだを隔てる細く不規則な境界線の反対側へと、問題の属する領域がしばしば変わるということだった。たとえばムーアのアルゴリズムはすべてのタスクが同じ価値をもつ場合に納期遅れのタスク（あるいは傷んだ果物）の個数を最小限に抑えることができるが、タスク間で重要度が異なる場合には問題が手に負えなくなり、最適スケジュールを容易に与えてくれるアルゴリズムは存在しない。同様に、一定の時刻まで一部のタスクへの着手を待たねばならない場合、そうでなければ効率的な解法のあるスケジューリング問題のほぼすべてが手に負えない問題となる。ゴミ収集日の前夜までゴミを家の外に出してはいけないという規則は条例としては妥当かもしれないが、

＊「手に負えない問題」については、第8章で詳しく論じる。

個人の予定表をたちまち手に負えないものにしてしまうだろう。

スケジューリング理論の限界を示す境界線を特定する試みは、今もまだ続いている。最近の調査で、全問題のおよそ七パーセントはその正体が依然として不明な、スケジューリングの世界における未開の地であることが判明した。しかし理解できている九三パーセントについても、状況はかんばしくない。効率的に解ける問題は全体の九パーセントだけで、残りの八四パーセントは手に負えない問題であることが証明されているのだ。*言い換えるなら、スケジューリング問題のほとんどは容易な解決を受け入れない。自分個人の予定表を完璧に管理するのがどうしようもなく大変だと感じられるなら、それは実際にそれが大変な作業だからかもしれない。それでも、これまでに論じてきたアルゴリズムはそうした手ごわい問題に取り組むための足がかりとなることも多い。完璧な解決はできないにしても、少なくとも期待が裏切られることはないだろう。

すべてを捨てる――割り込みと不確実性

二〇年前に木を植えておくのが一番よかった。その次によいのは今だ。

――ことわざ

ここまで、スケジューリングを難しくする要因だけを考えてきた。しかし、簡単にしてくれるひねりも存在する。やりかけのタスクを中断して、別のタスクに移るという手があるのだ。この「割り込み」という性質によって、状況が激変する。

最大納期遅れ時間の最小化（コーヒーショップで客に対応するとき）と完了時間の合計の最小化（「やることリスト」の項目を急いで減らすとき）は、どちらも特定の時点まで着手できないタスクがある場合には、境界線を越えて、手に負えない問題の領域に行ってしまう。しかし割り込みを認めれば、有効解のある問題となって、境界線の向こうから戻ってくる。どちらのケースでも、最早納期優先（前者のケース）や処理時間順（後者のケース）という典型的な戦略にごく簡単な修正を加えれば、これらは最良の戦略であり続ける。あるタスクの開始時刻になったら、そのタスクと現在実行中のタスクを比較する。最早納期優先に従っていて、新しいタスクのほうが今やっているタスクよりも納期が早いなら、新しいほうに乗り換える。前からやっていたタスクのほうが納期が早ければ、そのまま続ける。また、処理時間順に従っていて、新しいタスクのほうが今やっているタスクより短時間で完了するなら、前からのタスクは中断して、新しいほうを先に片づける。前からのタスクのほうが短時間で

＊といっても、実態はこの数字が与える印象ほどひどいわけではない。複数の機械を用いるスケジューリング問題も含まれており、このタイプの問題は個人の予定表の管理というより従業員の集団を管理するようなものなのだ。

終わるなら、そちらを続ける。

順調な週には、工場でこれから数日間にすべきことがすべてわかっているかもしれない。しかしたいていの人は、少なくとも部分的には行き当たりばったりで行動しているのがふつうだ。たとえば特定のプロジェクトにいつ着手できるか（○○さんから××に関する明確な回答はいつもらえるのか？）さえわからないこともある。急に電話やメールが入って、計画に加えるべき新たなタスクが飛び込んできても不思議ではない。

しかし、タスクがいつ始まるかがわからなくても、最早納期優先や処理時間順はやはり最適戦略であり、不確実性の立ちはだかる前で（平均すれば）可能な限り最善の成果を保証することができる。思いもよらない瞬間に仕事がデスクに舞い込んできたら、最大納期遅れ時間を最小化する最適戦略は、やはり最早納期優先の割り込みバージョン――今やっている仕事より納期の早い仕事が生じたら新しいほうの仕事に移り、逆なら新しい仕事は放置する――である。同様に、完了時間の合計を最小化したければ、処理時間順の割り込みバージョン――今やっているタスクを完了させるまでの残り時間と新しいタスクを完了させるまでにかかる時間を比較する――がやはり最適となる。

実際、処理時間順の重みづけバージョンは、不確実性に対する最良の汎用スケジューリング戦略のかなり有力な候補である。これはタイムマネジメントへの簡単な処方箋を与えてくれる。新しい仕事が生じるたびに、その重要度を完了までの所要時間で割ればよいのだ。この数が今やっているタスクよりも大きければ、新しい仕事に移る。今やっているタスクのほうが大きければ、今のタスクを続行する。このアルゴリズムは、一種類の問題だけでなくさまざまな問題に対して最適戦略になるという点で、スケジュール理論において万能鍵やアーミーナイフに最も近いものと言える。ある特定の仮定のもとでは、このアルゴリズムを用いれば、重みづけした完了時間の合計の最小化（これは当然期待されるだろう）だけでなく、納期遅れの仕事の重みの合計や、それらの仕事の重みづけした納期遅れ時間の合計の最小化も可能だ。

おもしろいことに、これらのほかの基準すべての最適化は、開始時間と所要時間が事前にわかっている場合には手に負えない問題となる。そこで、スケジューリングにおける不確実性の影響を考えると、直感的には受け入れがたい事実が明らかになる。千里眼がむしろマイナス要因となる場合があるのだ。完璧な予知力があっても、完璧なスケジュールを特定するのは現実として不可能かもしれない。対照的に、自分で考えて、仕事が生じるのに合わせて対応すると、未来をのぞき込んだかのような完璧なスケジュールはさすがに得られないが、可能な限り最良のスケジュールのほうがはるかにたやすく計算できる。これはいくらか慰めとなる。ビジネス関連の著書をもつプログラマーのジェイソン・フリードは、「完璧な計画ができあがらない限り、前へ進めないと感じている人はいないだろうか。そんな人は〝計画〟を〝推測〟に置き換えて、気楽に構えればよい」と書いている。スケジューリング理論はその裏づけとなる。

未来が見通せないとき、必要なのは予定表ではない。「やることリスト」があればよいのだ。

割り込みはタダではない――コンテキストスイッチ

急げば急ぐほど／ますます遅れてしまう
――カリフォルニア州ブーンヴィルで見かけたニードルポイント刺繡《ししゅう》の文字

プログラマーがしゃべらないのは、邪魔されると困るからだ。……ほかの人（あるいは人の代わりとなる電話やブザーや呼び鈴）と同調すれば、思考の流れを途切れさせることにしかならない。中断とはある種のバグである。思考の流れから離れてはならない。

――エレン・ウルマン

そんなこんなで、スケジューリング理論の語ってくれる話はそれなりに勇気を与えてくれる。さまざまなスケジューリング問題に対して、解決するための単純な最適アルゴリズムが存在し、それらの問題は人が日々の暮らしで遭遇する状況とよく似ている。しかしいざ本当に現実世界で単一機械スケジューリングを実行しようとすると、話はややこしくなる。第一に、人間もコンピューターのオペレーティングシステムも奇妙な問題に直面する。スケジューリングを行なっている機械とスケジューリングされている機械が同一なのだ。このことから、「やることリスト」の整理がまさにそのリストに記載されることになり、それ自体に優先度決定とスケジューリングの必要が生じる。

第二に、割り込みはタダではない。タスクを切り替える——コンピューター科学では「コンテキストスイッチ」と呼ぶ——たびに、コストの支払いが生じるのだ。コンピューターのプロセッサーが特定のプログラムに向けていた注意をよそへ向け直す場合、いくらかの不可避な負荷が必ず生じる。今いる場所をきちんとブックマークして、もとのプログラムに関係するすべての情報を保存しておかなくてはいけない。それから、次にどのプログラムを実行するか決める。そのうえで次のプログラムに関係する情報をすべて呼び出し、コード内にその場所を見つけて作業に取りかかる。

この切り替え作業は「実質的な仕事《リアルワーク》」ではない。つまり、着手したり中断したりしているさまざまなプログラムの状態が、この作業によって実際に進展するわけではない。この切り替え作業は仕事を実行するための「周辺業務《メタワーク》」であり、コンテキストスイッチをするたびに時間が浪費される。

人においても、コンテキストスイッチには確実にコストが伴う。書類を机に置いたり机から取り上げたりするときや、コンピューター上で文書を閉じたり開いたりするとき、部屋に入ったのに用事が思い出せないとき、あるいは「さっきはどこまでやったのだったかな？」とか「何を言おうとしていたのだっけ？」と口に出して言うとき、そのコストが実感される。

心理学者はタスクの切り替えによる影響として遅れやミスなどが起こりうることを示しているが、たとえばその遅れの規模はマイクロ秒レベルではなく分レベルだ。この数字から考えると、一時間に数回以上邪魔された人は仕事がまったくはかどらなくなるおそれがある。

本書の著者である私たち自身も、プログラミングと執筆はどちらもシステム全体の状態を常に念頭に置くことが必要であり、それゆえコンテキストスイッチには膨大なコストが伴うことに気づいている。ソフトウェアを作成している友人は、自分の場合は一日一六時間働けば一日八時間働く場合と比べて生産性が二倍以上になるので、一般的な勤務時間は自分のワークフローに合わないと言っている。また、本書共著者の一人であるブライアンは、執筆を鍛冶《かじ》仕事のようなものと思っている。鍛冶屋は時間をかけて金属を熱し、それからでないと金属を打ち延《の》べることができないからだ。彼は執筆の仕事をする場合には、九〇分未満のブロックに分割するのはほとんど無駄だと感じている。仕事を開始してから三〇分間は「どこまでやったのだっけ？」という巨大なブロックを頭に積み込むだけでほぼ終わってしまうのだ。ピッツバーグ大学のスケジューリング専門家、カーク・プルーズにも同じ経験がある。「一時間以上時間がとれないなら、雑用を片づけるだけにします。やるべきことをきちんと把握するだけで最初の三五分が過ぎてしまって、残りの時間ではそれが実行できないかもしれませんから」。

ラドヤード・キプリングが一九一〇年に発表した有名な詩「もしも――」はタイムマネジメントをめぐる力強い訴えで結ばれている。「この無慈悲な一分間を／六〇秒間の長距離走で満たすことができたなら……」。

それができたら、どれほど助かるだろう。現実には、帳簿の処理やタスク管理といった周辺業務《メタワーク》に時間がとられてしまう。これはスケジューリングにおける基本的なトレードオフの一つだ。そして取り組む仕事が多ければ、それだけ周辺業務も多くなる。この悪夢のような状況が極限に達すると、「スラッシング」と呼ばれる現象が起きる。

スラッシング

ゲイジ：ザッカーバーグ君、こちらにちゃんと注意を向けていますか？
ザッカーバーグ：いくらかは――最低限には。

――映画『ソーシャル・ネットワーク』

コンピューターは「スレッディング」というプロセスによってマルチタスクを行なう。これはいくつものボールを使ったジャグリングのようなものと思えばいい。ジャグラーが一度に投げられるボールは一つだけだが空中には投げ上げられたボールが三個あるという場面と同じように、CPUが一度に処理できるプログラムは一つだけだが、複数のプログラムをすばやく（一万分の一秒レベルで）切り替えることによって、動画の再生、ウェブの閲覧、メールの受信通知といったタスクがすべて同時に行なわれているように見える。

一九六〇年代、コンピューター科学者はタスク間やユーザー間でコンピューターのリソースを配分するプロセスを自動化する方法について考え始めた。期待に満ちた時代だった——と、今ではコンピューターのマルチタスキングの第一人者となったピーター・デニングは言う。当時、彼はMITの博士課程で研究していた。期待に満ちていたが、不確実性にも満ちていた。「たくさんの仕事があって、そのなかには拡張すべきものもあれば縮小すべきものもあり、互いに影響しあって「メモリー」などいろいろなものを奪い取ろうとしているときに、メインメモリーをどう配分するか。……これらの相互作用をどう管理したらよいのか。誰にもまったくわかりませんでした」。

研究者が自分たちのしていることをまだよく理解していなかったのだから、研究が困難にぶつかったのも当然だ。なかでも特に注目を集めた問題が一つあった。デニングの説明によると、特定の条件のもとで「複数のプログラムを同時に実行しているところへさらに仕事を追加すると」顕著な問題が「出現し、ある段階で臨界閾値《いきち》を突破します。この閾値がどこなのかを正確に予想することはできませんが、到達すればわかります。ここで突然、システムが死んだようになるのです」。

ここでまた、ジャグラーのイメージを頭に浮かべてほしい。空中のボールが一個だけのときは、そのボールが空中にあるあいだにジャグラーがほかのボールも投げ上げるのに十分な時間的余裕がある。しかし、手に負える限界より一つ余分にボールを投げようとしたらどうなるか。そのボールだけでなく、すべてのボールが落ちてしまう。まさに文字どおり、システム全体がダウンするのだ。デニングによれば「プログラムが一つ増えただけで、サービスが完全に破綻《はたん》する。……きちんと機能している状況とすべてがダメになっている状況とは明らかに別物なので、なかなか納得しがたい。直感的には当然、混雑したメインメモリーに新たなプログラムが追加されると、サービスは徐々に低下しそうなものだからだ」。しかし、実際に起きるのは破局《カタストロフ》である。ジャグラーが手に負える限界を超えたらどうなるかは理解できるが、機械の場合はどうなるのか。

　ここで、スケジューリング理論とキャッシング理論が交差する。キャッシュの目的とは、必要なアイテムの「ワーキングセット」をすばやくアクセスできる状態にしておくことである。コンピューターが使用している最中の情報を、低速のハードディスクではなく高速のメモリーに置いておく、というのがその一つの方法となる。しかし、あるタスクでメモリーに収まりきらないほど大量の情報を扱う必要が生じたら、本来の仕事をするよりもメモリーの情報を出し入れするのに多くの時間がとられることになるかもしれない。さらに、タスクを切り替えると、新たにアクティブとなったタスクがワーキングセットのスペースを確保するために、ほかのワーキングセットの一部をメモリーから追い出すかもしれない。次のタスクを再びアクティブにするときには、そのタスクのワーキングセットの一部をハードディスクからメモリーに呼び出す必要があり、やはりほかのワーキングセットが追い出される。こんなふうにタスクどうしがスペースを奪いあうという問題は、プロセッサーとメモリーのあいだにキャッシュの階層があるシステムではさらに厄介な状況をもたらす可能性もある。リナックス・オペレーティングシステムのスケジューラー開発責任者の一人、ペーテル・ゼイルストラは、「キャッシュは現在実行中の仕事のために稼働しているので、コンテキストスイッチを行なうと、すべてのキャッシュがほぼ無効になります。これは痛手です」と言う。極端な場合、あるプログラムが実行に必要なアイテムをメモリーに呼び出したとたんに、別のプログラムに上書きされて追い出されてしまう、という事態もありうる。

これがスラッシングだ。システムが全力で稼働しているのに何もなし遂げられない状況をそう呼ぶ。デニングが最初にこの現象を解明したのはメモリー管理の場においてだったが、今ではシステムがメタワークで完全に占拠されて停止する状況のほとんどを表す用語として、コンピューター科学者は「スラッシング」を使っている。コンピューターがスラッシングを起こすと、動作は徐々に停止するのではなく、断崖から転げ落ちるように一瞬で停止する。「実質的な仕事」がほぼゼロまで下がり、この状況を脱するのはほとんど不可能になる。

スラッシングは人間の状態としても非常にわかりやすい。自分のすべき仕事をすべてメモするためにすべての作業を中止したいのに、その時間がとれない。こういう状況に覚えがある人は、スラッシングの経験者だ。その原因もコンピューターの場合とよく似ている。すべてのタスクが限られた認知資源を引き出そうとするために、スラッシングが起きるのだ。やるべき仕事をすべて覚えておくことだけに注意力がすべて使われてしまったら――あるいはすべてのタスクに優先順位をつけるだけでタスクを実行するための時間がすべて終わってしまったら――または思考を行動に移す前に思考の連鎖がしょっちゅう中断されたら――パニックに陥るか、あるいは過剰な活動がもたらした麻痺状態に陥ったかのようになる。これがスラッシングであり、コンピューターにとっては知りすぎるほどなじみの状況だ。

スラッシングに陥ったシステムと格闘したことがある人は――そして自分がスラッシングに陥ったことのある人は――そこから脱するためのコンピューター科学に関心があるかもしれない。一九六〇年代にこのテーマで書かれた記念碑的な論文において、著者のデニングは一オンスの予防策が一ポンド（一六オンス）の治療法に値すると述べている。最も簡単なのは、ただメモリーを増やすことだ。たとえば実行中のプログラムすべてのワーキングセットを同時にメモリーに収容し、コンテキストスイッチにかかる時間を短縮するのに十分なRAMを用意する。しかし、スラッシングを予防するためのアドバイスは、スラッシングの渦中にある人には役立たない。そのうえ、人間のもつ注意力の容量には限りがある。

スラッシングを事前に回避するには、ノーと言う方法を学ぶという手もある。たとえばデニングは、新たなプログラムのワーキングセットを受け入れるのに十分なメモリーの空きがない場合には、システムはプログラムの追加をただ拒否すべきと主張している。これによってマシンのスラッシングを防ぐことができるし、多忙を極める人にとってはこれが賢明なアドバイスとなる。しかしこれも、すでに仕事を背負い込みすぎている人、あるいは仕事を引き受けない限り押し寄せる要求を黙らせることのできない人にとっては、ないものねだりと思われるかもしれない。

このような場合、今以上にがんばることは明らかに不可能だ。しかし、ほかにも手はある。考えすぎないことだ。メモリーについて考えるのに加えて、コンテキストスイッチに伴うメタワークのとりわけ大きな発生源は、次にする仕事を選択するという行為そのものだ。これも本来の仕事の実行を滞《とどこお》らせることがある。n件のメッセージでメールの受信ボックスがあふれている場合、ソート理論によれば、次に返信すべき最も重要なメッセージを特定するために全体を何度も調べると、n件のメッセージ×n回のチェックで$O(n^2)$回の操作が必要となる。つまり、通常の三倍のメッセージが受信ボックスに入っているのに気づいたなら、最悪の場合、処理するのにかかる時間は通常の九倍だ。さらに、それらのメールをチェックするには、返信する前にすべてのメッセージを次々に頭に出し入れする必要がある。これでは記憶力がスラッシングを起こすのは確実だ。

スラッシング状態では、ほぼ何も進めることができない。よって、何もしないよりは順番が不適切でもとにかくタスクを処理するほうがましだ。最も重要なメールに真っ先に返信したければ全体像を把握する必要があるが、その作業のほうが返信すること自体より時間がかかるかもしれない。それならば、最も重要なメールにこだわるよりも、ランダムな順番で返信するか、あるいは画面に現れた順番で返信することによって、二乗時間の泥沼を回避すべきではないだろうか。リナックスのコアチームもそう考えて、数年前にスケジューラーを変更した。新しいスケジューラーは、プロセスの優先度を計算する際の「賢さ」では従来のものに劣るが、計算にかかる時間の短縮でそれを埋めあわせてなお余りあるものとなった。

それでもなお優先度に従いたいというなら、生産性を取り戻すために打てるもっと興味深い手がある。

割り込み軽減

リアルタイムのスケジューリングがこれほど複雑でおもしろいものとなる理由の一つは、これが基本的に、必ずしも両立可能ではない二つの原理のあいだで繰り広げられる駆け引きだという点にある。この二つの原理は「応答性」と「スループット」と呼ばれる。応答性とは〝応答のすばやさ〟であり、スループットとは〝遂行できる仕事の総量〟を表す。オフィスで働いたことのある人なら、この二つの基準のあいだに生じるせめぎあいがすぐに理解できるはずだ。電話に出ることだけを仕事としている人がいるのも、このことが一つの理由である。ほかの人がスループットを確保できるように、応答性を受け持っているのだ。

人の暮らしもやはりコンピューターと同様で、応答性とスループットのトレードオフを自分でこなさなくてはならないときにはなかなか大変だ。うまく切り抜けるのに最良の戦略は、逆説的な話だが、スローダウンすることかもしれない。

オペレーティングシステムのスケジューラーは一般に、すべてのプログラムが少なくともいくらかは作動することが保証される「周期」を定め、システムは各プログラムにその時間の「一部」を割り当てる。実行されるプログラムが増えると、システムから割り当てられる時間が短くなり、周期ごとにコンテキストスイッチの生じる回数が増え、スループットを犠牲にして応答性が保たれる。しかしそのまま放置すると、周期ごとに各プロセスに少なくともいくらかの注意が向けられることを保証するというこの方針がカタストロフにつながりかねない。十分に多数のプログラムが作動している場合、一つのタスクに割り当てられる時間は短くなり、システムがコンテキストスイッチにその割り当て時間をすべて費やしてしまい、すぐに次のタスクのコンテキストスイッチが始まることになるかもしれない。

こうなる原因は、応答性の保証が難しいことだ。そこで最近のオペレーティングシステムでは、割り当て時間に下限を設け、時間をそれより細かく分割することは拒否するようにしている（たとえばリナックスではこの下限をおよそ〇・七五ミリ秒としているが、人の場合には現実的には数分以上とする必要があるかもしれない）。さらに新たなプロセスが加わってこの下限を守れなくなると、「時間」が延長される。つまり、各プロセスの待ち時間は長くなるが、配分される時間は少なくともなんらかの仕事をするのに十分な作動時間は確保されるということだ。

一つのタスクにかけるべき時間の下限が決まれば、応答性だけに時間がとられてスループットにまったく手が回らないという事態を防ぐ助けとなる。コンテキストスイッチにかかる時間よりもこの下限時間が長ければ、システムがコンテキストスイッチだけに終始するという状況に陥ることはありえない。この原理は、人の生活へのアドバイスにも容易に変換できる。キッチンタイマーをセットして、時間が来るまで一つの作業だけに専念する「タイムボクシング法」や「ポモドーロタイマー法」などの方法は、この考えを具現化したものと言える。

しかし、どんな配分を目指せばよいのだろう。メールチェックのように反復的なタスクの実行間にどのくらいの時間を置くべきかという問題に対しては、スループットの観点から答えを出すのが簡単だ。可能な限り長く、というのがその答えである。しかしこれですべてがうまくいくわけではない。スループットを上げれば、応答性が下がってしまうのだ。

コンピューターにとって、定期的にチェックしなくてはならない厄介な中断をもたらす存在は、メールではない。ユーザーだ。数分間や数時間もマウスを動かさなかったのに、再び動かすとなると画面上のポインターがただちに動きだすことを期待する。つまり、コンピューターはユーザーのようすを探るためだけに多大な労力を費やしているのだ。そこで、マウスとキーボードをチェックする頻度を上げれば、入力があったときにすばやく反応できるが、コンテキストスイッチを余分にする必要が生じる。そこで、コンピューターのオペレーティングシステムが特定のタスクに注力できる時間を決める際には、単純なルールに従う。ユーザーの目に過敏とも鈍重とも映らない範囲で、なるべく長時間とすればよい。

われわれ人間がちょっとした用事で外出するときには、「留守と感じないくらいすぐに戻るから」などと言うことがある。コンピューターは、コンテキストスイッチをして計算を始めても、ユーザーがそれに気づかぬうちにユーザーのもとへ戻らなくてはならない。そのためのちょうどよい案配を探るべく、オペレーティングシステムのプログラマーは心理学に手がかりを求めている。正確には何ミリ秒の遅延が生じたときに人間の脳が遅れや揺らぎを感知するのか特定しようと、精神物理学の論文を調べたりしている。それより頻繁にユーザーに注意を向けるのは意味がないからだ。

こうした取り組みのおかげで、オペレーティングシステムが適正に作動しているときには、ユーザーはコンピューターがどれほどがんばっているか意識さえしない。プロセッサーが全力で働いているときでも、ユーザーはマウスを操作して画面上でポインターをなめらかに動き回らせることができる。このなめらかさによってスループットがいくらか犠牲になっているが、それはシステムエンジニアが承知のうえで行なった設計上のトレードオフだ。システムはユーザーとのやりとりをせずになるべく多くの時間を過ごし、それからぎりぎりのタイミングでマウスの動作に戻る。

この原理もやはり人の暮らしに応用できる。これが教えてくれるのは、応答性を許容可能な最低限より下げることなく、なるべく長く一つのタスクを続けるように努めるべきということだ。自分がどのくらいの応答性を維持すべきか判断し、仕事を片づけたいなら応答性がそのレベルを上回らないようにする。

自分がコンテキストスイッチを頻繁にしているのは、短時間で終わる雑多なタスクにかかわっているからだと思うなら、コンピューター科学から「割り込みをまとめる」という考え方を借用することもできる。たとえばクレジットカードの請求書が毎月五通届くことになっている場合、届くたびに支払いをしてはいけない。五通めまでそろったところで、まとめて処理するのだ。到着から三一日未満に支払期限が設定されているのでない限り、たとえば毎月一日を「請求書支払日」と定めて、この日が来たら、三週間前に届いたものも三時間前に届いたものも机の上にある請求書はすべてまとめて処理すればいい。同様に、二四時間以内に返信する必要のあるメールが来ない人なら、メールをチェックするのは一日に一度だけでよいはずだ。コンピューターもこれと似たことをやっている。さまざまなサブコンポーネントによるばらばらでまとまりのない割り込みに対処するためにコンテキストスイッチをしたりはせず、一定の間隔を置いてすべてをチェックするのだ。*

ときおり、コンピューター科学者は自分自身が生活の中で割り込みのまとめを実践していないのに気づくことがある。グーグルのリサーチディレクター、ピーター・ノーヴィグはこんなことを言っている。「今日、私は一日に三回も用事で町に行くはめになりました。『やれやれ、アルゴリズムの中にバグが一行まぎれ込んでいたんだな。用事ができるたびに一つずつ順番に片づけないで、もう少し待つか、用事を〝やることリスト〟に加えればよかっ

＊コンピューターのほうではユーザーに何かしてほしければいつでもエラーメッセージやカーソルの動きを支配するダイアログボックスをぶしつけに表示するのが常であることを考えると、こうしたコンピューターのふるまいは二枚舌的と言える。ユーザーインターフェースはユーザーに対しては、CPUならキレてしまいかねない注意喚起のしかたをするのだ。

た』と言ってしまいました」。

人間レベルでは、郵便システムがその配達サイクルの結果として割り込みのまとめをタダでやってくれる。郵便物は一日に一回しか配達されないので、ほんの数分でも集配に遅れたら相手に届くまでに二四時間余分にかかる、ということは確かにある。しかし、コンテキストスイッチのコストを考えると、この状況の好ましさが見えてくるはずだ。請求書や手紙に割り込まれるのは、最大でも一日に一回だけなのだ。さらに、二四時間サイクルの郵便のリズムは受取人に最低限の応答性しか要求しない。受け取った手紙に返事を出すのが五分後であろうと五時間後であろうと、まったく差は生じない。

大学では、研究室の開室時間帯を決めておくというのが、学生による割り込みをまとめる一つの手段となる。会社では、職場で嫌われている週例会議という儀式も、割り込みをまとめるという面からとらえればよい点も見えてくる。欠点があるにせよ、定期的に予定される会議は、自然発生的な割り込みと予定外のコンテキストスイッチに対する最良の防御となる。

コンテキストスイッチの少ないライフスタイルというものに守護聖人が存在するとすれば、それはあの伝説的なプログラマー、ドナルド・クヌースだろう。「私は一度にひとつのことしかやらない。コンピュータ科学者が言うバッチ処理だ。ほかに取り得る方法として、スワップイン、スワップアウトというやり方がある。しかし、私はスワップイン、スワップアウトはやらない」（『コンピュータの時代を開いた天才たち』デニス・シャシャ&キャシー・ラゼール著、竹内郁雄監訳、鈴木良尚訳、日経BP社より引用）と彼は言う。冗談を言っているのではない。二〇一四年一月一日、彼は「二〇一四年のTeXチューンアップ」に乗り出し、それまでの六年間に彼のTeX組版ソフトウェアについて報告されたバグをすべて修正した。報告書は「二〇二一年のTeXチューンアップをお楽しみに！」という愉快な言葉で結ばれていた。また、彼は一九九〇年からメールアドレスをもたずに過ごしている。「あらゆる情報を手中に収めてすべてを把握するために暮らしている人にとっては、メールはすばらしいものだ。しかし、私は違う。私はあらゆることの根底を探るために生きている。私のやっていることは、長時間の探究と中断されることのない集中を必要とするのだ」。彼は郵便物を三カ月に一度チェックして、ファックスを見るのは半年に一度だけだ。

しかし、ライフスタイルの設計原理として割り込みのまとめをもっと取り入れようと、クヌースのような極端に走る必要はない。郵便システムはほぼ期せずしてそれを与えてくれる。それ以外の点については、自分で仕組むか、あるいは要求する必要がある。さまざまなアラーム音を発する装置には「おやすみ」モードがついているから、一日のあいだにこのモードのオンとオフを手動で切り替えてもよい。しかし、それではあまりにも芸がない。ユーザーの側から、割り込みのまとめに関する明示的なオプションが提供される設定を要求してもいいかもしれない。つまり、装置の内部で行なわれているのと同じことを人のタイムスケールで実行するのだ。たとえば着信通知は一〇分に一度だけにして、そのときにすべての情報を教えてもらおう。

6 ベイズの法則
未来を予想する

人間のあらゆる知識は、不確実で、不精密で、部分的である（『人間の知識』鎮目恭夫訳『バートランド・ラッセル著作集10』みすず書房所収」より引用）。

――バートランド・ラッセル

明日も日は昇る。きっと。

――アニー（映画『アニー』）

一九六九年、J・リチャード・ゴット三世はプリンストン大学の博士課程で宇宙物理学の研究を始める前にヨーロッパを旅行し、八年前に建造されたベルリンの壁を訪れた。冷戦をまざまざと象徴する壁から落ちる影の中に立ち、この壁による東西ドイツの分断はいつまで続くのだろうかと考え始めた。

この種の予想は、一見するとばかげている。地政学を予想するのは不可能だということを別にしても、この問いは数学的に見て愚行の極みだ。というのは、これがたった一つのデータ点から予想しようとする試みだからだ。

しかし、ちょっと見ただけでは愚かしく思われるかもしれないが、われわれは必要に駆られてこの手の予想をしょっちゅうしている。異国の町でバス停にたどり着いたとき、ほかの旅行者が自分はすでにここで七分間待っていると教えてくれたとしよう。この場合、次のバスはいつ来るだろうか。待つ意味はあるか。その場合、どのくらい待ったらあきらめるべきか。

あるいは、友人が異性と交際を始めてから一カ月が過ぎ、アドバイスを求めてきたとしよう。近々身内の結婚式があるのだが、交際相手を招待するのは早すぎるだろうかという相談だ。二人の交際は順調なスタートを切っているが、どのくらい先のことまで計画を立ててよいものだろうか。

グーグルのリサーチディレクター、ピーター・ノーヴィグが行なった有名なプレゼンテーションに「データの不合理な有効性」というのがあり、彼は「取るに足りないデータ点を無数に集めたら理解に至ることが可能になる」と力説している。コンピューターがそうした無数のデータ点を選り分けて、人間の目には見えないパターンを見つけ出してくれる「ビッグデータの時代」にわれわれは生きている。メディアはしきりにそう訴える。しかし人の日常生活に最も密接にかかわる問題は、しばしばその対極にある。われわれの日常は「スモールデータ」で満ちている。実際、ベルリンの壁の前に立ったゴットと同様に、われわれは手に入る最小限のデータから、すなわちたった一回の観察から、推測するしかないことが少なくない。

では、実際にどうやっているのか。そして、どうするべきか。

物語は一八世紀のイングランドで幕を開ける。舞台は当時の数学の精鋭たちにとって（聖職者でさえも）抗《あらが》いがたい研究分野、賭け事だ。

ベイズ牧師と後ろ向き推論

したがって、論議によって我々が過去の経験に信を置き、それを将来の判断の基準とするように束縛されるとするならば、これらの論議はただ蓋然的……であるに違いない

（『人間知性の研究・情念論』渡部峻明訳、晢書房より引用）。

——デイヴィッド・ヒューム

今から二五〇年以上前、イングランドの美しい温泉保養地タンブリッジウェルズに暮らす長老派牧師のトマス・ベイズは、スモールデータからの予想という問題について熱心に考えていた。

新たに実施されるので情報のない宝くじの券を一〇枚買って、そのうち五枚が当たったなら、このくじの当選率は比較的容易に推定できると思われる。一〇分の五、すなわち五〇パーセントだ。しかし一枚だけ買って、それが当たったとしたらどうだろう。当選率は一分の一、つまり一〇〇パーセントだと本気で思うだろうか。それはあまりにも楽観的と感じられる。違うだろうか。楽観的すぎるとしたら、どれほど楽観的すぎるのか。実際の当選率はどのくらいと考えるべきなのか。

皮肉なことに、不確実性下における推論の歴史にきわめて大きな影響を与えた人物にしては、ベイズ自身の経歴には不明な点が多い。生まれたのは一七〇一年か、もしかしたら一七〇二年で、出生地はイングランドのハートフォードシャーか、あるいはロンドンかもしれない。一七四六年、四七年、四八年、四九年のいずれかの年に数学全体で指折りの大きな影響をもたらした論文を執筆したが、公表しないまま別の研究に進んだ。

これらの二つの出来事のあいだに、さらにもう少し不確実な点がある。牧師の息子だったベイズはエディンバラ大学で神学を学び、父と同じく聖職に就《つ》いた。神学だけでなく数学にも関心があり、一七三六年にはニュートンが新たに提唱した「微積分」をジョージ・バークリー主教が攻撃したのに対し、微積分を強く擁護する書物を著《あらわ》した。これによって、一七四二年に「幾何学と数学および哲学のあらゆる学識に精通した……紳士」という推薦の言葉とともに王立協会会員に選ばれた。

一七六一年に彼が没すると、友人のリチャード・プライスがベイズの遺族から頼まれて、残された数学関係の書き物を見直すことになった。発表すべきものがないか調べるためである。調査したプライスは、ある小論にとりわけ興奮を覚えた。プライスの言葉を借りれば「すばらしく価値があり、いつまでもとっておくに値する」ものだった。この小論は、まさに今ここで論じている宝くじ問題と同じタイプの問題を扱っていた。

くじの仕組みや「当たり」と「外れ」の割合について何も知らない人が、抽選会にやって来たとしよう。さらに、彼はそれまでに出た「外れ」と「当たり」の数を聞いて、両者の割合を推測しなくてはならないとする。この状況で、彼は合理的にどのような結論が下せるか。

ベイズが決定的に慧眼《けいがん》だったのは、目の前で引かれた当たりと外れの券の枚数を使って最初の券全体の割合を考えるというやり方が、基本的に後ろ向きの推論だと見抜いたことだった。もとの割合を突き止めるには、まず仮説から前向きの推論をする必要があると彼は主張した。つまり、さまざまなシナリオについて、そのシナリオが正しかった場合に特定の券を引いていた確率がどのくらいか、まずは突き止めなくてはならない。この確率は現代の統計学では「尤度《ゆうど》」と呼ばれるもので、問題を解くのに必要な情報を与えてくれる。

たとえば券を三枚買って、すべて当たったとしよう。すべての券が当たりという太っ腹なくじなら、三枚買えば当然三枚とも当たりになるはずで、このシナリオでは当たる確率が一

○○パーセントということになる。また、券全体で当たりが半分だけなら、三枚買って三枚当たりという結果は1／2×1／2×1／2、すなわち八回に一回起きると考えられる。さらに、一〇〇〇枚につき一枚しか当たりが出ないなら、三枚すべてが当たりという結果は信じがたいほど起こりにくいはずで、1／1000×1／1000×1／1000、すなわち一〇億回に一回ということになる。

したがって、三枚とも当たりだった場合には、券全体の半分が当たりである可能性よりもすべてが当たりである可能性のほうが高いと判断すべきであり、一〇〇〇枚に一枚だけが当たりである可能性よりは半分が当たりである可能性のほうが高いと判断すべきである、とベイズは主張した。そのくらいはもともと直感的にわかっていたかもしれないが、ベイズのロジックを使えばその直感を数値化することができる。すべての条件が対等なら、券の半数が当たりである可能性よりもすべてが当たりである可能性のほうがちょうど八倍高いと考えるべきだ。なぜなら、このシナリオで引いた券が当たりである可能性がちょうど八倍高いからだ（「一〇〇パーセント」対「八分の一」）。同様に、当たりの券が一〇〇〇枚中一枚だけである可能性と比べて半数が当たりである可能性はちょうど一億二五〇〇万倍高い。この数字は八分の一と一〇億分の一を比べれば出てくる。

これがベイズの主張の核心だ。仮定した過去から前向きに推論することにより、後ろ向きに推論して最も可能性の高いものを特定するための足場が得られる。

これは巧妙で画期的なアプローチだったが、くじ問題に完全な答えを与えることはできなかった。プライスはベイズの成果を王立協会に報告する際に、くじを一枚だけ買ってそれが当たったら、くじ全体の少なくとも半数は当たりである可能性が七五パーセントだということを証明することができた。しかし確率の確率を考えようとすると、いささか頭が混乱するかもしれない。さらに「そこまではまあいい。しかし、実際に当たる確率はどのくらいだと思うか」と誰かに責め立てられたら何と答えればよいのか、やはりわからない。

この問い、すなわち起こりうるさまざまな仮説をすべてまとめて一つの明確な期待値を出すにはどうしたらよいのかという問いに対して、ほんの数年後に答えが発見された。答えを見つけたのはフランスの数学者、ピエール＝シモン・ラプラスだった。

ラプラスの法則

ラプラスは一七四九年にノルマンディーで生まれた。父親は息子を聖職者にしようと考えて、カトリックの学校に入学させた。ラプラスはカーン大学に進んで神学の勉強を続けたが、霊的なものと科学的なものの両方にバランスよく生涯を捧げたベイズと違い、ラプラスは最終的に聖職を完全に捨てて数学を選んだ。

一七七四年、ラプラスはベイズの先行研究についてはまったく知らず、「事象の原因の確率について」という野心的な論文を発表した。この論文でラプラスは、観察された結果から信じるに足る原因へと後ろ向きに推論するにはどうしたらよいかという問題にようやく答えを出した。

すでに見たとおり、ベイズは仮説間の相対的確率を比較する方法を発見していた。しかし、くじについては、仮説はまさに無限に存在する。考えうるすべての当たりの割合がそれぞれ一つの仮説となるのだ。かつての論争の的《まと》であり、ベイズが有力な擁護者となった数学である微積分を用いて、ラプラスはこの膨大な仮説を一つの推定にまとめることが可能であると証明することに成功した。しかもその推定は、驚くほど簡潔だった。くじについて事前の情報がまったくない場合、一回めで当たりが出たら、くじ全体で当たりの割合はちょうど三分の二だと期待すべきである、と彼は示した。くじを三枚買ってすべて当たりだったら、期待される当たりの割合はちょうど五分の四となる。試行n回で当たりがw枚だったとすると、期待される割合はシンプルに「当たりの枚数＋1」を「試行回数＋2」で割った$(w+1)/(n+2)$となる。

驚くほど簡単に確率が推定できるこの方法を**ラプラスの法則**と呼び、過去の結果にもとづいて事象の起きる確率を評価する必要のあるどんな状況でもこれは容易に適用できる。何かを一〇回試行して五回成功した場合、ラプラスの法則によれば全体として成功する確率は一二分の六、つまり五〇パーセントと推定される。これは直感に合う。一度だけ試行して成功した場合には、ラプラスの法則による推定は三分の二となり、これは毎回成功すると考えるよりも合理的であり、なおかつプライスの指針（〝五〇パーセント以上の確率で成功する確率が七五パーセント〟という、ややこしい推定の仕方をする）よりも扱いやすい。

ラプラスはさらに、自身の統計学的手法を当時のさまざまな問題に幅広く適用し、たとえば生まれてくる赤ん坊が本当に同じ確率で男女に分かれるのか検討した（実際には男児のほうが女児よりも若干多く生まれるということをほぼ確実に証明した）。彼は『確率の哲学的試論』（内井惣七訳、岩波文庫）という本も執筆した。これはおそらく一般向けに書かれた最初の確率の本であり、今もなお格別にすぐれている。この本は彼の理論を説明するとともに、法律、自然科学、日常生活にそれを応用する方法も考察している。

ラプラスの法則は、現実世界でスモールデータと向きあう際の最初のシンプルな指針を教えてくれる。ほんの数回（場合によっては一回）しか観察していなくても、この指針は実用的な基準となる。バスが遅れている確率は？　自分のソフトボールチームが勝つ確率は？　それが知りたければ、過去にその事象が起きた回数に一を足し、その事象が起こりえた機会の回数に二を足した数で割ればよい。ラプラスの法則のよいところは、データ点が一つだけでも数百万個でも、等しくよい答えを出してくれるという点だ。明日も日は昇ると信じるリトル・アニーの考えは正当である。この法則はそう教えてくれる。今までに地球は太陽が昇るのをおよそ一兆六〇〇〇億日も続けて見てきたのだから、次の「試行」でまた太陽が昇る確率は限りなく一〇〇パーセントに近い。

ベイズの法則と事前信念

これらの想定はすべて無矛盾であり思念しうる。ではなぜ、我々は他と同じく無矛盾あるいは思念しうる想定の一つを選択すべきなのだろうか（『人間知性の研究・情念論』渡部峻明訳、哲書房より引用）。

――デイヴィッド・ヒューム

ラプラスはこれとはまた別に、ベイズの説の修正も行なっている。ほかの仮説よりも正しい可能性が高い仮説をどう扱うかという、のちに決定的な重要性をもつと見なされることになる問題に関するものである。たとえば、購入した人の九九パーセントが当たりとなるくじが存在する可能性はゼロではないが、一パーセントの人しか当たらないくじのほうが実在する可能性は高いと感じられるはずだ。推定にはこの考え方を反映させるべきであろう。

話を具体的にするために、友人が種類の異なる二枚のコインを見せてきたとする。一枚は表《おもて》と裏の出る確率が五〇パーセントずつの、ふつうで「フェア」なコインである。もう一枚は両面とも表になっている。友人が二枚のコインを同じ袋に入れてから、ランダムに一枚だけ取り出す。そのコインを投げると、表が出た。友人が取り出したのはどちらのコインだったと思われるか。

後ろ向きに推定するベイズのやり方なら、すぐさまこの問いを決着させることができる。

フェアなコインで表が出る確率は五〇パーセントだが、両面が表のコインなら一〇〇パーセントの確率で表が出る。そこで、友人の取り出したのが両面とも表のコインだった確率はフェアなコインだった確率に対して五〇パーセント分の一〇〇パーセント、すなわちきっかり二倍だと自信をもって言える。

今度はちょっとひねりを加えてみよう。友人がフェアなコイン九枚と両面が表のコイン一枚を見せてから全部を同じ袋に入れ、ランダムに一枚だけ取り出して投げる。すると表が出た。今回はどう考えたらよいだろう。これはフェアなコインなのか、それとも両面が表のコインなのか。

ラプラスの研究ではこのパターンについても考察していて、答えはやはり感心してしまうほどシンプルだ。前回と同じく、フェアなコインで表が出る確率は両面が表のコインのちょうど半分だ。しかし今回は、袋から取り出したのがフェアなコインである確率が、両面が表のコインと比べて九倍となる。この二つの確率に着目して、掛け算すればよい。友人の手に載っているのがフェアなコインである確率は、両面が表のコインである確率のちょうど四・五倍だ。

このように事前にもった考えと目の前にある証拠を結びつけてその関係を記述する数式が、**ベイズの法則**と呼ばれるようになった。これを広める役割を実質的に担ったのはラプラスだったのだから、皮肉な命名だ。事前の信念と観察された証拠をどう結びつけるかという問題に対して、このルールは驚くほど簡単な答えを与えてくれる。ただ両者の確率を掛けあわせるだけだ。

この数式を成り立たせるには、事前になんらかの信念をもっていることが不可欠だという点に注目したい。友人がやって来て、「この袋からコインを一枚取って投げたら表が出た。これがフェアなコインである可能性はどのくらいだと思う？」とだけ言ったなら、袋に入っているのがどんなコインなのか少なくともいくらかは情報がない限り、まったく答えられないはずだ（確率が一、二つわからなければ掛けあわせることはできない）。コイン投げの前に「袋の中」に入っていたものに関する情報――データを見る前に各仮説が真であった可能性――を「事前確率」と呼ぶ。ベイズの法則では、あてずっぽうでもよいからとにかくなんらかの事前確率が常に必要とされる。両面が表のコインは何枚あるのか。そのようなコインはどのくらい容易に入手できるのか。そもそも、友人は人をかつぐのがどのくらい好きなのか。

ベイズの法則では事前確率の使用が必須である。かつてこの事実は問題視され、バイアスがかかっているとか非科学的であるとさえ考えられたこともある。しかし実際には、心が実質的な白紙状態でまったく未知の状況に遭遇することはめったにない。この点については、すぐに再び検討する。

一方、事前確率についてなんらかの推定ができる場合には、ビッグデータであれ、もっと一般的なスモールデータであれ、多様な予想問題にベイズの法則を適用することができる。くじで当たる確率やコイン投げで表の出る確率を計算するのは手始めにすぎない。ベイズとラプラスの考案した方法は、不確実性が存在して使えるデータがいくらかある場合には必ず助けとなる。これこそまさに、未来を予想しようとするときに直面する状況なのだ。

コペルニクス原理

予想するのは難しい。とりわけ未来の予想は。

——デンマークのことわざ

ベルリンの壁に到着したJ・リチャード・ゴットは、ごく単純な問いを自分に投げかけた。私はどこにいるのか、と問うたのだ。自分がここに来たのは、この建造物の寿命全体のどの時点かという意味である。これは四〇〇年前に天文学者ニコラウス・コペルニクスを悩ませた「われわれはどこにいるのか。宇宙の中で地球はどこにあるのか」という空間に関する問いの時間版とも言える。のちにコペルニクスは、地球が宇宙の回転の中心ではないし、じつはいかなる特別な場所でもないと考えて、革命的なパラダイムシフトを起こした。ゴットは時間についてコペルニクスと同じように考えてみることにした。

彼は自分がベルリンの壁に対面した瞬間が特別なものではなく、壁の寿命全体において等しい確率でどの瞬間でもありうると仮定した。そして、等しい確率でどの瞬間でもありうるのなら、自分がここに来た瞬間は平均すると壁の寿命のちょうど中央にあたるはずだと考えた（中央より前である可能性が五〇パーセント、あとである可能性が五〇パーセントなので）。一般化して言えば、いかなる現象に関しても、ほかに情報がない限り、われわれはそれが生じている期間のちょうど真ん中に自分がいると考えてよいということだ。* ある物事の起きている期間のちょうど真ん中に自分が到着していると仮定すれば、その物事がこの先どのくらい続くかについての最良の推測が明白になる。今までに続いてきたのとまったく同じ時間である。ゴットがベルリンの壁の前に立ったのは建造から八年後だったので、それから八年後まで存続すると考えるのが最良の推測だった（実際には二〇年後まで存続した）。

この単純明快な推論をゴットは**コペルニクス原理**と命名した。この推論から、あらゆるテーマの予想に使えるシンプルなアルゴリズムが得られる。事前の期待がまったくない場合にこれを使えば、ベルリンの壁の終焉だけでなく、持続時間の長短を問わずあらゆる現象の終わりが予想できる。コペルニクス原理によれば、アメリカ合衆国は国家として二二五五年ごろまで存続し、グーグル社は二〇三二年あたりまでもちこたえ、本章の初めに登場した友人が一カ月前に始めた交際はおそらくあと一カ月ほどで終わると予想される（友人にはまだ例の結婚式の招待状に返事を出さないように言ったほうがよいかもしれない）。同様に考えると、最近の《ニューヨーカー》誌の表紙に、おなじみのアプリアイコンが縦横に整列した六

＊ここには明らかに皮肉がある。時間については、自分がここに着いたのがなんら特別な時点でないと仮定すると、結局のところ自分をまさに中心に置いて考えることになる。

インチ画面のスマートフォンを持つ男性が描かれて「二五二五年」というキャプションが添えられていたが、これは真《ま》に受けないほうがよいとも言える。疑ったほうがよい。今出回っているスマートフォンは誕生してからようやく一〇年経ったくらいなので、コペルニクス原理に従えば二〇二五年ごろには姿を消している可能性が高い。まして五〇〇年後に存在していることなどありえない。二五二五年にニューヨークのような町が存在していたら、それだけでもちょっとした驚きだ。

もっと現実的な話をしよう。ある工事現場で雇ってもらおうかと考えていて、そこに「労災事故ゼロ七日間連続達成」という看板が出ている場合、ごく短期の仕事を予定しているのでない限り、応募は見送るべきかもしれない。市の交通システムで、次のバスがいつ到着するかリアルタイムで表示するという、きわめて便利だが費用のかさむ方式を導入するには予算が足りない場合、コペルニクス原理はそれより著《いちじる》しく簡単で安価な方法があるのではないかと教えてくれる。じつは、前のバスがバス停に到着してからの経過時間を表示するだけで、次のバスがいつ来るかについて大きな手がかりが得られるのだ。

だが、コペルニクス原理は正しいのだろうか。ゴットが《ネイチャー》誌にこの推論を発表すると、批判的な手紙が編集部に殺到した。もっと身近な例にこのルールをあてはめれば、その理由も容易に納得できる。九〇歳の人に出会ったら、コペルニクス原理によればこの老人が一八〇歳まで生きると予想される。一方、六歳児はわずか一二歳で早くも死を迎えることになる。

コペルニクス原理が場合によって成り立ったり成り立たなかったりする理由を理解するには、再びベイズに目を向ける必要がある。コペルニクス原理は一見すると単純に思われるが、じつはベイズの法則の一例なのだ。

ベイズとコペルニクスの邂逅《かいこう》

ベルリンの壁の寿命といった未来を予想する場合、検討すべき仮説は目の前で起きている現象がとりうるすべての持続時間である。一週間続くか、一カ月か、一年か、それとも一〇年か。すでに見たとおり、ベイズの法則を用いるには、これらの時間それぞれの事前確率をまず特定する必要がある。そしてじつは、コペルニクス原理というのは「無情報事前確率」と呼ばれるものを使ってベイズの法則を適用することによって出てくるものなのだ。

無情報事前確率というのは、慣れないうちは矛盾した表現と感じられるかもしれない。ベイズの法則では常に事前の期待と信念を明確にすることが求められるのに、そうした情報がまったくないなどとどうして言えるのか。宝くじの場合には、情報がないことの「埋め合わせ」として、「一様事前分布」というものが想定できよう。一様事前分布とは、当たりくじの割合がすべて同じ確率で生じるとする考え方である。*ベルリンの壁の場合、無情報事前確率は、予想しようとしている持続時間について何も情報がないということを意味する。壁は五分後に崩壊するかもしれないし、五〇〇〇年存続するかもしれないが、両者の確率は等しいということだ。

すでに見たとおり、この無情報事前確率を除けば、ベイズの法則を適用できるデータとしては、〝ベルリンの壁の前に立ったのは、これが建てられてから八年めである〟という事実しかない。したがって、壁の寿命が八年に届かないと予想した仮説は目の前の状況をまったく説明できないので、すべてただちに否定できる（同様に、コインの両面が表だとする予想も、一度裏が出たら否定できる）。八年より長いとした予想はすべて可能性の領域内にあるが、壁が一〇〇万年存続するなら、壁の存在が始まってこれほどすぐに壁の前に立てたのは大きな偶然ということになるだろう。したがって、極端に長い寿命を否定することはできないが、そのような寿命が実現する可能性もほぼありえない。

ベイズの法則がこれらの確率――より可能性が高く、予想の平均を押し下げる短い時間も、また逆に可能性は低いがゼロではなく、予想の平均を押し上げる長い時間も――をすべて合わせると、コペルニクス原理が出現する。ある事柄がどのくらい持続するか予想したいのだが、ほかに情報がまったくないという場合、今までに存続してきたのとちょうど同じ時間だけこれからも存続すると考えるのが、可能な限り最良の推測となる。

じつは、コペルニクス原理のようなものを提案したのはゴットが初めてというわけでもなかった。二〇世紀の中ごろ、ベイズ統計学者のハロルド・ジェフリーズが、ある町で路面電車の通し番号一つだけから町を走る路面電車の総数を推定する方法を研究し、同様の答えを思いついた。自分の見た通し番号を二倍にすればよいのだ。それよりもさらに早く、第二次世界大戦中にも同様の問題が生じていた。連合国軍がドイツの製造している戦車の台数を推定しようとしたときのことだ。捕獲した戦車の通し番号にもとづく純然たる数学的推定によれば、ドイツが一ヵ月に二四六台を製造していると推測された。一方、広範囲におよぶ（そしてリスクの高い）空中偵察から得られた推定ではもっと多く、一四〇〇台ほどとされた。終戦後、正解は二四五台だったことがドイツの記録から明らかとなった。

コペルニクス原理というのがベイズの法則に無情報事前確率を用いたものにすぎないということに気づくと、その有効性に関する多くの疑問に答えることができる。どんな時間尺度が適切かすらわからぬまま一九六九年にベルリンの壁を眺めたときのように、何の情報もない場合には、コペルニクス原理は妥当と思われる。一方、扱われているテーマについてなんらかの情報がある場合には、コペルニクス原理は完全に間違っていると感じられる。九〇歳の人が一八〇歳まで生きるという予想が不合理に思われるのは、人間の寿命についてすでに

＊これはまさにラプラスの法則が最も単純な形で行なうことである。くじ券の一パーセントや一〇パーセントが当たりである確率は五〇パーセントや一〇〇パーセントが当たりである確率とまったく同じだと考える。$(w+1)/(n+2)$ の式は、パワーボール（訳注　アメリカの数字選択式宝くじ）で券を一枚買ってそれが外れだった場合にもう一枚買えば当たる確率が三分の一になると示唆される点で、単純すぎると思われるかもしれない。しかしそれは、何の情報ももたずに買うときの確率を忠実に反映した結果なのである。

多くの情報をもち、もっと適切な予想が可能な状態で問題と向きあうからにほかならない。ベイズの法則に持ち込む事前情報が多ければ、それだけ有用な予想が得られるのだ。

現実世界の事前確率と……

大雑把《おおざっぱ》に言って、世界には二種類のものが存在する。なんらかの「自然」な値に向かう(あるいはそのまわりに集まる)ものと、そうならないものという二種類だ。

人の寿命は間違いなく前者に属し、「正規」分布と呼ばれる分布におよそ従う。この分布は、ドイツの数学者カール・フリードリヒ・ガウスにちなんで「ガウス」分布と呼ばれたり、その特徴的な形状から「鐘型《かねがた》曲線」と呼ばれたりすることもある。この曲線を使うと、人の寿命の特徴がうまく表せる。たとえばアメリカ人男性の平均寿命は約七六歳で、寿命の分布はこれを中心とする左右対称形の曲線を描き、中央から左右に向かってかなり急激な下りカーブとなる。正規分布は単一の固有な尺度《スケール》をもつ傾向がある。つまり、年齢が一桁のうちに訪れる死は悲劇で、三桁になってからの死は並外れた偉業と受け止められるのだ。ほかにも自然界には正規分布するものがたくさんあり、人の身長、体重、血圧や、都市の最高気温、果樹園で採れる果実の直径などが正規分布する。

しかし、世の中には正規分布しているとはとうてい思えないものもたくさんある。たとえばアメリカでは町の平均人口は八二二六人だが、人口別に町の個数を表すグラフを描いたら、鐘型曲線とは似ても似つかないものができるはずだ。人口が八二二六人を上回る町よりも、下回る町のほうがはるかにたくさんあるだろう。一方、平均より大きな町の人口は、平均をはるかに上回っているはずだ。この種のパターンは、典型的な「ベキ分布」である。また、とりうる値がさまざまなスケールにまたがっているという特徴があるので、「スケールフリー分布」とも呼ばれる。町の人口は、数十人、数百人、数千人、数万人、数十万人、数百万人のいずれもありうるので、「正規」な町とはどのくらいの大きさであるべきかについて一つの値を特定することができないのだ。

町の人口と同様の基本的性質をもつさまざまな日常的現象が、ベキ分布を示す。つまり大多数は平均を下回り、少数の巨大なものだけが平均を上回るのだ。ドルで四桁から一〇桁の範囲にまたがる映画の興行収入もその一例だ。たいていの映画はあまり儲からないが、『タイタニック』のような映画がときおり現れて、超弩級の収入を記録する。

これだけでなく、金銭は一般にベキ法則だらけの領域だ。人の財産と所得は、どちらもベキ分布という性質をもっている。たとえばアメリカ人の平均年間所得は五万五六八八ドルだが、所得はおおむねベキ分布に従うので、やはり所得が平均を上回る人よりも下回る人のほうがはるかに多い。そして所得が平均を上回る人は、グラフからはみ出てしまうほど平均から隔たっている。したがって、アメリカの人口の三分の二は所得が平均に届かない一方で、上位一パーセントの人は平均の一〇倍近い所得があり、上位一パーセントのさらに上位一パーセントはその一〇倍の所得がある。

「金持ちはさらに金持ちになる」という嘆きがしばしば聞かれ、実際に「優先的選択」というプロセスはベキ分布を生み出すきわめて確実な方法の一つだ。すでに人気の高いウェブサイトほど、よそからリンクが張られやすい。オンラインで多くのフォロワーをもつ有名人ほど、新たなファンがつきやすい。評判のよい企業ほど、新たな顧客が集まりやすい。大きな都市ほど、新たな住民を引きつけやすい。いずれのケースでも、結果としてベキ分布が生じるだろう。

ベイズの法則は、限られた根拠にもとづいて予想する場合、すぐれた事前確率をもつほど大事なことはほかになかなかないと教えてくれる。つまり、根拠の出どころと思われる分布を把握することである。このように、すぐれた予想は、正規分布を相手にしているときとベキ分布を相手にしているときを見分けるすぐれた直感をもつことから始まる。じつのところ、ベイズの法則はどちらについても単純だが互いに大きく異なる予想の経験則を与えてくれる。

……その予想ルール

君はよい意味で「今のままでずっといられる」と言ったのか。

——ベン・ラーナー

コペルニクス原理を取り上げた際、無情報事前確率にベイズの法則を適用すると、対象の寿命は常に現在の年齢のちょうど二倍と予想されることが確かめられた。じつのところ無情報事前確率は非常に多様なスケールをとる可能性があり（数ヵ月でなくなる壁もあれば、何千年も存続する壁もある）、べき分布を示す。ベイズの法則によれば、べき分布の場合に適切な予想戦略は常に**乗法ルール**である。これまでに観察された数値になんらかの一定の因数を掛けるのだ。無情報事前確率については、この因数は二となる。ここからコペルニクス原理が出てくる。ほかのべき分布の場合には、掛ける数は対象とする分布によって決まる。たとえば映画の興行収入なら、この数は約一・四である。したがって、ある映画の興行収入がこれまでのところ六〇〇万ドルだと聞いたら、最終的な興行収入はおよそ八四〇万ドルになると推測できる。これまでの金額が九〇〇〇万ドルなら、最終的には一億二六〇〇万ドルに達すると考えられる。

この乗法ルールは、べき分布では記述される現象の自然なスケールが特定されないという事実から直接的に生じる結果である。それゆえ、予想に必要なスケールを教えてくれるのは、たとえばベルリンの壁が八年前からそこにあるという事実のような、手元にあるただ一つのデータ点だけである。このデータ点の値が大きければ、おそらく扱っているスケールも大きいし、またその逆の関係も成り立つ。ある映画が今までに六〇〇万ドルの興行収入を上げたという情報がある場合、それが公開からわずか一時間でその金額に達した大ヒット作ということもありうるが、最終的に数百万ドルしか稼げない映画、という可能性のほうがずっと高い。

一方、事前確率が正規分布をとる場合にベイズの法則を適用すると、まったく異なった指針が得られる。つまり、乗法ルールの代わりに**平均ルール**が得られるのだ。これは分布の「自然」な平均――単一の明確なスケール――をガイドとして使うというルールだ。たとえば平均寿命に達していない人については、単純に平均を予想する。平均寿命に近づき、さらにそれを過ぎたら、あと数年生きると予想する。このルールに従うと、九〇歳の人は九四歳まで生き、六歳児は七七歳まで生きるという妥当な予想が得られる（六歳児が人口全体の平均寿命である七六歳よりも少し長生きすると予想されるのは、すでに幼児期を通過したからである。この六歳児は分布の左端にはいないのだ）。

映画の上映時間も人の寿命と同様、正規分布に従う。ほとんどは一〇〇分付近に集中し、それより長いものと短いものが分布の両側で下降線を描く。しかし、人の活動が常にこれほどきれいな分布を示すわけではない。詩人のディーン・ヤングは、節番号のついた詩の朗読を聴いていて、読み手が第四節の始まりを告げると必ず気が重くなると語ったことがある。節が三つを超えると先が見通せなくなり、これから延々と詩を聴かされる覚悟を決める必要があるという。ヤングの落胆は、じつは完璧にベイズの法則に従っている。詩を分析すると、映画の上映時間のような正規分布ではなくベキ分布に近い分布となっていることがわかる。ほとんどの詩は短いが、一部の詩は超大作なのだ。だから詩の朗読を聴くときは、座り心地のよい座席を確保しなくてはいけない。正規分布するものが長く続きすぎていると思われる場合には、もうすぐ終わると考えてよい。しかしベキ分布するものが長く続いている場合には、それが長ければ長いほど、さらに長く続くと予想できる。

実生活で遭遇する物事には、これらの両極端のあいだにじつは第三のカテゴリーがある。しばらく続いているという根拠だけでは、もうすぐ終わるかどうか予想できないものだ。世の中にはひたすら不変なものもある。その種の現象を研究したデンマークの数学者、アグナー・クラルプ・アーランは、互いに独立な事象の生じる間隔の分布を公式化して、アーラン分布と呼ばれる関数をつくった。この曲線の形状は正規分布ともベキ分布（訳注　ロングテールやファットテールと呼ばれる。図6参照）とも異なり、鳥の翼のような形をしている。上昇してなだらかな山を描いたあと、尾はベキ分布よりも急激だが正規分布よりはゆるやかに下降するのだ。二〇世紀の初めにコペンハーゲン電話会社で働いていたアーランは、この分布を利用して電話ネットワークで通話と通話のあいだに予想される空き時間をモデル化した。それ以来、アーラン分布は都市計画者や建築設計者が自動車や歩行者の通行をモデル化したり、ネットワーク技術者がインターネット用のインフラを設計したりするのにも利用されている。自然界にも、事象が完全に互いから独立していて、発生間隔がアーラン曲線を描く領域はたくさんある。その一例が放射性崩壊であり、ガイガーカウンターが次に反応を示すまでの間隔の予想はアーラン分布で完璧にモデル化される。アーラン分布は、議員の在職期間など、ある種の人間活動を記述するのにもかなり有効である。

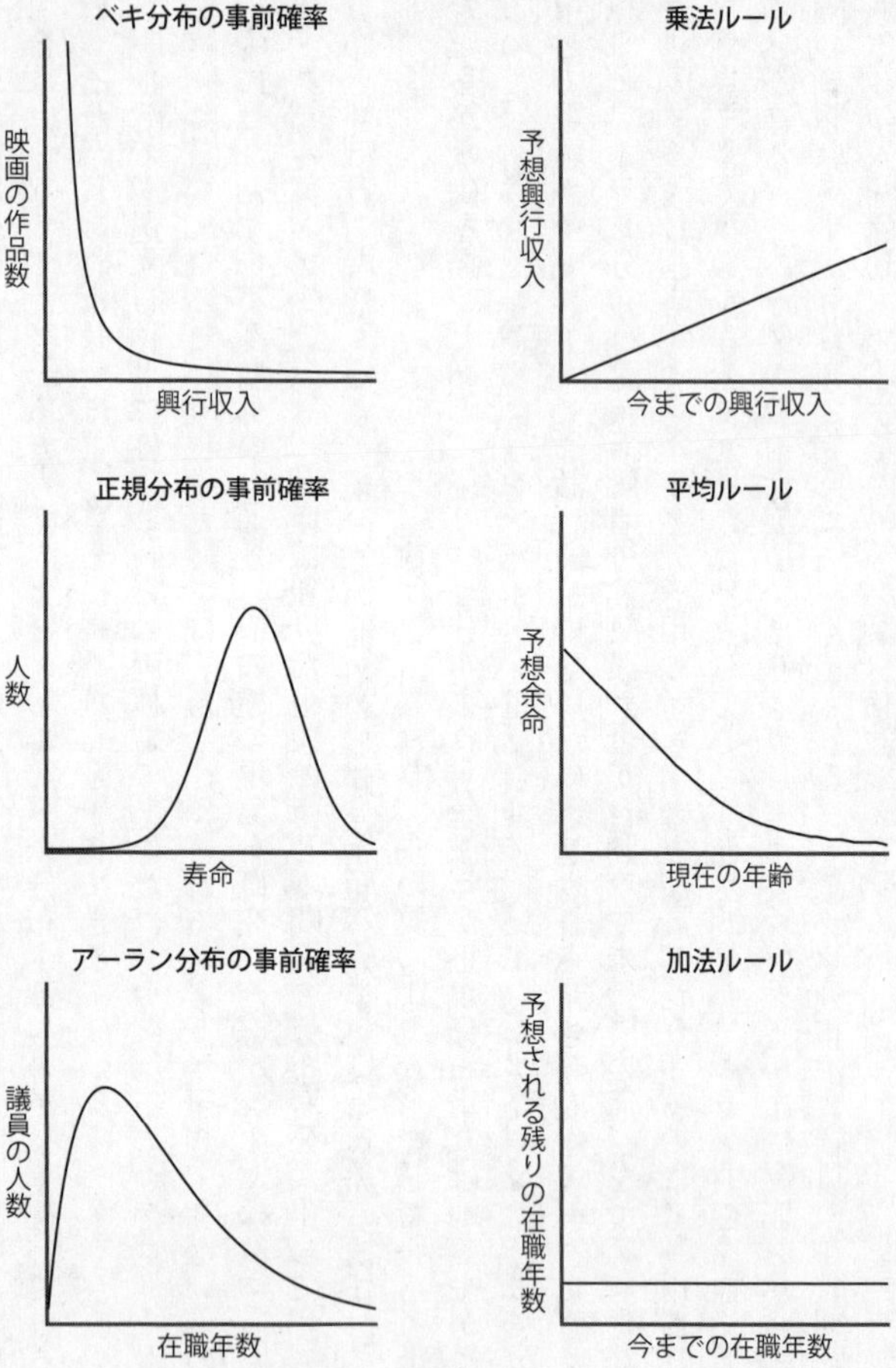

図6　さまざまな事前分布とその予想ルール。

アーラン分布からは、第三の予想ルールが得られる。常に物事はあと一定時間だけ続くと予想せよという**加法ルール**だ。「あと五分！……「そして五分後」あと五分！」という言葉の繰り返しは、あとどのくらいで家や職場を出られるのか、あるいは仕事の完了まで何分かかるのか、といった場面でしばしば聞かれるが、これは現実的な見積もりをする能力の欠如を表しているように感じられるかもしれない。ともあれ、アーラン分布するものを相手にする場合には、この言葉の繰り返しは正しいものとなる。

カジノのトランプゲームの愛好家が、もう帰りましょうと言う妻に向かって、あと一回ブラックジャックを当てたら（その確率はおよそ二〇分の一）今日は終わりにすると言う場合、彼は「あと二〇回くらいだ！」と本気で予想しているのかもしれない。ツキのないまま二〇回のプレイが終わり、妻が戻ってきて、今度はいつまで待たせるつもりなのと言うと、夫は先ほどと同じ答えを繰り返す。「あと二〇回くらいだ！」。この不屈のトランプ愛好家は、あたかも短期的な記憶喪失を起こしたかのように聞こえる。しかしじつは、彼の予想は全面的に正しいのだ。実際、過去の結果や現在の状態がどうであれ常に同じ予想をもたらす分布は、統計学者のあいだで「無記憶性」の分布と呼ばれている。

これらの大きく異なる三種類の最適予想、すなわち乗法、平均、加法の各ルールは、ベイズの法則をそれぞれベキ分布、正規分布、アーラン分布に適用した直接的な結果である。これらの予想が得られるプロセスを考えると、この三つの分布からは特定の事象に対してどのくらい驚くべきかについても異なる目安が得られる。

べキ分布では、あるものが長く続いていれば、それに従ってこれからも長く続くと予想される。そのためべキ分布の事象は、生じるまでの時間が長ければ長いほど驚くべきものであり、その事象が起きる直前にその驚きは最大となる。国や企業や組織は時間とともに確固たる存在となっていくものなので、破綻《はたん》すれば必ず驚きをもたらす。

正規分布では、事象は平均に達するものと期待されるので、早く起きれば意外に感じられるが、遅く起きた場合には意外に感じられない。むしろそのときには起きるのが遅すぎたと感じられるので、起きるまでの時間が長ければ長いほど、起きて当然と感じられる。

アーラン分布では、当然ながら事象はいつ起きても意外性にまったく差はない。どんな状況も、どれほど長く続いてきたかにかかわらず、終わる可能性は常に等しい。政治家がいつも次の選挙のことを考えているのも道理というわけだ。

賭け事にも、これと似た定常状態の期待という特徴がある。たとえばルーレットの勝ち負けが正規分布に従うなら、平均ルールがあてはまるだろう。このルールによれば、しばらく負けが続いたらそろそろ当たりが来るはずで、おそらくその次にはまた負けが続くと考えられる（その場合、次に勝つまで続けて、それで終わりにするのが理にかなっているだろう）。一方、勝敗がべキ分布に従うならば乗法ルールがあてはまり、一度勝てば次々に勝ちが続くが、負けが長く続いているなら負けはさらに続くはずだ（このシナリオでは、一度勝ったらプレイをしばらく続けるべきだが、負けが続いたらやめるのが正しい）。だが、無記憶性の分布に対しては手の打ちようがない。加法ルールによれば、勝つ見込みは今も一時間前も変わらず、一時間後にもやはり変わらない。何も変化しない。がんばり続ければ最後には報われるというわけではなく、損切りすべき分岐点も存在しない。ケニー・ロジャースの「ザ・ギャンブラー」という楽曲は「潮時を知れ／引き際を知れ」という歌詞で有名だが、無記憶性の分布が相手では、やめるのにぴったりなタイミングなどない。ギャンブルの中毒性がこれでいくらか説明できるかもしれない。

どんな分布を相手にしているかがわかれば、その情報はとても役に立つ。ハーヴァード大学の生物学者として多数の著作で科学の啓蒙に努めたスティーヴン・ジェイ・グールドは、自分ががんにかかっていると知らされたとき、すぐさま関係する医学文献を読み始めた。そして、なぜ医師がそれに反対したのか悟った。彼と同じ種類のがんにかかった患者は、発見から八カ月以内に半数が死亡していたのだ。

しかし「八ヵ月」という統計量一つだけでは、生存者の分布については何もわからない。これが正規分布なら、平均ルールによって余命がかなりはっきりと予想できるだろう。余命はおよそ八ヵ月だ。しかしベキ分布なら、尾が右側へ長く延びていくので、状況はまるで違ってくる。乗法ルールによって、長く生存すればするほどさらに長く生存できるという根拠が増えていく。さらに文献を読んだグールドは、「分布は強い右歪性で、長いしっぽは（どんなに小さくても）メジアンの指す八ヵ月よりも長く何年も先まで伸びていた」ことを発見し、「小さなしっぽから私が除外される理由も見つからなかったので、私は安堵のため息をついた」（『がんばれカミナリ竜』廣野喜幸・石橋百枝・松本文雄訳、早川書房より引用）。グールドは結局、がんと診断されてから二〇年も生き続けた。

スモールデータと直感

乗法、平均、加法という三つの予想ルールは、日々遭遇するさまざまな状況に適用できる。それらの状況において、人はおおむね適切な予想ルールを非常にうまく使っている。本書の著者の一人であるトムは、大学院生時代にMITのジョシュ・テネンバウムと共同で、被験者にさまざまな身近な数量を予想してもらう実験を行なった。人の寿命、映画の興行収入、アメリカの下院議員の在職期間などについて、各項目につき一つの情報だけ（寿命では現在の年齢、映画では今までの興行収入、議員では今までの在職年数）をもとにして予想させた。それから項目ごとに、被験者の予想と、現実世界の実際のデータにベイズの法則を適用して出した予想を比較した。

その結果、被験者の予想はベイズの法則による予想にきわめて近かった。被験者は直感的に、現実世界でベキ分布や正規分布、あるいはアーラン分布という異なる分布に従う数量について、それぞれ異なるタイプの予想をしたのだ。つまり、乗法ルール、平均ルール、加法ルールがどんな状況で必要とされるかについてはもともと知らないか、あるいは意識的に思い出すことはないにしても、日常生活の中でそれらの分布が出現するさまざまなケースとそれらの分布が示すさまざまなパターンをひそかに反映して、日常的に予想がなされる傾向があると言える。

　ベイズの法則についてわかっていることを踏まえると、人がこのようにとてもうまく予想できるということから、予想をする際の仕組みを理解する助けとなるきわめて重要な事実が見えてくる。スモールデータとは、変装したビッグデータなのだ。ほんの数回（またはたった一回）の観察からすぐれた予想がしばしば可能なのは、人が豊かな事前確率をもっているからだ。気づいているかどうかは別として、われわれの頭の中には、映画の興行収入や上映期間、詩の長さ、議員の在職期間、そして言うまでもなく人の寿命について、驚くほど正確な事前確率が収められているらしい。それらは人が意識的に集める必要はなく、周囲の世界から自然に吸収される。

　おおむね人の直感はベイズの法則による予想にかなり近いらしい。この事実から、人の予想をもとにしてさまざまな事前分布を突き止める「リバースエンジニアリング」が可能になる。信頼できる現実世界のデータを入手するのが難しいような分布についても、それは可能である。たとえば、カスタマーサービスに電話をかけて待たされるというのは、人の経験において残念ながらよくある出来事である。しかし、ハリウッド映画の興行収入のデータが公表されることはあっても、カスタマーサービスの待ち時間のデータが公表されることはない。それでも、人の予想が自分の経験による情報にもとづいているのならば、ベイズの法則を使って人の期待を探ることにより、世界に関する間接的な調査を行なうことができる。トムとジョシュが実験の被験者にたった一つのデータ点から電話の待ち時間を予想させたところ、被験者が乗法ルールを使っていたことを示す結果が得られた。人が予想する待ち時間は、本人がそれまでに待たされた時間の一と三分の一倍にあたる。これはつまり、事前確率としてベキ分布を想定しているということだ。ベキ分布ではデータのとりうる範囲が非常に広いが、〝超弩級〟の待ち時間にはならないことを祈ろう。過去一〇年間、認知科学者はこのようなアプローチによって、視覚から言語に至るまで幅広い領域で、人の考える事前分布を同定することができるようになってきた。

ただし、大事な条件が一つある。よい事前確率がなければ、よい予想はできない、のだ。たとえばトムとジョシュの実験では、被験者の予想が一様にベイズの法則とは異なった項目が一つあった。古代エジプト王の統治期間についての予想である（じつは、これはアーラン分布となる）。直感で答えられるほど日常的に触れることのないテーマなので、当然ながらうまく予想できなかった。よい予想にはよい事前確率が必要なのだ。

このことから、重要なことがいろいろとわかる。われわれの判断力は期待を裏切り、期待は経験を裏切る。未来についての予想から、われわれの暮らす世界、そしてわれわれ自身の過去について、多くのことが明らかとなる。

予想が予想者について明かすこと

一九七〇年代の初めにウォルター・ミシェルがあの有名な「マシュマロテスト」を行なったとき、彼が知ろうとしていたのは、満足を先送りする能力が年齢とともにどう発達するかだった。スタンフォード大学のキャンパス内にある保育所で、三歳から五歳の子どもの意志力をテストした。子どもたちにマシュマロなどのおいしい菓子を一つ見せて、実験をしている大人がしばらく部屋からいなくなると伝える。菓子をすぐに食べたければ食べてもよいが、大人が戻ってくるまで待てたら菓子が二個もらえると予告する。

一部の子どもは我慢できず、菓子をすぐに食べた。一部の子どもは実験者が戻ってくるまで一五分ほど待ち続け、約束どおりに菓子を二個もらった。しかし、おそらく最も興味深いのは中間の集団だった。つまり、しばらく待ったがやがて誘惑に負けて、菓子を食べた子どもたちだ。

必死に誘惑と闘い、果敢に苦しんだが、結局は降参してマシュマロをもう一つもらい損ねた子どもの事例は、ある種の不合理性を示唆するものと解釈されている。どうせ降参するなら、すぐに降参して苦しみを回避したほうがよいのではないか。しかし、子どもが自分の置かれた状況をどうとらえているかによって、話は変わってくる。ペンシルヴェニア大学のジョー・マグワイアとジョー・ケイブルは、もしも実験者が戻ってくるまでの時間がベキ分布に支配されていて、不在時間が長くなるほどこれからもさらに長く待たされるのなら、ある段階で損切りするのは完璧に理にかなう、と指摘している。

つまり誘惑に抗う能力というのは、少なくとも部分的には意志力というより期待の問題なのかもしれない。あと少し待てば大人が戻ってくる（正規分布のように）と予想したなら、我慢できるはずだ。平均ルールによれば、今までつらい思いで待ったのなら、とにかくがんばって待ち続けるべきと言える。今にも戻ってくるはずなのだから。だが、大人がいつ戻ってくるのかを予想する時間尺度がまったくわからない場合（ベキ分布と重なる）には、苦しい闘いとなる。乗法ルールによれば、すでに長く待ったとしても、それはこれから続く待ち時間のほんの短い一部にすぎないと考えられる。

最初のマシュマロテストから数十年後、ウォルター・ミシェルは共同研究者らとともにこのテーマに戻り、かつて実験に参加した子どもたちがどんな人生を送っているか追跡調査した。驚いたことに、待ち続けて菓子を二個もらった子どもは青年期に入ってほかの子どもよりも人生に成功していることが判明した。SAT（進学適性試験）の点数といった定量的な基準で測っても、やはりそうだった。マシュマロテストが意志力を試すものなら、この結果は自制の習得が人生に与えうる影響を表す強固な証拠となる。一方、この実験が意志力よりも期待を試すものならば、実験結果はそれとは別の、おそらくもっと胸の痛む事実を伝えることになる。

最近になって、マシュマロテストにおいて過去の経験が行動にどう影響しうるかをロチェスター大学の研究チームが調べた。マシュマロの話がまったく出ていない段階で、実験に参加した子どもに工作を始めさせた。実験者はぱっとしない材料を子どもに渡して、すぐにもっとよい材料を持って戻ってくると約束する。じつは、子どもたちはひそかに二つのグループに分けられている。一方のグループでは、実験者は約束どおりにもっとよい材料を持って戻ってくる。もう一方のグループでは、実験者は約束を破り、手ぶらで戻ってきてただ謝るだけである。

工作が終わると、子どもたちは標準的なマシュマロテストに進む。ここでは実験者のことが信用できないと知った子どものほうが、実験者が戻ってくる前にマシュマロを食べてしまい、もう一つもらえるチャンスを手放す傾向が強かった。

マシュマロテストをパスできず、のちの人生でも成功しないというのは、意志力の欠如とは無関係なのかもしれない。大人は信頼できないと思わされた結果とも考えられる。大人は約束を守らず、一度いなくなったらいつ戻ってくるかわからないと思わされてしまった結果だ。自制を学ぶことは大事だが、信頼できる大人が絶えずそばにいる環境で育つことも同じく大切なのだ。

複製技術時代の事前確率

それは、きょうの朝刊に書いてあることが本当であることを確認するために、おなじ朝刊を何部も買うようなものだ（『哲学探究』丘沢静也訳、岩波書店より引用）。

読み物には細心の注意を払う。なぜならそれは彼が書くものだから。習得するものに細心の注意を払う。なぜならそれは彼の知識になるものだから（『本を書く』柳沢由実子訳、パピルスより引用）。

——ルートヴィヒ・ヴィトゲンシュタイン

——アニー・ディラード

ベイズの法則が教えてくれるように、よい予想をするのに最良の方法は、予想しようとしている事柄について正確な情報を得ることだ。人の寿命はうまく予想できるのに、古代エジプト王の統治期間について推定せよと言われてもうまくできないのは、そういうわけだ。ベイズの法則をうまく使いこなせるということは、世界を正しい割合で表現できること、すなわち適切に調整されたよい事前確率をもっていることを意味する。人間やその他の動物においては、概してこれが自然に起こる。一般に、驚くべきことが起こればわれわれは驚くはずだし、そのようなことが起こらなければ驚かない。客観的に見て正しくないバイアスを蓄積している場合でも、そのバイアスはわれわれの住む世界のある特定の部分を反映するという役割はそれなりに果たすのがふつうだ。たとえば、砂漠で暮らす人は世界全体に存在する砂の量を過大に見積もるかもしれないし、極地圏で生活する人は世界の雪の量を過大に見積もるかもしれないが、どちらの人も自分の生活環境にはぴったり合った見方をしている。

だが、種《しゅ》が言語を獲得すると、すべてが崩れ始める。われわれが語るのは自らの経験だけではない。主に関心をかき立てる物事について話し、それは往々にしてめずらしい事柄だ。当然と言ってもいいだろうが、事象は常にその事象に固有の頻度で経験される。ところが、言語にはこれがまったくあてはまらない。ヘビに咬まれたことのある人や、雷に打たれたことのある人は、死ぬまでその話ばかり何度も語ることが多くなるだろう。そのたぐいの話は強烈な印象を残すので、聞いた人が別の場で語ることもあるはずだ。

こうして、他者とのコミュニケーションと、世界に関する正確な事前確率の維持とのあいだに、奇妙な応酬が生じる。人が自分にとって関心のある事柄について話したり、相手が関心をもつと思われる話を聞かせたりすると、経験に関するデータがゆがめられる。それによって、適切な事前分布を保つのが難しくなる。さらに、活字メディア、ニュース番組、ソーシャルメディアなど、言葉を機械の力で拡散することを可能にする革新的技術の発達とともに、事前分布の維持はますます困難になる一方である。

墜落した飛行機と衝突事故を起こした自動車を今までにそれぞれ何回くらい見たことがあるか考えてみよう。だいたい同じくらいということも十分にありうる。ただし、事故車の多くは路上ですぐ近くから見たのに対し、飛行機はおそらく別の大陸で墜落したものの映像がインターネットかテレビで送られてきたものだろう。たとえばアメリカでは、二〇〇〇年以降に旅客機の墜落事故で命を失った人の数は、カーネギーホールを半分満たすにも足りない。これに対し、アメリカ国内で二〇〇〇年以降に自動車事故で死亡した人の数は、ワイオミング州の全人口を上回る。

単純に言えば、メディアによる事象の取り上げ方は、現実世界で実際に起きる頻度に対応していない。社会学者のバリー・グラスナーの指摘によれば、アメリカでは一九九〇年代のあいだに殺人事件の発生率が二〇パーセント下がったが、同じ期間にアメリカのニュース番組で銃による暴力事件が扱われた回数は六〇〇パーセント増加した。

ベイズの法則を直感的にうまく使えるようになりたければ——適切な予想ルールをいちいち考えなくても自然によい予想ができるようになりたければ——頭の中の事前確率を守る必要がある。いささか納得しがたいが、そのためにはニュース番組を見ないほうがよいのかもしれない。

7　オーバーフィッティング
過ぎたるは及ばざるがごとし

チャールズ・ダーウィンは、いとこのエマ・ウェッジウッドにプロポーズすべきか、心を決めようとしていた。そこで鉛筆と紙を取り出して、結婚によって生じうるあらゆる結果を比較検討した。結婚のメリットとして、子ども、伴侶、「音楽と女性のおしゃべりのもたらす心地よさ」を書き込んだ。デメリットとしては、「多大な時間の喪失」、好きなところへ出かける自由の欠如、親戚を訪ねる負担、子育てに伴う支出と不安、「妻がロンドンを好まないかもしれない」という懸念、書籍代が減ることを記した。メリットの欄とデメリットの欄を比較した結果、かろうじて勝負がつき、ダーウィンは紙の下部に「結婚――結婚――結婚。Q. E. D.」と走り書きした。そして数学で証明が終わったことを表す「Quod erat demonstrandum」をさらに自分の言葉で言い直した。「結婚する必要あり。証明終わり」。

こうしたメリットとデメリットのリストは、ダーウィンの時代にはすでに長く使われてきたアルゴリズムであり、その一世紀前にはベンジャミン・フランクリンもこれを擁護してい

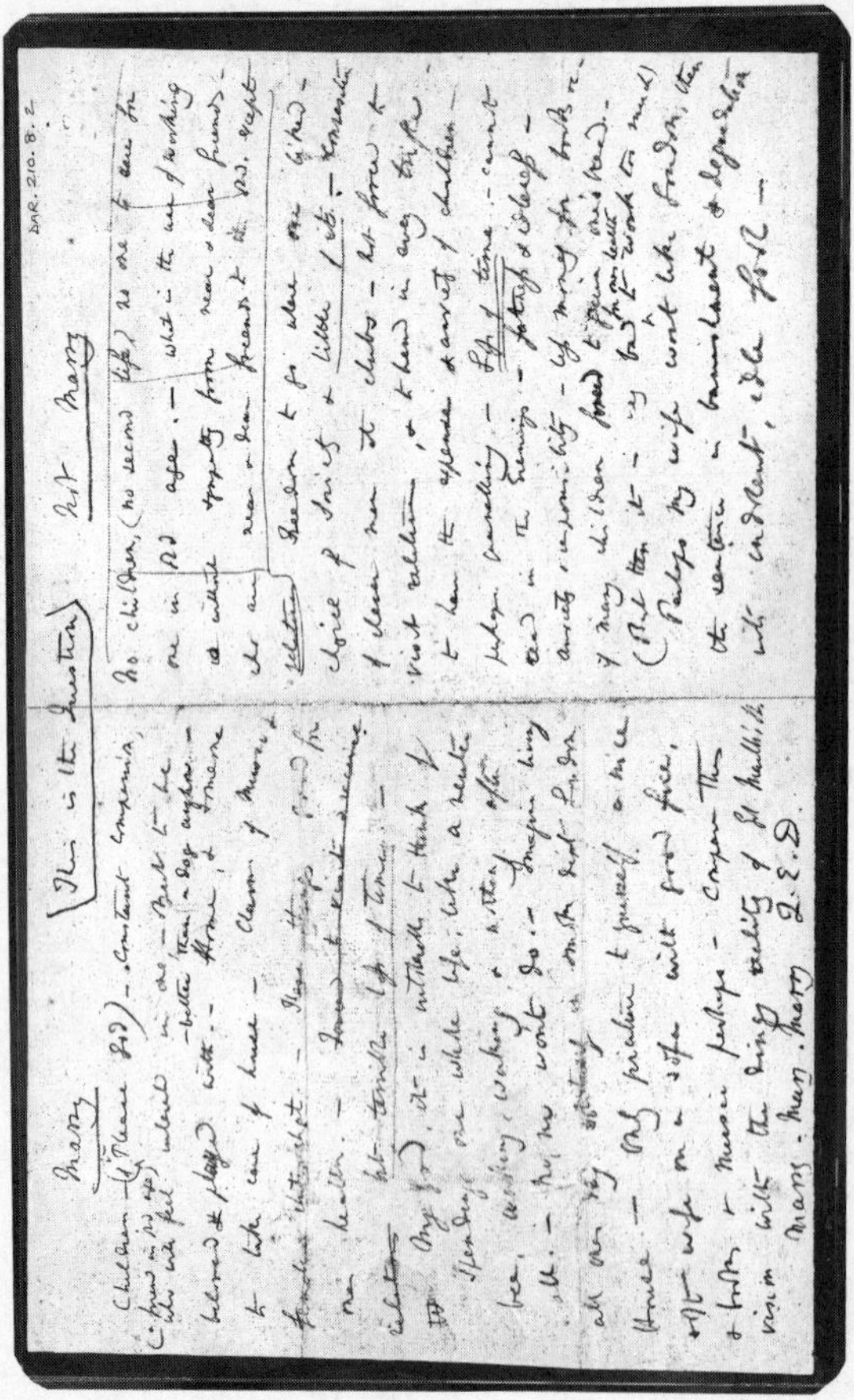

図７　1838年７月のダーウィンの日記。ケンブリッジ大学図書館の許可を得て掲載。

た。「われわれを迷わせる不確実性」に打ち勝つ方法として、フランクリンはこう記している。

私のやり方はこうだ。紙に縦線を一本引いて二つの欄に分け、一方の上部に「メリット」、もう一方の上部に「デメリット」と書く。それから三、四日かけて検討しながらさまざまな項目を書き込み、さまざまなタイミングで頭に浮かんでくるいろいろな賛成理由と反対理由を簡潔に記す。すべてを一覧できるようにしたら、それぞれの重みを推定する。重みが対等と思われるものが左右に一つずつ見つかったら、その二つを抹消する。賛成理由一つと反対理由二つの重みがつりあっている場合には、その三つを抹消する。反対理由二つと賛成理由三つがつりあうと判断したら、その五つを抹消する。この手順を続けていくと、最終的にどちらが優勢かわかる。さらに一日か二日ほど考えて、どちらの側にも重要な理由が新たに加わらなければ、そこで結果に従って決断に至る。

フランクリンはこれを計算のようなものと考えてさえいた。「この種の等式、すなわち道徳的代数学とか思慮の代数学とでも呼ぶべきものには、大きな利点があることに気づきました」と彼は手紙に記している。

こと思考が必要な事柄については、考える量が多ければ多いほどよいと思われがちである。メリットとデメリットをたくさん挙げたほうが適切な判断を下すことができ、株価について関係する要因をたくさん見つけたほうが正確な予想ができ、時間をたくさんかけたほうがすぐれたレポートが書けると思われやすい。フランクリンのやり方の根底には、確かにそういう前提がある。この意味で、ダーウィンが結婚に対して「代数学的」にアプローチしたのは、明らかに行き過ぎではあっても著《いちじる》しく、なんなら〝立派〟と言ってもよいほど、合理的なことかもしれない。

しかし、仮にフランクリンやダーウィンが機械学習研究（コンピューターに学習させて、経験にもとづいて適正な判断ができるようにする方法を研究する学問分野）の時代に生きていたなら、道徳的代数学が根底から揺らぐのを目撃することになっただろう。どれほど懸命に考えるべきか、どれほど多くの要素を検討すべきかという問題が、統計学者や機械学習研究者のあいだで「オーバーフィッティング」と呼ばれる難題の中核に存在する。この問題を掘り下げるとわかるとおり、考える量を意図的に少なくするほうが、物事はうまくいくこともあるのだ。オーバーフィッティングについて知っておくと、市場、食卓、スポーツジムに対して――そして教会の祭壇に対しても――とるべき姿勢が変わってくる。

複雑性に対する申し立て

あなたにできることはすべて私のほうがうまくできる。何でもあなたよりうまくできる。

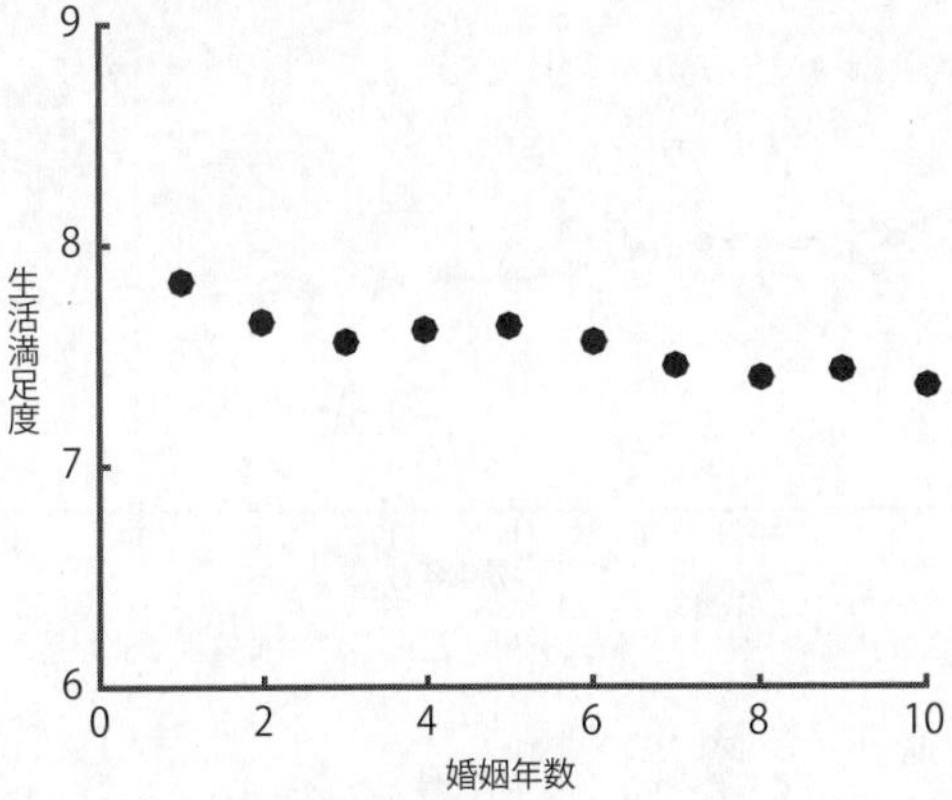

図8　婚姻期間の時間の関数としての生活満足度。

――映画『アニーよ銃をとれ』

決定とは、すべてある種の予想である。まだ試していないものがどのくらい気に入るか、あるトレンドがどこへ向かっているのか、先に歩んだ人の少ない（または多い）道がどんな結果につながるのか。そして大事なのは、予想には必ず、既知の事柄と未知の事柄という二つの別個の事柄について考える作業が伴うということだ。つまり予想というのは、今までの経験を説明するとともに推測しようとしている未来の経験について何かを教えてくれる、そんな理論を形成する試みなのだ。すぐれた理論はもちろん、どちらの恩恵ももたらしてくれる。しかし予想と名のつくものならピンからキリまで、この二役を果たさなくてはならないのが実際だ。この事実から、ある駆け引きが不可避となる。

この駆け引きの一例として、ダーウィンが見

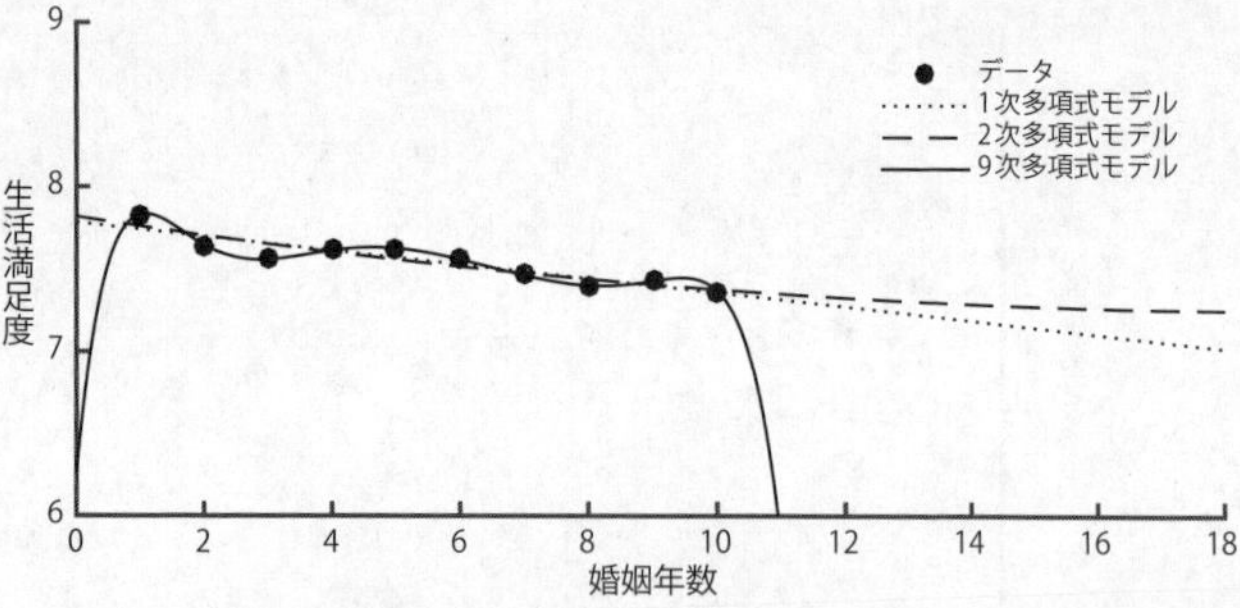

図9　さまざまな次数の多項式を用いたモデルによる生活満足度の予想。

たら重要と思ったかもしれないデータセットを見てみよう。結婚後一〇年間における生活満足度だ（図8）。ドイツで行なわれた最近の研究で得られたデータである。この研究から数値を採って、グラフ上に各点をプロットした。次になすべきは、これらの点にフィットしてさらに将来へと延びていく線を表す式を見つけ出し、一〇年め以降についての予想をすることだ。

考えられる一つの式では、婚姻年数という一次の項を使って生活満足度を予想する。この式から、グラフ上に一本の直線を引くことができる。また、「時間」と「時間の二乗」を用いた二次多項式も考えられる。この式からは下に凸の放物線が描かれ、時間と幸福度とのもっと複雑かもしれない関係をとらえることができる。式を拡張してさらに多くの次数（時間の三乗など）を取り入れたら、曲線はさらに多くの変曲点をもち、ますます「曲がりくねった」柔軟なものになっていくだろう。九次の式にたどり着くころには、非常に複雑な関係をとらえることができるようになる。

数学的に言えば、二次多項式モデルは一次多項式モデルに含まれていた情報をすべて取り込んだうえで、使える次数を上げたものである。同様に、九次多項式モデルでは二次多項式モデルで使われた情報すべてに加えてさらに別の情報も利用するが、この情報はかなり大量となる可能性もある。この理屈に従えば、九次多項式モデルは常に九種類のモデルのうちで最良の予想を与えてくれるはずだと思われる。

だが、話はそんなに単純ではない。

これらのモデルをデータに適用した結果を図9に示す。一次多項式モデルは、当然ながら実際のデータ点の多くは外しているものの、至福の新婚期が過ぎたらあとは下降していくという基本的な傾向はとらえている。しかしこの直線的な予想からは、下降が果てしなく続いて最終的には無限の不幸に至ることが予見される。そのような軌跡には、どこか実態にそぐわないところが感じられる。二次多項式モデルのほうが実際のデータにフィットし、一次多項式モデルとは違って曲線を描いていることから、結婚直後に見られる生活満足度の低下が時間とともにおおむね平坦に近づいていくという長期の予想が得られる。九次多項式モデルは、グラフ上のデータ点をもれなく通過する。調査で得られたすべてのデータにほぼ完璧にフィットしているということだ。

そうだとすると、九次多項式モデルが最良のモデルであると思われる。しかし、研究でカバーしなかった時期についての予想を見てみると、このモデルが実際にどれほど役立つのかと疑問が生じるかもしれない。教会の祭壇では不幸のどん底にいて、結婚式から数カ月間は満足度がめくるめく急上昇を示したかと思うと、今度は激しく上下に揺さぶられるジェットコースターのような展開となり、一〇年めに入ると一気に急落する。これとは対照的に、二次多項式モデルで予想される平坦化は、結婚と幸福度について心理学者や経済学者が言っていることに最も合致する予想である（ちなみにこの学者たちは、平坦化が結婚そのものへの不満ではなく常態への回帰を反映しているにすぎないと考えている。つまり本来の生活満足度に戻るだけということである）。

そこでこんな教訓が得られる。モデルに取り入れる次数を高くするほうが、すでにもっているデータによくフィットするというのは、当然ながらまさしく真実である。しかし手元のデータによくフィットするということが、必ずしもよい予想につながるとは限らない。

確かに、単純すぎるモデル（たとえば一次多項式で得られる直線）では、データの基本的なパターンがとらえられない可能性がある。真実が曲線を描くなら、直線でそれを正しく表現することはできない。一方、ここで登場した九次多項式モデルのように複雑すぎるモデルは、たまたま観察した特定のデータ点から過剰に影響を受ける。その結果、特定のデータセットにぴったり合うようにできているという理由により、そのようなモデルから得られる解は非常に変動の大きなものとなる。対象者を替えて調査を繰り返した場合に同じ基本パターンについて変動が少なければ、一次や二次の多項式モデルはおおむね安定を保つだろう。ところが九次多項式モデルは調査ごとに激しく揺れ動く（図10）。これを統計学では「オーバーフィッティング」と呼ぶ。

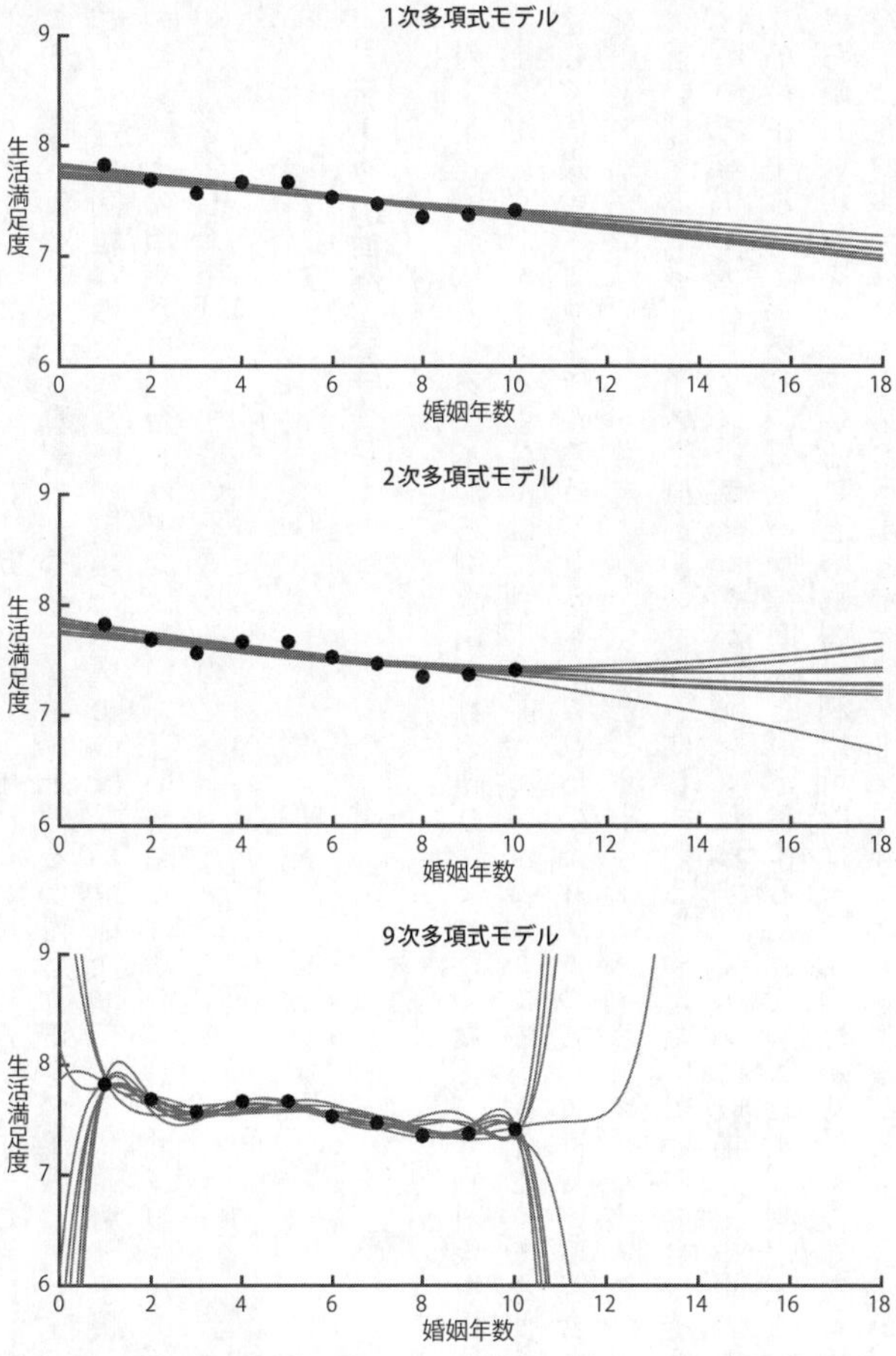

図10　データに少量のランダムな「ノイズ」を加える（別の集団を対象とした調査を反復した場合の影響をシミュレートする）と、9次多項式モデルでは著しい変動が生じるのに対し、1次と2次の多項式モデルで得られる予想ははるかに安定しており、実態に合っている。

次数の高い複雑なモデルのほうが常にすぐれているわけではない。このことは、機械学習をめぐるきわめて深遠な真実の一つだ。次数を上げると得られるものが減ってしまうということだけが問題なのではない。複雑なモデルのほうが単純なモデルより適切な予想ができるのだが、その煩雑さに見合うほどではない、という話ではない。じつは、複雑なモデルが予想の質を著しく下げてしまうこともあるのだ。

データの偶像崇拝

対象を完璧に代表する標本から引き出され、誤りがまったくなく、評価対象を正確に表すデータがふんだんにある場合には、利用可能なモデルのなかで最も複雑なものを使うのがまさしく最良のアプローチだろう。しかし、これらの条件が一つでも欠けている場合にモデルをデータに完璧にフィットさせようとすると、オーバーフィッティングのリスクが生じる。言い換えるなら、ノイズや測定ミスを相手にしているとき(たいていの場合はそうだ)にはいつでも、オーバーフィッティングが危険をもたらす。データの収集方法や報告方法に誤りが存在することがあるし、人の幸福度など、定義するだけでも難しく、測定するのはなおさら難しい現象を調べていることもある。利用可能なモデルのなかで最も複雑なものは、その柔軟性のおかげでデータの示すどんなパターンにもフィットすることができるが、これはつまり、そうしたパターンがノイズの中に生じた幻影にすぎなくてもフィットしてしまうということだ。

歴史を通じて、宗教的な文書は信徒に対して偶像崇拝への戒めを説いている。無形の神的存在の代わりに、それを表象する彫像、絵画、遺品といった有形の品を崇拝してはならないと教えているのだ。たとえば「モーセの十戒」の第一の戒律では、「刻んだ像……天にあるもの……の、どんな形」（「出エジプト記」二〇章四節。『聖書［口語］』日本聖書協会より引用）にもひれ伏してはならないとされる。「列王記」では、神の命令でつくられた青銅のヘビが神自身の代わりに崇拝され香をたかれるようになる（神は快く思わない）。基本的に、オーバーフィッティングはデータに対する偶像崇拝のようなものであり、真に重要なものではなく単に測定可能なものに注目する結果として起きる。

手元のデータと求める予想とのあいだに生じるこうしたギャップは、ほぼいたるところに存在する。重大な決断を下すときには、自分にとって現時点で重要な事柄について考えることによって、あとで満足をもたらすであろうことを推測するしかない（ハーヴァード大学のダニエル・ギルバートの言葉を借りれば、未来の自己はしばしば「高い金をかけて入れたタトゥーをまた高い金をかけて消されてしまう」〔『明日の幸せを科学する』熊谷淳子訳、ハヤカワ文庫より引用〕）。株式市場の予想をする場合には、将来の株価ではなく過去の株価と関係した情報しか見られない。日々のちょっとした行動についても同じことが言える。メールを書くときには、自分の読み方をもとにして相手の読み方を予想する。世論調査と同様に、日常生活で遭遇するデータにも必ずノイズがあり、せいぜい真に関心のある事柄の代替基準にしかならない。

結果として、考慮する事柄を増やし、それらをモデル化するのに努力を費やせば費やすほど、不適切なものを最適化の対象とするという誤りを犯すおそれがある。根底に存在する大きな力の代わりに、データという青銅のヘビに祈りを捧げるのに等しいのだ。

オーバーフィッティングはいたるところに

オーバーフィッティングという現象を知ると、いたるところでそれが目につくようになる。

たとえば、味覚の皮肉がこれで説明できる。進化論の立場から言えば、味蕾《みらい》の機能とは有害なものを食べないようにすることのはずなのに、体に悪いとされる食べ物が往々にしてこのうえもなく美味に感じられるのはなぜなのか。

その答えは、味は食べ物が体によいかどうか知るための代替基準となるからである。脂肪、糖分、塩分は重要な栄養素であり、過去数十万年間はこれらを含む食べ物をおいしいと感じることが生命を維持する食事を確保するための妥当な基準だった。

ところが手に入る食べ物を加工できるようになると、この関係が崩れた。体によい量を超えた脂肪や糖分を食べ物に加えて、しかも昔から人の食事を構成してきた野菜や穀類や肉と取り合わせずに、脂肪や糖分がたっぷりの食べ物ばかり食べることが今では可能だ。つまり、味覚をオーバーフィットさせることができるのだ。食べ物を加工する技術が進歩すれば（そして生活様式が祖先から隔たっていけば）、それに伴って味覚は基準として不完全になっていく。こうして人の営みが災禍《さいか》となり、食べたいものが食べるべきものと必ずしも一致していなくても、とにかく食べたいものが食べられるという危険な状態へと至った。

だから、気をつけなくてはいけない。糖分をたっぷり摂《と》って蓄えた余分な体重を落とそうとスポーツジムに行ったら、健康《フィットネス》についてオーバーフィットする危険を冒すかもしれない。体脂肪率が低いとか筋肉量が多いといった目に見える健康のしるしは測定しやすく、心臓病などの病気にかかるリスクの抑制と関連している。だが、完璧な代替基準ではない。健康の指標をオーバーフィットして、体脂肪率を下げようと極端な食事制限に走ったり、筋肉を増やそうとステロイド剤を服用したりすれば、見た目には健康的になれるかもしれない。しかしそれはあくまでもうわべの話だ。

スポーツでもオーバーフィッティングが見られる。たとえば本書の著者のトムは一〇代のころから断続的にフェンシングをやっている。フェンシング（fencing）という競技はもともと、決闘のときに身を守る（defence）方法の指導を目的としていた。フェンシングという名前はここからきている。現代のフェンシングで使う剣は、かつてそのような対決の訓練をするのに使われていたものと似ている（エペについてはとりわけそう言える。五〇年ほど前までは、エペを使った正式な決闘がまだ行なわれていた）。しかし剣の先端のボタンで突きを判定する電子審判装置が導入されると、この競技の性質が変わった。そして本物の決闘ではあまり役に立たない技が、競技では決定的に重要なスキルとなった。現代のフェンシング選手が使う剣はしなやかで、ボタンが反応して得点が加算されるのに十分な強さで対戦相手をかすめるように、ボタンを相手に「打ちつける」ことができる。そのせいで、剣で切りつけたり突いたりするというより、細い金属製の鞭で相手を打っているように見えることがある。スポーツとしてのおもしろさは変わらないが、選手が得点のコツに合わせて戦術をオーバーフィットさせれば、現実世界の剣士がもつべき技を教え込むという目的には役立たなくなっていく。

しかし、オーバーフィッティングがどこよりも強力で厄介なのはビジネスの世界だろう。スティーヴ・ジョブズはこう言っている。「インセンティブという仕組みは有効です。だから、人に何かをさせるためにどんなインセンティブを与えるかについては、よく考えなくてはいけません。さまざまなインセンティブの仕組みから、予想を超えたありとあらゆる結果が生じるのですから」。新興インキュベーター企業のYコンビネーターのサム・オルトマン会長も、ジョブズと同様の発言をしている。「CEOが何かを評価すると決めたら、それがどんなものであっても会社はそれを実現しようとする。まさにそれが現実なのです」。

実際、なんらかの不本意な影響をもたらさないインセンティブや評価基準をひねり出すのは想像を絶するほど難しい。一九五〇年代、コーネル大学で経営学教授の職にあったV・F・リッジウェイは、多数のそうした「パフォーマンス評価による機能障害的な結果」をまとめた。ある就職斡旋《あっせん》会社では、スタッフは面談の実施回数によって評価されていた。そのせいで、スタッフはなるべく短時間で面談を終わらせたがり、クライアントの就職を実際に助けることにはあまり時間をかけなくなってしまった。ある連邦法執行機関では、捜査官に月間ノルマを与えると、月末には緊急性の高い事件には手を出さず、簡単な事件を選ぶことが判明した。ある工場では、生産量の評価を重視したところ、監督者たちが設備の保守や修繕をないがしろにするようになり、その後の大事故につながった。こうした問題を、単に管理目標の不達成として片づけるわけにはいかない。むしろその逆だ。じつは不適切な事柄が巧妙かつ容赦なく最適化されているのだ。

二一世紀に入り、リアルタイム分析への移行が進むと、評価基準に伴う危険性はいっそう強まった。グーグルでデジタルマーケティングの旗振り役を務めるアヴィナシュ・カウシクは、ウェブサイトのユーザーになるべく多数の広告を見せようとすれば当然、サイトに広告を詰め込むことになるといって注意を促す。「［閲覧一〇〇〇件あたりのコスト］ベースで料金が支払われる場合、あらゆるページに可能な限り最もたくさんの広告を掲載して、そのサイトで可能な限り最もたくさんのページをユーザーに閲覧させる方法を考え出すことがインセンティブとなる……。そんなインセンティブのもとでは、大事な存在である顧客が重視されなくなり、本来は第二の存在であるはずの広告主に重きが置かれることになる」。短期的にはいくらか収益が上がるかもしれないが、広告だらけの記事や、表示に時間のかかる複数ページのスライドショー、ユーザーのクリックを誘導する刺激的な見出しは、長期的にはユーザーを遠ざけてしまうだろう。「真の友人なら、閲覧件数の測定などさせない。絶対に」とカウシクは結論する。

モデルと現実との差が、まさに生死を分けることもある。たとえば軍隊や警察では、攻撃に対処する技能を体に覚え込ませるには反復的で機械的な訓練が重要な手段だと考えられている。完全に反射的なものになるまで、特定の動作と方策を訓練することが狙いだ。しかしここにオーバーフィッティングが忍び込むと、悲惨な結果に至るおそれがある。たとえば警察官が銃撃戦の最中に、使用済みの薬莢をわざわざポケットにしまうことがある。射撃訓練場にいるのなら、これはよいマナーだ。陸軍特殊部隊での勤務経験があり、現在はウェストポイント陸軍士官学校で心理学教授を務めるデイヴ・グロスマンは、こう書いている。「実際の銃撃戦が終わったあと、入れた憶えはまるでないのに、空薬莢がポケットに入っているのに気づいて仰天する警察官はおおぜいいた。また、亡くなった警官が手に空薬莢を持っていたという例も少なからずある。身体にしみついた節約法を実行している最中に亡くなったわけだ」（『「戦争」の心理学』安原和見訳、二見書房より引用）。FBIも、撃った弾丸が標的のどこに当たったか、あるいは危機が解消したかにかかわらず、訓練のときと同じように二発撃ったら銃をホルスターに戻すという動作を捜査員が反射的に行なっていることが判明したのを受けて、訓練方法の変更を余儀なくされた。警察や軍隊では、こうした不適切な行動は「訓練の瘢痕《はんこん》」と呼ばれる。こうした「瘢痕」が物語るのは、われわれの万一の備えさえもオーバーフィットされうる、という事実にほかならない。とりわけ唖然とさせられるケースとして、警察官が何も考えずに襲撃者の手から銃を奪い取ると、やはり何も考えずにそれを襲撃者にすぐさま返したという事例もある。訓練のときに教官を相手に何度も繰り返したとおりの動作だった。

オーバーフィッティングを見つけ出す——クロス確認

オーバーフィッティングは、まずは利用可能なデータに完璧に合致する見解として現れるので、なかなか気づきにくいと思われるかもしれない。真にすぐれたモデルとオーバーフィットしたモデルをどうしたら区別できるのだろうか。教育の場で、学習内容に対して本当にすぐれた能力をもつ学生たちのクラスと、「試験対策を教え込まれた」だけのクラスを見分けるにはどうすればよいのか。ビジネスの世界で、本物のスター社員と、会社で重視される成績指標や上司の意向に自分の仕事を抜け目なくオーバーフィットさせただけの社員を、どうしたら区別できるのか。

これらのシナリオを詳細に調べるのは、大変ではあるが不可能ではない。機械学習の研究により、オーバーフィッティングを検出する具体的な戦略がいくつか生み出されている。なかでもとりわけ重要な戦略の一つが**クロス確認**である。

単純に言うと、クロス確認とは、与えられたデータにモデルがどのくらいよくフィットするかだけでなく、未知のデータにどのくらい適合するかという「汎化性能」も評価することである。逆説的だが、このとき使用データを減らす場合もある。先ほど見た婚姻期間と幸福度の例では、たとえばランダムに二個のデータ点を「除外」して、残りの八個だけにモデルをフィットさせてもよい。それから二個の点をテスト用に使い、すでにフィットさせた八個の「訓練」用の点以外の点について各モデルの汎化性能を評価する。除外した二個の点は、炭鉱のカナリアと同じ働きをする。複雑なモデルが訓練用の八個の点はとらえられてもテスト用の二個の点から大きく逸脱していたら、オーバーフィッティングが起きているのはほぼ確実だ。

利用できるデータ点の一部を除外する以外に、別の評価形式で得られたデータをまるごと使ってモデルをテストするのも有効だ。すでに見たとおり、代替基準（栄養分の代替としての味覚、捜査官の勤務態度の代替としての解決事件数など）もオーバーフィッティングにつながることがある。その場合、使用している主たるパフォーマンス基準を別の使用可能な基準に対してクロス確認する必要がある。

たとえば学校では、共通テストを利用すればさまざまなメリットがある。たとえば明らかに規模の経済による効果が得られ、数千人規模で安く迅速に評価ができる。しかしそのようなテストに加えて、学校では作文や口頭試験といった別の評価法により、生徒のごく一部（一クラスあたり一人、または一〇〇人につき一人など）をランダムに評価することもできる（この方法でテストするのはほんの数人だけになるはずなので、この副次的評価方法の規

れるかもしれない。

の訓練は少なくとも「訓練の瘢痕」が生じやすい領域についてあらかじめ注意を喚起してく現実の戦闘に対して兵士を真に備えさせることのできるものはないかもしれないが、この種きる。汎化できていなければ、訓練方法を見直すべきだということが強く示唆されるわけだ。ときおり実施して、反応時間や射撃精度が未知のタスクに汎化できているか調べることがで頭試験で共通テストの妥当性をクロス確認できるのと同様に、未知の「クロス訓練」評価をに着けさせたいと考える法執行機関や軍の関係者にも役立つヒントとなるだろう。作文や口　クロス確認は、訓練そのものに由来する習慣を叩き込むことなく、適切な反射を部下に身いることを示す明確なサインとして、学校の管理者はその警告を受け止めるべきだ。策の指導」が入り込んで生徒のスキルがテストの方法そのものにオーバーフィットし始めて通テストの点数が上がったのに「共通テスト以外の」評価の成績が下がったなら、「試験対テストで得点するのがうまくなっただけなのか、確かめることができるのだ。ある学校で共共通テストで評価しようとしている知識を生徒が本当に習得できているのか、それとも単にグラフ化したりできる。これに対し、副次的評価のデータ点はむしろクロス確認の役に立つ。る。コンピューター化した小テストを毎週実施して、クラスの達成度をほぼリアルタイムで模が適正かどうかは大きな問題ではない）。共通テストではすぐにフィードバックが得られ

オーバーフィッティングと闘うには——複雑さにペナルティーを与える

単純に説明できないなら、それは自分が十分によく理解できていないからだ。

——出所不明

オーバーフィッティングが頭をもたげるパターンをいくつか見てきた。また、オーバーフィッティングの発見方法や測定方法も見てきた。しかし、これを緩和するには実際にどうしたらよいのだろうか。

統計学的に見れば、オーバーフィッティングは観察した実際のデータに対して感度が高すぎることから生じる症状である。ということは、単純な解決策がある。すぐれたフィットを見出したいという願望と、そのために使うモデルの複雑さとのバランスをとることだ。

競合する複数のモデルから一つを選ぶ方法として、「オッカムの剃刀《かみそり》」という原則がある。これは、すべての条件が対等なら、考えうる限り最も単純な仮説がおそらく正しいとする教えである。もちろんすべてが完璧に等しいということはめったにないので、数学的な文脈でオッカムの剃刀のような原則をどう適用すべきかはなかなか容易にはわからない。ロシアの数学者のアンドレイ・チホノフは一九六〇年代にこの問題に取り組み、一つの答えを提唱した。より複雑な解を不利にする項、すなわちペナルティーを計算に加えるという方法だ。複雑さに対するペナルティーを導入したら、複雑なモデルはその複雑さの正当性を明らかにするために、データを説明する際に単によりよい仕事をするのではなく著しくよい仕事をすることが必要となる。コンピューター科学者は、モデルの複雑さにペナルティーを与えるというこの方針を**正則化**と呼ぶ。

では、複雑さに対するペナルティーとはどのようなものなのか。一九九六年、生物統計学者のロバート・ティブシラニがLasso《ラッソ》というアルゴリズムを発見した。このアルゴリズムでは、モデルに含まれる各項の重みの合計をペナルティーとして用いる。* 各項の重みに対してこのように縮小する圧力を加えることにより、ラッソは可能な限り多くの重みを完全にゼロとする。そして、結果に対して大きな影響を与える項だけを方程式に残す。このようにして、たとえばオーバーフィットされた九次多項式モデルを、特に重要な項を少しだけもつ、もっと単純で頑健な式に変えることが可能になる。

　ラッソのような手法は、今では機械学習の分野のいたるところで用いられているが、複雑さにペナルティーを与えるという原理は自然界でも見られる。時間、記憶力、エネルギー、注意力には限界があるので、生物はほぼ自動的に単純さへ向かう圧力を受ける。たとえば代謝の負担が生物の複雑さを抑えるブレーキの役割を果たし、過度に精巧な機構には熱量のペナルティーを科す。人間の脳が一日の総摂取熱量のおよそ五分の一を消費するという事実は、人間の知的能力がわれわれに与えてくれる進化上の利点の証拠となる。脳の貢献は、この大

＊数学に関心のある人のために言うと、これは変数の係数の絶対値を合計したものである。

量の燃料消費を埋めあわせてなお余りがあるに違いない。一方、進化論的に言って、仮に脳が現状よりはるかに複雑だったら、おそらく十分な利益が得られないだろうということも推測できる。人間は必要な程度には頭でっかちだが、無駄に脳を肥大させたわけではないのだ。

似たようなプロセスが神経レベルでも作用すると考えられている。コンピューター科学では、脳をベースとした「人工ニューラルネットワーク」と呼ばれるソフトウェアモデルに任意の複雑な機能を学習させることができる。このモデルは、先ほどの九次多項式モデルよりもさらに柔軟である。しかしまさにこの柔軟性ゆえに、オーバーフィッティングを起こしやすいという問題が知られている。現実の生体ニューラルネットワークは、パフォーマンスとそれを維持するためのコストとのトレードオフが必要なので、この問題の一部を回避する。たとえば神経科学者の指摘によれば、いかなる瞬間においても脳は発火するニューロンの数を最小限にしようと努め、ラッソと同様に複雑さを抑える圧力を加えているということだ。

言語においても、ラッソが自然に生じる。長く話す労力と、聞き手の注意力に対する負担という形で、複雑さにペナルティーが与えられるのだ。事業計画はエレベーター内で話が終わる程度に圧縮される。処世訓は、十分に簡潔で記憶に残りやすければ格言として定着する。記憶する必要のあることはすべて、記憶に固有のラッソを通過しなくてはならない。

ヒューリスティックの利点

経済学者のハリー・マーコウィッツは、現代ポートフォリオ理論を構築した業績で一九九〇年にノーベル経済学賞を受賞した。彼の画期的な「平均分散分析によるポートフォリオ最適化」理論は、投資を多様なファンドやアセットに最適に配分して、一定レベルのリスクにおいてリターンを最大化する方法を示した。いよいよ自分の老後資金を投資するときには、マーコウィッツはその仕事に誰よりも完璧にふさわしい人物だったはずだ。では、彼はどんな決断を下したのだろう。

私はアセットクラスの共分散の実績を計算して、効率的な境界線を引くべきだった。しかし、株式市場が大きく高騰して自分がそこに加わっていなかった場合の失意、あるいは市場が大きく下落して自分がすっかり巻き込まれた場合の落胆が頭に浮かんだ。私は将来の後悔を最小限に抑えたかった。そこで、証券と株式に資金を半分ずつ分けた。

なぜ彼はこんなことをする気になったのか。この、ノーベル賞受賞者がどんな投資戦略をとったかという話は、人間の不合理性を示す一例となるかもしれない。現実生活の複雑さに直面し、合理的なモデルを放棄して単純なヒューリスティック（訳注　必ずしも正解は得られないが、手っ取り早く一定レベルの解答に達する手段のこと）に従ったのだ。しかし、単純なヒューリスティックがじつは合理的な解決策となりうるのは、現実生活が複雑だからにほかならない。

ポートフォリオ管理については、市場に関する手持ちの情報が強く信頼できない限り、その情報は完全に無視するほうがよいかもしれないということがわかっている。マーコウィッツの最適ポートフォリオ配分スキームを適用するには、さまざまな投資の統計学的性質について適切に推定する必要がある。この推定に誤りがあれば、資産の配分が大きく変わり、リスクが高まる可能性がある。対照的に、株式と証券に資金を均等に分けるなら、どんなデータを観察していようとも配分にはまったく影響が生じない。この戦略は、それらの投資タイプが過去に示したパフォーマンスに自らをフィットさせようとさえしない。だからオーバーフィットすることもありえない。

もちろん、半々の配分が必ずしも複雑さに対する最良の策というわけではないが、それなりの価値はある。複数の投資の集合について平均と分散の期待値がわかっている場合には、平均分散モデルにおけるポートフォリオ最適化を使えばよい。最適アルゴリズムには最適と呼ばれるだけの理由がある。しかしすべての推定が正確である可能性が低く、モデルにおいてそれらの信頼できない数値に大きな重みが置かれる場合には、意思決定プロセスに警報が発せられる。そこで正則化の出番となる。

マーコウィッツの老後資金などの例からアイディアを得て、心理学者のゲルト・ギーゲレンツァーとヘンリー・ブライトンは、現実世界で用いられる意思決定の近道が、多くのケースでまさに適切な判断に至る思考となると主張している。「加える処理が少ないと精度が下がるという見方が世間では広く支持されているが、ヒューリスティック研究によれば、情報や計算や時間が少ないほうがじつは精度が上がることがわかる」と彼らは記している。より少ない因子とより少ない計算を用いてより単純な答えに達することを好むヒューリスティックは、まさにこの「少ないほうが有効」という効果をもたらす。
しかし、モデルの根本的な複雑さにペナルティーを与えることだけが、オーバーフィッティングを緩和する方法ではない。新たに入ってくるデータにモデルが適応する速度を調節することによって、そのモデルを単純化する方向へ軽く後押しするという手もある。これによってオーバーフィッティングの研究は、われわれの歴史に光を投げかける導き手となる。社会として、そして種《しゅ》としての人間の歴史を浮かび上がらせてくれるのだ。

過去の重み

当然ながら、生きているラットは、いかなる食べ物にも命を奪われたことがない。
――サミュエル・レヴスキーおよびエルヴィン・ベダルフ
「新規食物の摂取経験と疾患との関係」

アメリカの豆乳市場は、一九九〇年代中盤から二〇一三年にかけて四倍以上に成長した。しかし報道によると、二〇一三年の終わりには豆乳はすでにブームを過ぎ、アーモンドミルクに大きく引き離された二位に甘んじているようだった。飲食物市場リサーチャーのラリー・フィンケルが《ブルームバーグ・ビジネスウィーク》誌に語ったところによると、「今は豆乳《ソイミルク》ナッツがトレンドで、大豆はどちらかといういう古めかしい健康食品といった印象です」。豆乳を普及させたことで知られるシルク社（いかにもそれらしい社名だ）は二〇一三年の終盤に、同社のアーモンドミルク製品が前四半期だけで五〇パーセント以上の成長を達成したと報告した。一方、別の飲料のニュースとしては、ココナッツウォーターの主要ブランドであるビタココから、二〇一四年には同ブランドの売り上げが二〇一一年の二倍となり、二〇〇四年と比べると三〇〇倍という驚異的な成長を記録したことが報告された。《ニューヨーク・タイムズ》は「ココナッツウォーターは、〝なんとなく知っている〟商品という段階で立ち止まることなく、目に入らない存在から否が応でも目につく存在へと一気にジャンプしたようである」と伝えた。一方、ケール市場は二〇一三年の一年間だけで四〇パーセント成長した。その前年にケールを最も大量に購入したのはピザハットだった。ピザハットではケールをサラダバーで使っていたが、飾りとしてである。

人の生活において最も基本的な領域、たとえば体の中に何を入れるべきかという問いなどは、短命な流行になぜか支配されやすいらしい。この手の流行が世間を席巻するのを可能にする要因の一つは、われわれの文化の変化するスピードである。今では情報がかつてない速度で社会を流れ、世界的な供給網のおかげで消費者は購買習慣をいっせいにすばやく変えることができる（そしてマーケティングがそれをあおる）。たとえば香辛料のスターアニスが体によいということがある特定の研究で示されると、一週間も経たぬうちにあちこちのブログで取り上げられ、それから一週間はテレビで扱われ、半年後にはほとんどのスーパーマーケットに置かれ、スターアニスのレシピ本が続々と刊行されるようになる。このせわしないスピードにはありがたい面もあるが、厄介な部分もある。

対照的に、生物（人間も含む）の進化に目を向けると、興味深いことに気づかされる。変化はゆるやかに起きるのだ。つまり、現在の生物のもつ性質は現在の環境のみによって形成されるのではなく、過去の歴史もその形成に関与している。たとえばわれわれの神経系が妙にクロスした配線になっている（体の左側は脳の右側に支配され、体の右側は脳の左側に支配される）のは、脊椎動物が経てきた進化の歴史を反映している。この現象は「交差」と呼ばれ、進化の途上で初期の脊椎動物の胴体が頭部に対して一八〇度の角度でねじれたときに起きたと考えられている。ザリガニやミミズといった無脊椎動物の神経索は体の「腹」側を通っているのに対し、脊椎動物の神経索は脊椎に沿っている。

人間の耳も交差の一例だ。機能という点で見ると、耳は槌骨《つちこつ》、砧骨《きぬたこつ》、鐙骨《あぶみこつ》という三つの骨で音波を増幅して電気信号に変換するためのシステムである。この増幅システムはうまくできているが、その仕組みの特徴は過去の制約と大いに関係している。爬虫類の耳には骨が一つしかないが、顎には哺乳類のもたない骨がいくつかある。どうやらこれらの顎の骨が哺乳類の耳で転用されたらしい。われわれの耳の解剖学的な形態と配置は、聴覚の問題がいかに解決されたかにとどまらず、少なくともそれと同程度に進化の歴史を反映してもいる。

オーバーフィッティングという概念は、こうした進化の残した荷物のもつ利点に対する新たな見方を与えてくれる。交差した神経線維と転用された顎骨は最善の配置ではないと思われるかもしれないが、われわれは環境的ニッチのあらゆる変化に対して進化が生物を完全に最適化してくれることを必ずしも求めるわけではない。完璧に最適化したら、環境がさらに変化した場合に極端に影響を受けやすくなってしまう――少なくともわれわれは、このことくらいは理解してしかるべきだ。一方、既存の材料を利用するしかないことから、有益な制約とでも呼ぶべきものが課される。生体構造に急激な変化が起こりにくいので、オーバーフィッティングも起こりにくくなるのだ。一つの種《しゅ》において、過去の歴史による制約は既知の現在に対して完璧に適応する妨げになるが、未知の未来に対する頑健性を保持する助けにもなる。

同様の見方は、人間社会で生じるめまぐるしい流行に抗《あらが》う助けにもなるかもしれない。文化においては、進化における制約と同じ役割を果たすのが伝統である。いくらかの保守主義、すなわち過去の歴史を尊重するいくらかのバイアスは、盛衰を繰り返す流行のサイクルによる影響を緩和することができる。もちろん、最新のデータを無視すべきというわけではない。時流に歩み寄ることは大事だが、必ずしもそれに乗る必要はない。

機械学習の分野で、ゆるやかな動きのメリットが最も明確に現れるのは、**早期打ち切り**という正則化においてである。本章の冒頭でドイツの結婚調査データを取り上げたとき、最良にフィットさせた一次、二次、九次の多項式モデルの検討だけを行なった。しかし多くの場合、与えられたデータに対してモデルが最大限にフィットするようにパラメーターを調整する作業は、それ自体が一つのプロセスである。このプロセスを早期に打ち切って、複雑になりすぎる時間をモデルに与えなかったらどうなるのか。やはり一見すると半端で不完全に思われるものが、それ自体で重要な戦略として浮上するかもしれない。

たとえば多くの予想アルゴリズムは、いきなり多項式モデルに走らず、最も重要な項一つを探索することから出発する。この第一の項が見つかってから、モデルに加えるべき二番めに重要な項を探索し、それからさらに次の項を……という手順を踏む。したがってそれらモデルは、オーバーフィッティングの入り込む隙が生じる前に、ただプロセスを早々と打ち切ることによって過度な複雑化を回避できる。これと似たアプローチで予想を計算する場合には、一度に検討するデータ点を一つだけにして、新たなデータ点を追加する前にはそのデータ点を説明できるようにモデルを調整する。ここでも、モデルの複雑さはゆるやかに増すだけなので、早期にプロセスを打ち切ればオーバーフィッティングを避ける助けとなる。

このように時間の経過が複雑さの増大につながる状況は、人のさまざまな行動にも見られる。決断を下すのに長い時間をかければそれだけよい決断ができるとは限らない。その一方で、検討する因子、仮説、メリットとデメリットが多くなるのは確実で、それゆえオーバーフィッティングのリスクも増大する。

本書の著者トムは、教授になったときにまさしくこれを経験した。着任して最初の学期に初めてのクラスを担当するにあたって、完璧な講義をしようと膨大な時間を準備に費やした。

講義一時間につき、準備に一〇時間もかけたのだ。二学期めには別のクラスの担当となったが、前学期ほど時間をかけることができなかったので、ひどい講義になってしまうのではないかと心配した。ところが不思議なことが起きた。学生は二学期めのクラスに満足したのだ。それどころか、前学期よりも評判がよかった。つまり、一学期めには大事な点をこと細かに説明しようとあれほど時間をかけたが、学生は混乱するばかりだった。そして二学期めの講義では、そうした細かい点には触れなかった。学生の基準ではなく自分自身の好みや判断を基準として使っていたことが根本的な問題だったと、トムはやがて気づいた。代替基準は近似としてはそれなりに役立つが、オーバーフィットするほどの価値はない。すべてのスライドを「完璧に」仕上げようと必死にがんばって時間をかけたことが逆効果となった理由が、これで納得できた。

さまざまなタイプの機械学習のタスクにおける正則化の効果から、思考や行動をわざと抑えるほうがよりよい決定が下せる場合もあるということがわかる。最初に思いついた因子が最も重要と思われるなら、ある段階以降は問題について考え続けることは時間と労力の無駄になるばかりか、劣った答えに至ることになるだろう。早期打ち切りは、推論から離れるための理にかなった主張をするうえで足場となり、思考している人が思考をやめるための土台となる。しかしこのことを実用的なアドバイスに変えるには、もう一つの問いに答える必要がある。考えるのをいつやめるべきか、という問いだ。

思考を抑えるべきとき

オーバーフィッティングにかかわるすべての問題と同様、早期打ち切りのタイミングは、測定できる事柄と真に重要な事柄とのギャップによって決まる。事実がすべてわかっているなら、誤差や不確実性がまったく存在せず、自分にとって重要な事柄をじかに評価できるので、早々と打ち切る必要はない。時間をかけてじっくり考えるべきだ。複雑さと手間にはそれなりの意味がある。

しかし、こんな状況が実際に起きることはまずない。不確実性が高く、データが限られている場合には、是《ぜ》が非《ひ》でも早期に打ち切るべきだ。自分の仕事が誰にどのような方法で評価されるかはっきりわからない場合、自分（またはほかの人）独自の基準で完璧と思われるものを目指して仕事を完璧に仕上げようと余分に時間を費やすのは無駄だ。不確実性が高ければ高いほど、測定できる事柄と真に重要な事柄との開きは大きくなるので、オーバーフィッティングにいっそう注意する必要が生じる。つまり単純性を重視して、早期に打ち切るべきなのだ。

情報がまったくない場合には、最も単純な計画がベストだろう。見通しがはっきりせず、データにノイズが多い場合には、太い筆で絵を描くように、おおまかな流れを考えるのがベストだ。これがただの比喩でないこともある。実業家のジェイソン・フリードとデイヴィッド・ハイネマイヤー・ハンソンは、ブレインストーミングを推し進める必要性が高いときほど太いペンを使うという。線の太さによる巧妙な単純化の一例と言える。

何かのデザインを始めるときには、ボールペンではなく、太いシャーピーマーカーを使ってアイディアのあらましを書き留めます。それはなぜか。ボールペンでは線が細すぎるからです。それにくっきりしすぎています。陰影を完璧に仕上げなくてはとか、点線と破線のどちらを使うかとか、まだ気にしなくていいことが気になってきます。そして、まだフォーカスすべきでないものにフォーカスしてしまうのです。シャーピーマーカーを使えば、深く掘り下げることができます。形や線や枠だけを描くことができます。それでいい。始めのうちは、全体像だけを考えればよいのです。

マギル大学のヘンリー・ミンツバーグはこう語っている。「大事なものが測れず、それを出発点にできないという前提から始めたら、どうなるでしょうか。測定の代わりに、かなりこわいものを使わざるをえないのです。判断と呼ばれるものを」。

早期打ち切りで重要なのは、合理的にふるまうか直感に頼るかの二者択一という問題ではない場合もある点だ。直感に頼ることが合理的な解決策となることもある。決定が複雑で、不安定で、不確実であればあるほど、直感に頼ることが合理的なアプローチとなる。

ダーウィンに話を戻すと、プロポーズするかどうかという問題は、リストに挙げたメリットとデメリットのうち最初のいくつかを見るだけで決着できたかもしれない。その先まで見ると、決断に伴う時間と不安が増大し、必ずしも答えを出す助けにはならなかっただろう（むしろおそらく決断の妨げになったはずだ）。どうやら決め手となったのは、「働きバチのようにひたすら働くだけで一生を終えると考えるのは耐えがたい」という思いだったらしい。子どもと伴侶、つまり彼が真っ先に挙げたものこそ、最終的に結婚へと彼を動かした要素だった。書籍代うんぬんというのはただのポーズだ。

しかし、あれこれ考えすぎだとダーウィンを手厳しく批判する前に、日記のあのページをもう一度見てほしい。複写されたこのページを見ると、おもしろいことがわかる。ダーウィンはフランクリンとは違って、何日間もかけてさまざまな熟慮をこねくり回してはいない。人生を変える決断に向きあったときの真剣さとはうらはらに、日記への書き込みがページの下端にたどり着いたところで、すぐさま答えを出している。このページに合わせて正則化をしていたのだ。これはむしろ、早期打ち切りやラッソと言うべきものだろう。ページに書ききれなかったものは決定に関与させていないのだ。

結婚の決意を固めると、ダーウィンはすぐさま時期について盛大に思い悩んだ。「いつ？すぐか、しばらく待つか」と、新たにつくったメリットとデメリットのリストの上辺に記し、幸福、支出、「体裁の悪さ」、熱気球旅行やウェールズ旅行をしたいという長年の夢など、さまざまな事柄を検討した。しかしページの下端に達したときには、「どうでもいい。運に任せよう」と決めていた。その結果として、数カ月後にはエマ・ウェッジウッドにプロポーズして、満ち足りた夫婦の関係と幸福な家庭生活への第一歩を踏み出したのだった。

8　緩和法

大目に見よう

二〇一〇年、メーガン・ベローズは昼間にはプリンストン大学の博士課程で化学工学の研究にいそしみ、夜には結婚式の計画を立てていた。特定の性質をもつ分子をつくるにはタンパク鎖《さ》のどこにアミノ酸を挿入すればよいのか、その位置を見つけることが研究の中心だった（「二つのタンパク質分子の結合エネルギーを最大にすると、生体機能に対するペプチド阻害剤が設計できるので、病気の進行を妨げることもできるのです」）。結婚式については、席次の問題で悩んでいた。

大学時代の友人九人を招待しているので、ちょっとした同窓会のようになるに違いない。しかしテーブルは一〇人掛けなので、あと一人は誰にするか。この問題にベローズは頭を抱えていた。さらに困ったことに、親族を一人呼ぶことになっている。栄《は》えある親族席から一人だけ外さなくてはならないが、どう説明したらよいだろう。それに幼なじみやベビーシッター、両親の同僚など、招待客のなかに知り合いが一人もいない人についてはどうすればよいのか。

この問題は、実験室で取り組んでいるタンパク質の問題に負けず劣らず手ごわい気がした。やがて、ある考えが頭に浮かんだ。実際に、実験室で取り組んでいる問題と同じことなのだ。ある晩、席次表を眺めていると「博士論文で扱うアミノ酸とタンパク質の問題と、結婚式の招待客とのあいだには、一対一の対応があることに気づきました」。ベローズは婚約者から紙を一枚もらうと、方程式を走り書きした。アミノ酸が招待客となり、結合エネルギーは客どうしの関係、分子の最隣接相互作用と呼ばれる作用は文字どおりに最も隣接した客どうしの相互作用となった。こうして彼女は自分の研究で使っているアルゴリズムを利用して、結婚式の問題を解決することができた。

ベローズは招待客全員の関係の度合いを数字で表す方法を編み出した。二人の客が互いに知り合いでなければその関係を〇点とし、知り合いなら一点とする。夫婦なら五〇点だ（新婦の妹には特別に、同じテーブルに着きたいすべての人に一〇点をつけさせた）。それからベローズはいくつかの制約を定めた。一つのテーブルに着席できる最大人数と、各テーブルが達するべき最低スコアを決めて、見知らぬ人ばかりが「寄せ集め」られた居心地の悪いテーブルが一つもできないようにした。また、席次づくりの目標を〝同じテーブルに着く客どうしの関係スコアを最大にすること〟と明確に定めた。

招待客は全部で一〇七人、テーブルは一一個で、テーブル一つには一〇人まで着席できる。ということは、およそ「一一の一〇七乗」通りの席次が考えられる。これは一一二桁の数字となり、二〇〇〇億グーゴル（一グーゴルは一〇の一〇〇乗）を超える。この数字と比べれば、観測可能な宇宙全体に存在する原子の個数（たった八〇桁）などかすんでしまう。ある土曜日の夕方、ベローズは実験室のコンピューターにこの作業を仕掛けて帰宅した。月曜日の朝に来てみると、作業はまだ続いていた。ベローズはその時点までにコンピューターが見つけた最良の席次を取り出すと、同じコンピューターで今度はタンパク質の設計を再開した。

実験室に設置された高性能のコンピュータークラスターでプログラムを三六時間も走らせたにもかかわらず、考えうる席次のうちで調べられたのはほんのわずかだった。この順列において、スコアが最高となる真の最適解にはたどり着けない可能性が高い。それでもベローズは、コンピューターの出した結果に満足していた。「忘れかけていたつながりが見つかりましたから」と彼女は言う。ウェディングプランナーなら考えもしないような、型にはまらず楽しい席次の可能性をコンピューターが示してくれたのだ。たとえば、両親を親族席に座らせず、何年も会っていなかった古い友人たちと同じテーブルに回すという案が出てきた。コンピューターが提案した最終的な席次は大成功だったと誰もが認めた。もっとも、新婦の母は自分の気持ちに抗《あらが》えず、ちょっとした入れ替えを行なったが。

プリンストン大学の一実験室に置かれたコンピューターの計算能力すべてをもってしても完璧な席次が特定できなかったというのは、驚くべきことと思われるかもしれない。本書でこれまでに扱ってきたほとんどの領域で、単純なアルゴリズムを使えば確実に最適解を得ることができた。しかしコンピューター科学者はこの数十年間で、コンピューターをどれほど高速化してどれほど巧妙にプログラムしようとも、完璧な解に到達することが基本的に不可能な一群の問題が存在するのを知った。実際、一見手に負えない難題を前にしたときに、果てしなく挑み続けるべきではなくギブアップすべきでもなく、これから見るようなまったく別のやり方を試みるべきだということを、コンピューター科学者は誰よりもよく理解している。

最適化の難しさ

南北戦争によってアメリカの指導者となる前、奴隷解放宣言を書き上げる前、そしてゲティスバーグ演説を行なう前、エイブラハム・リンカーンはイリノイ州スプリングフィールドで地方回りの巡回弁護士として働いており、一六年間にわたり毎年二回、第八巡回裁判区を回っていた。巡回弁護士とは、その名のとおり巡回する弁護士で、彼は何週間もかけて数百キロを馬で移動しながら、一四郡の町を巡回して裁判の審理にあたった。巡回するルートを決めるのは、当然ながら難しかった。行くべき町をすべて網羅し、移動距離をなるべく短くして、同じ町に二度行くのを避けるには、どうしたらよいのか。

これは数学やコンピューター科学の分野で「条件つき最適化」問題と呼ばれるものである。一定のルールとスコア計算法のもとで、複数の変数を配置する最良の方法を特定することが、求められる。実際、これは最適化問題のなかで最もよく知られている。一九世紀にこの問題の研究が行なわれていたなら、「巡回弁護士問題」という名前が定着したかもしれない。二一世紀になってから登場したなら、「配送ドローン問題」とでも呼ばれただろうか。しかし秘書問題と同じく二〇世紀半ばに出現したので、間違いなくあの時代を象徴する存在から「巡回セールスマン問題」と名づけられ、これが標準的な名称となっている。

ルート設定の問題に数学者が注目するようになったのは一九三〇年代に入ってからだったが、一度火がつくと関心はすさまじい勢いで燃え上がった。数学者のカール・メンガーは一九三〇年に「郵便配達人問題」について語り、すべての可能性をひたすら一つずつ試すよりも簡単な答えは見つかっていないと述べた。ハスラー・ホイットニーが一九三四年にプリンストン大学での講演でこの問題を提起すると、数学者仲間のメリル・フラッド（秘書問題の最初の解を広めた人物として第1章に登場したことを覚えているだろうか）の頭にそれがしっかりと刻み込まれた。一九四〇年代にフラッドはカリフォルニアに移り、この問題をランド研究所の同僚たちに広めた。そして一九四九年、この問題の今ではすっかり定着した名称が、数学者ジュリア・ロビンソンの論文に初めて活字で登場した。この問題が数学界を席巻するにつれて、「悪名」も轟いた。当時、一流の数学者たちがこぞって夢中になったが、誰も真の前進を遂げられそうになかった。

巡回セールスマン問題において、大事なのはコンピューター（または数学者）が最短ルートを見つけられるかという点ではない。理屈のうえでは、可能なルートを一つ残らず考えて、それらの距離を測るだけでよい。問題は、町の数が増えるにつれて、それらを結ぶ可能なルートの数が爆発的に増える点にある。ルートというのは町の順番にほかならないので、すべてのルートを力ずくで調べるにはあの恐るべき$O(n!)$、すなわち「階乗《かいじょう》時間」がかかる。トランプ一組を空中にばらまいて、正しい順番で並ぶまでカードのソートを繰り返す作業の計算版と言える。

問題は、もっと効率よく解ける見込みはあるのか、である。

数十年におよぶ研究も、巡回セールスマン問題を手なずけることはほとんどできなかった。たとえば一九五六年にフラッドは、最初の出会いから二〇年以上が経っても「この問題にうまく片をつけるには、まだ使われておらず今までとはまったく違ったアプローチが必要かもしれないという可能性がとても高いと思われる。実際、この問題を扱う一般的な方法というものは存在しないかもしれず、不可能という答えにも価値があるだろう」と述べている。それからさらに一〇年が過ぎても、厳しい気配はいっそう厳しさを増すばかりだった。「私の推測では、巡回セールスマン問題を解くすぐれたアルゴリズムは存在しない」とジャック・エドモンズは記した。

これらの言葉は正しい予言だった。

困難さを定義する

一九六〇年代の中ごろ、アメリカ国立標準技術研究所にいたエドモンズは、IBMのアラン・コブハムと共同で、問題が現実的に解決可能かどうかを決定する要因について実効性のある定義を考案した。彼らの主張は、今では「コブハム＝エドモンズのテーゼ」と呼ばれている。それによると、アルゴリズムが「多項式時間」、すなわち$O(n^2)$、$O(n^3)$、またはnのなんらかの累乗の時間で実行できるなら、「効率的」と見なすべきとされる。そして、効率的なアルゴリズムを用いて解決する方法がわかっている問題は「手に負える」問題と見なされる。これに対し、多項式時間で解決できる方法がわからないものは「手に負えない」問題とされる。そしてよほどスケールの小さい問題でない限り、手に負えない問題はどれほど高性能なコンピューターでも答えを出すことができない。*

このことが、コンピューター科学の中核を占める知見だと言ってよいだろう。問題の困難

*ソート問題では$O(n^2)$がひどく忌まわしい存在と思われたことを考えると、ここでそれを「効率的」と呼ぶのはおかしいのではと感じられるかもしれない。しかし実際のところ、$O(2^n)$のように底《てい》がごく小さくても、指数時間はn^{10}のような多項式と比べると（比べる相手の底が大きくても）、短時間でとんでもなく巨大になる。いずれかの時点で、指数時間は必ず多項式時間を追い越す。それゆえ、数十個以上のアイテムをソートするなら、n^{10}など2^nと比べれば何でもないように思えてくる。コブハムとエドモンズの研究以来、「多項式」（nの累乗）と「指数」（ある数のn乗）との隔たりが、この分野における事実上の境界線となっている。

さは定量化できる。そして一部の問題はとにかく……困難なのだ。

では、巡回セールスマン問題はどうなのか。おもしろいことに、じつはまだよくわかっていない。一九七二年、カリフォルニア大学バークリー校のリチャード・カープは巡回セールスマン問題についての証明を行ない、この問題が効率的に解決可能かどうかまだ明確に証明されていない、境界線上で議論の続いている問題群と関係していることを示した。しかしこれまでのところ、それらの問題のいずれについても効率的な解法は見つかっておらず（つまり実質的に手に負えない問題ということになる）、ほとんどのコンピューター科学者はこの先も効率的な解法が見つかることはないと考えている。そこで、一九五〇年代にフラッドが考えた巡回セールスマン問題の「不可能という答え」が最終的な到達地となりそうだ。さらに、これ以外の最適化問題（政治戦略から公衆衛生、防火対策に至るまでさまざまなテーマに関係する）もその多くは、やはり手に負えない問題である。

しかしこの種の問題に取り組むコンピューター科学者にとっては、この結論をもって話が終わるわけではない。むしろ戦闘準備の号令がかかったようなものだ。ある問題が手に負えないと判断されたからといって、黙って引き下がるわけにはいかない。スケジューリング問題専門家のヤン・カレル・レンストラは「問題が難しくても、考えるのをやめていいわけではありません。ステータスが違うだけなのです。敵は手ごわいですが、それでも闘わなくてはいけません」と語っている。この種の問題こそ、この分野で誰にとっても導きとなる非常に価値の高い指針が解明された場である。つまり、最適解に手が届かない問題にはどうアプローチするのが最良か、どのように緩和すべきか、教えてくれる場なのだ。

ただ緩和《リラックス》せよ

完璧は善の敵である。

――ヴォルテール

リラックスしなさいと誰かから言われたとしたら、それはおそらくこちらが物事を必要以上に深刻に考えて、気が立っているからだろう。コンピューター科学者たちが手ごわい難題に立ち向かうときには、『緩和《リラクセーション》法入門』や『離散的緩和《リラクセーション》法』といった本を回し読みして、「緩和《リラックス》」を目指す。といっても、本人がリラックスするのではなく、問題を緩和させるのだ。

コンピューター科学におけるごく単純な緩和法として、**制約緩和**と呼ばれるものがある。この緩和法では、問題から制約の一部を取り除き、解決したい問題を解き始める。いくらか前進したところで、取り除いていた制約を問題に戻す。つまり、問題を一時的に扱いやすくして、あとで本来の問題に戻すというやり方をするのだ。

たとえば巡回セールスマン問題を緩和したければ、セールスマンが同じ町を二度以上訪れてもよいことにして、来た道を引き返すときには費用がかからないことにする。このようにルールをゆるめたうえで最短ルートを探すと、「最小全域木《ぜんいきぎ》」というものが得られる（最小全域木とは、すべての町を少なくとも一つの別の町と結ぶのに必要な最短行程と考えてもよい。リンカーンの巡回裁判区について、巡回セールスマンの最短ルートと最小全域木を図11に示す）。コンピューターでこの緩和した問題を解くには、じつはほとんど時間がかからない。最小全域木が必ずしももとの問題の解につながるわけではないが、それでもかなり有用であることは確かだ。たとえば自由に後戻りできる全域木が、すべてのルールに縛られる実際の解より長くなることは絶対にないはずだ。したがって、緩和した問題といういわば幻想を実際の問題の下限として使うことができる。計算の結果、特定の町の集合について全域木の距離が一〇〇マイルだとわかったら、巡回セールスマンの行程は確実にそれ以上だと考えられる。一一〇マイルのルートが見つかったなら、それが最良の解と比べて最大で一〇パーセント長いだけだと確信できる。こうして、真の解がわからなくても、真の解にどのくらい近いかは知ることができる。

さらによいことに、巡回セールスマン問題では、最小全域木が実際に真の解を探索するのに最良の出発点の一つとなる。このような方法により、考えられる限り最大級の巡回セールスマン問題の一つ——地球上のすべての町を訪れる最短ルートを特定すること——も（未知の）最適解から〇・〇五パーセントの範囲内で解くことができている。

〝アルゴリズムという本来の形式で制約緩和が行なわれる実際のプロセスとかかわったこと

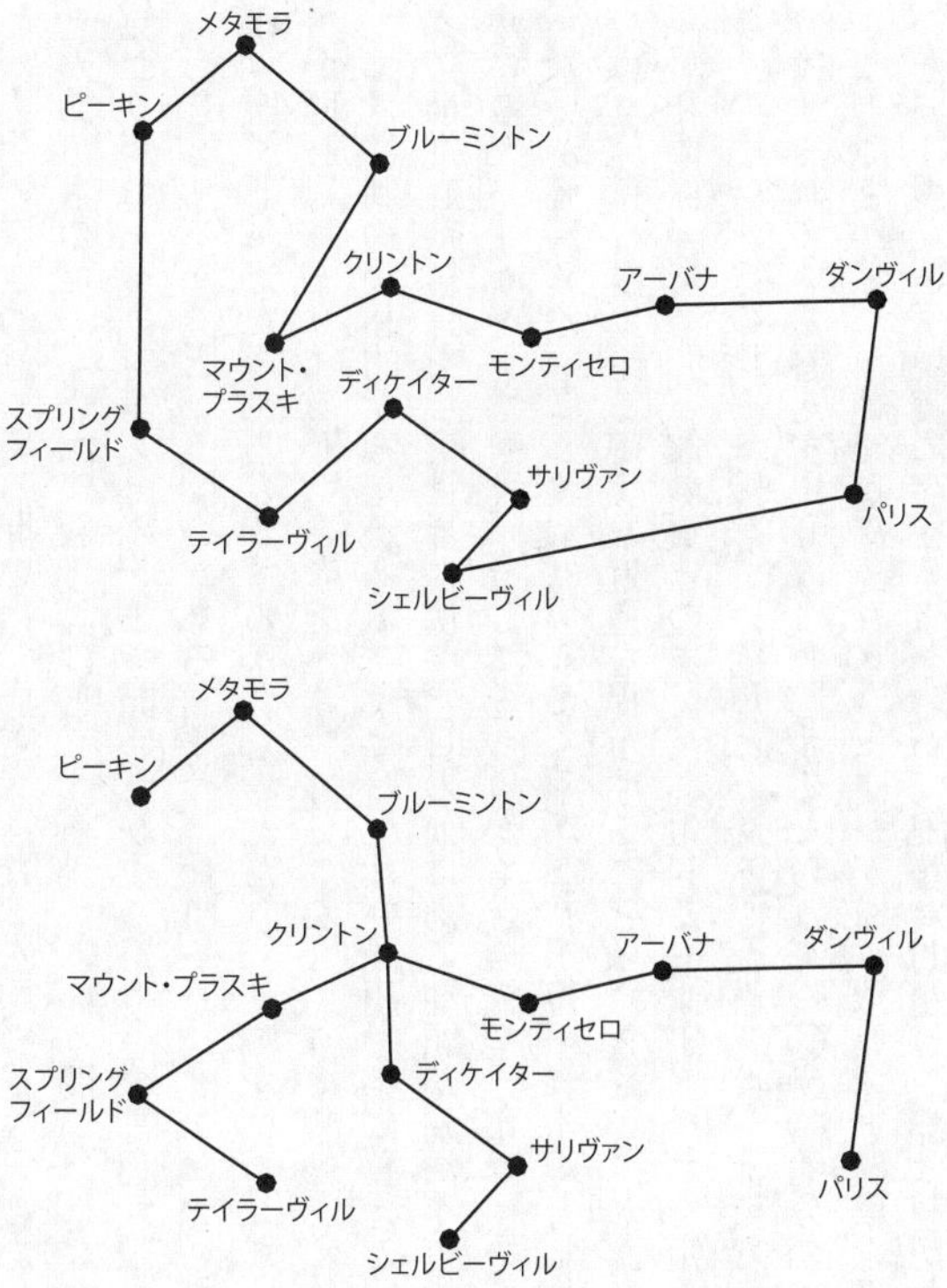

図11　1855年にリンカーンが担当した巡回裁判区の巡回セールスマンの最短ルート（上図）と最小全域木（下図）。

のある人〟と言えば、そんな人はめったにいるものではない。しかしその基本的なメッセージならば、人生の突きつけてくる問いについて大きな夢を抱いたことのある人ならたいてい聞き覚えのあるものだ。「恐れがなければどうするか」という問いは、カウンセラーのオフィスで見たり、モチベーションセミナーで聞いたりするたぐいの言葉だ。「失敗する可能性がゼロならどうするか」という問いもある。また、仕事やキャリアについての問いを考える場合には「宝くじに当たったらどうするか」と考えたり、転職を検討しているなら「どの仕事も給料が同じならどうするか」と考えたりする。こんなふうに想像をめぐらせる行為の背後には、まさに制約緩和的な考えがある。手に負えない問題を手に負える問題に変えて、理想の世界で前進した結果を現実世界に戻す。目の前にある問題が解決不可能なら、それをもっと簡単にしたバージョンを解く。そしてその解がもとの完全バージョンを解く出発点か指針とならないか確かめる。こうすれば、うまく手がかりが得られるかもしれない。

緩和では、完璧な解に至る確実な近道を提示することはできない。しかしコンピューター科学は、緩和に伴って時間と解の質とのあいだに生じるトレードオフを定量化することもできる。多くの場合、その比率は顕著で、簡単にわかる。たとえば、完璧な解と比べて少なくとも半分はすぐれている答えを出せばよしとするならば、一〇〇〇兆分の一の時間で出せたりする。このことから、単純だが深遠なメッセージが読み取れる。完璧な解に十分に近い答えでよいというのなら、現実に存在するきわめて困難な問題も一部は適切な方法で手なずけられるということだ。

最小全域木や「宝くじに当たったらどうするか」の例のように、制約を一時的に取り除くのが、緩和のアルゴリズムのなかで最も単純なものである。しかし、最適化研究で頻繁に出現する、もっと微妙なタイプの緩和法が二つある。それらの緩和法は、都市計画から疾病《しっぺい》対策、スポーツ選手の競争心の育成など、現実世界のさまざまな領域に直接影響するような、この分野で最も重要で手に負えない問題の一部を解決するのに役立つことがわかっている。

数えきれないほどたくさんのグレーの色調《シェイズ・オブ・グレイ》――連続緩和

メーガン・ベローズが最良の席次を追究したのと同じく、巡回セールスマン問題は「離散最適化」と呼ばれるタイプの最適化問題である。これはすなわち、解と解のあいだになめらかな連続性がないということだ。セールスマンの行先はいずれかの町しかありえず、招待客が着席するのはいずれかのテーブルしかありえない。中間のグレーゾーンは存在しないのだ。

このような離散最適化問題は、いたるところで見受けられる。たとえば都市計画では、消防車が一定の時間内に、たとえば五分以内にどの家にも駆けつけられるように配置することを目指す。数学的に言えば、配備された場所から五分以内にどの家にも到着できるよう、各消防車にすべての家を「被覆《カバー》」させる。しかし、すべての家がカバーできるように配備する場合の消防車の最低数を特定するのは難しい。「［消防や救急の］業務全体で、この被覆モデルは採用されるようになったばかりですが、すばらしいです。便利でわかりやすいモデルです」と、ウィスコンシン大学マディソン校のローラ・アルバート・マクレイは言う。しかし、消防車はある特定の場所にあるかないかのいずれかなので、最低数を求めるには離散最適化が不可欠だ。マクレイによれば、「ここで多くの問題は計算するのが困難になります。分配できないものはたくさんありますから」。

離散最適化の問題は、人づきあいの場でも出現する。友人や知人すべてを招いてパーティーを開きたいが、多数の招待状を送るのに必要な封筒や切手の料金をすべて払うのはいやだとしよう。そこで、人脈の豊富な何人かの友人だけに招待状を送って、「私たちの共通の知り合いをみな連れてきてほしい」と頼むという手がある。この場合、理想として知りたいのは、こちらの交友関係に属する人をすべて知っている集団を構成できる、最小人数の友人を集めたサブグループである。これがわかれば、封筒の使用枚数を最小限に抑えながら、すべての友人と知人を出席させることができるはずだ。確かに、切手代をほんの何ドルか節約するためにこんな計算をするのはたいそうなことと思われるかもしれないが、政治運動の統括者や企業のマーケティング担当者が自分たちのメッセージを最も効率的に広めるために解答を模索しているのが、まさにこのタイプの問題だ。また、社会を伝染病から守るために、人口集団のうち最低で何人に、そして誰に、ワクチンを接種すべきかを考える際に、疫学者が検討する問題もこのタイプに属する。

すでに見たとおり、離散最適化では自然数しか扱えず、消防署の駐車場に消防車を一台、二台、三台と停めておくことはできるが、二・五台とかπ台は無理である。このせいで、離散最適化問題は解決するのが難しい。実際、消防車問題もパーティー招待状問題も手に負えない問題で、一般的な効率的解法が存在しない。しかしじつは、これらの問題の連続バージョンなら分数や小数を解にすることができ、有効な戦略がいろいろと存在する。離散最適化問題と格闘する研究者は、それらの戦略に羨望のまなざしを向けるかもしれない。しかし、彼らにもほかに手がないわけではない。離散最適化問題を緩和して連続最適化問題に変え、どうなるか確かめることもできるのだ。

招待状問題では、離散最適化を緩和して連続最適化にすれば、ある人には招待状を四分の一通送り、別の人には三分の二通送るというような答えが出る可能性がある。しかし、これはいったいどういう意味なのか。これがもとの問題に対する答えになりえないことは明らかだが、最小全域木と同様、出発点を与えてくれるのは確かだ。緩和解が手元にあれば、答えの分数を変換して現実に戻す方法が決められる。たとえば、必要に応じて単純に端数《はすう》を丸め、緩和シナリオで「〇・五通」以上の招待状を受け取る人すべてに招待状を送ることにしてもよい。あるいは分数を確率と解釈し、たとえば緩和解では消防車を〇・五台配備することになる場所についてはコイン投げで決めることにして、コインの表《おもて》が出た場合のみ実際に消防車一台を配備するというやり方も考えられる。いずれのやり方でも、分数を自然数に戻すことによって、もとの離散問題の文脈で意味をなす解が得られるはずだ。

どんな緩和法でもそうだが、もとの問題のままで考えうるすべての答えをしらみつぶしに調べたら到達したかもしれない真の最良の解と比べて、緩和で得た解がどれほどすぐれているかを確かめることが最後のステップとなる。招待状問題については、連続緩和で端数を丸める方法を用いると、解は容易に計算できるが、これは真の最良の解と比べてもかなりいい線まで行っている。パーティーに来てほしい人にはもれなく来てもらえることが数学的に保証される一方で、力ずくで得た最良の解と比べて、出すべき招待状の枚数は最大でも二倍以内に収まる。同様に消防車問題では、確率を用いた連続緩和によって、最良の答えからさほど離れない範囲内で迅速に答えを得ることができる。

連続緩和は問題解決の特効薬というわけではない。真の最適解を得る効率的な方法にはならず、ただ最適解の近似が得られるだけだ。それでも、招待状や予防接種の必要数が最適解の二倍以下ですむならば、最適化されていない別の方法と比べてはるかにすぐれている。

ペナルティーを受け入れる――ラグランジュ緩和

ヴィツィーニ：不可解だ！
イニゴ・モントイヤ：いつもその言葉ばっかり言ってる。意味がわかってないいんじゃないか？

――映画『プリンセス・ブライド・ストーリー』

本書の著者の一人であるブライアンは子ども時代のある日、どうしてこんなにやらなきゃいけないことだらけなのかと母親に文句を言っていた。宿題もあるし、家の手伝いもあるし……。「厳密に言うと、あなたはやらなくてはいけないわけではないわ」と母親は応じた。「先生から言われたことをやらなくてはいけないわけではないし、私があなたに言うことだってやらなくてはいけないわけではない。法律だって守らなくてはいけないわけではない。ただね、どんなことにも結果があるの。その結果を引き受けるつもりがあるかどうかは、あなたしだいよ」。

ブライアン少年は心を揺さぶられた。そのメッセージは強烈で、道理、責任、道徳的判断に対する意識を目覚めさせた。しかも、それだけではなかった。**ラグランジュ緩和**と呼ばれる強力な計算方法でもあったのだ。ラグランジュ緩和の根底にある考え方は単純だ。最適化問題には、ルールとスコア計算という二つの要素がある。ラグランジュ緩和では、問題の制約の一部を選び、それをスコア計算システムに加工する。つまり、「不可能」な事柄を「高くつく」ものに引き下ろすのだ（たとえば結婚式の席次の最適化では、各テーブルには一〇人までしか着席できないという制約を緩和して、窮屈さというペナルティーを与えたうえで定員超過を許容する）。最適化問題の制約が「ちゃんとやれ！　さもないと……」と脅しをかけると、ラグランジュ緩和が「さもないと？」と応える。制約の境界線の外側に手を加えることができれば――たとえほんの少しでも、そして大きなコストが伴うとしても――最初は手に負えなかった問題が手に負えるようになる。

ラグランジュ緩和は、コンピューター科学において巡回セールスマン問題などの困難な問題に関する理論的文献の大きな部分を占めている。また、さまざまな現実の用途においても重要なツールとなっている。たとえば、第3章で触れたカーネギー・メロン大学のマイケル・トリックを思い出そう。彼は野球のメジャーリーグやNCAAのいろいろな大会の日程作成を管理する責任者だが、本書ではまだ彼のやり方に触れていなかった。各年度の日程作成は巨大な離散最適化問題であり、コンピューターが力ずくで解こうとしてもまるでお話にならないくらい複雑を極める。そこでトリックとスポーツ・スケジューリング・グループ社の同僚たちは、ラグランジュ緩和を使って仕事を処理する。テレビをつけたときやスタジアムで席に座ったときには、思い出してほしい――今夜この競技場でこれらのチームが対戦しているのは……じつは必ずしも最適な組み合わせではないということを。それでも最適に近いものではある。これはマイケル・トリックだけでなく、一八世紀のフランスの数学者、ジョゼフ＝ルイ・ラグランジュのおかげでもある。

スポーツの一シーズン分の日程作成において、先ほど説明した連続緩和が必ずしも仕事を容易にしてくれるわけではない、とトリックは考えている。「試合数が分数になってしまったら、何の役にも立ちませんからね」。パーティーの招待状や消防車だったら、必要に応じて分数はいつでも丸めることができる。しかしスポーツでは、試合に参加するチームの数、試合の総数、各チームがほかのチームと対戦する回数が一定の整数でなくてはならないという制約はあまりにも強力だ。「その方向で緩和することはできないのです。モデルの基礎となる［離散的な］部分はとにかく守らなくてはなりません」。

それでも、この問題の厳然たる複雑さに対処するために、何か手を打つ必要がある。そこで「リーグが守りたがっている制約の一部を緩和するように、われわれがリーグ側に働きかけなくてはなりません」とトリックは説明する。スポーツのシーズン日程を作成する際にかかわってくる制約の数は膨大で、そのなかにはリーグの基本的な仕組みから生じる条件にとどまらず、競技に特有の要求や懸念など、さまざまな事柄が含まれる。ホームとアウェーの試合が入れ替わるように、シーズンの後半は前半のパターンを反転させて繰り返せばよいとするリーグがある。その一方で、そうしたやり方を好まず、それでもなお全チームの対戦が一巡するまでは同じチームと二度めの対戦をしてはならないと要求するリーグもある。ライバル関係が最もよく知られているチームの対決をシーズンの最終試合で実現させることにこだわるリーグもある。また、ほかのイベントが行なわれるために特定の日に本拠地で試合ができないチームもある。NCAAバスケットボールの場合、トリックは試合を放映するテレビネットワークから出される制約も考慮しなくてはならない。テレビ局は「Aクラスの試合」や「Bクラスの試合」になると思われる試合、つまり最も視聴率が取れそうな試合（たとえばデューク大学対ノースカロライナ大学の試合は常にAクラスだ）を一年前に決めている。そして毎週、AクラスとBクラスの試合を一つずつ放映することを希望する。その一方で、視聴者が分散しないように、Aクラスの試合を二つ同時に放映することは絶対に避ける。

こうした要求のもとでは、それらの困難な制約の一部を緩和しない限り、スポーツの日程を作成することはしばしば不可能である。トリックは当然ながらそのことに気づいている。

スポーツの日程表を持って弊社に初めて来る人は、たいていこんなことを言います。…… 「われわれは絶対にxはしないしyもしない」と。私たちが日程表を見て、「しかし去年はxを二回、yを三回していますね」と言うと、相手は「まあ、確かにそうだな。それは例外だ」と言ったりします。それからさらに前の年を調べると……。自分では絶対にしていないと思っていても実際にはしていることがたいてい見つかります。野球関係者は、ヤンキースとメッツが同時にホームで試合をすることは絶対にないと思い込んでいますが、それは間違いです。大きな間違いです。同じ日にホームで試合をすることが一年間に三回から六回ほどあるのです。しかしシーズン全体でホームゲームは各チームでそれぞれ八一試合あって、ヤンキースとメッツのホームゲームが同じ日に重なるのは比較的まれなので、忘れてしまうのです。

ときには巧妙な外交手腕も必要だが、無理な条件の一部をペナルティーに引き下げて、「ありえない」事柄を「望ましくない」事柄へとゆるめるラグランジュ緩和を用いれば、前に進めるようになる。到達できない完璧な答えを求めて果てしない時間を費やす代わりにラグランジュ緩和を使えば、「どのくらい近くまで行かれるか」といった問いについて考えることができる、とトリックは言う。そしてその答えは、「誰もが満足できる程度には近くまで行かれる」となる。リーグも大学もテレビ局も満足し、この先も毎年、マーチ・マッドネスの熱狂を盛り上げてくれる答えが得られるというわけだ。

緩和法の習得

計算問題にはさまざまな形態があるが、最も一般的なのは最適化問題――ゴールでもありルールでもある――だと言ってよいだろう。AかBかといった明確な選択肢のみで中間をもたない離散最適化問題は、そのなかでも最も典型的な問題である。そしてコンピューター科学の突きつける結論は、がっかりするほど身も蓋もないものだ。離散最適化問題の多くは、本当に困難なのだ。この分野でトップクラスの才能をもつ者たちが、完璧な答えに至る容易な道を見つけようと試みても、ことごとく失敗に終わっている。そしてそのような道を探索するよりも、そんな道は存在しないと証明することに力を注ぐようになってきた。

このことからわれわれは、少なくともいくらかの慰めが得られるはずだ。ひねくれて厄介で克服不可能と思われる問題に取り組んでいるのなら、答えが出ないのが正しいのかもしれない。コンピューターがあっても必ずしも助けにはならないだろう。

少なくとも、緩和を習得できない限りは。

た。問題を緩和する方法はいろいろあり、そのなかで特に重要な三つについてはすでに見てきた。一つめの「制約緩和」では、制約の一部を完全に取り除き、ゆるくした問題で前進したうえで本来の問題に戻る。二つめの「連続緩和」では、離散選択または二値選択を連続選択に変える。アイスティーとレモネードのどちらを注文するか決める場合、まずは両者が半々に混ざった「アーノルド・パーマー」ブレンド（訳注　プロゴルファーのアーノルド・パーマーがゴルフ場でこの飲み物をよくオーダーしていたことからこう呼ばれる）を想像し、それから望みの配合にもっていく。三つめの「ラグランジュ緩和」は、不可能な事柄をただのペナルティーに変えて、ルールをブレンドする（またはルールを破ってその結果を受け入れる）方法を教えてくれる。たとえばロックバンドがライブで限られた時間に演奏する曲目を決める場合、直面するのはコンピューター科学者が「ナップサック問題」と呼ぶ問題、つまりサイズや重要度の異なるさまざまなアイテムが寄せ集められたなかから限られた容量に詰め込めるだけのものを選び出すパズルである。最も厳密な形式のナップサック問題は手に負えないことで知られているが、だからといって、型にはまらないロックスターがやる気を失う必要はない。いくつかの著名な例で証明されているとおり、町の定めた夜間外出禁止時間を少し破って演奏してそれに伴う罰金を払うほうが、決められた時間内にライブを収めるよりもよいことだってある。それどころか、規則違反を犯さなくても、それを想像するだけで見えてくるものもある。

イギリスの保守系コラムニストのクリストファー・ブッカーは、「無意識のうちに楽観的思考に動かされて一連の行動に乗り出すとき、しばらくはすべてがうまくいくように感じられるかもしれない」が、「その幻想が現実と折りあうことは決してありえない」ので、「夢」から「フラストレーション」、「悪夢」、「爆発」へと進む多段階の破局と呼ぶべきものに必ず行き着くと書いている。コンピューター科学は、これよりも格段に明るい展望を描いてみせる。そしてやはり緩和は最適化の方法として、完全に楽観的思考によって意識的に動かされている。このことが違いを生み出す一因かもしれない。

緩和にはさまざまなメリットがある。その一つとして、真の解がどんなものでありうるか、その限界を示してくれる。カレンダーに予定を詰め込もうとしている場合、仮に魔法の力で町の端から端へ瞬間移動できるとすれば、一時間の会議が一日に最大で八つ入れられることが即座にわかるはずだ。そのような限界は、完全な問題に取り組む前に期待を設定するのに役立つかもしれない。二つめのメリットとして、じつのところ緩和は現実と折りあえるようにできている。そしてこのことにより、別の方向から解に限界を与えてくれる。連続緩和によって、ワクチンを分数回だけ接種せよということになったら、〇・五回以上の接種が割り振られたすべての人に接種すればよい。こうすれば、完璧な世界と比べて必要なワクチン接種が最悪でも二倍以内に収まる解が容易に計算できる。これならわれわれにも受け入れられるのではないだろうか。

障害にぶつかるたびにいつも完璧な答えを求めて延々と時間を費やすのもやぶさかではないという人以外は、困難な問題に遭遇したら無駄骨を折る代わりにその問題のもっと簡単なバージョンを考えて、まずはそれから手をつけるべきである。適切に用いれば、このやり方はただの楽観的思考や幻想や無為な夢想ではない。前進するための最良の方法の一つなのだ。

9　ランダム性
偶然に任せるべきとき

正直に言って、長年この分野で研究してきた私にとって、これほど多くのアルゴリズム問題でランダム性が有効であることはまさに謎です。効率的で有効なのは確かですが、そのような働きをする理由や仕組みは、まったくもって謎なのです。

――マイケル・ラビン

ランダム性というのは理性の対極のように感じられる。問題との格闘をあきらめたときに使う最後の手段のようだ。しかしじつは、まるで違う。コンピューター科学において、ランダム性は思いのほか重要な役割をもち、しかもその重要性は高まる一方だ。このことから、偶然を利用することは、最も困難なたぐいの問題に取り組む際に周到で効果的な手段となりうることがわかる。それどころか、ほかに有効な手がない場合の唯一の手段ということもある。

コンピューターは標準的な「決定論的」アルゴリズムを使い、いつも完全に同じパターンで手順を実行していくと一般に思われているが、乱択《らんたく》アルゴリズムではランダムに発生させた数字を使って問題を解決する。難しい問題に対しては、あらゆる既知の決定論的アルゴリズムよりも乱択アルゴリズムのほうが迅速にすぐれた近似解を出せる場合もあることが、最近のコンピューター科学の研究によって明らかになっている。乱択アルゴリズムを使えば必ず最適解が得られるというわけではないが、決定論的アルゴリズムが必死に答えを探しているのを尻目に、何回か戦略的にコインを投げるだけで、決定論的アルゴリズムよりもはるかに短い時間で驚くほど最適解に近い解に到達することができる。

ある種の問題では最良の決定論的アプローチよりも乱択アプローチのほうがうまくいく。この事実には重大な意味がある。完全に論理的に答えを導くのではなく偶然に頼ることが、問題に対する最良の解法となることもあるのだ。

とはいえ、ランダム性が役に立つ場合もあるということを理解するだけでは不十分だ。どんなときに、どんな方法で、どの程度まで、偶然に頼るべきかについても知る必要がある。コンピューター科学の最近の歴史がいくらか答えを教えてくれる。ただし、物語の幕開けは二世紀ほど昔にさかのぼる。

サンプリング

一七七七年、ビュフォン伯ジョルジュ＝ルイ・ルクレールが興味深い確率論的解析の結果を発表した。罫線の引かれた紙に針を落とした場合、針が罫線と交わる確率はどのくらいかと彼は問題を提起した。そして、針の長さが罫線の間隔より短い場合には、答えは針の長さを罫線の間隔で割って2／πを掛けたものになるということを明らかにした。ビュフォン伯としては、この式を導き出しただけで十分だった。しかし一八一二年にピエール＝シモン・ラプラス（第6章の主要人物の一人）が、ビュフォン伯の成果には別の意味もあると言い出した。針を紙の上に落とすだけでπの値が推定できるというのだ。

ラプラスの主張は、深遠な普遍的真理をついていた。複雑な量について知りたいことがある場合、一部を「サンプリング」（抽出）すればその値が推定できるということだ。これはまさに、ベイズの法則に関する彼の研究が助けてくれるタイプの計算である。実際、何人かがラプラスの説に従って、提案されたとおりの実験を行ない、この実際的な方法でπの値が推定できる――もっとも、あまり効率的ではないが――ことを確かめた。*

罫線の入った紙に数千本の針をばらまくのは（人によっては）おもしろい暇つぶしだが、サンプリングを実用的な方法にするには計算機の発達が必要だった。昔は数学者や物理学者がランダム性を用いて問題を解こうとするなら、自分の手でせっせと計算するしかなかった。だから正確な結果を出すのに十分な標本を用意するのは難しかった。しかしコンピューターが――特に第二次世界大戦中にロスアラモス研究所で開発されたコンピューターが――状況を一変させた。

スタニスワフ・〝スタン〟・ウラムは、原子爆弾の開発に貢献した数学者である。ポーランド出身の彼は、一九三九年にアメリカへ渡り、一九四三年にマンハッタン計画に加わった。その後しばらく大学に戻ったが、一九四六年にはロスアラモスに復帰して熱核兵器の設計に携わった。しかし彼は病を患っていた。脳炎で脳の緊急手術を受けており、療養中には数学の能力が取り戻せるかと不安にさいなまれた。

回復期には、トランプでよく遊んだ。ソリティア（クロンダイクともいう）をすることが多かった。ソリティアをする人なら知っているとおり、シャッフルの仕方によっては絶対に勝てないゲームになることがある。そこでウラムはプレイしながら当然の疑問を抱いた。シャッフルによって勝利の可能なゲームとなる確率はどのくらいなのか。

ソリティアのようなゲームでは、確率空間を推論で進もうとすると、ほぼたちどころに立ち往生する。一枚めのカードをめくるときには、ゲームの展開には五二通りの可能性がある。二枚めになると、それぞれの一枚めに対して五一通りの可能性がある。つまり、プレイを始めてさえいないのに、すでに数千通りの可能性が目の前で待ち構えているのだ。F・スコット・フィッツジェラルドは「知性が一流かどうかは、頭の中で二つの対立する考えを同時に保持しながらなお頭の機能を保てるかどうかで確かめられる」と書いている。そのとおりかもしれない。だが、人間でもそれ以外の存在でも、第一級の知性をもってしても、頭の中に八〇〇〇不可思議（八×一〇の六七乗）通りのカードの順番を保持しながら、なお頭の機能をいくらかでも保つのは無理だろう。

ウラムはこのような詳細な組み合わせ計算を試みて断念したあと、別の方法に踏み出した。これは見事なほどに単純な方法だった。ただゲームをするだけなのだ。

成功する場合の確率を計算する考えをつかむにあたって、すべての可能な組み合わせを計算するより、むしろ、その推移を実験して、どんな割合で成功するかということにだけ注目する方が、はるかに実際的であることに気づいたのである。すべての場合にわたって計算するときは、その回数は指数関数的に増大し、ごく初等的な場合を除いてそれを見積る術がない。これは、知的には驚くべきことである。よくよくまじめに考えてみれば、これは、合理的、伝統的思考の限界を暗ににおわせている。複雑極まりない問題

＊おもしろいことに、偶然の一致をはるかに上回る高精度でπを推定した実験もあったらしい。このことから、それらの実験は都合のいい時点で故意に切り上げられたか、あるいは実験そのものが捏造だった可能性がうかがわれる。たとえば一九〇一年には、イタリアの数学者マリオ・ラッツァリーニが三四〇八回の試行の結果、$\pi \fallingdotseq 355/113 = 3.1415929$ と推定したとされている（本当のπの値を小数点以下第七位まで記すと3.1415927）。しかし針が罫線と交差した回数が一回違うだけでも、推定値の精度はかなり下がってしまう（3.1398か3.1433）。このことから、ラッツァリーニの報告は信憑性が低いと思われる。この結果が妥当な実験から得られた可能性の低いことはベイズの法則を使って確認できるのだが、このことを知ったら、ラプラスは意を強くしたことだろう。

では、実際的な標本抽出の方が、すべての可能な連鎖を調べるよりもすぐれているのである（『数学のスーパースターたち――ウラムの自伝的回想』ウラム著、志村利雄訳、東京図書より引用）。

「すべての可能な連鎖を調べるよりもすぐれている」という言葉が、必ずしも徹底的な分析よりもサンプリングのほうが正確な答えを出せるという意味ではない点に注意したい。サンプルを真にランダムなものにしてランダムなサンプルの数を増やせば、エラーを軽減することはできる。それでも、サンプリングの過程でなんらかのエラーが起きるのは避けられないだろう。彼が言いたいのは、サンプリングはほかの方法では答えが出ないときになんらかの答えを出してくれるという点で、徹底的な分析よりもすぐれているということだ。

分析ではうまくいかないときにサンプリングならうまくいくことがあるというウラムの発見は、ロスアラモスでぶつかる難しい核物理学の問題を解決する際にもきわめて重要な意味をもった。核反応とはある種の分岐過程であり、ソリティアのときと同じように可能性がどんどん増えていく。一つの粒子が二つに分裂し、それぞれが別の粒子に衝突して分裂を引き起こすといった具合に枝分かれしていく。無数の粒子が相互作用をしていくなかで、この過程から特定の結果が生じる確率を正確に計算するのは難しく、不可能の域に達する。しかし、それぞれの相互作用がトランプを一枚めくるのと同じことだと考えてシミュレートすれば、別の方法で確率を推定することが可能になる。

ウラムはジョン・フォン・ノイマンとともにこの考え方をさらに発展させ、同じくマンハッタン計画に参加していた物理学者のニコラス・メトロポリスとともに、ロスアラモスのコンピューターを使ってこの方法の実行に取り組んだ。メトロポリスは、徹底的な確率計算の代わりに単純なシミュレーションを用いるというこの方法を**モンテカルロ法**と名づけた。同じように偶然の気まぐれに頼る場であるモナコのカジノ・デ・モンテカルロにちなんだ命名である。ロスアラモスのチームはこの方法を使って、核物理学の主要な問題をいくつか解くことができた。現在では、モンテカルロ法は科学計算を支える礎石《そせき》の一つとなっている。

素粒子の相互作用やソリティアで勝つ確率を計算するような問題の多くは、それ自体がもともと確率論的なので、モンテカルロ法のような乱択アプローチで解くのはかなり理にかなっている。しかしランダム性の威力についての最も驚くべき発見は、一見すると偶然などまったく関与しないと思われる状況でもランダム性が利用できるということかもしれない。厳然とイエスかノー、あるいは真か偽のいずれかしか答えがなく、確率など関与しない問題の答えを知りたい場合でも、サイコロを何回か振ることが解につながる場合もあるのだ。

乱択アルゴリズム

コンピューター科学においてランダム性が驚くほど広範に利用できることを最初に示した

のは、マイケル・ラビンだった。一九三一年にドイツのブレスラウ（第二次世界大戦の終結とともにポーランドのヴロツワフとなった）で生まれたラビンは、古くから続くラビの家系の子どもだった。父は息子をラビにすると決めていたが、一九三五年に一家でドイツを脱してパレスティナに移ると、その地で数学の美しさに魅せられたラビンは父の敷いた道から離れた。そしてヘブライ大学に入学してまもないうちにアラン・チューリングの研究を知り、アメリカに移住してプリンストン大学の博士課程に入学した。ラビンはその後、コンピューター科学界でノーベル賞に匹敵するチューリング賞を受賞することになる。理論計算機科学を敷衍《ふえん》して、計算機が一つの選択肢しか与えられないのではなく複数の道をたどれる「非決定論的」な事例も扱えるようにしたというのが受賞理由である。ラビンは一九七五年の研究休暇中、探求すべき新たな研究の方向性を求めてMITを訪れた。

探していたものは、あらゆる問題のうちでとりわけ古くからある問題の中に見つかった。素数の見つけ方である。

素数を見つけるアルゴリズムは、少なくとも古代ギリシャ時代までさかのぼる。当時の数学者は「エラトステネスのふるい」と呼ばれる単純な方法を用いていた。この方法では、nより小さい素数をすべて見つけるために、まず1からnまでのすべての数字を順番に書く。そして2以外の2の倍数をすべて抹消する（4、6、8、10、12……）。それから、抹消されずに残っているなかで次に小さい数字（今の例では3）について、当該の数字は除き、その倍数をすべて抹消する（6、9、12、15……）。この手順を繰り返すと、最後に素数が残る。

数千年のあいだ、数学のなかで素数の研究は、G・H・ハーディーの言葉を借りれば「明らかに最も無益な領域の一つ」と思われていた。しかし二〇世紀になると、素数研究はにわかに実用性の世界へ躍り出て、暗号技術やオンラインセキュリティーの分野で根幹をなす存在となった。素数どうしを掛けあわせるのに比べれば、じつは数字を素因数に分解するほうがはるかに難しい。たとえば一〇〇〇桁くらいの十分に大きな素数の場合、掛け算は一秒の何分の一かでできるが、因数分解には誇張でなく数百万年かかることもありうる。つまりこれは「一方向性関数」と呼ばれるものである。たとえば現代の暗号化では、送り手と受け手しか知らない秘密の素数を掛けあわせて、安心して堂々と送信できる巨大な合成数を生成する。盗み見た誰かが積を因数分解しようとしても、無意味なほど果てしなく長い時間がかかるのだ。このように、オンライン上で行なわれるほとんどの安全な通信は、それが商取引であれ、バンキングであれ、メールであれ、素数探しから始まる。

このように素数が暗号化に利用されるようになったおかげで、素数の発見と確認のアルゴリズムがにわかにとてつもなく重要となった。エラトステネスのふるいは有効ではあるが効率が悪い。特定の数が素数かどうか、つまり「素数性」を調べたい場合、ふるい戦略を使うなら、その数を平方根まですべての素数で割っていく必要がある。* 六桁の数が素数かどうかを調べるには、一〇〇〇より小さい一六八個の素数すべてでその数を割ってみる必要があるが、これはそんなに大変ではない。しかし一二桁になると、一〇〇万より小さい七万八四九九八個の素数で割り算しなくてはならず、その計算はたちまち手に負えなくなる。現代の暗号技術で使われる素数は数百桁もあるから、解読するのはあきらめたほうがいい。

ラビンはMITで、カリフォルニア大学バークリー校のコンピューター科学科を卒業してまもないゲイリー・ミラーと出会った。ミラーは博士論文において、興味深く有望で、はるかに高速な素数判定アルゴリズムを作成していたが、小さな問題が一つあった。常に正しく機能するわけではなかったのだ。

ミラーは一組の等式（nとxという二つの数で表現される）を見つけていた。nが素数ならばxにどんな値を入れても常に成り立つというものだ。等式が成り立たないxの値が一つでもあれば、nが素数である可能性はなくなる。この場合、xは素数性を否定する「証拠」と呼ばれる。しかし問題は、偽陽性が生じることだ。nが素数でないのに、等式が成り立ってしまうことがあるのだ。この問題のせいで、ミラーの方法は中途半端なままになりそうだった。

コンピューター科学の世界というのはふつうは決定論的なものだが、今はここから一歩外へ出ることが大事かもしれない、とラビンは気づいた。数nがじつは非素数の場合、xのとりうる値のうち偽陽性の判定を下してnを素数と判断するものはどのくらいあるのか。ラビンが示したところによると、その答えは四分の一にすぎない。したがって、ミラーの等式が正しいなら、ランダムな値xに対して、nが実際には素数でない可能性はわずか四分の一となる。そして、新たにランダムな値xを選んでミラーの等式で調べるたびに、nが素数のように見えるだけで実際には素数でない確率はさらに四分の一倍に下がっていく。このことはとても重要だ。この手順を一〇回繰り返せば、偽陽性の確率は四の一〇乗分の一となる。つまり一〇〇万分の一より低い確率だ。それでも確信できないときは？　さらに五回確かめれば、一〇億分の一まで確率は下がる。

同じくMITのコンピューター科学者であるボーン・プラットが、ある冬の夜にラビンのアルゴリズムを実行して結果を入手し始めた。そのころラビンは、自宅に友人を招いてユダヤ教のハヌカーを祝うパーティーを開いていた。ラビンは真夜中ごろに電話がかかってきたときのことをこんなふうに語っている。

マイケル、こちらはボーンだ。あの実験の出力が出はじめたので、鉛筆と紙を持ってきて書き留めてくれ。彼が言うには、$2^{400}-593$ が素数だ。300より小さい全素数 p の積を k で示す。$k\times338+821$ と $k\times338+823$ は双子素数……だ。**これは当時の双子素数の最大記録だった。これを聞いて私は髪の毛が逆立った。信じられないほど素晴らしい結

＊平方根より先は調べなくてよい。なぜなら、ある数がその平方根より大きい因数をもつなら、当然のこととして平方根より小さい対応する因数をもつ必要があるが、それはすでに見つかっているはずだからだ。たとえば一〇〇の因数を求める場合、一〇より大きい因数には必ず一〇より小さい因数がペアとして存在する。二〇は五とペアになり、二五は四とペアになり……といった具合である。

果だった。本当にすごいことだった（『コンピュータの時代を開いた天才たち』デニス・シャシャ＆キャシー・ラゼール著、竹内郁雄監訳、鈴木良尚訳、日経BP社より引用）。

この方法が今ではミラー＝ラビン素数判定法と呼ばれ、これを使うと任意の精度で巨大な数でも素数であるかどうかすばやく判定できる。

ここで、「である」とはどういう意味かという哲学的な問題が気になってくるかもしれない。われわれは数学が確実性を備えた領域であることにすっかり慣れきっているので、数が「おそらく素数」だとか「ほぼ確実に素数」だとか言われると抵抗を覚える。どのくらい確実なら十分に確実と言えるのか。実際には、インターネット接続や電子商取引を暗号化する現代の暗号化システムは、偽陽性率が一〇〇万分の一〇億分の一〇億分の一未満となるように調整されている。これは小数で表せば頭にゼロが二四個並ぶ数であり、地球上に存在する砂粒の総数と同じ回数だけ判定を行なった場合に誤って素数と判定される回数が一回未満ということである。ミラー＝ラビンの判定法をわずか四〇回適用すれば、この水準に到達できる。完全な確信に至ることは決してないというのは本当だが、ものすごくすばやく、ものすごく近くまでたどり着くことはできる。

ミラー＝ラビン素数判定法という名前は聞いたことがないかもしれないが、ノートパソコンやタブレット端末、携帯電話ではこれが大活躍している。発見されてから数十年が経ったが、今でも幅広い領域で素数を見つけて確認するのに使われる標準的な方法である。オンラインでクレジットカードを使えば必ず、見えないところでこの判定法が実行されているし、無線や有線で安全に通信するためにもたいていこれが実行されている。

ミラーとラビンの研究から数十年間、決定論的なやり方で絶対確実に素数判定のできる効率的なアルゴリズムが存在するかどうかはわからなかった。二〇〇二年にはインド工科大学のマニンドラ・アグラワル、ニラジュ・カヤル、ナイティン・サクセナがそのようなアルゴリズムを発見したが、ミラー＝ラビン素数判定法のような乱択アルゴリズムのほうがはるかに高速なので、今でもこちらが実用されている。

効率的な解に至る手段が依然としてランダム性以外に見つかっていないという問題も存在する。数学における興味深い例の一つとして「多項式等価性判定」と呼ばれるものがある。$2x^3+13x^2+22x+8$と$(2x+1)\times(x+2)\times(x+4)$のような二つの多項式がある場合、この二つがじつは同じ関数かどうかを確かめる（すべての掛け算をしてから答えを比較することによって）には、信じがたいほど時間がかかる可能性がある。変数の個数が増えればなおさらだ。

ここでもやはりランダム性が、前へ進む手段を与えてくれる。ランダムなxをいくつか生成し、それを入力するだけだ。二つの式が等価でない場合、ランダムに生成したいくつかの入力に対して同じ答えが出たならそれはすごい偶然だろう。別のランダムな入力に対しても

＊＊双子素数とは、五と七のようにどちらも素数である連続した二つの奇数をいう。

また同じ答えが出たなら、もっと途方もない偶然だ。さらにランダムな入力を行なって、合計三回続けて同じ答えが出たなら、さらにとてつもない偶然だ。多項式の等価性を効率的に判定する既知の決定論的アルゴリズムは存在しないので、複数回の確認ですぐに「ほぼ確実」とわかるこの乱択アルゴリズムは、われわれが使える唯一の実用的な方法となっている。

サンプリング礼讃《らいさん》

多項式等価性判定から、内なる仕組みの解明を目指すよりも、ランダムな値をチェックする（調べたい二つの式からサンプリングする）ことに労力を費やすほうがよい場合もあるということがわかる。このことはある程度までそれなりに納得のいく事柄のように感じられる。何だかわからない装置を二つ渡されて、それらが種類の異なる装置なのか、それとも同じ装置を二個つくったものなのかと訊かれたら、ほとんどの人は装置をこじ開けて内部の配線を調べたりせず、まずはボタンを適当に押してみるのではないだろうか。テレビで麻薬王がいくつかの包みを適当にナイフで切り開いただけですべての品質が確かめられたと思っている場面を見ても、われわれは別に驚いたりしない。

しかし、われわれがランダム性に頼らない――が、頼るべきかもしれない――ケースもある。

二〇世紀で最も重要な政治哲学者はハーヴァード大学のジョン・ロールズだったと言ってよいだろう。彼は自分の専門分野で一見対立している二つの主要な概念を調和させるという壮大な仕事を自らに課した。「自由」と「平等」をどう両立させるかという問題だ。より自由な社会とより平等な社会とでは、どちらのほうがより「正義」にかなっているだろう。そもそも自由と平等は必ずしも互いに排他的なものだろうか。ロールズはこれらの問いに向きあう方法を提示し、それを「無知のヴェール」と呼んだ。自分がこの世に生まれ出ようとしているところだが、どんな立場で生まれるのかはわからないと想像せよ、と彼は言う。性別がわからず、裕福か貧しいかもわからず、生まれる場所が都会か田舎かもわからず、病気か健康かもわからない。自分の立場を知る前に、自分がどんな社会で暮らすか決めなくてはならないとする。この場合、どんな社会を選ぶだろうか。無知のヴェールの奥から社会のさまざまな仕組みを検分することによって、われわれは理想的な社会とはどんなものかについて一致した見方にもっと容易に至れるはずだ、とロールズは主張する。

しかしロールズの思考実験では、そんなヴェールの奥から社会を理解するのに伴う計算コストが考慮されていない。この架空のシナリオで、必要な情報をどうしたらすべて頭の中に保持できるというのか。正義や公平をめぐる壮大な問いはしばらくわきに置いて、ロールズのやり方を医療保険の規則改定案にあてはめてみよう。たとえば、アメリカ中西部でのちに町役場の書記官になる人物として生まれる確率を考える。これに中西部のさまざまな自治体の公務員が利用できるさまざまな医療プランの分布を掛ける。さらにたとえば脛骨《けいこつ》を骨折する確率を示す実際のデータを掛ける。今度は存在しうる保険プランの分布を考慮して、中西部の病院で脛骨骨折の標準的な処置を受けた場合の標準的な治療費を掛ける。そして……。このくらいにしておこう。保険改定案は国にとって「よい」のか、それとも「悪い」のか。こんなやり方では、一人の脛《すね》のけがについてさえ評価できそうにない。ましてや数億人の命についてなどとうてい無理だ。

ロールズの哲学を批判する者たちは、無知のヴェールの奥で手に入れる情報をどのように利用すべきかについて延々と議論をしている。幸福の平均値、幸福の中央値、幸福の総量、あるいはそれ以外の何かを最大化すべきなのか。これらのアプローチはいずれも破滅的なディストピアに至る可能性をもつことがよく知られている。たとえば作家のアーシュラ・K・ル・グィンが描いた架空の理想郷オメラスには繁栄と調和があふれているが、一人の子どもだけが悲惨な窮状での暮らしを強要される。批判者たちの主張はもっともだが、ロールズはヴェールの奥で入手した情報をどう扱うべきかという問いには答えず、意図的に批判をかわしている。しかし、そもそも情報をどうやって集めるかという問題のほうがおそらく重大だろう。

その答えはコンピューター科学が出してくれるかもしれない。MITのスコット・アーロンソンは、コンピューター科学者が今までのところ哲学にあまり影響を与えていないのが不思議だと述べている。その理由の一つは、彼らが「哲学の概念の蓄積にコンピューター科学者が加えることのできるものをきちんと伝えていない」ことにあるのではないかとアーロンソンは見ている。

何かが計算可能だとわかると、その計算に一〇秒かかるか二〇秒かかるかは哲学者ではなく明らかに技術者の問題になると思われるかもしれない。しかし、一〇秒か一〇の一〇乗の一〇乗秒かという話になれば、結論はこれほど明白ではなくなるだろう。実際、複雑性理論においては、考慮する量的ギャップが通常きわめて大きいので、そのギャップが同時に質的ギャップでもあると考えなくてはならない。たとえば、四〇〇ページの本一冊を読む場合と、この世に存在しうる四〇〇ページの本をすべて読む場合の違いや、一〇〇〇桁の数を一つ書くのと、その数まで数えていくことの違いを考えてみればよい。

コンピューター科学は、脛のけがのような事柄に対して社会がどう対応するか、その対応すべてを評価する際の複雑さを明確に表現する手段を与えてくれる。そしてありがたいことに、その複雑さに対処するためのツールも与えてくれる。サンプリングを利用するモンテカルロ・アルゴリズムは、ツールボックスのなかでもとりわけ有用な道具の一つである。

たとえば国の医療改革という複雑すぎて容易に理解できない巨大な装置の意義を理解させようとする場合、政治家は一般に二つのものを国民に与える。選りすぐった個人のエピソードと、集計して要約した統計データである。もちろん個人のエピソードは強烈で鮮明な印象を与えるが、全体を代表するわけではない。どれほど的《まと》を射たものであれ的外れなものであれ、およそ法律と名のつくものは一部の人を優遇し、一部の人を冷遇する。だから、入念に選び出された物語は全体像をつかむうえでなんの指針にもならない。反対に、集計した統計データは包括的だが薄っぺらだ。国全体で平均保険料が下がったことがわかるとしても、そのことがもっと個別的なレベルでどんな影響をもたらすのかはわからない。ほとんどの国民が恩恵にあずかる一方で、オメラスと同じように大学生やアラスカ州民や妊婦といった特定の集団だけがひどい窮状に置かれるかもしれない。統計は物語の一部を語ることしかできず、その根底にある個別性を隠してしまう。自分に必要なのはどの統計かすらわからない場合も少なくない。

包括的な統計も、政治家のお気に入りの物語も、数千ページにおよぶ法案を理解するうえで真の指針とはできない。そこでモンテカルロ法を熟知したコンピューター科学者なら、別の方法を提案するだろう。サンプリングである。複雑すぎてそのままでは手に負えないものを理解する方法として、ランダムサンプル(無作為標本)の詳細な検討はきわめて有効な手段となる。質的に手に負えない問題を扱う場合、つまりソリティアや核分裂、素数判定や公共政策といった、そのままでは消化できないような厄介で複雑な問題を扱う場合には、サンプリングは困難をくぐり抜けるための、きわめて単純だが格別にすぐれた方法となる。

このアプローチが機能している実例を、ケニアとウガンダで極度の貧困生活を送る人に無条件で援助金を届ける〈ギブダイレクトリー〉という慈善団体で見ることができる。この団体は、さまざまなレベルで、その変わったミッションのみならず自らのプロセスに求める透明性や説明責任といったレベルにおいても、従来の慈善活動のあり方を見直す活動を通じて注目を集めている。従来の手法のなかで、ギブダイレクトリーが異議を申し立てている最も新しいターゲットは成功談である。

「ギブダイレクトリーのウェブサイトやブログやフェイスブックページを頻繁にチェックしている人は、これらにあまり登場しないものがあるのに気づいているかもしれません。お金を受け取った人の記事や写真です」と、プログラムアシスタントのレベッカ・ラングは書いている。よその慈善団体が紹介するような印象的な話が嘘だというわけではない。ただ、成功を誇示するために意図的に選ばれたものだという事実そのものが、そこからいかほどの情報が得られるのかを疑わしくしてしまうのだ。そこでギブダイレクトリーは、このような従来のやり方にも工夫を加えることにした。

毎週水曜日になると、ギブダイレクトリーのチームは援助金を受け取った人を一人ランダムに選んで、現地担当者を面談に向かわせる。そしてどんな話が聞けたとしても、担当者のメモをそのまま公開する。たとえば初回には、もらった援助金で自宅にトタン屋根をつけたメアリーという女性が選ばれた。*

---

*ここで私たちが、サイトに掲載されている最初の話を意図的に引用している点に注目してほしい。つまり、すべての話を読んだうえで選んだわけではないということだ。そんなことをしたら、ここでの目的に反してしまう。

彼女は自宅を改良することができた。トタン屋根をつけることができた。ソファセットを購入して自宅に置くこともできた。以前は雨が降るたびに雨漏りで家じゅうのものがずぶ濡れになっていたが、そんな生活が変わった。受け取った金で家にトタン屋根をつけて改良することができたのだ。

「このような方法をとることで、私たちがお伝えするあらゆるタイプの情報を皆様に信頼していただけることを期待しています。さらにほかの団体に対しても、今までよりも厳しい目を向けていただければと思います」とラングは記している。

エラーのトレードオフ

咄嗟に思いついたことは、特に、文学において、えらい仕事を仕遂げた人を構成する性質、シェイクスピアが多量にもっていた性質——私が消極能力という性質のことです。この消極能力というのは、人が、事実や理性などをいらだたしく追求しないで、不確定、神秘、疑惑の状態にとどまっていられるときを言うのです（『キーツ書簡集』佐藤清訳、岩波文庫より引用〔旧字体は新字体に変更した〕）。

絶対に確かなことは存在しないけれども、人間の生活にとって十分なだけ確かなことは存在する（『自由論』斉藤悦則訳、光文社古典新訳文庫より引用）。

——ジョン・スチュアート・ミル

しばしばコンピューター科学では、トレードオフの取り決めが問題となる。たとえば第3章でソートを扱ったときには、あらかじめソートに費やす時間とあとで検索に費やす時間とのトレードオフに着目した。第4章のキャッシュのところでは、時間を節約するために余分なスペースを使う（キャッシュのためのキャッシュのためのキャッシュ）というトレードオフについて探った。

コンピューター科学で最もおなじみのトレードオフの根本《こんぽん》には時間と空間があるが、乱択アルゴリズムに関する最近の研究では、それ以外に「確実性」という変数も考慮すべきであることが示されている。ハーヴァード大学のマイケル・ミッツェンマチャーによれば、「われわれが目指すのは、時間と空間を節約することと引き換えに、エラー確率という第三の次元のトレードオフを可能にしてくれるものは何かを探し出すこと」である。不確実性に手を伸ばすためのこのトレードオフについて、よく挙げる例は何かと尋ねられると、彼は即座にその答える。「私のスライドにしょっちゅう登場する言葉があります。その言葉が現れたらそのたびに一杯飲む罰ゲームが必要だと同僚に言われましたよ。ブルームフィルターのことは聞いたことがありますか？」」。

ミッツェンマチャーの話はこうだ――ブルームフィルターの根底にある考えを理解するために、グーグルのような検索エンジンがウェブ全体を巡回してすべての可能なURLを登録するところを考えよう。ウェブは一兆個をゆうに超えるURLで構成され、URLの文字数は平均で約七七字である。検索エンジンがURLを見て、そのページが登録済みかどうか、どうしたら確かめられるだろう。仮に今までに訪れたすべてのURLを載せたリストを保管すれば膨大なスペースが必要だし、このリストを何度も検索するとなると（それが完璧にソートされていたとしても）悪夢のような作業になりかねない。実際、病気より治療のほうが大変ということも大いにありうる。つまり同じページを二度登録していないか毎回確かめるのは、たまに同じページを二度登録してしまうよりも時間がかかるかもしれないのだ。

しかし、URLが自分にとって初めて出会ったものかどうかをほぼ確信したいだけならどうだろう。ここでブルームフィルターの出番だ。発明者のバートン・H・ブルームにちなんで名づけられたブルームフィルターは、ラビン＝ミラー素数判定法とよく似た働きをする。基本的に、それが新しいページであることを請けあう「証拠」を探す一組の等式にURLを入力するのだ（「*n*は素数ではない」と判定する代わりに、これらの等式は「私は今までに*n*を見たことがない」ことを明らかにする）。一～二パーセントのエラー率が許容できるなら、ブルームフィルターのようなメモリー使用量の少ない確率論的データ構造で結果を保存することによって、時間と空間が大幅に節約できる。そのようなフィルターが役立つ場は、検索エンジンにとどまらない。ブルームフィルターは、既知の悪意あるウェブサイトのリストにURLを照合する目的で、最近のさまざまなウェブブラウザーにも搭載されている。また、ビットコインのような暗号通貨においても重要な役割を担っている。

ミッツェンマチャーは「エラーのトレードオフ空間という考え方がありますが、問題は人がこれをコンピューティングと結びつけないことではないでしょうか。一般にコンピューターというのは答えを与えてくれるものだと思われています。ですからアルゴリズムの授業で『答えが一つ出るはずですが、正解ではないかもしれません』と言われると――そう言われた学生は目からうろこが落ちた気分になる、と私は思いたい。自分がふだんの生活の中でどれほどそういうことをやっていて、それを受け入れているか、皆さん気づいていないようですね」。

山、谷、わな

川は曲がりくねりながら流れる　考えることができないから。

――リチャード・ケニー（訳注　アメリカの詩人）

ランダム性は、NCAAバスケットボールの日程作成や巡回セールスマンの最短ルートの特定などの離散最適化問題を解く際に、強力な武器となることがわかっている。前章ではこの種の問題を都合のよい規模に縮小させるのに緩和が大きな役割を果たせるということを確かめたが、ランダム性の戦術的な利用はほぼ確実に、それよりさらに重要な手法となっている。

一〇都市を訪れる世界旅行を計画しているとしよう。巡回セールスマン問題を地で行くわけだ。スタートとゴールはサンフランシスコとし、シアトル、ロサンゼルス、ニューヨーク、ブエノスアイレス、ロンドン、アムステルダム、コペンハーゲン、イスタンブール、デリー、京都を訪れる。行程の総距離はあまり気にならないとしても、旅費はなるべく抑えたいだろう。ここでまず注目すべき点は、一〇都市と聞いてもそんなに多いと感じないかもしれないが、可能なルートは一〇の階乗、つまり三五〇万通り以上あるということだ。そうだとすると、順列をすべて調べて一番安いルートを探すのは決して現実的なやり方ではない。もっと手際よく事を運ぶ必要がある。

手始めに、サンフランシスコから最も安いフライトを選び(シアトル行きということにしよう)、そこから残りの都市へ最も安く行かれるフライトを探す(ロサンゼルス行きとする)。さらにそこから一番安いフライトを探し(今度はニューヨーク行きだ)、という具合に一〇番めの都市にたどり着くまで同じ手順を繰り返し、そこからサンフランシスコに戻ってくる。これは「貪欲アルゴリズム」と呼ばれるものの一例だ。「近視眼的アルゴリズム」と考えることもできる。各段階で、利用できるなかで最良のものを近視眼的に選ぶやり方だ。第5章で見たとおり、スケジューリング理論では貪欲アルゴリズム（たとえば常に所要時間が最短の仕事を選び、その先には目を向けず、計画も立てないというやり方）だけで問題が解ける場合もある。しかし今やっているような巡回セールスマン問題については、貪欲アルゴリズムで得られる解はおそらくひどくはないだろうが、最良には程遠いものである可能性が高い。

もととなる旅程が作成できたら、都市の順番を少し変えてどこかよくなるところがないか確かめることによって、いくつかの別案をテストすることができる。最初にシアトルへ行き、それからロサンゼルスに行くつもりだったなら、この二都市の順番を入れ替えて、ロサンゼルスを訪れてからシアトルに行くという順番にしてもよい。最初にどんな旅程にしたとしても、一一カ所でこのような二都市の入れ替えができる。それらをすべて試したうえで、旅費が最も節約できるものを選ぶ。こうして新たな旅程が手に入り、この旅程でまた新たに入れ替えをすることができる。この場合もやはり、局所的な改善を目指す。このアルゴリズムは**山登り法**と呼ばれる。こう呼ばれるのは、すぐれた解や劣った解の混在する空間を山と谷からなる地形のようなものととらえて、探索者はこれらの解を探索しながら最も高い山頂を目指すと考えられるからである。

やがて、すべての順列のなかで最もよい解が見つかるだろう。隣りあうどの訪問地を入れ替えても、これ以上のルートはもはや見つからないという段階に達する。ここまで来たら、山登りは完了だ。しかし、ありうる旅程のなかで最良のものが見つかったと断言してよいだ

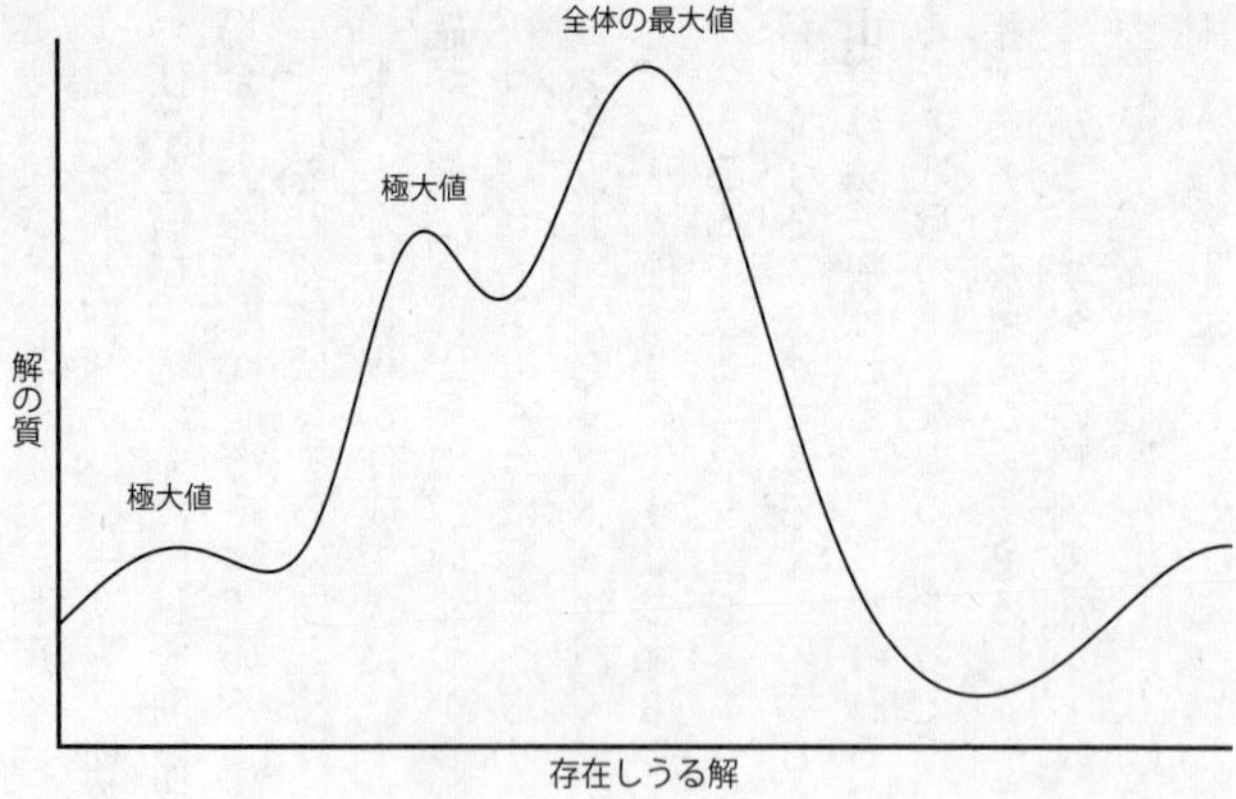

図 11　「エラーのランドスケープ」。存在しうる解のあいだで解の質にどれほど差が生じうるかを示す。

ろうか。残念ながら、答えはノーである。

「極大値」と呼ばれるものを見つけただけで、すべての可能性のなかで最大の値を見つけたわけではないかもしれない。山登りの際に目にする地形《ランドスケープ》は、霧でかすんでいる。まわりの地面がすべて自分から見て下り斜面になっているので、自分が山頂に立っていることはわかる。しかし次の谷の向こうでは、もっと高い山が雲に隠れてそびえているかもしれない。

ロブスターがわな（訳注　かごでできたわなの外枠から内部の奥に向かってすぼまるじょうご型の進入路が設置されている）にかかったところを想像しよう。あわれなロブスターは、かごから脱出するには一度かごの奥に進まなければならないということに気づいていない。このわなは針金でできた極大値にほかならない。命を奪う極大値だ。

旅行を計画する場合、幸いにも極大値はこれほど危険ではない。しかし同じ性質をもっているのは間違いない。少し手直ししてもそれ以上よくならない解が見つかったとしても、全体の最大値をまだ見過ごしている可能性がある。真に最良の旅程を手に入れるには、たとえば大陸の順番を変えるとか、東回りをやめて西回りにするなどの、抜本的な見直しが必要かもしれない。もっとよい解を探し続けるなら、一時的に解の質を下げる必要もあるかもしれない。そしてランダム性がそのための戦略を――正確に言うといくつかの戦略を――与えてくれる。

極大値を脱する

一つの方法は、「ジッター」(揺さぶり)というものを使って山登り法の補強を図るというやり方だ。行き詰まったと感じたら、少し揺さぶりをかけてみる。いくつかのちょっとしたランダムな変化を起こして(悪い方向への変化であっても)、それから山登りに戻る。そして先ほどより高い山頂にたどり着いていないか確かめる。

別のアプローチとして、極大値に達してしまったら、すでに出ている解を完全に放棄して、このランダムな新しい出発点から改めて山登りをスタートするという手もある。このアルゴリズムには「ランダム再出発山登り法」という、言いえて妙な名前がついている。もっと派手に「ショットガン山登り法」と呼ぶこともある。この戦略は、一つの問題に多数の極大値が存在する場合にきわめて有効であることがわかっている。たとえばコンピューター科学者は、暗号を解読するときにこのアプローチを使う。というのは、初めはうまくいきそうなのに結局は行き詰まってしまう暗号解読のプロセスというのもある意味極大値で、そこに至る出発点というのも数多くあるからだ。暗号解読においては、まともな文にいくらか近いように見える文字の連なりができたとしても、必ずしも正しい方向へ向かっているとは限らない。したがって、よさそうに思われた最初の方向にこだわりすぎず、一からやり直すのがベストなときもある。

さらに別の方法もある。行き詰まったときにいきなりランダム性を全面展開するのではなく、決定を下すたびにランダム性を少しずつ使うというやり方だ。これはモンテカルロ法を発明したのと同じロスアラモスのチームが考案したもので、**メトロポリス・アルゴリズム**と呼ばれる。メトロポリス・アルゴリズムは山登り法と同様、解に対してさまざまな細かい変更を試みるが、重大な違いが一つある。どの段階においても、よい変更のみならず悪い変更も受け入れる方針で臨むのだ。

これを旅行計画問題に適用するとしよう。先ほどと同様、各都市の順番を動かすことによって解の案に変更を加えることを目指す。ランダムに生成した変更を移動ルートに加えてみて、それが改善につながったなら必ずそれを受け入れ、そこからさらに変更を続けていく。しかし、変更を加えると解の質が少し下がりそうという場合でも、ともかくそれを受け入れる余地は残しておく（ただし、変更の質が悪ければ悪いほど、受け入れる可能性は低くなる）。こうすれば、極大値にあまり長くとらわれることはなくなるだろう。やがて、費用がかさむにしても別の近い解を試し、新たなよりよい計画を作成する方向へ進めるかもしれない。

ジッターを投入するにせよ、ランダム再出発を用いるにせよ、あるいはときには質の低下も受け入れるにせよ、ランダム性は極大値を避けるのにものすごく役立つ。偶然とは、手ごわい最適化問題に対処するのに実行可能な方法であるばかりではない。多くの場合、必要不可欠なのだ。それでも疑問はいくつか残る。ランダム性をどのくらい利用すべきか。どんなときに利用すべきか。そして――メトロポリス・アルゴリズムのような戦略では旅程がかなり際限なく変更できることを考えると――旅行計画の作成が完了したかどうか、どうしたらわかるのか。最適化の問題に取り組む研究者にとって、これらの問いに対する驚くほど決定的な答えが、まったく別の領域からもたらされることとなった。

焼きなまし法

一九七〇年代の終盤から八〇年代の初めにかけて、スコット・カークパトリックは自分のことをコンピューター科学者ではなく物理学者だと思っていた。特に関心があったのは統計物理学だった。統計物理学では、特定の自然現象を説明する一つの方法としてランダム性を使う。たとえば、加熱や冷却によって物質の状態を変える「焼きなまし」の物理学などがこれにあたる。おそらく焼きなましの示す最も興味深い性質は、物質を冷却する速度によってその最終的な構造が大きく影響される傾向があるということだろう。カークパトリックはこんなふうに説明している。

溶融した材料から慎重な焼きなましによって一つの結晶を育てるには、まず材料を融《と》かす。それから徐々に温度を下げ、凝固点付近で長い時間をかける。これを行なわずに材料が平衡状態を脱することができるようにしてしまうと、欠陥の多い結晶が生成されるか、あるいは結晶秩序をもたないガラス状の物質が生じかねない。

当時、カークパトリックはＩＢＭに勤めていた。ＩＢＭの抱えていたきわめて重大で、とらえがたく、うやうやしく扱われていた問題の一つは、ＩＢＭの製造するチップに回路を配置する方法だった。この問題は厄介で手に負えなかった。検討すべき考えうる解決策はきわめて多様で、ややこしい制約もいくつかあった。たとえば一般に部品どうしは近くにまとめて配置するほうがよいが、近づけすぎるとワイヤを通すスペースがなくなってしまう。何かを移動させるときには必ず、新たな仮想の配置ですべてのワイヤをどう通すか計算し直さなくてはならない。

このプロセスの当時の責任者は、IBMの謎めいた名人タイプの人物だった。カークパトリックによれば、「チップに回路を詰め込むのがIBMで一番うまい男で……自分のやっていることを説明するとなると、これ以上ないくらい不可解な言い方をしていました。あまり人に教えたがらなかったのです」。

カークパトリックの友人で同じくIBMで働いていたダン・ジェラットがこの問題に興味をもち、すぐにカークパトリックを仲間に引き込んだ。そしてカークパトリックの頭に、あるひらめきが浮かんだ。「物理系を」調べるときには、まず加熱して、それから冷却し、あとは自己組織化するのに任せるというやり方をしていました。そういう下地があったので、制御しようとしている各々の自由度を、あたかもそれが小さな原子やスピンなどであるかのように考えて、あらゆるタイプの最適化問題を扱うのはこのうえなく自然だと感じられました」。

一般に「温度」と呼ばれているものは、物理学においてはじつは速度である。つまり、分子スケールでのランダム運動なのだ。このことは、山登りアルゴリズムにプラスすることで場合によってはよりよい解から劣った解への後退をもたらす、ランダムなジッターとぴったり重なる、とカークパトリックは考えた。実際、メトロポリス・アルゴリズム自体がもともとは物理系（この場合は核爆発）におけるランダムな挙動をモデル化するために設計されたのだった。では、最適化問題を焼きなましのように扱って、いったん「加熱」してから徐々に「冷却」したらどうなるのか。カークパトリックは考えをめぐらせ始めた。

先ほどの一〇都市旅行問題を例にとると、金額は考慮せずにすべての可能な解から最初の旅程を完全にランダムに選ぶことで「高温」からスタートできる。それから都市の順番の変更を検討するときにはサイコロを振って、探索をゆるやかに「冷却」していくことができる。金額が抑えられるパターンを選ぶのは常に理にかなっているが、たとえばサイコロで二以上の目が出たら、高くつくほうを選ぶことにする。しばらくしたら、今度はサイコロで三以上の目が出た場合のみ金額の高いほうへ変更することにして、冷却を進める。それからこの目を四以上、五以上としていく。やがてサイコロで六が出たときだけ高額のパターンを選ぶようにすると、たいていは山登りをしていくことになる。最後には山登りだけをすることにして、次の極大値に到達したところで探索を終了する。

この**焼きなまし法**と呼ばれるアプローチは、物理学を問題解決に取り入れる興味深い方法のように思われた。だが、実際に有効なのだろうか。初めのうち、保守的な最適化研究者のあいだでは、このアプローチがいささか比喩的に過ぎると受け止められた。「こんなふうに温度を使った突拍子もないやり方が、このアナロジーにもとづくやり方が、現実的なものだと、数学者たちを納得させることができませんでした。数学者というのは、直感をいっさい信じないように教え込まれていますから」とカークパトリックは語っている。

それでも、このアナロジーにもとづくアプローチへの疑念はすぐに消え去った。IBMでは、カークパトリックとジェラットの考案した焼きなまし法というアルゴリズムのおかげで、例の名人よりもすぐれたチップのレイアウトができるようになった。彼らは自分たちの考えた秘密兵器について沈黙を守って自分たちも謎めいた名人になるという道は選ばず、自分たちの考えた方法を論文に書いて《サイエンス》誌に発表し、ほかの人たちに公開した。それからのほんの数十年のあいだに、この論文はなんと三万二〇〇〇回も引用されることとなった。今日《こんにち》でも焼きなまし法は、最適化問題へのアプローチとしてこの分野で知られているもののなかでも、とりわけ有望視され続けている。

ランダム性、進化、創造性

一九四三年のある日、サルバドール・ルリアはノーベル賞につながる発見を自分がしようとしているとは知る由《よし》もなかった。本人としては、ダンスパーティーに行くつもりだった。ムッソリーニの支配するイタリアにセファルディ系ユダヤ人の家族を残してアメリカに渡ってきたばかりのルリアは、細菌がウイルスに対する免疫を形成する仕組みを研究していた。しかしこのときばかりは、研究のことをすっかり忘れていた。インディアナ大学の近くにあるカントリークラブで教員の親睦会に参加していたのだ。

ルリアは一人の同僚がスロットマシンに興じるのを眺めていた。

私は自分では賭けず、負けるに決まっている彼をからかっていた。突然ジャックポット

（大あたり）をあてて、十セント玉で約三ドル分を儲けると、彼は勝ちほこった目で私をチラとながめて立ちさった。ちょうどそのとき、私はスロットマシンの実際の働き方を考えはじめていた。そうしているうちに、スロットマシンとバクテリアの突然変異とは互いに通じあうところがある、ということがおぼろげにわかりかけてきた（『分子生物学への道』サルバドール・E・ルリア著、石館康平・石館三枝子訳、晶文社より引用）。

一九四〇年代、ウイルスに対する細菌の耐性（さらには抗生物質に対する耐性も）が生じる理由や仕組みはまだよくわかっていなかった。耐性というのは、細菌の体内でウイルスへの反応として生じるのか、それとも単に、やむことのない突然変異のなかでときおり偶然に生じるのか。いずれにしても、決定的な答えを出してくれそうな実験を考えるのは無理だと思われていた。そんなときにルリアはスロットマシンを見て、あることを思いついた。さまざまな系統の細菌を数世代にわたって培養し、それから最後の世代をウイルスに曝露《ばくろ》したら、根本的に異なる二つの現象のいずれかが起きるに違いない。耐性がウイルスへの反応であるなら、系統を問わずどの細菌培養からもほぼ同量の耐性菌が出現するはずだ。一方、耐性が偶然の突然変異から生じるのなら、ちょうどスロットマシンの賞金のように、耐性菌の出現量にははるかに大きなばらつきが見られるだろう。つまり、ほとんどの系統の細菌は耐性をまったく示さないが、一部の系統には突然変異によって耐性を獲得した「子孫」がわずかに見られるだろう。そしてまれに、しかるべき突然変異が「系統樹」上の数世代前で起きた場合には、大当たり《ジャックポット》が出るはずだ。その系統の「子孫」すべてが耐性菌になるということだ。ルリアは急いで会場を抜け出すと、実験に取りかかった。

そわそわしながら何日か待つと、ルリアは実験室に戻って細菌のコロニーを観察した。ジャックポットだ！

ルリアの発見は、偶然のもつ力を示すものだった。無計画でランダムな突然変異からウイルスへの耐性が生み出される仕組みが明らかになった。しかしこの発見自体もまた、少なくとも部分的には偶然の力のおかげだった。彼はしかるべきときにしかるべき場所にいた。スロットマシンを眺めていたことによって、新たなアイディアが生まれたのだ。発見の物語には、しばしばこれと似た瞬間が描かれる。ニュートンのリンゴ（この話の真偽のほどは疑わしいが）、アルキメデスが湯船で叫んだ「エウレカ！」、放置されてペニシリウム属のカビを増殖させたシャーレなどがその例だ。実際、この手の現象はかなりよくあることなので、それを表す言葉も生まれている。一七五四年、ホレス・ウォルポール（訳注　イギリスの政治家・作家）が『セレンディップの三人の王子』（邦訳は『セレンディピティ物語』エリザベス・ジャミスン・ホッジス著、よしだみどり訳、藤原書店など）という子ども向けの冒険物語にちなんで「セレンディピティ」という言葉をつくり出したのだ（セレンディップはスリランカの昔の名前）。物語に登場する王子たちは「偶然と自らの賢さによって、探求しているものを必ず見つけ出していた」。

このようなランダム性の二重の役割（生物学で重要な役割を果たし、発見においても重要な役割を果たしている）は、人間の創造性を説明したいと考える心理学者の目をたびたび引きつけてきた。そうした最初期の心理学者の一人がウィリアム・ジェイムズだ。一八八〇年、ハーヴァード大学の心理学助教授に任命されてまもなく、代表作の『心理学原理』を刊行する一〇年前にあたる時期に、彼は《アトランティック・マンスリー》誌に「偉大なる人間、偉大なる思考、および環境」という記事を寄稿した。その冒頭には彼の論点が掲げられている。

私の知る限りこれまで気づかれることのなかった驚くべき類似が、人類の社会的進化と知的発達に関する事実と、ダーウィン氏が述べたような動物的進化に関する事実とのあいだに成立している。

ジェイムズがこれを書いたころは、「動物的進化」という概念はまだ新しかった。『種の起源』（邦訳は渡辺政隆訳、光文社など）が一八五九年に刊行され、著者のダーウィンもまだ存命だった。ジェイムズは進化という考え方が人間社会のさまざまな部分にどうあてはまるかを論じ、記事の終盤では思考の進化に言及している。

進化する新たな概念、感情、活動傾向は、過度に不安定な人間の脳の機能的活動において自然に発生するランダムな像、空想、偶然の産物としてまずは生み出される。外部環境はこれらをただ是認または否認し、採択または拒絶し、保持または破壊する。つまり選択するのである——これと類似した微細な偶発事象によって、形態上および社会上の変異を選択するのと同じように。

このように、ジェイムズはランダム性を創造性の中核ととらえていた。そして最も創造的な人のなかでランダム性は大きく成長するのだ、と考えていた。そのような人のいる場では、「われわれは突如として思念の沸き立つ大釜に投げ込まれる。そこではすべてのものがあきれるほど活発に音を立てて動き回っている。瞬時に関係が結ばれ、解かれる。ここには日々の退屈な営みなどなく、意外性だけが唯一の法のように思われる」と彼は記している（激しい入れ替わりを熱にたとえるという、温度の比喩にもとづく「焼きなまし」的な発想がここにも見られる点に注目したい）。

現代においてジェイムズの説を具体化したものが、ジェイムズから一〇〇年後の時代を生きた心理学者、ドナルド・キャンベルの著作に見られる。一九六〇年、キャンベルは「他の知的過程において起きるのと同様の、創造的思考における盲目的変異と選択的保持」という論文を発表した。彼はジェイムズと同じく、論文の冒頭に中心的な論点を提示した。「盲目的変異と選択的保持の過程は、あらゆる帰納的達成にとって、あらゆる知識の真の増大にとって、そして環境に対するシステムの適応度のあらゆる向上にとって、基本となるものである」。そしてやはりジェイムズと同様に、キャンベルも進化に着想し、新たな思考がランダムに生み出され、そして明敏な人間の精神がそれらの思考のなかで最良のものを保持した結果として、創造的革新をとらえていた。キャンベルはほかの自然科学者や数学者が自らの発見の根底にあるプロセスについて述べた言葉をふんだんに引用して、自身の主張を擁護した。一九世紀の物理学者で哲学者のエルンスト・マッハとアンリ・ポアンカレは、キャンベルと同様の見解を示したようである。マッハは「ニュートン、モーツァルト、リヒャルト・ワーグナーなどは、思考、旋律、和声が降り注いでくるので、自分はただそれらのなかから適切なものを保持するだけだと言っているが、その言葉がこれで説明できる」とさえ断言している。

創造性を刺激しようとする場合、なんらかの連想がおのずと浮かぶ単語などのランダムな要素を提示するという方法がよくとられる。たとえば音楽家のブライアン・イーノとデザイナーのペーター・シュミットは、創作にまつわる問題の解決を目的とする〈オブリーク・ストラテジーズ〉というカードのセットを制作した。カードを一枚引くと、プロジェクトに対するランダムな展望が新たに得られる（カードを引くのが面倒なら、代わりにカードを引いてくれるアプリをダウンロードすることもできる）。このようなカードをつくった理由を説明するイーノの言葉には、明らかに極大値からの脱出という考え方と重なるところがある。

何かの渦中にいれば、忘れるはずのないことを忘れてしまいます。スタジオを出てから、「なんであれをやり忘れたんだろう」と思ったりします。このカードは、人を枠組みから放り出して、コンテクストを少し壊す手段なのです。これによって、スタジオで一つの楽曲だけに集中するバンドではなく、現実の世界で生きてほかのいろいろなことも意識する人間となれるのです。

ランダムに揺さぶられ、枠組みから投げ出され、広い視野に目を向けることは、局所的によいだけかもしれないものを放棄して、全体の中で最適かもしれないものの探求に戻る一つの方法となる。

ブライアン・イーノでなくても、自分の生活にランダムな刺激をいくらか加えることはできる。たとえばウィキペディアには、「おまかせ表示」というリンクがある。本書の著者のトムは数年前からこれをブラウザーの起動ページに設定して、新しいウィンドウを開くたびにランダムに選ばれたウィキペディアの記事を見ている。このおかげで目のさめるような発見に至ったことはまだないが、あまり知られていない事柄（チリ軍で使用されているナイフの種類など）に関する知識が豊富になり、それによって人生が豊かになったと感じている（たとえば、ポルトガル語には「存在せず、おそらく存在しえないものを求める、漠然とした尽きせぬ願望」を意味する単語があるということを知った。これは今のところ検索エンジンでは解決できない問題である）。興味深いおまけの効果として、トムは今ではウィキペディアでどんなテーマがカバーされているかだけでなく、ランダム性とは実際どんな姿をとるのかについても、以前よりも理解を深めている。たとえば自分の知っている人や場所の記事など、自分となんらかのつながりがあると感じられるページが、驚くほど高い頻度で出現する（あるときテストしてみたら、再読み込みを二回しただけで「一九六二〜六五年のウェスタンオーストラリア州上院議員」が出てきた。ウェスタンオーストラリア州はトムの育った場所だ）。これらの結果が実際にランダムに生成されているということがわかると、生活のほかの場面でも「偶然の一致」をもっと正当にとらえられるようになる可能性がある。

実世界に目を向けると、たとえば地域支援農業（ＣＳＡ）の農園に登録して農産物の箱詰めを毎週届けてもらうことによって、自宅で食べる野菜の種類をランダム化することができる。前に見たとおり、ＣＳＡに入るとスケジューリング問題が生じる可能性はあるが、ふだん買わないような野菜や果物を届けてもらうのは、レシピのローテーションで極大値から脱するのにうってつけの方法だ。月ごとに本やワインやチョコレートが送られてくる会に入るのも、それ以外の方法では出会わなかったかもしれない知や酒や食の可能性に触れる一つの方法だ。

コイン投げですべてを決めるのはトラブルのもとではないか。特に上司や友人、家族とのあいだでまずいことが起きたりしないか。そう思って不安を覚える人もいるかもしれない。確かに、暮らしの中でランダム性に頼ってばかりでは、必ずしも成功には至らないかもしれない。一九七一年に刊行されてカルト的な支持を受けているルーク・ラインハート（本名はジョージ・コックロフト）の傑作小説『ダイスマン』（南清訳、二見書房）は、この問題への戒めの物語として読むことができる。語り手の男は物事を決めるときに、自分で判断する代わりにサイコロを振ることにした。すると、たいていの人がおそらく避けたいと思うような状況にすぐさま陥る。

しかし、これはなまじいくらかの知識をもつとそれがかえって仇《あだ》になるという一例にすぎないかもしれない。ダイスマンがコンピューター科学をもっとよく理解していれば、なんらかの指針が得られただろう。まずは山登り法に従えば、ときには不適切な考えにもとづいて行動してしまう習慣の持ち主でも、常によい考えにもとづいて行動できるはずだ。第二に、メトロポリス・アルゴリズムに従えば、不適切な考えに従ってしまう可能性は、その考えの不適切さに反比例するはずである。第三に、焼きなまし法を知っていれば、ランダムな状態からスタートして、急速に冷却することで完全なランダム状態から脱し、時間の経過とともにランダム性への依存を減らしていき、凝固点に近づくときに最も時間をかけるというやり方ができる。自らを鍛えるのだ——比喩でなく文字どおりに。

『ダイスマン』の著者も、この最後の点を理解していないわけではない。コッククロフト自身、どうやら彼の作品の主人公と同じように「サイコロ投げ」に頼っていた時期があったらしい。地中海で家族とともに帆船に乗り、ゆったりしたブラウン運動のような放浪生活を送っていたのだ。しかしあるとき、焼きなましの工程が完了し、ニューヨーク州北部の湖畔で心地よく極大値に落ち着いた。八〇代に入った彼は、今もそこで満ち足りた日々を過ごしている。「どこかで幸せになれたなら、それ以上を追い求めるのは愚か者のすることです」と彼は《ガーディアン》紙に語った。

10 ネットワーキング

どうつながるか

「接続」という言葉には、幅広い意味がある。二者間をつなぐ物理的もしくは論理的な経路を指すこともあれば、その経路を移動する流れを指すこともある。経路の設定に伴う行為を指すこともあると考えられるし、経路の有無を問わず二者間以上の関係を指すこともある。

——ヴィント・サーフ、ボブ・カーン

ただ結びつけることさえすれば……（『ハワーズ・エンド』吉田健一訳、集英社より引用）。

——E・M・フォースター

長距離電信は、思わせぶりな言葉とともに始まった。一八四四年五月二四日、アメリカ連邦最高裁判所の裁判官室に立ったサミュエル・F・B・モールスから、ボルティモアにいる助手のアルフレッド・ヴェイルに、旧約聖書の「これは神のなせる業《わざ》なり」という一節が送られたのだ。新たな通信手段が生まれると、われわれが真っ先に知りたがるのはそれがどのようにして始まったかであり、その誕生の物語から未来を占おうとせずにいられない。一八七六年三月一〇日にアレクサンダー・グラハム・ベルが助手にかけた史上初の電話の第一声は、それ自体がちょっとした矛盾をはらんでいた。「ワトソンくん、こっちに来てくれ。君の顔が見たい」。この言葉は、物理的な距離が克服できたことと克服できていないことを同時に表している。

携帯電話は自慢話とともに始まった。一九七三年四月三日、ニューヨークの六番街でマンハッタンの通行人たちがあっけにとられて見つめるなかで、モトローラのマーティン・クーパーは歩きながら自分のライバルにあたるAT&Tのジョエル・エンゲルに電話で話していた。「ジョエル、携帯電話からかけているんだ。本物の携帯電話だよ。手で持てるポータブルな本物の携帯電話だ」（「向こうが何と答えたか、正確には覚えていません。しかし、しばらく完全に黙り込んでいました。悔しくて歯ぎしりしているのではないかと思いました」とクーパーは語っている）。

一九九二年一二月三日には、歓声とともに携帯メールが始まった。セマ・グループ・テレコムズのニール・パプワースが、ボーダフォンのリチャード・ジャーヴィスに早めの「メリー・クリスマス」のメッセージを送った。

インターネットの始まりは、いかにもと言うべきか、それまでの通信手段のときと比べてはるかに地味で、不運続きだった。一九六九年一〇月二九日、UCLAのチャーリー・クラインがスタンフォード研究所（訳注　現在のSRIインターナショナル）のビル・デュヴァルにARPANET経由でコンピューターからコンピューターへの第一号となるメッセージを送信した。「login」というメッセージだった。というか、そうなるはずだった。ところが受信側の機械が故障してしまい、「lo」（いやはや）しか受信できなかった。

いやはや――クラインは期せずして、まさに行く末を予言するかのごとき不吉な言葉を送ってしまったのだった。

人間どうしのつながりの基礎となるのは「プロトコル」である。つまり、握手や挨拶からエチケット、礼儀作法、そして社会規範全般に至る、手順や期待に関する共通の慣習である。機械の接続もこれと変わらない。プロトコルとは、ユーザーが同じ基盤でうまくやっていくための方法である。実際、プロトコルという言葉は、ギリシャ語で文字どおりには「最初の紙にかわ」を意味するprotokollonに由来する。これは書物や巻物の巻頭にのり付けされた紙を指していた。

対人関係においては、これらのプロトコルは微妙だが絶えざる不安のもととなる。何日か前にメッセージを送った場合、相手に届いていないのではないかと思い始めるのはいつごろだろうか。正午に電話で話す約束だったのに、もう一二時を五分過ぎているとしたら、双方が相手からの電話を待っているのだろうか。どこかおかしい。こちらが聞き違えたのか、それとも向こうが聞き違えたのか。いったいどちらなのだろう。

電信からメールまで、通信技術のほとんどはこうしたありがちな対人トラブルの経験を新たに生み出すばかりだった。しかしインターネットの誕生とともに、コンピューターはそうしたトラブルのもととなるだけでなく、トラブルをこうむる側にもなった。対話を行なう存在となったのだ。それに伴って、コンピューターは自らのコミュニケーションにかかわる問題を解決する責任も果たさなければならなくなった。そうした機械間の問題およびその解決策は、人間どうしの問題に似ていると同時に、それを照らし出す光を投げかけもする。

パケット交換

今、われわれが「インターネット」と思っているものは、じつは多数のプロトコルの集合体である。しかしそのなかで中心的な（それゆえおおむねインターネットと同義とされることも多い）のは、伝送制御プロトコル（TCP）と呼ばれるものだ。これは「インターネットワーク」（彼らはこう呼ぼうと思っていた）の言語に関する提案を出したヴィントン・〝ヴィント〟・サーフとロバート・〝ボブ〟・カーンによる一九七三年の講演と一九七四年の論文から生まれた。

当初、TCPは電話回線を使っていたが、電話というより郵便の進化したものと考えるほうが適切である。電話では「回線交換」という仕組みを使う。発信者と受信者をつなぐチャンネルが開き、これによって通話が続いているあいだずっと両者間に双方向で一定の帯域幅が供給される。回線交換は人間どうしのやりとりにおいては大いに有用だが、早くも一九六〇年代には、この仕組みが機械間のコミュニケーションでは役に立ちそうにないということが明らかとなっていた。

UCLAのレナード・クラインロックはこう語っている。

コンピューターが対話するとき、その対話は私が今しゃべっているのとは違う形で行なわれるということを私は理解していました。つまり、絶え間なく話し続けることがないのです。ひとしきりしゃべると、しばらく黙り込みます。少し経つと急にまた動きだして、ひとしきりしゃべります。しゃべっている時間がほとんどないものに通信回線を占有させる余裕はありませんが、コンピューターがしゃべりたくなったときにはすぐさま接続が必要になります。ですから、絶えず話せるように設計されている電話回線ネットワーク、すなわち回線交換ネットワークを使うわけにはいかず、別の方法が必要だったのです。

一方、電話会社はプロトコルを根本《こんぽん》から変えるという話にあまり前向きではないようだった。回線交換を手放すなど狂気の沙汰だと思われていた。ネットワーキング研究者のヴァン・ジェイコブソンが言うには「まったく受け入れがたい話」だった。クラインロックは電信業界と対決したときのことをこんなふうに語る。

当時最大のネットワークだったAT&Tに出向き、高品質のデータ通信を提供してほしいと申し入れました。向こうの返事は、いったい何の話ですか、でした。アメリカは一つの銅山みたいなもので、電話線が張りめぐらされているのだから、それを使えばいいと言うのです。いえいえ、おわかりになっていないようですね、と私は応じました。電話だと通話を始めるのに三五秒かかり、最低でも三分単位で課金されますが、私が送りたいデータは一〇〇ミリ秒で送れてしまうのですよ！　私がこう言うと、「もういいから、あきらめなさい」と言われました。それで私はあきらめて、ほかの人たちと一緒にやつらをこてんぱんにやっつける技術を開発しました。

この回線交換をやっつけた技術が、のちに〝パケット交換〟と呼ばれるようになった。パケット交換ネットワークでは、一つの接続に一つのチャンネルを占有させるのではなく、発信者と受信者がそれぞれのメッセージを「パケット」と呼ばれる小さな断片に分割し、共有のデータの流れに合流させる。はがきが光速で運ばれるようなものと考えればよい。

このようなネットワークでは、「接続と呼ばれるものは、二つの終末点のあいだで合意によって成立する幻想です」と、アップルのネットワーキング専門家、スチュアート・チェシャーは説明する。「インターネットには接続というものが存在しません。インターネットに接続が存在すると言うのは、アメリカの郵便サービスに接続が存在すると言うようなものです。誰かに手紙を出したら、手紙はみなばらばらに運ばれていきます。返事が行き来してある程度の継続性をもつやりとりをしたりはするかもしれませんが、郵便サービスとしてはそんな事情を関知する必要はありません。……ただ手紙を配達するだけです」。

帯域幅の効率的な使用だけが、一九六〇年代にパケット交換の研究を推し進めた思惑ではない。核戦争もまたそうした思惑だった。ランド研究所のポール・バランは、ネットワークの頑健性の問題を解決しようとしていた。軍の通信ネットワークが核攻撃によって大規模に失われても、通信が途絶えないようにすることを目指していたのだ。そして一九五〇年代に開発された迷路探索アルゴリズムからヒントを得て、ネットワークが著《いちじる》しく変化しているさなかでも、あるいは壊滅状態に陥っても、すべての情報がばらばらに目的地まで到達できる設計を構想した。

回線交換やその方式で生じる安定した占有接続に伴う、第二のデメリットがここにあった。つまり、接続が安定しているということは、通話がいったん途切れたら途切れたままになる、ということでもある。回線交換は、頑健性を実現するのに十分な柔軟性や適応性に欠けていたのだ。この点でも、パケット交換は時代の要請に応じることができた。回線交換ネットワークでは、リンクが一つでも遮断されれば通話ができなくなる。ということは、ネットワークが大きくなるにつれて信頼性が指数関数的に低下する。これに対してパケット交換では、ネットワークが拡大して経路が増えるのはむしろ歓迎すべきことである。データの流れるルートがそれだけ増えるので、ネットワークの規模の拡大とともに信頼性が指数関数的に向上するのだ。

しかしヴァン・ジェイコブソンによれば、パケット交換が考案されてもなお、電話会社は心を動かさなかった。「電話会社の人間はみな声を張り上げて、そんなのはネットワークではないと言ったのです。わが社のネットワークを利用するコソ泥のようなやり方だとか、わが社の回線を利用してわが社の整備した経路で情報を送るのかとか、回線に余分な負荷をたくさんかければ回線の利用効率が下がってしまうとか、いろいろ言われました」。しかしパケット交換の観点から見ると、電話線は目的を達成するための手段にすぎない。発信者も受信者も、パケットがどのようにして送られるかは別に気にしない。さまざまな媒体がいくつあろうともそれを意識することなく稼働できるというのが、パケット交換の大きな長所と言えるだろう。一九六〇年代の終盤から七〇年代の序盤にARPANETなどの初期のネットワークがこのコンセプトの実行可能性を証明すると、さまざまなタイプのネットワークが全国各地で続々と誕生し、銅でできた電話回線のみならず人工衛星や電波も利用してパケット交換をするようになった。二〇〇一年には、ノルウェーのベルゲンでコンピューター科学者のグループが「鳥類キャリア」を使って短時間だがパケット交換ネットワークを実行した（訳注　エイプリルフールのジョークとして一九九〇年に発表された「鳥類キャリアによるIPデータグラムの伝送規格」を実装する実験が、やはりジョークとして行なわれた）。パケットを紙に書いてハトの脚に結びつけたのだ。

もちろん、パケット交換にも問題がないわけではなかった。第一に、人間にしても機械にしても、あらゆるプロトコルが早々にぶつかる問題の一つは、ごく単純に言うと、メッセージが届いているかどうかはどうしたらわかるのかということである。

確認応答

一〇〇パーセント信頼できる伝送はない。

——ヴィント・サーフ、ボブ・カーン

「これは神のなせる業なり」という一節は、アメリカで送られた長距離電信メッセージの第一号だっただけではない。じつは第二号も同じ言葉だった。アルフレッド・ヴェイルが受信したことを確証するために、連邦最高裁判所の裁判官室で待つモールスのもとへこの言葉を送り返したのだった。

ヴェイルの返信によって、モールスは、そして彼を取り巻く議員たちも、モールスの送ったメッセージが受信されたことを確認できた。もちろん、どんな言葉が選ばれるのかヴェイルが事前に知らなかったならの話であるが。しかし、ヴェイルは自分の送った受信確認のメッセージが相手に届いたかどうかをどうしたら確認できるだろう。

コンピューター科学者は、これを「ビザンチン将軍問題」と呼んでいる。二人の将軍がいて、共通の敵がいる谷の両側で敵を攻撃するための調整を試みているとしよう。完璧にタイミングを合わせなければ成功しない。単独での攻撃は自殺行為だ。さらに厄介なことに、相手にメッセージを伝えるには、敵のいる場所を越えて相手のもとへ行き、手渡ししなくてはならない。つまり、メッセージが届かない可能性もあるということだ。

たとえば一方の将軍が攻撃の開始時刻を提案するメッセージを送るが、相手も動いていると確信できない限りは突撃したくない。もう一方の将軍のもとにメッセージが届き、将軍は受け取ったという返事を出す。しかしこちらからの返事が相手に届いたということがわからない限り（届かなければ向こうは動かないので）、攻撃を始めたくない。初めの将軍が返信を受け取る。しかし受け取ったことを相手が知っているということが確かめられるまでは出陣したくない。この論理の連鎖をたどるにはメッセージを無限にやりとりする必要があるが、そんなことが現実的でないのは自明だ。コミュニケーションというのは、実際のやりとりによってのみ成立して意味をもつものであり、理屈のうえでは永久に成立しえないのだ。

たいていの場合、コミュニケーションがとれなくともこれほど破滅的な結果がもたらされることはめったになく、確実性がこれほど切実に必要とされることもほとんどない。TCPでは失敗しても命が奪われることはなく、ふつうはただ再伝送すればよいので、「スリーウェイ・ハンドシェイク」（三段階の握手）と呼ばれる動作でセッションを開始すれば十分と考えられている。来訪者が挨拶をし、サーバーがそれを確認して挨拶を返し、来訪者がそれを確認する。サーバーがこの三つめのメッセージを受け取ったらそれ以上の確認作業は不要で、すぐに行動が開始される。しかしこの最初の接続が成立しても、そのあとで伝送されるパケットが運ばれる途中で破損したり行方不明になったり、あるいは目的地に届いたときに不具合だったりするリスクが残っている。郵便の場合、小包が届いたことは受領証の返送で確認できる。オンラインでは、パケットが届いたことは確認応答パケットによって確認される。このパケットは、ネットワークが機能するうえできわめて重要な働きをする。

確認応答は、単純な仕組みだがうまくできている。スリーウェイ・ハンドシェイクの舞台裏で、双方の機械が相手に通し番号を与える。これ以降に送られるすべてのパケットにつける通し番号は、小切手帳の小切手のように一つずつ増えていくことが了解されている。たとえばこちらのコンピューターがウェブサーバーとのコンタクトを開始する場合、サーバーにたとえば100という番号を送る。サーバーから返送される確認応答パケットには、サーバー側のパケットの開始番号（5000としよう）が記されていて、「101番の受信可能」と伝える。するとこちらのコンピューターから101番の確認応答パケットが送られて、「5001番の受信可能」と伝える（この二つの通し番号は互いに完全に独立していて、それぞれの最初の番号はランダムに選ばれるのが一般的だ）。

この仕組みは、パケットが行方不明になった場合にその時点を特定するのに便利な方法となる。サーバーが101番を待っているのに102番が届いたら、「101番の受信可能」という確認応答パケットを送る。次に103番が届いたら、もう一度「101番の受信可能」と伝える。この冗長な確認応答パケットが三回続いたら、101番がただ遅れているだけでなく消えてしまって取り戻せないということをこちらのコンピューターに伝える合図となり、それを受けてコンピューターが101番を再送する。ここでサーバー（102番と103番のパケットを保持している）は「104番の受信可能」という確認応答パケットを送って、パケットの連続が回復したことを伝える。

この確認応答が、じつはネットワーク上のトラフィックをかなり増やしてしまうことがある。われわれは大きなファイルの伝送というのは一方向のプロセスだと思っているが、じつは受信者からも数百個の「制御メッセージ」が送信者に送られているのだ。二〇一四年の後半に出された報告書によると、ピーク時間帯の上り（訳注　ユーザーからサーバーへの通信方向。いわゆる「アップする」、「アップロード」にあたる）のインターネットトラフィックのうちおよそ一〇パーセントはネットフリックスによるものだった。この種のサービスはほぼ全面的に下り方向でデータをユーザーに送っていると思われがちだが、じつは動画の送信に伴って莫大な確認応答パケットが生じるのだ。

人間の世界でも同様に、メッセージがきちんと届いているかという不安が会話の中に満ちている。話し手は半ば無意識に「でしょ？」という言葉を文の終わりにいちいちつけたりする。聞き手の側も、絶えずうなずいたり、「うん」、「そうそう」、「わかった」、「了解」、「なるほど」などと口にしたりせずにいられない。われわれは顔を合わせているときでもこうするが、電話では通話がまだ続いているということを知る方法がこれらの言葉しかないということもある。今世紀に入って最も成果を上げた携帯電話会社の広告で、ネットワーク技術者が「聞こえますか?」という品質管理のフレーズを何度も繰り返しているのも、あながち不思議ではない。

こうしたやりとりの最中に何か不具合が起きた場合、ユーザーはしばしば状況のわからぬまま置き去りにされる。ソフトウェア専門ブロガーのタイラー・トリートは、こんなことを書いている。

分散型のシステムでは、われわれはメッセージが届いたという確認応答を待つことによって、メッセージの送達を確認しようとする。しかしどんなものにも不具合は起こりうる。メッセージが消えてしまったのではないか。確認応答が消えたのではないか。受信者側がクラッシュしたのではないか。それとも遅れているだけなのか。ネットワークの速度が遅いのか。あるいはこちらが遅いのか。

ビザンチンの将軍たちに突きつけられたのは、「コミュニケーションの設計上の問題ではなく、コミュニケーション自体が不可能という答えである」とトリートは指摘する。

ヴィント・サーフによれば、初期のネットワーク研究は「信頼できる基礎的なネットワークを構築することが可能だという前提で」築かれていた。一方、「インターネットは、どんなネットワークも必ずしも信頼できるわけではなく、接続を回復するには端末間の再伝送が必要だということを前提としていた」。

皮肉なことに、これに対する数少ない例外の一つが人の声の伝送である。インターネットではたいていTCPを利用するが、スカイプのようなリアルタイムの音声通信では一般にTCPを使わない。ネットワーキング研究の初期に研究者が発見したとおり、信頼できる頑健なプロトコル（確認応答と消えたパケットの再伝送を用いる）を使って人の声を伝送するのは負荷が高すぎる。代わりに人間が自分で頑健性を確保する。サーフの説明によれば、「声の場合、パケットが消えてしまったら、自分で『もう一度言ってもらえますか。聞こえなかったので』と言えばいい」。

そう考えると、背景雑音を自動的に軽減する電話サービスはユーザーにとってひどく不親切だ。背景雑音は電話がつながっていることを伝える絶えざるしるしであり、音が何も聞こえなくなったなら相手が意図的にそうしたということがわかる。ところが背景雑音がないと、ユーザーは電話が切れた可能性に絶えず直面し、切れていないということを相手に絶えず伝えなくてはならない。これもあらゆるパケット交換プロトコルにつきものの不安であり、それだけでなく、手紙にせよ携帯メールにせよオンラインデートで相手のことを探るやりとりにせよ、非同期的な相互発信を用いるあらゆる通信手段につきものの不安である。どのメッセージもやりとりの最後という可能性があり、返事をするのに時間がかかっているだけなのか、それともとっくにやりとりが終わっているのかわからないということも少なくない。

では、信頼できない人には、あるいは信頼できないコンピューターには、どう対処すればよいのだろう。

まず考えるべきことは、無応答の時間がどれだけ続いたら不具合と見なすべきかである。これはネットワークの性質によっていくらか変わってくる。電話ならほんの数秒で不安になるが、メールなら数日、郵便なら数週間は待てるだろう。発信者と受信者との往復にかかる時間が長いほど、無応答が意味をもつまでの時間も長くなる。そして、発信者が〝おかしい〟と気づくまでにネットワーク上に送り出される情報の量も多くなる可能性がある。ネットワーキングにおいては、確認応答の時間的流れに対するユーザーの期待を適切に調節することが、システムを適正に機能させるためにきわめて重要である。

次に考えるべきことは言うまでもなく、不具合に気づいたらユーザーはどう対処すべきかという問題だ。

指数バックオフ――寛容のアルゴリズム

世界で最も翻訳しにくい単語は、コンゴ民主共和国の南東部で使われているチルバ語の「ilunga」であることがわかりました。……この言葉は、「どんなひどい仕打ちも一度めは喜んで許し、二度めは我慢するが、三度めには決して許さない人」を表します。

――BBCニュース

一度めで成功しなければ、／もう一度挑戦せよ。

――T・H・パーマー

今日《こんにち》われわれは、有線通信が容易にできるときでも自分のデバイスに無線通信をさせたがる。たとえばキーボードやマウスは、ほんの一〇センチくらいしか離れていないコンピューターとワイヤレスでつながっている。しかし無線ネットワークが誕生したのは、ワイヤが使えない場所で必要に駆られてのことだった。その場所とはハワイだ。一九六〇年代の終わりごろから七〇年代の初頭にかけて、ホノルルにあるハワイ大学のノーマン・エイブラムソンは、数百キロにまたがって四つの島に分散する大学の七つのキャンパスと多数の研究施設を結びつけようとしていた。電話システムではなく無線でパケット交換を行ない、発信機と受信機の連なったゆるい鎖で島どうしをつなぐというアイディアが頭に浮かんだ。このシステムはのちにALOHAネットと呼ばれるようになった。

ALOHAネットがクリアすべき最大の障害は干渉だった。二つの基地から同時にメッセージが送信されることがあり、そのようなときには期せずして双方の信号が互いを妨害してしまう（これはもちろん人間の会話でもよく起きる）。両方の基地がすぐにメッセージを再送信すると、果てしなく続く干渉から永久に抜け出せなくなるリスクが生じる。ALOHAネットのプロトコルが競合する信号に対し、互いにスペースを与えて道を譲りあう方法を教える必要があるのは明らかだった。

ここで発信者がまずすべきことは「対称性を破る」ことだ。歩道を歩く人なら誰でも知っているとおり、向こうから近づいてきた歩行者をよけようと右に動いたら相手も同じ方向へ動き、今度は二人とも同時に反対方向へ動くということを繰り返していては、何も解決しない。これと似たパターンで、会話をしている二人が同時に話しだそうとして口をつぐみ、互いに相手の話を促すジェスチャーをし、また同時に話しだすことがある。交差点で二台の車が互いに進路を譲りあって停車したかと思うと、二台同時に発進しようとすることもある。こんな場合、ランダム性の利用がとても重要となる。それどころか、ランダム性が利用できなければネットワーキングは成り立たないだろう。

単純な解決策の一つは、両方の基地にコイン投げをさせることだ。表《おもて》が出たら再送信し、裏だったら順番を一回待ってから再送信する。これなら確実に、一方はまもなく競合することなく発信できる。発信元が二つだけなら、このやり方で十分にうまくいく。しかし同時に三つの信号が発信されたらどうなるか。あるいは四つだったら? ネットワークがすぐにパケットを一つでも伝送できる確率は四分の一になるはずだ(そのあとも三つの基地が競合し続け、そうこうするうちにさらに別の競合する信号も現れるかもしれない)。競合相手がさらに増えていくと、ネットワークのスループットは崖から落ちるように一気に下がるおそれがある。一九七〇年に出されたALOHAネットに関する報告書には、チャンネルの平均使用率がわずか一八・六パーセントを超えると「チャンネルは不安定になる……そして再送信の平均回数が無限に増える」と書かれていた。これは由々しき問題だ。

では、どうすればよいのか。これを回避できるシステムをつくる方法はあるのか。

突破口は、連続して失敗したあとの平均待機時間を延ばすという手だった。具体的には、再送信を試みるまでの最長待機時間を二倍にしていくのだ。最初に失敗したら、発信者はランダムに一回か二回待ってから再送信する。二度めも失敗したら、一回から四回までのいずれかだけ待ってから再試行する。三回続けて失敗したら、今度は一回から八回のあいだのいずれかだけ待つ。このエレガントなやり方では、ネットワークは競合する信号がいくつになっても対応できる可能性がある。最大待機回数（二回、四回、八回、一六回……）が指数的に増えていくので、この方法は**指数バックオフ**と呼ばれるようになった。

指数バックオフは、一九七一年に稼働を開始したＡＬＯＨＡネットの成功に大きく貢献した。そして一九八〇年代にはＴＣＰとなり、インターネットに不可欠な要素となった。それから数十年経った今でも、その重要性は変わらない。大きな影響をもたらしたある論文は、「競合する通信の数が不明で不可知で絶えず変動し、構造が不明なネットワークに埋め込まれた伝送終端にとって、有効性が期待できるスキームは一つしかない。指数バックオフである」と述べている。

さらに言えば、このアルゴリズムには、トラブル修復にもっと威力を発揮して有益な効果をもたらす別の用途がある。指数バックオフは衝突を回避するだけでなく、ネットワークで故障や不信頼性が生じた場合のほとんどに対処するデフォルトの方法となっている。たとえばコンピューターがアクセスしようとしているウェブサイトがダウンしているらしいとき、コンピューターは指数バックオフを使って一秒後に再びアクセスを試み、それから数秒後にまた試み、といった具合に試行を続ける。これは誰にとってもよい方法だ。ダウンしたホストサーバーがオンラインに復帰したとたんにリクエストが殺到することが避けられるし、ダウンしているサイトにユーザーのマシンが無駄にアクセスしようとするのも防げる。それでいて、ユーザーのマシンに対してアクセスの完全な断念を強制（または許容）するわけでもないのがおもしろいところだ。

指数バックオフは、ネットワークのセキュリティーでも重要な役割を果たす。アカウントへのログイン時に連続してパスワードを間違えたら、ロックアウト期間を指数的に延長するという形で罰を与えるのだ。アカウントに侵入しようとするハッカーが幸運を引き当てるまでパスワードの候補を次々に試す「辞書攻撃」という手を使うことがあるが、指数バックオフはこれも阻止できる。さらに、解決できる問題はほかにもある。アカウントの真の保有者がどんなに忘れっぽくても、一定のロックアウト期間が過ぎればいつかはアクセスできるのだ。

人間社会では、一定の回数だけチャンスを続けて与え、それ以降はまったく与えないというやり方をすることが多い。三振したらアウトというわけだ。寛容、慈悲、忍耐が求められるほぼすべての状況で、このパターンが通常は支配的である。しかし端的に言って、このやり方は間違っているかもしれない。

私たちの友人が最近、つきあいの約束を守らないという迷惑な癖のある幼なじみのことを考えあぐねていた。どうしたらよいのか。もううんざりだと言って完全に絶交するのは一方的で厳しすぎる気がするが、このままいつも振り回されてばかりというのは甘すぎるし、これからも果てしない失意と時間の浪費から逃れられない。そこで出した答えが、誘いの頻度に対する指数バックオフだ。約束を破られたら、まずは一週間後に次の計画を立て直す。その次は二週間後、四週間後、八週間後としていく。「再送信」の頻度はゼロに向かっていくが、完全に縁を切らなくていい。

別の友人は、薬物中毒の経験がある身内に住まいや経済的支援を与えるべきか悩んでいた。立ち直ってくれるのではないかという望みを捨てることは耐えがたく、永久に見放すのかと考えると、それも忍びない。しかし家に迎え入れたら、彼のために服を買い、食事をつくり、銀行口座を再開設し、毎朝車で職場に送っていくといった負担がすべて自分に降りかかってくる。それを引き受ける気にもなれなかった。いつか不意にお金をすべてもって姿を消したかと思うと、何週間か経ったころにまた連絡してきて、許しを請い、戻りたいと言ってくるのではないか。無理難題を、あるいは答えの出しようのない残酷な選択を突きつけられた気がした。

このようなケースでは、指数バックオフは魔法の万能薬というわけではないが、前へ進む一つの道にはなる。たとえば家庭のルールを破ったら罰として禁酒期間を科し、その長さを指数的に延ばしていくことにすれば、ルール違反を繰り返させない抑止力が働く。家に戻りたがっている身内は自分が本気だということをいっそう熱心に証明するようになるだろうし、受け入れる側の家族を同じことの繰り返しによる絶え間ないストレスから守ることにもなるだろう。家族にとっては、もうその身内のことはあきらめたとか、救いようがないなどと言わなくてすむ点が、もしかしたら最も重要かもしれない。こうすれば、有限の忍耐と無限の慈悲をもつことができる。突き放すか耐えるかと思い悩む必要もなくなるかもしれない。

じつはこの一〇年間で、地域の薬物犯罪者見守り活動に対する司法制度の姿勢に静かな変革が起こり始めている。この変革の先頭に立っているのが、ＨＯＰＥという試験的なプログラムである。このプログラムではＡＬＯＨＡネットと同じく指数バックオフの原則を採用している。そしてなんと偶然にも、ＡＬＯＨＡネットが生まれたのと同じホノルルで始まったのだった。

裁判官のスティーヴン・アルムは、ハワイの第一巡回裁判所で就任の宣誓をしてすぐに、注目すべきパターンに気づいた。保護観察対象者は保護観察の条件を何度も破るが、巡回裁判所の裁判官は決まって自身の判断に従って、注意をするだけであとは放っておく。ところがある段階で、おそらく違反が十数回を超えたあたりで、裁判官はにわかに厳しい姿勢をとり、数年間の実刑判決を言い渡す。そこでアルムは「人の行動を変えようとするにはなんておかしなやり方なのかと思いました」と言う。アルムはほぼ正反対のやり方をすることにしたのだ。保護観察審問は開かれるまで時間がかかり、不確かな主観的意見が求められ、ときには極端な厳罰が科されるが、ＨＯＰＥでは保護観察審問の代わりにあらかじめ決まっていて即座に下せる罰を採用している。最初は一日の拘留から始まって、それ以降は問題を起こすたびに拘留期間が延びていく。司法省による五年間の調査で、ＨＯＰＥの保護観察対象者はほかの保護観察対象者と比べて、新たに別の犯罪で逮捕されたり保護観察処分が取り消されたりする割合が半分であることが報告された。そして薬物を使用する割合も七二パーセント低かった。一七州がハワイのあとに続き、独自にアレンジしたＨＯＰＥを発足させている。

流れ制御と渋滞回避

コンピューターネットワーキングにおける初期の取り組みは、信頼性の低いリンクで信頼性の高い伝送を確立することに重点を置いていた。この取り組みは非常にうまくいったが、その結果としてすぐに次の課題が生じた。過剰な負荷のかかったネットワークが壊滅的な破《は》綻《たん》を回避できるようにすることだ。データをA地点からB地点に送る際の問題をＴＣＰで解決したとたん、今度は渋滞という問題が出現した。

一九八六年、最も重大な「早期警戒警報」が、ローレンス・バークリー研究所（ＬＢＬ）とカリフォルニア大学バークリー校（ＵＣＢ）を結ぶ回線で発せられた。両者間の距離はフットボール場の長辺ほどだった（ＵＣＢでは、実際にその場所がフットボール場で占められていた）。あるとき、その回線の帯域幅が通常の三万二〇〇〇ビット／秒から不意にわずか四〇ビット／秒に低下した。被害を受けたLBLのヴァン・ジェイコブソンとUCBのマイケル・カレルズは、「帯域幅が急に一〇〇〇分の一に低下したことに興味をもち、これほどの品質低下が起きた原因の調査に乗り出した」。

一方、国内各地のネットワーキンググループから、同様の事例が起きたという話が伝わってきた。ジェイコブソンは基礎をなすコードを調べ始めた。「プロトコルに不備があるのだろうか」と彼は考えた。「もっと小規模のテストではちゃんと機能していたのに、いきなりだめになるとは」。

回線交換とパケット交換の大きな違いの一つは、渋滞への対応の仕方である。回線交換では、システムがチャンネルへのリクエストを承認するか、または応じられない場合にはリクエストを完全に拒否する。ピーク時間帯に電話をかけようとして、「特別な通信音」とともに「回線が混雑しています」というメッセージを聞かされたことのある人がいるかもしれないが、それはこの回線交換のやり方が原因である。

パケット交換はまったく違うやり方をする。電話システムは混雑し、メールシステムは低速になる。ある瞬間にネットワーク上に発信者がどのくらいいるか、あるいはネットワークがどれほど混雑しているか、ネットワークの側から発信者にはっきり知らせても意味がないし、渋滞の程度は常に変動している。そこで発信者と受信者は通信するだけでなく、メタ通信もする必要がある。つまり、データをどのくらいの速度で伝送すべきかを把握する必要があるのだ。さまざまなパケットの流れ（明らかな管理や調整はされていない）は、互いを邪魔してはならず、なおかつ新たにスペースが空いたらただちにそれを利用しなくてはならない。

ジェイコブソンとカレルズの調査の結果、流れの制御と渋滞回避のアルゴリズムが修正された。これはTCPが誕生してから四〇年間で最大級の変更だった。

現在TCPの渋滞制御の中核に位置するのは、**加法的増加・乗法的減少**というアルゴリズムである。まずはこのアルゴリズムを作動させずに、新たな接続が積極的に伝送速度を上げる。一つめのパケットがうまく受信されたらパケットをさらに二つ伝送し、これもうまく届いたら今度は一度に四つ伝送する、といった具合に送るパケットを増やしていく。しかしいずれかのパケットの確認応答が発進者側に戻ってこなければ、ただちに加法的増加・乗法的減少アルゴリズムがあとを引き継ぐ。このアルゴリズムのもとでは、一度に複数のパケットを伝送してそれがすべて受信されたとしても、伝送するパケットの個数を二倍にするのではなく、一つだけ増やす。パケットが行方不明になったら、伝送速度を半分に下げる（加法的増加・乗法的減少という名称はこれらの手順に由来する）。加法的増加・乗法的減少アルゴリズムとは要するに、「もう少し、もう少し、もう少し、ちょっと待て、多すぎる、思いきり減らして、よし、もう少し、もう少し……」というようなやり方なのだ。こうして、「TCPのこぎり波形」と呼ばれる特徴的な帯域幅の波形が生じる。これは安定した上昇にときおり急激な下降がはさまる波形である。

このように非対称的で急激な下降をなぜ生じさせるのか。ジェイコブソンとカレルズの説明によれば、加法的増加・乗法的減少アルゴリズムが最初に作動するのは、接続が始まって最初の積極的な上昇局面において初めてパケットの消失が生じたときである。この最初の局面ではパケットの一斉伝送が成功するたびに伝送速度が二倍になるので、何か問題が生じたらすぐに速度を半分に下げるのは申し分なく正しい。伝送が回復し、再び不調をきたし始めたら、それはなんらかの新しい接続がネットワークの利用をめぐって競合していることが原因である可能性が高い。この状況を最も控えめに評価しても――すなわち、ネットワークを使用しているのは自分一人だったのに、あとから別のユーザーが現れてネットワーク上の資源を半分取ってしまったと想定しても――やはり速度の半減に至る。ここでは控えめな姿勢が不可欠である。ネットワークを安定させるには、負荷が過剰となる速度以上の速さでユーザーを退《しりぞ》かせる必要がある。同じ理由で、単純な加法的増加はすべてのものの安定化を助け、過負荷と回復が繰り返される高速のサイクルに陥るのを防ぐ。

加法と乗法のこのように厳密な区別を自然界で見かけることなどなさそうだが、じつは安全に逃げきれる限りなるべく多くを自分のものにすることが重要となるさまざまな局面で、このTCPののこぎり波形に類似したものが見受けられる。

たとえばスタンフォード大学の生態学者デボラ・ゴードンとコンピューター科学者のバラジ・プラバカーは二〇一二年の共同研究で、人間より何百万年も先にアリが流れ制御アルゴリズムを考え出していたらしいという思いがけない事実を発見した。コンピューターネットワークと同様、アリのコロニーも「流れ」を制御する際に配分の問題にぶつかる。餌探しの旅に出たアリが無事に帰還する割合に大きく影響する可能性のあるさまざまな条件のもとで、アリの流れをどう制御するかという問題だ。さらにインターネット上のコンピューターと同様、アリも意思決定してくれる中心的存在をもたずに、ゴードンのいう「階層なき制御」を生み出すことによって、この問題を解決しなくてはならない。じつはアリの解決策も、ネットワークで用いられるものと似ている。餌探しに成功したアリはほかのアリたちも餌探しに出かけるように促す一方で、餌探しが首尾よくいかずに戻ってきたアリは餌探し行動を抑えることになるという、フィードバックのサイクルを用いるのだ。

TCPの流れ制御を思わせる特徴的なのこぎり波形を示す動物行動は、アリだけに見られるわけではない。人間の出した生ゴミを狙うリスやハトは、少しずつゴミに近づき、ときどき一気に後退して、それからまたじりじりと前に進む。人のコミュニケーションも、コミュニケーションを担うプロトコルそのものを反映していると考えられる。メールに返信すれば相手からの返信を促すことになるし、返信しなければ流れは止まる。

もっと視野を広げると、不確実で変動する条件のもとで限られた資源を分配しようとする実生活のさまざまな場で、加法的増加・乗法的減少アルゴリズムは対処方法を教えてくれる。一九六〇年代に教育学教授のローレンス・J・ピーターは、「すべての人は昇進を重ね、おのおのの無能レベルに到達する」（『ピーターの法則』渡辺伸也訳、ダイヤモンド社より引用）という辛辣な「ピーターの法則」を発表した。階層的組織では、仕事をうまくこなす人間にはその報いとして昇進が与えられるが、その新しい仕事には今までよりも複雑な課題や難しい課題が伴うかもしれない。従業員が昇進を重ねた末に仕事がうまくこなせない地位に達したら、出世の道はそこで行き止まりとなり、あとは退職するまでその身分のままだ。そうだとすれば、やがて組織全体が仕事をうまくこなせない人間で埋めつくされるのは当然だ。ピーターの法則の不吉なロジックはそう語る。ピーターがこの法則を発表する五〇年ほど前の一九一〇年、スペインの哲学者ホセ・オルテガ・イ・ガセットも同じ見解を述べていた。「すべての公僕は今の地位からすぐ下の地位に降格すべきである。なぜなら彼らは能力のおよばない地位まで昇進したのだから」。

出世しない従業員を解雇するという単純なやり方で、ピーターの法則の状態を改善しようと試みた組織もある。一流法律事務所のクラヴァス・スウェイン・アンド・ムーアが考案したクラヴァス方式では、ほぼ新卒者のみを採用して最下級の地位に就《つ》かせ、それからは昇進させるか解雇するかのいずれかを何年も続ける。一九八〇年には、アメリカ軍が「国防人事管理法」で同様の「昇進か解雇か」という方針を採用した。イギリス軍でも「人員調整」と呼ばれる方針を採用して激しい議論を招いている。

ピーターの法則が指摘するような組織の停滞と「昇進か解雇か」方式の容赦ない厳しさとの中間にあたる別の方法はないのだろうか。加法的増加・乗法的減少アルゴリズムは、まさにそんな方法だ。というのは、このアルゴリズムは変動の激しい環境での要求に対処することを明確な目的として作成されているからである。コンピューターネットワークはそれ自体の最大伝送容量に加えてクライアントの伝送速度も管理しなくてはならないが、これは予想外の変動を示すことがある。ビジネスの場でも、企業が事業に費やせる資金には限りがあり、社員や業者の処理可能な仕事の量にも限界があり、負える責任にもやはり限界がある。すべての人のニーズ、能力、協力関係は常に流動的である。

TCPののこぎり波形から得られる教えは、変動して予想のつかない環境では、失敗という結果に直面するまでは、とりあえず物事をそのまま推し進めることがじつは、資源を最大限に利用する最善の（または唯一の）方法となる場合もあるということだ。大事なのは、失敗への対応を的確かつ柔軟に行なうことである。加法的増加・乗法的減少アルゴリズムのもとでは、不調に陥っていない接続はすべて加速され続け、不調に陥ったら速度を半分に下げて、すぐにまた加速を再開する。現在の企業がもつ経営方針の規範にはたいてい反するだろうが、全社員の階級を毎年必ず一つ上げるか、そうでなければ一気に大きく降格させるかのいずれかの処遇を実施するというやり方も考えられる。

ローレンス・J・ピーターが考えたとおり、ひそかに組織をむしばむピーターの法則が企業内で生じるのは、「階層生活の第一戒――階層構造を守れ」という主義がはびこっているからだ。対照的にTCPは、柔軟性の価値を教えてくれる。企業は「平坦」な階層構造と「背の高い」階層構造について語ることはあるが、ダイナミックな階層構造についても考えたらよいのではないだろうか。加法的増加・乗法的減少システムのもとでは、誰も過剰な負担に長く苦しむことがなく、昇進できなかったといって長く恨みを抱くこともない。どちらも一時的で頻繁にとられる調整策であり、すべてが絶えず変動しているにもかかわらず、システム全体は平衡に近い状態を維持できる。なめらかなキャリアの道筋ではなく、キャリアの波形についてわれわれが語る日もいつか訪れるかもしれない。

あいづち――言語における流れ制御

ネットワーキングの流れ制御を調べてみると、上りの確認応答パケットは伝送を確認して応答するだけでなく、ペースや調子といったやりとり全体の輪郭を形づくっていることがわかる。このことから、コミュニケーションにおけるフィードバックの重要性が思い出され、また明らかになる。すでに見たとおり、TCPでは一方向の伝送は存在しない。絶え間ないフィードバックがなければ、発信者はほぼ瞬時にスローダウンすることになる。

興味深いことに、ネットワーキングの分野でフィードバックに重要な役割があるという認識が高まったのと同じころ、言語学界でこれとそっくりな展開が起きていた。二〇世紀の半ば、言語学界ではノーム・チョムスキーの学説が支配的だった。彼はまるですべてのコミュニケーションが文字で書かれるかのごとく、最も完璧で理想的な状態の言語、すなわち完璧に流暢《りゅうちょう》で文法的に正しく完結した文を考察した。しかし一九六〇年代から七〇年代にかけて、話し言葉のもつ現実的な面への関心が高まり、話者交替、会話の中断、そして絶えず聞き手の反応に合わせながらすばやく文や物語を生成する行為を支配するプロセスがいかに精巧で細やかなものかが明らかにされた。その結果、一見すると一方向のコミュニケーションと思われるものもじつは協調的行為であるとする見方が生まれた。言語学者のヴィクター・イングヴェは一九七〇年にこんなことを書いている。「実際、発話の番になった人と相手は同時に話すことと聞くことの両方を行なう。これはバックチャンネル（あいづち）と呼ばれるものが存在するからで、発話者は発話の順番を手放すことなく、このチャンネルから〝はい〟とか〝なるほど〟といった短いメッセージを受け取る」。

人間の「あいづち」を調べることにより、言語学にまったく新しい地平が開かれ、コミュニケーションの力学、具体的には聞き手の役割の全面的な再評価が促された。そのよい実例を示す研究として、ヴィクトリア大学のジャネット・バヴェラスの率いるチームが、話し手に自らの体験を語らせ、それを聞いている人の注意をそらしたらどうなるか調べた。ただし調べたのは聞き手の理解度ではなく、話し手の語りがどうなるかである。その結果、フィードバックが乏しくなると語りが崩壊することがわかった。

語り手が危機一髪の話をしている最中に聞き手の注意をそらすと、語り手は……全体にうまく話せなくなり、特にドラマティックな結末となるはずの部分がうまく話せなかった。結末は唐突であるかまとまりが悪く、あるいは同じ結末をぐるぐると何度も語った。説明するまでもない危機一髪の脱出劇をわざわざ説明して、自分の話を正当化することも多かった。

話している相手が視線を宙にさまよわせていたり、あるいは電話の相手が気乗りのしないようすだったりして、こちらの話し方がつまらないせいだろうかと思った経験は誰にでもある。しかしじつは原因と結果がしばしば逆であることが、今では明らかになっている。聞き方がよくないと、話がぶち壊されてしまうのだ。

あいづちの詳細な機能と意味の解明は、相変わらず活発な研究分野となっている。たとえば二〇一四年、カリフォルニア大学サンタクルーズ校のジャクソン・トリンズとジーン・フォックス・ツリーが示したのは、発話にはさみ込まれる「なるほど」、「うん」、「へえ」、「おや」といった目立たない言葉が、明確で的を射た役割を果たしているということだった。話し手から聞き手への情報の流れを、速度と詳細さの両面で調節しているのだ。実際、こうした言葉はTCPにおける確認応答パケットに負けず劣らず重要な役割を果たす。トリンズによれば、「じつのところ、人によって上手か下手かの差はあるにしても、〝下手な話し手〟の責任の一端は聞き手にあるのかもしれません」。こう気づいたことによって、講義をするとき（もちろんこの研究結果に関する講義も含めて）のプレッシャーがいくらかやわらぐという思いがけない副産物も得られた。「講義であいづちの話をするときはいつも、こちらの話に対して聞き手がどんなあいづちを打ってくれるかによって、こちらの言うことが変わると言うのです。ですから私がおもしろい話をできるかどうかは皆さんしだいですよと言ってやります」と彼は冗談を言う。

バッファーブロート――遅延が問題だ

有効なアクティブキュー管理機構の開発は、キューの原因と意味に関する誤解に妨げられてきた。

――キャスリーン・ニコラス、ヴァン・ジェイコブソン

二〇一〇年の夏、多くの親たちと同じく、ジム・ゲティスは自宅のWi－Fiネットワークの速度が遅いといって子どもたちからしょっちゅう不満をぶつけられていた。しかし多くの親たちと違って、ゲティスはヒューレット・パッカード、アルカテル・ルーセント、ワールド・ワイド・ウェブ・コンソーシアム、インターネット技術タスクフォースで働いた経験がある。一九九九年にエディターとして携《たずさ》わったHTTPの仕様は今も使われている。そんなわけで、たいていのITマニアの父親ならちょっと調べてみる問題を、ゲティスも調べてみることにした。

ゲティスはのちに、部屋いっぱいのグーグルのエンジニアたちにこのときのことを語った。ネットワーキング関連の専門用語を駆使していても、彼の切実で明白な思いははっきりと伝わった。

私は自宅にあった古いXコンソーシアムのアーカイブを一〇ミリ秒長のパス経由でMITにコピーというかrsyncしていました。……ファイルをコピーしているあいだ、スモークピングの遅延は平均で一秒を軽く超えていて、パケットロスもひどいことになっていました。……ワイヤシャークで調べてみると、じつにおかしなふるまいをするバーストが起きていました。……予想していたTCP「のこぎり波形」とはまったく違うようでした。まったくとんでもないことでした。

ふつうの言葉で言えば、要するにとても奇妙なことが起きていたということだ。よく言われるとおり、「科学の世界で耳にする最も胸の躍る言葉、新たな発見の前触れとなる言葉は、〝わかった《エウレカ》！〟ではなく〝これは妙だ〟である」。

ゲティスが最初に考えたのは、ケーブルモデムに問題があるのではないかということだった。家族はインターネットがおかしいと言っていたが、どうやら自宅の壁のコンセントで交通渋滞が起きているようだった。ボストンに送るつもりのパケットが途中で立ち往生しているのではなく、家の中で立ち往生していた。

しかし調べれば調べるほど、ゲティスは心配になった。自分の家のルーターやモデムだけでなく、あらゆる家庭のルーターやモデムで同じ問題が起きていた。そして問題はネットワーク機器のみならず、コンピューターそのもの、つまりデスクトップパソコンやノートパソコン、タブレット端末、スマートフォンにも存在し、リナックスやウィンドウズやOS Xにも織り込まれていた。エンドユーザーのハードウェアだけの問題でもなかった。インターネットのインフラ自体に影響していたのだ。ゲティスはコムキャスト、ベライゾン、シスコ、グーグルの主要関係者（ヴァン・ジェイコブソンとヴィント・サーフもいた）と何度も昼食をともにし、ゆっくりとパズルのピースをつなぎ始めた。問題はいたるところに存在した。そしてその問題とはバッファーブロート（バッファーによる遅延）だった。

基本的にバッファーとは、殺到した仕事を処理するための行列《キュー》のようなものである。ドーナッツ店に二人の客がほぼ同時に入ってきた場合、店員がすぐさま両方には対応できないからといって、客の一人にいったん店を出てあとでまた来てくださいと言うのはまずい。客はもちろん納得しないし、店の上司も納得しないはずだ。こんなやり方では、ほぼ確実に店員の労働力が十分に利用できず無駄になる。一方、客に並んで待ってもらえば、店が対応する客の平均人数は最大値に近づく。そうなるのが望ましい。

しかしこのやり方では、資源は有効に活用できるが、遅延という現実的なコストが伴う。本書の著者トムがバークリーで開かれたシンコ・デ・マヨの祭りに娘を連れていったとき、娘がどうしてもチョコバナナクレープを食べたいと言うので、二人は列に並んで順番を待った。二〇分後、ようやく列の先頭にたどり着いて注文した。しかし代金を支払ってからクレープを実際に受け取るまで、さらに四〇分も待たされた（ジム・ゲティスと同じく、トムもたちまち家族からさんざん不満をぶつけられた)。クレープの注文を受けるのはクレープをつくるほど時間がかからないので、注文するために並ぶのは問題の最初の部分にすぎない。とはいえ、少なくとも目に見える。だから客は自分たちの置かれた状況がわかる。もっと長い二つめの列は目に見えない。だからこの場合、クレープ店が客の列をある段階で打ち切って、しばらく注文を休みますという看板でも出していれば、誰もがはるかに喜ぶ結果となっただろう。客を断るほうが誰にとっても都合がよい——待つ客の列は短くなるし、断られた客は別の店に行けばよい。クレープ店の売り上げには一セントの損失も生じない。なぜなら客がどれほど長く待とうとも、一日につくれるクレープの個数は決まっていて、それよりたくさん売ることはできないからだ。

これこそまさに、ジム・ゲティスが自宅のケーブルモデムで観察していた問題だ。ファイルをアップロードしていたので、コンピューターはモデムに処理できる最大限の上りパケットを送っていた。モデムは実際の容量をはるかに超えたパケットを処理しているふりをして、仕事を拒否することなく莫大なキューをため込んでいた。そこでゲティスがこれと同時にウェブサイトを見るとかメールをチェックするなどで何かをダウンロードしようとすれば、確認応答パケットはアップロードを待つファイルの後ろで詰まってしまい、家から出るためにモデムのところで行列に並んで待たなくてはならない。ゲティスからの確認応答パケットがいつまで経ってもウェブやメールのサーバーに戻らなければ、サーバーは下りの接続速度を落として徐行運転に入る。

これは会話の中でいつも一〇秒か二〇秒遅れて「なるほど」というようなものだ。話し手は聞き手が理解できていないのだと思って話す速度を極端に下げる。すると聞き手はもう何もできなくなる。

ネットワークのバッファーが満杯になると、一般に**テールドロップ**と呼ばれる処理が行なわれる。これは、バッファーが満杯になった時点よりあとで到着したパケットをすべて拒絶して実質的に廃棄するというやり方を指す、身も蓋もない言い方だ（クレープ店で客の列が長くなりすぎたら新しい客を断るというのは、人間の世界におけるテールドロップと言える）。先ほどはパケット交換を郵便にたとえたが、同じく郵便の比喩を使って、郵便配達員がその日の朝にトラックに積み込めなかった荷物をすべて捨ててしまうとすれば、それはいささか奇異に思われるかもしれない。しかし、そのように「廃棄されたパケット（dropped packet）」が出てくるからこそ、認識されていないパケットの存在が感知され、加法的増加・乗法的減少アルゴリズムに帯域幅を半分に縮小させる、というプロセスが進むのである。パケットの廃棄が、インターネットの重要なフィードバックメカニズムとなっているのだ。大きくなりすぎたバッファーは、厨房がどれほど人手不足でもかまわず注文をすべて受けるレストランや、送り出すまでにどれだけ時間がかかろうとも入ってくるパケットをすべて受け入れるモデムと同じようなもので、この減速が適切に生じるのを妨げてしまう。

基本的に、バッファーは遅延（ネットワーキングの分野では「レイテンシー」と呼ばれる）を用いてスループットを最大化する。つまり流れが遅いときには、状況が改善するまでパケット（または店の客）を待たせるのだ。一方、常に満杯な状態で作動するバッファーは、ネットワークの世界でも人間の世界でも最悪の事態を引き起こす。さんざん待たせたあげくに、何も与えないのだ。仕事が殺到した場合、少なくとも仕事がやって来るのと平均して同じ速度で処理できるならすばらしい。しかし平均処理量を超える仕事がなだれ込んできたら、どんなバッファーも奇跡を起こすことはできない。そしてバッファーが増大すればするほど、助けを求める前に遅れが拡大してしまう。扱う相手がパケットであれ客であれ、バッファーに関する基本原理の一つは、ルーチン的に中身を一掃しなければきちんと作動しないということだ。

何十年ものあいだ、コンピューターのメモリーはとても高価だったので、不要な記憶容量をたっぷり搭載したモデムなどつくるべき理由がなかった。そのため、モデムが自らの処理能力を超えた大きなキューをため込むことは単純にありえなかった。しかしあるとき、コンピューター業界で規模の経済によってメモリーのコストが大幅に下がると、モデムメーカーは製品に数ギガバイトのRAMを搭載するようになった。というのは、当時はそれが実質的に利用可能な最小容量のRAMだったからである。その結果、モデムにも、ルーターにも、ノートパソコンにも、スマートフォンにも、そしてインターネットのバックボーンそのものにも、あらゆるデバイスで処理能力を何千倍も上回るバッファーが生じるようになった。やがてジム・ゲティスのような人たちが、これをなんとかせよと警鐘を鳴らし始めたのだった。

遅れるよりはやらないほうがまし

自分にとって最も基本的な問題を一人の人間と考えてみよう……ある人に好かれているが、自分はその人を好きじゃない。昔ならそういう状況は気まずかった。何か話をしないわけにはいかなくて、居心地が悪かった。ところが今はどうだろう。ある人に好かれているが、自分はそいつを好きじゃない。だったら忙しいふりをするだけだ……いつまでもずっと。

――アジズ・アンサリ

今やるほうが、まったくやらないよりもよい。
ただし、まったくやらないほうが、今すぐやるよりましなことも少なくない。

――『ゼン・オブ・パイソン』
（訳注　コンピュータープログラム「パイソン」の基本原則集）

歌手のケイティー・ペリーには、出身地であるカリフォルニア州の人口よりも一〇七パーセント多いツイッターのフォロワーがいる。二〇一六年の初めの時点で最も多くのフォロワーをもつ彼女は、八一二〇万人のファンからフォローされている。ファンの九九パーセントが彼女にメッセージをまったく送らず、特に熱心な一パーセントのファンも年に一度しかメッセージを送らないとしても、一日に二二二五通のメッセージが届く計算になる。毎日二二五通だ。

受け取った順番に従って、ペリーがすべてのメッセージに返信するとしよう。毎日一〇〇通に返信できるとしても、ファンが返事を受け取るまでの時間はすぐに数十年単位となる。ほとんどのファンは、一〇年後か二〇年後に確実に返事が来るよりも、低い確率でもすぐに返事が来るほうがうれしいはずだ。

コンサート会場から出てきたペリーをめがけて、サインや言葉を求めるファンが押し寄せるときには、この問題が起こらないことに注目してほしい。ペリーはただ自分にできることをして前に進む。ファンのかなわぬ願いはそのまま消えるだけだ。身体はそれ自体で流れ制御の役割を果たす。われわれは同時に複数の場所に存在することができない。人の多いパーティー会場では、われわれが加わる会話は全体の五パーセントに満たず、それ以外の会話についてあとで読んだり聞いたりすることはできない。網膜に届かなかった光子を待ち行列《キュー》に入れておいて、あとで見ることはできない。現実の生活では、パケットが失われたらほぼ完全にそれきりなのだ。

英語の「drop the ball」というイディオムは、その人物が怠惰《たいだ》か慢心か失念のせいで「へまをする」という意味で、ほぼ確実に軽蔑を込めて使われる。しかし過剰な負担のもとで仕事を片づけなくてはならないときには、周到にボールを落とすことが大切だ。

現代のコミュニケーションに対する批判として最もよく耳にするのは、われわれが「常につながっている」という指摘だ。しかし真の問題は、われわれが常につながっていることではない。つながっていないことが問題なのだ。常にバッファーされていることが問題なのであり、その違いはとてつもなく大きい。

何もかもインターネットで調べなくてはいけないとか、読める本はすべて読まなくてはいけない、見られる番組はすべて見なくてはいけないという感覚は、バッファーブロートである。好きな連続テレビ番組の一話を見逃したら、一時間後、一日後、あるいは一〇年後でもとにかく見ずにいられない。旅行から帰れば、山のような業務連絡が待っている。昔なら、玄関のドアを叩いて返事がなければそれで終わりだった。ところが今では、すべてが列をなすかのようにして主《あるじ》の帰りを待っている。

いやはや。Eメールはテールドロップを克服できるように意図的に設計されている。発明したレイ・トムリンソンはこう話している。

そのころ、メッセージを残すのに本当によい方法というのはありませんでした。電話はある程度は役に立ちましたが、相手側に人がいなければ電話を受けてもらえません。話したい相手がいなければ、アシスタントか伝言サービスか、その手のものに頼ることになります。メッセージを残すには、この仕組みをくぐり抜けるしかありませんでした。そんなわけで、コンピューターにメッセージを残せるというアイディアに誰もが飛びついたのです。

言い換えれば、発信者を決して拒絶しないシステムをわれわれは求め、よかれ悪《あ》しかれそれを手に入れた。現にこの一五年間で、回線交換からパケット交換への移行は社会のいたるところで進展してきた。かつて、われわれは通話相手とのあいだで回線を占有することを要求した。それが今では、相手にパケットを送って確認応答パケットが返ってくるのを期待して待つ。すぐに対応できない場合、以前は拒絶していたが、今は先送りするのだ。

「アイドル状態の不在」に対する不満がいろいろなところに書かれているが、平均スループットをピークスループットのレベルまで引き上げるというこの働きこそ、皮肉にもバッファーの第一の役割である。アイドル状態を避けるのがバッファーの仕事なのだ。われわれは路上で、旅先で、トイレで、真夜中に、メールをチェックする。飽きることなくチェックし続ける。これはうたい文句どおりにバッファーが働くことによる痛しかゆしの結果なのである。

休暇中にメール自動応答システムから送られる返信は、送信者に待ち時間を覚悟するようにと明確に伝える。テールドロップを覚悟するように伝えると、もっとよいかもしれない。送信者に平均より長い待ち時間を警告するのではなく、受信するすべてのメールをただ拒否していると告げるのだ。このやり方は休暇中に限る必要はない。たとえば、受信ボックス内のメールが一〇〇通に達したら受信したメールをすべて自動的に拒否するようにメールプログラムを設定するという手が考えられる。このやり方で請求書などを扱っては問題があるが、遊びの誘いなどに対してはこれでかまわない。

「満杯」の受信ボックスや「満杯」のボイスメールに遭遇するという状況を考えるということ自体が時代遅れで、二〇世紀終盤から二一世紀初頭にかけての時代へのまぎれもない後退だ。しかし、ほぼ無限の保存容量をもつ最新の携帯電話やコンピューターを互いに接続するネットワークにおいて、データの流れが高速で激しくなったときにパケットが意図的に廃棄されるのなら、テールドロップを記憶スペースの限界に伴う嘆かわしい結果ではなく、それ自体で目的をもった戦略と見なすべき理由があるかもしれない。

ネットワークのバッファーブロートについて言えば、現在流布《るふ》している話は複雑ではあるが喜ぶべきものである。ハードウェアとオペレーティングシステムのメーカーがネットワークのキューを根本《こんぽん》から変えようと、大がかりな取り組みに臨んでいる。TCPの新たなバックチャンネルに関する提案もある。これは長年のあいだ手つかずだった変更で、「明示的輻《ふく》輳《そう》通知（ECN）」と呼ばれる。インターネットをバッファーブロートから完全に解放するには、これらの変更をすべて実行したうえで何年も地道に取り組む必要があるだろう。「手ごわい長期戦になります」とゲティスは言う。

しかし、バッファーブロート問題が解決したあとの未来については、楽しみなことがたくさんある。バッファーには遅延がつきものなので、ほとんどの対話型プロセスにおいてバッファーは望ましくない。たとえばスカイプで話をするときには、相手が三秒前に言った言葉の明瞭な録音を聞かされるよりも、ときおり雑音の混じる信号をすぐに聞くほうが一般に好まれる。オンラインゲームをプレイするときには、五〇ミリ秒の遅延さえ殺《や》るか殺《や》られるかを分ける要因となる。実際、ゲームは遅延にとても敏感なので、主要なゲームの大会では必ず対戦者が直接対面して競技している。プレイヤーは飛行機で会場に集まり、一つの部屋の中で完結しているネットワークを使って対戦する。同期していることが重要な意味をもつあらゆる分野でほぼ同じことが言える。「友人と一緒に音楽を演奏しようとすると、都市部にいても、一〇ミリ秒の遅延が気になるのです」とゲティスは指摘する。彼が思い描いているのは、さまざまな新しいアプリケーションやビジネスが現れて、遅延の少ない対話から生まれる可能性を利用することである。「この経験全体から一般論を引き出すとすれば、エンジニアは時間を第一級のオブジェクトとして扱うべきだということです」。

アップルのスチュアート・チェシャーも、そろそろ遅延をネットワークエンジニアにとっての最優先事項とすべきだという考えに同意する。「高速」インターネット接続を宣伝する企業は帯域幅の大きさばかりを取り上げて遅延の少なさには触れないが、彼はこのことに愕然としているという。彼はたとえとして、ボーイング737型機もボーイング747型機も時速八〇〇キロメートル前後で航行するが、737型機は乗客の定員が一二〇人であるのに対して747型機の定員はその三倍だと指摘する。このことから「ボーイング747型機は737型機より三倍〝速い〟と言えるだろうか。もちろんそれは違う」とチェシャーは強く主張する。容量が重要でないこともある。大きなファイルを送信するなら、確かに帯域幅は重要だ（大量の貨物を輸送する場合、コンテナ船を使って一回で運ぶほうが、747型機で何千回も運ぶより都合がよいだろう）。しかし人間どうしのやりとりでは、応答時間が短いほうがしばしばはるかに大事で、真に必要なのはもっとたくさんのコンコルド機だ。そして実際、遅延の短縮は現在のネットワーキング研究において最前線の一つとなっている。遅延の短縮によってどんなことが実現するのかを知るのはおもしろいだろう。

一方、ほかにも闘うべき相手が存在する。ビデオ通話で話していると、ディスプレイの中でゲティスがしばしこちらから目をそらし、画面の外にいる誰かと話をする。「また調子が悪いのか？　今は話し中だから、終わったら見てあげるよ。もうすぐだから――そうか、五ギガヘルツのチャンネルは大丈夫だけど二・四ギガヘルツがだめなんだね？　例のたちの悪いバグだ。ルーターを再起動してあげるよ」。そろそろ切り上げて、ゲティスを家族に返したほうがよさそうだ。まだかまだかと待っている家族に。

11　ゲーム理論

他者の心

人間は高貴で高潔であり、なかには非常に賢明な人もいると信じている点で、私は楽観主義者です。……しかし集団としての人間についてはもう少し悲観的な見方をしています。

――スティーヴ・ジョブズ

ある投資家が別の投資家に株を売る。売るほうは株が値下がりすると確信しているが、買うほうは値上がりすると確信している。あなたの考えを私は知っていると思うが、あなたが私の考えをどんなものと思っているかについてはわからない。経済バブルが崩壊する。恋人になるかもしれない人がプレゼントをくれたが、「友だち以上の関係になりたい」という意味なのか「友だち以上の関係になりたくない」という意味なのかわからない。テーブルを囲んで食事をしているグループが、誰が誰になぜごちそうすべきかをめぐって言い争う。人助けをしようとした人が不本意にも相手を怒らせてしまう。一生懸命にクールなふるまいをしている人が嘲笑される。集団から離れようとしている人が、驚いたことに自分が集団の先頭に立っているのに気づく。「愛してるよ」とカップルの一人が言うと、相手は「私も」と言う。そしてどちらも相手の真意に思いをめぐらす。

コンピューター科学なら、こういう状況に対して何と言うだろう。

子どもは物語のプロットについて、「人間」対「自然」、「人間」対「自我」、「人間」対「人間」、「人間」対「社会」といった対立を描くカテゴリーのいずれかに属するものと考えなさいと教わる。本書ではこれまでのところ、最初の二つに属する事例を主に考えてきた。つまりここまでコンピューター科学が導き手となって教えてくれたのは、世界の基本構造かわれわれ自身の限られた情報処理能力から生じる問題に対処する方法だった。最適停止問題は、時間が不可逆で取り消し不可能であることから生じる。探索と活用のジレンマは、時間が有限であることから生じる。緩和と乱択《らんたく》は、旅程の計画や予防接種の実施といった問題につきものの複雑さに対処するための、重要で不可欠な戦略として用いられる。

本章ではこれまでとは違う部分に焦点を当てて、あとの二つ、すなわち「人間」対「人間」、「人間」対「社会」のカテゴリーについて考える。実際には、われわれが互いに引き起こす問題だ。この領域では、数学の一分野で「ゲーム理論」と呼ばれるものが最良の指針となってくれる。ゲーム理論は、まずはその本来の形で二〇世紀に多大な影響をもたらした。この二〇年ほどのあいだに、ゲーム理論とコンピューター科学が掛けあわされて、「アルゴリズム的ゲーム理論」という分野が生まれた。そしてこれがすでに二一世紀に対して影響を与え始めている。

再帰

賢者なら、自分の盃に毒を入れる。与えられた盃に手を出すのは大ばか者だけだとわかっているから。そして私は大ばか者ではない。だから、あんたの前のワインを飲むわけにはいかない。だが、私が大ばか者ではないということをあんたは知っていたはず。それを見越していたに違いない。だから、私は自分の前のワインを飲むわけにはいかない。

——映画『プリンセス・ブライド・ストーリー』

二〇世紀で最も大きな影響をおよぼした経済学者はジョン・メイナード・ケインズだと言って間違いないだろう。そのケインズがかつて、「成功する投資とは、他者の読みを読むことである」と述べている。株が六〇ドルで売却される場合、買い手はあとでそれが七〇ドルで売れると思っているに違いない。そのときの買い手はあとで八〇ドルで売れると思っていて、そのときの買い手はあとで九〇ドルで売れると思っていて、そのときの買い手はあとで一〇〇ドルで売れると思っているに違いない。このように、株価というのは自分がその株にどれだけの価値があると思っているかではなく、ほかの人がその株にどれだけの価値があると思っていると思われるかなのだ。実際には、それでもまだ十分ではない。価値と人気の決定的な違いについて、ケインズはこう述べている。

あるいは喩えを少し換えてみると、玄人筋の投資は新聞紙上の美人コンテスト、参加者は一〇〇枚の写真の中から最も美しい顔かたちの六人を選び出すことを要求され、参加者全員の平均的な選好に最も近い選択をした人に賞品が与えられるという趣向のコンテストになぞらえてみることもできよう。このようなコンテストでは、それぞれの参加者は自分がいちばん美しいと思う顔を選ぶのではなく、他の参加者の心を最も捉えそうだと思われる顔を選ばなければならない。全員が問題を同じ観点から見ているのである。ここでは、判断のかぎりを尽くして本当に最も美しい顔を選ぶということは問題ではないし、平均的な意見が最も美しいと本当に考えている顔を選ぶことさえ問題ではない。われわれは、自分たちの知力を挙げて平均的意見が平均的意見だと見なしているものを予測するという、三次の次元まで到達している。中には、四次、五次、そしてもっと高次の次元を実践している者もいる、と私は信じている（『雇用、利子および貨幣の一般理論』間宮陽介訳、岩波文庫より引用）。

コンピューター科学は、いわゆる「停止問題」におけるこの種の推論の根本的な限界を明らかにする。アラン・チューリングが一九三六年に証明したとおり、コンピュータープログラムは別のプログラムが果てしなく永久に計算を続ける可能性があるかどうかを明らかにすることが絶対にできない──そのプログラムの動作をシミュレートしてそれ自体が暴走するリスクを冒さない限り（したがって、プログラマーは自分のソフトウェアがフリーズするかどうかを確かめる自動化されたツールを手に入れることは決してないだろう）。これはコンピューター科学全体のなかで根幹的な成果の一つであり、多数の証明がこれに支えられている。*単純に言えば、機械であろうと心であろうと、システムがそれ自体と同程度に複雑なものの働きをシミュレートすれば必ず、およそ当然ながら資源が完全に限界に達する。コンピューター科学者は、このようにいわば鏡の部屋に入って心が別の心をシミュレートしてさらにその心を別の心がシミュレートしているような、潜在的に果てしない道すじを「再帰」と呼ぶ。

「ポーカーでは、大事なのは自分の手札ではない」と、映画『007 カジノ・ロワイヤル』でジェームズ・ボンドが言う。「相手を読むことが大事なんだ」。じつのところ本当に大事なのは、理屈のうえでは無限に続く再帰である。自分の手札はこうで、相手の手札はこうだと思われる。相手はこちらの手札がこうだと思っていると思われ、相手の手札はこうだとこちらが思っていると相手が思っている手札はこうで……。「ゲーム理論の用語として使われているかは知りませんが、ポーカーのプレイヤーはこれを〝レベリング〟と呼びます」と世界トップクラスのポーカープレイヤー、ダン・スミスが言う。「レベル1は〝私は知っている〃です。レベル2は〃私が知っているということをあなたは知っている〃で、レベル3は〃私が知っているということをあなたが知っているということを私は知っている〃となります。〃ああ、ここでブラフ《はったり》するのはひどくまずいが、ここでブラフするのがまずいと相手が知っているなら、コール（訳注　相手と同額を賭けること）されることはないから、ここでブラフするのはうまい手だ〃というような場面が訪れることがあります。そういうことが起きるのです」。

ハイレベルのポーカーで格別に忘れがたいブラフといえば、トム・ドワンがサミー・ジョージとの対決でやってのけた場面が挙げられる。テキサス・ホールデム（訳注　ポーカーのゲームの一種）の対戦で、ドワンはこのゲームで最悪の手札である「2－7」に四七万九五〇〇ドルを賭けて、自分の手札がそれだと相手のジョージに告げた。「2－7《デュース・セブン》のはずがないだろ」とジョージが応じた。「ありえない」。ジョージはカードを置いてゲームから降りた。そしてドワンは——そう、本当に2－7だった——賭け金を自分のものにした。

ポーカーでは、再帰は危険なゲームだ。相手よりも読みが一歩浅くてひどい目に遭《あ》うのはもちろん避けたい。しかし、深読みしすぎるのも避けなくてはいけない。「相手より一レベ

＊実際、これは現代のすべてのコンピューターの起源である。のちにチューリング・マシンと呼ばれるようになった装置を使って、チューリングがコンピューターによる演算を正式に定義したのは、停止問題がきっかけだった。

ルだけ上でプレイすべしというルールがあります」と、プロのポーカープレイヤー、ヴァネッサ・ラソは語る。「相手より上に行きすぎると、実際には相手がもっていない情報をもっていると誤解してしまいます――そしてこちらのふるまいから相手に読み取らせたい情報を相手が読み取れなくなります」。ポーカーのプロは、巧妙に相手をわなにかけて複雑な再帰に引き込みながら、じつは心理戦などとはまったく無縁な定石どおりのプレイをすることもある。これは相手をおびき寄せて「レベリングの一人相撲」をさせる手として知られている。

（相手を実りのない再帰に誘い込む手は、ほかのゲームでも有効な戦略となる。「人間」対「機械」のチェスの歴史で有数の鮮烈で奇妙で興味深いエピソードが、二〇〇八年に生まれた。対局したのは、アメリカのグランドマスターであるヒカル・ナカムラと、トップレベルのコンピュータープログラムのリプカである。すべての手を指すのに両者の持ち時間はそれぞれわずか三分で、これを超えたら自動的に敗戦が決まるというルールが採用され、間違いなくコンピューターのほうが有利と思われた。一秒間に数百万の手を検討でき、腕を動かさずに駒を動かせるのだから、それも当然だ。しかしナカムラはすぐさまゲームを停滞させ、限界の速さで駒を動かしながら無意味で反復的な動きを続けた。その間《かん》、コンピューターは実在しない勝利のパターンをむなしく探し、ナカムラが繰り出しそうなすべての手を粘り強く予想しようとして、貴重な時間を無駄に費やしていた。ナカムラのほうは、ただ盤上で指の運動をしていただけだった。コンピューターが持ち時間をほぼ使い尽くし、時間切れで負けないように無駄な抵抗を始めると、ナカムラはついに陣地を開いて突撃を開始した）

ポーカーのプロはどうやって再帰の危険性から逃れるのだろうか。じつはゲーム理論を利用している。「ときには相手を踏み台にするような［レベリングの］プレイをすべきときもありますが、多くの場合、下手なプレイというのはじつは的外れな雑音に耳を傾けてしまった結果なのです」とダン・スミスが説明する。「たいていの場合、理論の理解から始めることに力を注ぎます。……いつもまずはナッシュを把握するか、あるいは把握しようとします」。

さて、ナッシュとはいったい何だろう。

均衡の達成

おまえはルールを知ってる　俺も……
俺たちはゲームのやり方を知ってる　だから始めよう

——リック・アストリー

ゲーム理論は、協力と競争をめぐるシナリオを信じがたいほど広範にカバーしているが、この分野の出発点となったのは、抜け目のないポーカーのゲームに似たシナリオだった。二人のプレイヤーが対戦し、一方の利得が他方の損失となるというシナリオである。このタイプのゲームを分析する数学者は、「均衡」と呼ばれる状態を成り立たせる条件の特定を目指す。二人のプレイヤーがそれぞれ相手のプレイを踏まえたうえで、自分のプレイの変更を望まない状況をもたらす一連の戦略を均衡と呼ぶ。こう呼ばれるのはこれが安定した状態だからで、それぞれのプレイヤーがさらに熟考を重ねても決定が変わることがないのだ。こちらは相手の戦略を考えたうえで自分の戦略に満足し、相手もこちらの戦略を考えたうえで自分の戦略に満足している。

たとえばじゃんけんで均衡を目指すなら、おそらくおもしろくもなんともないが、三種類の手の形を完全にランダムに、全体の回数のおよそ三分の一ずつ選ぶことになる。この均衡が安定であるのは、双方のプレイヤーがこの「三分の一ずつ」戦略をいったん採用したら、それに従い続けるより有利な戦略はどちらのプレイヤーにとっても存在しないからだ(グーを多くしてみたら、相手はすぐに気づいて、パーを多く出すようになる。するとこちらはチョキを多く出すようになり……やがて二人とも再び「三分の一ずつ」の均衡に落ち着く)。

ゲーム理論において大きな影響をもたらした成果の一つとして、数学者のジョン・ナッシュは一九五一年に、プレイヤーが二人のゲームでは均衡が少なくとも一つは必ず存在するということを証明した。彼はのちにこの重大な発見によって、一九九四年のノーベル経済学賞を受賞することになる(そしてナッシュの生涯を描いた本と映画『ビューティフル・マインド』が発表されるに至る)。今では、このような均衡はしばしば「ナッシュ均衡」と呼ばれる。この「ナッシュ」こそ、ダン・スミスが常に把握しようとしているものだ。

一見すると、プレイヤーが二人のゲームでは常にナッシュ均衡が存在するという事実は、ポーカーをはじめとするさまざまなおなじみのゲームの特徴である「鏡の部屋」的な再帰から、プレイヤーをいくらか解放してくれるように思われるだろう。自分が再帰というウサギの穴を落下していると感じたときには、敵の心を読むのをやめて均衡を探し、合理的なプレイを想定して最良の戦略へまっしぐらに進むことのできる選択肢が必ずある。じゃんけんでは、出す手をランダムに選ぶのが長期的には最強の戦略だとわかっているなら、相手の表情を探って次に出される手を読み取ろうとしても意味がないかもしれない。

もっと一般的には、ナッシュ均衡を用いれば、ルールやインセンティブをどのように取り合わせた条件下でも安定した長期的な結果が予想できる。そのため、経済政策や社会政策全般の予想と策定において、ナッシュ均衡は貴重なツールとなる。ノーベル賞を受賞した経済学者のロジャー・マイヤーソンによれば、ナッシュ均衡は「経済学や社会科学に根本的で広範な影響をもたらしている。生物学におけるDNAの二重らせん構造の発見に匹敵するほどの影響を」。

しかし、コンピューター科学がこの話をややこしくしている。おおまかに言うと、数学の研究対象は「真理」であり、コンピューター科学の研究対象は「計算量」である。すでに見たとおり、ことに「手に負えない問題」に関する限りは、解が存在するだけでは十分とは言えない。

ゲーム理論においては、均衡が存在するとわかっていても、その均衡がどんなものかがわかっているとは限らない。どうしたら均衡が達成できるかもわからない。カリフォルニア大学バークリー校のコンピューター科学者クリストス・パパディミトリウは、ゲーム理論は「行為者のとる均衡行動を予想するが、均衡状態に到達する過程——これこそコンピューター科学者にとって最大の関心事であろうに——については関知しないのが常である」と述べている。スタンフォード大学のティム・ラフガーデンも同様に、均衡が必ず存在するとしたナッシュの証明に不満を示している。「なるほど。しかし、われわれはコンピューター科学者ですよね？　われわれに使えるものがほしい。存在すると言うだけではなく、どうしたら見つけられるか教えてほしい」。こうして本来のゲーム理論という分野から、アルゴリズム的ゲーム理論が生まれた。つまり、理想的なゲームの戦略を理論的に扱う研究から、機械（および人間）がゲームの戦略を考え出す方法を扱う研究へと変わったのだ。

結局のところ、ナッシュ均衡にあまり多くの疑問を抱きすぎると、すぐさま計算をめぐる泥沼に陥ってしまう。二〇世紀の終わりまでに、ゲームに複数の均衡が存在するのか、プレイヤーになんらかの利得を与える均衡が一つ存在するのか、特定の行動を必要とする均衡が一つ存在するのかといった問いに答えを出すのは、手に負えない問題であることが証明された。その後、二〇〇五年から二〇〇八年にかけてパパディミトリウと共同研究者らは、ナッシュ均衡を見出すだけでも手に負えない問題であるということを証明した。

じゃんけんのように単純なゲームなら、一目でわかる均衡が存在するかもしれない。しかし現実世界の複雑なゲームでは、参加者が必ずしもゲームの均衡を見出したり達成したりできるわけではないことが今では明らかとなっている。これはつまり、ゲームの設計者が均衡を利用してプレイヤーの行動を予想することが必ずしも可能ではないということだ。この厳然たる結果から派生して、重大な問題が生じる。ナッシュ均衡は、経済理論において市場のふるまいをモデル化して予想する方法としてあがめられてきたが、そんな扱いがじつは妥当ではないかもしれないのだ。パパディミトリウの説明によれば、「均衡という概念が効率的に計算できないなら、合理的行為者の行動に関する予想としての信頼性の多くが失われる」。MITのスコット・アーロンソンも同じ考えだ。「私の見解としては、ナッシュ均衡が存在するという公理が（たとえば）自由市場と政府の介入との拮抗《きっこう》に関する議論と関係があると見なされるなら、その均衡を見出すことが「手に負えない」という公理もまた関係があると見なすべきである」。ナッシュ均衡のもたらす予想能力は、その均衡をプレイヤーが実際に見出せる場合のみ意味をもつ。eベイの元リサーチディレクター、カマル・ジャインの言葉を借りれば、「ノートパソコンに発見できないなら、市場にも発見できない」。

支配戦略、よかれ悪《あ》しかれ

均衡が達成できても、その均衡が安定していればよいというわけではない。矛盾していると思われるかもしれないが、どのプレイヤーも戦略を変更する意思をもたないという均衡戦略が、プレイヤーにとって必ずしも最良の結果をもたらすとは限らない。それを何よりもわかりやすく示してくれるのが、ゲーム理論において最も有名で、挑発的で、多くの議論を招いてきたプレイヤー二人のゲーム、「囚人のジレンマ」だ。

囚人のジレンマは以下のように展開する。銀行強盗をはたらいたあと、自分と共犯者が逮捕され、別々の独房に入れられているとしよう。共犯者どうしで「協力」する（黙秘を続ける）か、それとも相方を裏切って警察に売ることによって信頼関係を「放棄」するか、どちらかを選ばなくてはならない。二人が互いに協力して黙秘を続ければ、有罪の判決を下すには証拠が不十分なので二人とも無罪放免となり、奪った金が山分けできることがわかっている。五〇万ドルずつもらえるとしておこう。しかし一人が裏切って相方のことを密告し、もう一人が沈黙を守れば、密告者は釈放されて一〇〇万ドルを独り占めできる。沈黙を守ったほうは単独犯として有罪判決を下され、一〇年の刑を受ける。双方が相手のことを密告した場合には二人とも有罪となり、それぞれ五年の刑を受ける。

問題はここだ。相方がどんな行動に出ようとも、自分は裏切るほうが常に得策なのである。相方がこちらを裏切った場合、こちらも相方を裏切れば刑期は五年ですむ。一人で刑期をすべて（一〇年）負うのではなく、分けあう（五年になる）からだ。相方が黙秘を貫いた場合、こちらが相方を裏切れば一〇〇万ドルがすべて自分のものになる。山分けしなくてよいのだ。いずれにしても、相方がどう決断しようとも、こちらとしては協力するよりも裏切るほうが必ず得策となる。裏切らなければ、相方がどう出ようともこちらは必ず不利になる。

実際このように、裏切りは均衡戦略であるばかりでなく、「支配戦略」と呼ばれるものになる。支配戦略は相手がとりうるすべての戦略に対して最良の対応となり、再帰を完全に回避できる。相手の頭に入り込んで考えを読む必要すらないのだ。支配戦略は絶大な威力をもつ。

しかし、ここでパラドックスが生じる。誰もが合理的な判断を下して支配戦略に従ったら、二人とも五年の刑期に服することになる。これは自由な生活と一人五〇万ドルという大金と比べれば、どちらにとってもひどく見劣りがする。なぜこんなことになってしまうのか。

古典的なゲーム理論の主要な知見としては、次のような見方がある。プレイヤー全員がそれぞれ自分の利益となるように合理的に行動している場合、均衡はプレイヤーにとって真に最良の結果ではないかもしれない、ということだ。

アルゴリズム的ゲーム理論は、コンピューター科学の原理に従ってこの知見を取り上げて定量化し、「無秩序の代償」という基準を生み出している。この基準は、協力した場合（とるべき行動が中央で設計または調整される）と競合した場合（各参加者がばらばらに自分の得る利得の最大化を目指す）とで期待される利得の比率を算出することで得られる（訳注　要するに、社会的均衡がどれだけ〔非〕効率的なものかを数量化したもの）。囚人のジレンマのようなゲームでは、この値にはほぼ限界がない。手に入れられる金額を増やして刑期を延ばせば、生じうる結果どうしの差を随意に広げることができる。支配戦略が変わらなくても、やはりこの差は広げられる。協力しない場合にプレイヤーたちがどれほど痛い思いをするかについては限界がない。しかし、アルゴリズム的ゲーム理論の研究者なら気づくとおり、無秩序の代償がこれと比べてはるかに痛みを伴わないゲームもある。

たとえば、交通《トラフィック》を考えよう。毎日渋滞の中を自動車通勤している人でもよいし、インターネット上でTCPのパケットをシャッフルするルーターでもよい。システム上のすべての要素は、単にそれぞれにとって最も容易なものを求めているだけだ。ドライバーはとにかく最も速いルートを選びたいし、ルーターはとにかく最小限の負担で自分の引き受けたパケットを処理したい。しかしどちらのケースでも、容易なものを求めるというやり方では、重要な経路を過密にして、渋滞を引き起こし、結局はすべてに害を与えるおそれがある。といっても、その害とはどの程度のものなのだろう。意外にも、ティム・ラフガーデンとコーネル大学のエヴァ・タルドスは二〇〇二年に「利己的な経路選択」法をとった場合に支払わねばならない無秩序の代償はわずか三分の四であることを証明した。つまり、無秩序状態は完璧なトップダウン型の調整と比べて三三パーセントしか劣らないということだ。

ラフガーデンとタルドスの研究は、物理的な交通を扱う都市計画に対しても、あるいはネットワークのインフラに対しても、重大な意味をもつ。利己的な経路選択をしても無秩序の代償が小さいという事実によって、個々のパケットの経路選択を管理する中央権力がなくてもインターネットがきちんと機能している理由などが説明できるかもしれない。仮にそうした中央管理が可能であっても、インターネットの機能が著《いちじる》しく改善されることはない、ということにはなるだろう。

人間社会の交通については、無秩序の代償が小さいことは諸刃《もろは》の剣となる。中央集権的な制御が行なわれていなくても、通勤時の車の流れはせいぜい三三パーセント悪くなるだけであり、これは喜ぶべきことだ。一方、ネットワーク化された自動運転車が未来の車のユートピアを実現してくれることを望んでいる人は、現在の利己的で非協調的なドライバーがすでに最適な状態にかなり近いと聞かされたらがっかりしてしまうかもしれない。自動運転車が交通事故を減らしてくれるはずで、もっと狭い車間距離での運転も可能になるかもしれないという話は本当で、そうなれば交通のスピードアップが期待できる。しかし渋滞という観点から見ると、無秩序状態は完璧に制御された状態と比べて三分の四しか状況が悪化していないというのであれば、完璧に制御された自動車通勤が実現しても、現在と比べて渋滞は四分の三までしか緩和されないということになろう。これはジェイムズ・ブランチ・キャベルの小説に出てくる有名な一節にちょっと似ている。「楽観主義者は、われわれの暮らす世界は存在しうるあらゆる世界のうちで最良だと訴える。悲観主義者は、それが真実であることを恐れる」。渋滞という問題は、個々のドライバー（人間であれコンピューターであれ）が利己的な方法または協調的な方法でばらばらに判断を下すよりも、計画者が全体的な需要にもとづいて解決するほうが必ずうまく解決できるだろう。

無秩序の代償を定量化することによって、この分野では分散型システムのメリットとデメリットを評価するための具体的で厳密な方法が得られた。このことは、人がゲームのプレイに関与している（自覚の有無は問わず）あらゆる領域に広範な影響をおよぼしうる。無秩序の代償が小さいということは、よかれ悪しかれ、システムに特に手を加えなくても、慎重に管理された場合とだいたい同程度に良好な状態を保てるということを意味する。これに対し、無秩序の代償が大きい場合には、うまく調整すれば状態が改善される可能性があると考えられる。ただし、なんらかの介入がなければ惨事を招くことになるという意味でもある。囚人のジレンマは明らかに後者のタイプだ。そして残念ながら、世界が取り組まなくてはならない格別に重要なゲームもやはり多くは後者である。

共有地の悲劇

一九六八年、生態学者のギャレット・ハーディンはプレイヤーが二人の囚人のジレンマに着目し、一つの農村の全住民を取り込めるほど規模を拡大したらどうなるかと想像した。ハーディンは論文の読者に対し、牧草の生えた「共有地」を頭に描くよう求めた。住民はみな家畜にここで草を食べさせてよいが、草には限りがある。理屈のうえでは、どの住民もよその家畜の食べる草がなくならないように、自分の家畜の数を抑えるべきである。しかし現実には、それより少し多くの家畜に草を食べさせれば飼い主が得をする一方で、害はほんのわずかで特に重大な影響もなさそうだ。ところが、適切な量よりも少し多く共有地を利用するというやり方をすべての住民がとったら、恐るべき均衡が生じる。草地は完全に荒廃し、もう誰の家畜もここで草は食べられない。

ハーディンはこれを「共有地の悲劇」と名づけた。これは経済学者、政治科学者、環境保護活動家が環境汚染や気候変動といった大規模な生態系の危機を展望する際の主要なレンズの一つとなっている。「子どものころ、有鉛《ゆうえん》ガソリンというものがありました」と、カーネギー・メロン大学のコンピューター科学者でゲーム理論研究者のアヴリム・ブルームは言う。「有鉛のほうが一〇セントほど安いのですが、環境を汚染します。……ほかのみんなも使っているのだから、自分の車でも有鉛ガソリンを使ったところで、自分への［健康面での］影響がどれほど悪化するでしょうか。大して変わりません。これは囚人のジレンマです」。企業や国のレベルでも同じことが言える。最近の新聞に、この問題を簡潔に言い表した見出しが載っていた。「気候の安定化には化石燃料の大半を地中にとどめておくことが必要――しかし誰の分を？」。企業は（そしてある程度は国も）ライバルよりも少し好き勝手にふるまうほうが、競争するうえで有利になる。しかし全員が好き勝手にふるまったら、地球は荒廃し、何もかもが無駄になってしまう。この荒廃に関与した誰の手も、経済的なメリットをつかむことはできないのだ。

このタイプのゲームのロジックはいたるところに蔓延しているので、それが暴走していることはわざわざ悪い例を探さなくても見て取れる。清廉《せいれん》な良心をもっていても、恐るべき均衡にたやすく陥ってしまうことがある。どのような場合に？　身近なところで、自分の会社の休暇規則を見てみればよい。アメリカは世界トップクラスの長時間労働国だ。《エコノミスト》誌は「アメリカほど労働の価値が高く、余暇の価値が低く見なされている国はほかにない」と指摘している。雇用主に休暇の保障を義務づける法律はほとんどなく、たとえ休暇制度があっても従業員はそれを利用しない。最近の調査では、平均的な労働者は認められている休暇日数の半分しか使わず、驚くべきことに労働者の一五パーセントは休暇をまったく取っていないことが判明した。

現時点で、サンフランシスコのベイエリア（本書の著者二人の居住地）では、休暇規則についての思いきったパラダイムシフトによって、このひどい状態を改善する取り組みが進められている。しかし、その意図は善意に満ちているものの、悲惨な結果に至るのは確実だ。前提は十分に良心的と思われる。各従業員に決まった日数の休暇を与える方法では、誰も上限を超えないように人事管理部が無駄に時間を費やすことになる。だからそんなやり方ではなく、従業員の自主性に任せたらどうなのか。上限を設けずに、ただ休暇を認めたらどうなのか。この件に関する事例報告では、これまでのところさまざまな結果が混在している。しかしゲーム理論の観点から見ると、この自由なやり方は悪夢のようなものだ。ふつうに考えれば、どの従業員もなるべくたくさん休暇を取りたがる。しかし、ほかの従業員よりもまじめで積極的で熱心だ（つまり昇進に値する）と思われるために、ほかの従業員よりも休暇日数をほんの少しだけ抑えたいとも考える。誰もがほかの従業員を見て基準を探り、それをほんの少し下回る日数だけ休暇を取るようになるだろう。このゲームのナッシュ均衡はゼロ日である。ソフトウェア会社トラヴィスCIのCEO、マティアス・マイヤーは「社員は一番たくさん休んでいるやつと思われたくないので、休暇の取得を躊躇するだろう。結局、最低日数を競うレースになる」と記している。

これはまさに共有地の悲劇そのものだ。同様の悪影響は企業内だけでなく、企業間でも生じる。小さな町で商店を営む店主が二人いるとしよう。週に七日営業するか、それとも日曜日は友人や家族とくつろぐことにして週に六日だけ営業するかは自分で決められる。二人とも週に一日休むなら、今までどおりに客が維持できて、ストレスは少しですむ。しかし一人が週に七日営業することにしたら、今までより多くの客がそちらに流れる。つまり、もう一方の店から客を奪い、そちらの店主の生計を脅《おびや》かすことになる。このケースでもやはり、両者が毎日店を開けることがナッシュ均衡となる。

アメリカでは二〇一四年の休暇シーズンに、まさにこの問題が炎上した。毎年恒例の感謝祭明けの買い物ラッシュで先んじようとするライバル店に市場シェアを奪われまいと、小売店が続々と屈服してあさましい均衡へ向かったのだ。「各店がこれまでになく早い時間に営業を開始しようとしている」とオンラインニュースの《インターナショナル・ビジネス・タイムズ》が報じた。メイシーズは開店時刻を前年より二時間繰り上げ、ターゲットも同じく二時間繰り上げた。Kマートは感謝祭の日の朝六時に開店し、それから四二時間にわたって営業を続けた。

自分がそのような状況、すなわち二人の囚人のジレンマや多数が関与する共有地の悲劇にプレイヤーとして参加しているのに気づいた場合、どうしたらよいだろう。ある意味では、どうしようもない。そうした悪《あ》しき均衡がもつ安定性そのもの、つまり均衡をもたらす要素自体が、本当に耐えがたいものとなる。支配戦略を内側から変えることはほぼ不可能だ。だからといって、悪しき均衡が是正できないわけではない。解決策は外部からもたらされるのだ。

メカニズムデザイン――ゲームのやり方を変える

うまくやったやつを憎むな　ゲームを憎め。

――アイス - T

ファミリーに歯向かう者の肩をもつな――二度と。

――映画『ゴッドファーザー』

囚人のジレンマは長らく、人間の協力の本質をめぐる議論や論争の中心となってきた。しかしユニヴァーシティー・カレッジ・ロンドンのゲーム理論研究者、ケン・ビンモアはそうした議論の少なくとも一部は的外れだと考えている。「囚人のジレンマが人間の協力の本質を捉えていると考えるのは明らかに誤りである。そうではなく、囚人のジレンマは、協力が生じにくいように設定された状況を表現しているのだ」（『ゲーム理論』海野道郎・金澤悠介訳、岩波書店より引用）と彼は主張している。*

ゲームのルールのせいで悪い戦略を選ばざるをえない場合には、戦略の変更を目指すべきではないかもしれない。むしろゲーム自体の変更を目指すべきだろう。

この考え方から、ゲーム理論の中の「メカニズムデザイン」と呼ばれる分野が出てくる。ゲーム理論は一定のルールのもとでどんな行動が出現するかを問うが、メカニズムデザイン（「逆ゲーム理論」とも呼ばれる）は逆方向に働き、「どんなルールなら、相手がこちらの望む行動をしてくれるか」を問う。ゲーム理論で明らかになった事実――均衡戦略は各プレイヤーにとって合理的であってもすべてのプレイヤーにとって悪いものとなることもあるという事実など――が直感的に受け入れがたいとすれば、メカニズムデザインが明かす事実はそれ以上に納得しがたい。

再び囚人のジレンマをやってみよう。銀行強盗をはたらいた自分と共犯者が、それぞれ独房に入れられている。ただし先ほどと比べて重大な違いがある。ゴッドファーザーが登場するのだ。自分と共犯者は犯罪組織の構成員で、密告者は海に沈めるという掟をボスは明言し

＊ビンモアはさらに別の見解も述べている。囚人のジレンマのようなゲームは、一見すると、イマヌエル・カントの提唱した「定言命法」（ほかのすべての人に望むのと同じように自分もふるまえという命令）が理性で成り立っているとしたカント自身の主張を打ち消すように思われると記しているのだ。この定言命法は、均衡戦略よりも囚人のジレンマにおいてよい結果をもたらすが、その結果が安定したものではないという事実を逃れることはできない。

ている。このようにゲームの利得を変更すると、行動の選択肢が制限されるという影響が生じる。しかし皮肉にも、どちらの囚人にとっても満足な結末を迎える可能性がはるかに高くなる。裏切りは前ほど魅力的ではなくなる（婉曲な言い方をしてみた）ので、二人の囚人は互いに協力する気になり、その結果として二人とも堂々と財産を五〇万ドル増やして監獄をあとにするだろう。もちろん、そこからボスに渡す上納金がいくらか引かれることにはなるが。

ここで釈然としない強力な要素というのは、命を奪われるとか取り分が減るなど、あらゆる結果が前より悪くなる可能性もあるのに、均衡に変化を起こすことで双方がもっとよい結果を手に入れられるということだ。

小さな町の商店主の場合、日曜日は休みにしようという口約束はあてにならない。どちらかがもっと金を必要とするようになったら、ただちに約束を反故《ほご》にするだろう。すると相手も客を奪われまいとして、日曜日に店を開けることになる。こうなるとどちらも疲弊するばかりで、競いあってもいっこうにメリットがないという、最悪の結果しか得られない悪しき均衡に戻ってしまう。しかし、たとえば日曜日に一方の店が得た売り上げ金は他方の店に渡すことと定めた法的拘束力のある契約書にサインすれば、双方が自分の思いのままにふるまうことができるかもしれない。満足できない均衡をさらに悪化させることによって、新たにもっとよい均衡を生み出すこともできるのだ。

一方、均衡を変えずにゲームの利得を変えると、望んでいるよりはるかに小さな効果しか得られないのがふつうだ。ウェブサービス提供会社エバーノートのCEO、フィル・リービンは、全社員を対象として休暇を取得したら一〇〇〇ドル支給するという方針を打ち出して話題を呼んだ。休暇を取得する社員を増やすには妥当な方法のように聞こえるが、ゲーム理論の観点から見るとじつは方向を誤っている。たとえば、囚人のジレンマで取りざたする金額を増やすのは的外れだ。金額を変えても、悪しき均衡はまったく変わらない。一〇〇万ドルを盗んだ犯人が二人ともつかまるなら、一〇〇〇万ドルを盗んでも同じことだ。休暇が魅力的でないという点が問題なわけではない。問題は、誰もが同僚より少しだけ休暇を短くしたいと思う点にある。その結果、このゲームには休暇をまったく取らないという均衡しか存在しなくなるのだ。一〇〇〇ドルもらえるというのは悪い話ではないが、ゲームの原理は変わらない。なるべくたくさん休暇を取りながら、ほかの社員よりも少しやる気があると認めてもらって、数千ドルよりも価値のある昇給や昇進を狙おうというのだ。

　では、リービンは社員一人が一回休暇を取るたびに、一万ドルを支給しなくてはいけないのか。そんなことはない。メカニズムデザインによれば、リービンが社員を満足させるには飴ではなくムチを使えばよい。一セントたりとも使わずに、均衡を改善する方法があるのだ。たとえば、最低限の休暇の取得を義務化すればよい。レースを変えることができなくても、ゴールは変えられる。CEOであれ、全関係者を拘束する契約書であれ、絞首刑をちらつかせて黙秘の掟を守らせるボスであれ、メカニズムデザインは計画者《デザイナー》の必要性を強力に訴える。スポーツリーグのコミッショナーもこの種の計画者《デザイナー》である。NBAでまともな試合が行なわれず、各チームはシーズンの開幕から終了までのいつでも、たとえば日曜日の午前三時とかクリスマスの正午でも試合ができるとしたら、どれほどみじめな見世物となるか想像してほしい。げっそりして顔色の悪い選手たちが極度の睡眠不足に陥り、刺激剤でなんとか目をこじ開けているが意識はほぼ飛んでいるという光景を目にすることになるだろう。まるで戦場のようだ。一方、冷酷で非情な投資家がマイクロ秒単位で売買を行なう「眠らない街」のウォールストリートでさえ、毎日午後四時には戦闘を休止する。ライバルから悪質な待ち伏せ攻撃を受けて睡眠不足の均衡に陥ることがないように、毎晩それなりの時間にブローカーを眠らせるためだ。この点で、株式市場は戦争というよりスポーツに近い。

このロジックを拡大すると、政府の役割に関する説得力のある主張が生じる。実際、多くの政府では最低限の休暇の取得や店の営業時間の制限を義務づける法律を定めている。アメリカは先進国のなかで有給休暇を国として義務づけていない数少ない国の一つだが、マサチューセッツ、メイン、ロードアイランドでは、州の法律によって感謝祭シーズンの店の営業が禁止されている。

このような法律はしばしば植民地時代に端を発していて、もともとは宗教的な意味合いをもっていたものが多い。実際、宗教自体もこの種のゲームの仕組みを変更するきわめて直接的な手段となる。特に「安息日を守れ」といった宗教的戒律は、全能の神から課されたにせよ、もっと身近な宗教コミュニティーのメンバーから課されるにせよ、商店主が直面する問題を手際よく解決してくれる。これ以外にも、殺人、姦通、盗みなどの反社会的行動に対する禁止令に神の力を加えることも、社会集団の中で暮らすことに伴うゲーム理論的な問題の一部を解決する手段となる。神はこの点で政府よりもさらに効果がある。というのは、その全知全能によって、悪しきふるまいをすれば恐ろしい結果が待っているということがきわめて強力に保証されるからだ。どんなゴッドファーザーも、父なる神《ゴッド・ザ・ファーザー》にはかなわない。

宗教は、コンピューター科学者がほとんど触れない話題らしい。実際、まさにそのことをテーマとした『コンピュータ科学者がめったに語らないこと』(ドナルド・E・クヌース著、滝沢徹・牧野祐子・富澤昇訳、エスアイビー・アクセス)という本も出ている。しかし宗教によって課されるような行動への制約は、人のもつ選択肢を減らすことによって、ある種の意思決定における計算の難しさを軽減してくれる。そのうえ、よりよい結果ももたらしてくれることがある。

進化によるメカニズムデザイン

人間というものをどれほど利己的とみなすとしても、なおその生まれ持った性質の中には他の人のことを心に懸けずにはいられない何らかの働きがあり、他人の幸福を目にする快さ以外に何も得るものがなくとも、その人たちの幸福を自分にとってなくてはならないと感じさせる。

――アダム・スミス『道徳感情論』（村井章子・北川知子訳、日経BP社より引用）

心情は、理性の知らない、それ自身の理性を持っている。

――ブレーズ・パスカル『パンセ』（前田陽一・由木康訳、中公クラシックスより引用）

カリフォルニア州のセコイア林は、地球上で有数の古く堂々たる生物群だ。しかしゲーム理論の立場から言うと、悲劇的な存在でもある。樹高《じゅこう》がとても高いのは、われこそほかの木より高くなろうと背伸びを続けているからにほかならない。その結果、ほかの木の陰に入ることによる害よりも、高くなりすぎることによる害のほうが大きくなってしまった。リチャード・ドーキンスはこう記している。

林冠はちょうどなだらかな起伏をもつ草原で、ただ支柱の上に乗っかっているだけの、空中牧場だと考えることができる。林冠は草原とほとんど同じくらいの割合で太陽エネルギーを集める。しかし、エネルギーのかなりの部分が支柱にそのまま投入されることで「浪費」される。支柱は「牧場」を空中高くに持ち上げる以外には何も有益な仕事をしておらず、牧場では、地面に平らなままおかれていた場合――この場合にかかるコストははるかに低い――にできるのと、ぴったり同じだけの光子を捕捉して手に入れる

（『進化の存在証明』垂水雄二訳、早川書房より引用）。

この林が停戦協定を結ぶことができれば、生態系は樹高を伸ばす軍拡競争に光合成の恩恵を浪費することなく、存分に享受できるはずだ。しかしすでに見たとおり、この種のシナリオで望ましい結果というのは、ゲームの外に権力者がいて、ゲームの利得をトップダウンで変えられるという状況でのみ得られる場合が多い。それなら自然界では、個体間でよい均衡を確立することは不可能だと思われるかもしれない。

その一方で、特定のゲームで協力が本当によりよい結果につながるのなら、協調性の高い種《しゅ》が進化のうえで優勢となるはずだ。しかしその場合、個体レベルではなく集団レベルでの み協力が合理的であるとしたら、その協力はどこから生じるのか。個体の力では完全にはコントロールできない何かから生じるのかもしれない。それはたとえば「感情」のようなものだろうか。

一見すると無関係と思われる二つのシナリオを考えよう。(1) 男性が電気掃除機を購入したが、ほんの数週間で故障したので、一〇分かけてネット上で悪意に満ちたレビューを書く。(2) コンビニエンスストアで買い物をしていた女性が、高齢男性から財布とドアの鍵を盗んだ人に気づいた。女性は泥棒を組み伏せて、財布を奪い返す。

二人めの主人公は明らかに勇敢で、最初の主人公はただ憤《いきどお》っているだけだが、二つのシナリオには共通点がある。パターンはまったく違うにしても、どちらも意図せぬ無私無欲に動かされているのだ。不満を抱く男性は、掃除機を交換してもらおうとか返金してもらおうとしているわけではない。きわめて間接的な仕返しをしているのであり、そこから(合理的なゲーム理論的な意味で)得られるものは、レビューを書いたという邪《よこしま》な満足感を除いてほとんど何もない。コンビニエンスストアの勇敢な女性は、自ら多大なコストを払って私的制裁を加えている。赤の他人の四〇ドルかそこらを取り返すために、けがをするか場合によっては命を失うかもしれない危険を冒しているのだ。被害者の力になりたいというなら、病院に搬送されるリスクなど冒さずに、自分の財布から二〇ドル札を二枚出して渡すだけでもよいではないか。この意味で、二人の主人公のふるまいは不合理である。その一方で、二人の行動は社会の役に立っている。スリをはたらこうとしたらかえって痛い目に遭《あ》い、劣悪な品質の製品を販売する企業には悪評が立つような世界こそ、誰もが住みたがる世界のはずだ。

損失に憤慨して時間を無駄に費やしたり、ましてや四〇ドルのために歯を失ったりするのを避け、自分にとって最大の利益となるように客観的で考え抜かれた決定を常に下せるようになれば、個人のレベルでより豊かな暮らしが送れるだろう。しかし、先ほどの主人公たちのように挑戦的な姿勢が頻繁に見られる社会では、そのようなふるまいのおかげですべての人がより豊かな暮らしを送ることができる。

では、外部の権力者が存在しない状況で、この主人公たちに何が起きて、利己的な均衡を破るに至ったのか。一つは怒りである。いいかげんな会社のせいであれ、卑劣なコソ泥のせいであれ、怒りは合理性を打ち負かす。今の例では、ふつうならゲームの外にいる権力者が引き受けたであろうことを、進化の手がやってのけたのかもしれない。

　自然界には、自分以外の種にいわば乗っ取られて、その種の目的の達成に寄与する個体の例がいくらでもある。たとえば寄生虫の槍形吸虫（*Dicrocoelium dendriticum*）は、アリをわざと草の葉先まで登らせてヒツジに食べさせる。ヒツジは槍形吸虫のお気に入りの宿主なのだ。同様に、やはり寄生虫であるトキソプラズマ原虫（*Toxoplasma gondii*）は、ネズミにネコを恐れる気持ちを永久に失わさせて、同様の結果を得る。

掃除機の故障に立腹して仕返しをした男性と、コンビニエンスストアで泥棒と格闘した女性のどちらにとっても、感情とはわれわれ自身の種がしばしば個人を支配することによって生じるものである。「道徳性とは、個人における畜群本能なのである」（『愉しい学問』森一郎訳、講談社学術文庫より引用）とニーチェは書いている。少し言い換えるなら、感情とはヒトという種におけるメカニズムデザインだと言ってもよいかもしれない。感情は意思とは無関係に生じるというまさにその理由により、感情は外部からの強制を必要としない契約を可能にする。誰かが復讐しようとする場合、その者にとって有利な結果となることはなかなかないが、自分が他人に利用されたことに対して「不合理」な激しさで反応する者は、まさに同じ理由で正当な扱いを受ける可能性が高くなる。コーネル大学の経済学者ロバート・フランクの言葉を借りれば、「自分の物を盗まれれば非合理的に反応する人間だと**思われて**いれば、実際に非合理に対応する**必要は**なくなる。非合理的な人からは盗むのが馬鹿らしいからである。この場合には、物質的な自己利益のみに導かれて行動するよりも、非合理的な性格を持っているほうが、かえって良い結果を生むことになる」（『オデッセウスの鎖』山岸俊男監訳、大坪庸

（文明化された現代人には復讐の代わりに適法契約や法の支配があると思う読者もいるかもしれないが、訴訟や起訴をした場合、物質的な意味で被害者が取り戻すことを期待しうるものよりも労力や苦痛のほうがしばしば大きいということを思い出してほしい。成熟した社会において、訴訟は報復の代わりではなく、自滅の手段となってしまうのだ）

怒りだけでなく、同情や罪悪感、それに愛情についても同じことが言える。

おかしな話だと思われるかもしれないが、囚人のジレンマは結婚についてもいろいろなことを教えてくれる。第1章で秘書問題などの最適停止問題を扱ったとき、デートとアパート探しというのは、将来に手にするかもしれないがまだ視野にない選択肢に自分の未来を託さなくてはならない事例だと見なした。しかし恋愛と住まいのどちらにおいても、最適停止の決定を下したあともさらに新たな選択肢が出現し続ける。それなら逃げ出してしまってはどうか。もちろん、相手（配偶者であれ大家であれ）も逃げ出す準備ができているとわかれば、そうした合意を価値のあるものとする長期的な投資（ともに子をもうけるとか、せっせと荷物を運び込むこと）の多くが回避されるだろう。

どちらの場合も、このコミットメント問題と呼ばれる事態は、少なくとも部分的には契約で対処できる。しかしゲーム理論によれば、デートについては法律による意図的な絆は愛情そのものによる無意識的な絆ほど夫婦関係の持続に関係しないということが示唆される。ロバート・フランクはこう述べている。「後になって都合が悪くなって関係を解消されてしまうのではないかという不安は、そもそも人々を結びつけているのが合理的判断でないなら、たいていは消えてしまう」（『オデッセウスの鎖』より引用）。彼は次のように語る。

そう、人は自分が重視する客観的な性質を求めます。誰もが、親切で頭がよくておもしろくて健康で、できれば外見も魅力的で収入が高ければなおよいなどと、相手に望む性質をたくさん心に抱いています。でも、それらが大事なのは最初のうちだけです。……十分な時間をともに過ごせば、一緒にいたいという気持ちにさせてくれるのは、こうした条件ではありません。大事なのはその人がその人であるという事実です。これこそ大事なことで、じつのところ契約など要らないのです。客観的にはもっと条件のいい選択肢があるにしても、ずっと離れずに一緒にいたいと思わせてくれる気持ちが必要なのです。

別の言い方をすれば、愛情とは組織犯罪みたいなもの、ということだ。愛情は結婚というゲームの仕組みに手を加えて、双方にとって最良の結果となるように均衡を変える。劇作家のジョージ・バーナード・ショーは、結婚について「囚人が幸福なら、なぜ牢に閉じこめる？　幸福でないのなら、なぜ幸福であるようなふりをする？」（『人と超人』喜志哲雄訳『バーナード・ショー名作集』白水社所収）より引用）と書いている。ゲーム理論はこの問いに対して意味深な答えを出す。幸福こそが二人をつないで離さない牢なのだ。

恋愛について ゲーム理論的に論じると、明らかになる点がもう一つある。結婚とは、共犯者の選択が許された囚人のジレンマだということである。これはささいな違いと思われるかもしれないが、じつは参加しているゲームの仕組みに大きく影響する可能性がある。なんらかの理由で、共犯者は自分がそばにいてやらないとつらくてたまらない――一〇〇万ドルもらってもその気持ちは癒せない――ということがわかっていれば、共犯者に裏切られて監獄でぼろぼろになる心配はぐっと少なくなる。

こんなわけで、愛情に関する合理的な議論には二つの要素がある。愛慕《あいぼ》の念があれば、パートナーの意図を再帰的に深読みする必要がない。それに加えて、利得が変わることによって、じつは全体としてよりよい結果も可能になる。さらに、あれこれ考えないで本能的に恋に落ちた相手なら、より魅力的なパートナーとなる。つらい処遇に耐えることができ、愛する相手と運命をともにする覚悟があるということは、信頼できる共犯者になれる性質にほかならない。

情報カスケード――バブルの悲劇的な合理性

自分が多数派側に入っているのに気づいたら、立ち止まって思案すべきだ。
――マーク・トウェイン

他者の行動に注意を払うことが有益だと言える一つの理由は、そうすれば世界について他者がもつ情報を自分の情報に加えることができる点にある。人気のあるレストランはおそらくよい店だろう。コンサートホールに客が半分しか入っていなければ、おそらくそれはよくない兆候だ。話している相手が不意にこちらからは見えない何かに視線を移したなら、自分もそちらに振り向くのはたぶん悪くないだろう。

一方、他者から学ぶことが常に著《いちじる》しく合理的だとは思えない。流行やファッションは、世界に関する客観的な根本的真理とは無関係に、ただ他者の行動を模倣した結果にすぎない。さらに問題なのは、他者の行動が有用な指針になるという思い込みによって、大勢《たいせい》に従って経済の破綻《はたん》を引き起こす結果に至る場合もあるということだ。ほかの誰もが不動産に投資しているのなら、自分も住宅を購入したほうがよさそうな気がする。なにしろ価格が上昇を続けているのだ。どこか間違っているだろうか。

二〇〇七年から〇九年にかけて起きたサブプライム住宅ローン危機の興味深い点は、巻き込まれた人が一様に、当たり前のことをしただけなのに不当な被害を受けたと感じていたらしいことだ。住宅は絶対に安全な投資だと信じて育ち、住宅価格が急騰しているにもかかわらず(あるいは急騰しているがゆえに)周囲の人たちがこぞって住宅を購入するのを見たアメリカ人は、その住宅価格がついに急落し始めるとひどい打撃を受けた。一方、銀行は今までと同じ仕事をしただけなのに不当に批判されていると感じた。客に機会を提供し、それに乗るかどうかはちゃんと客に決めさせていた。突如として市場が崩壊したあと、常に誰もが誰かを批判せずにいられなかった。ここでゲーム理論が思いがけない見方をもたらす。今回の危機のような破局は、誰も悪いことをしていなくても起こりうるということだ。

金融バブルの仕組みをきちんと理解するには、まずはオークションについて理解することから始めよう。オークションは経済の中ではニッチな一角にすぎないと思われる――サザビーズやクリスティーズで競《せ》りにかけられる一〇〇万ドルの油絵とか、eベイに出品されるビーニーベイビーズなどのお宝が頭に浮かぶ――かもしれないが、じつは経済においてかなり大きな部分を動かしているのだ。たとえばグーグルは収益の九〇パーセント以上を広告の売り上げから得ていて、その広告はすべてオークションで売買されている。一方、政府は電信用電波の帯域使用権(携帯電話の伝送周波数帯域など)の売却をオークションで行ない、数百億ドル規模の収益を得る。実際、住宅や書籍やチューリップなど、多様な商品の世界市場の多くでさまざまな方式のオークションが行なわれている。

オークションの方式でごく単純なものとして、「封印第一価格オークション」がある。これは各参加者が入札額を秘密にしておき、その金額がいくらであっても最高額で入札した人が勝つという方式だ。しかしアルゴリズム的ゲーム理論の観点から見ると、この方式には大きな問題がある。正確に言えば複数の問題だ。第一に、勝者の入札額がいつも高すぎるのではないかと感じられる。ある物件について競争相手は二五ドルの価値があると思い、自分は一〇ドルの価値があると思い、二人とも思ったとおりの評価額(二五ドルと一〇ドル)で入札した場合、競争相手はじつは一〇ドルよりほんの少し高いだけの金額で入手できたはずのものを二五ドルで買うことになる。この問題から第二の問題が生じる。過剰に支払うことなく適切な入札を行なうためには、ほかの参加者の真の評価を予想し、それに合わせて自分の入札額を「控えめ」にする必要がある。これだけでも十分に厄介な話だが、ほかの参加者も思ったとおりの評価額で入札せず、こちらの金額を予想して自分の入札額をやはり控えめにする。また再帰の国に足を踏み入れてしまった。

別の基本的なオークションの方式として「ダッチオークション」または「競り下げ式オークション」と呼ばれる方法がある。この方式では、価格を徐々に下げていき、買い手がついたらそこで終了となる。「ダッチ」（オランダの）という名称は、オランダで毎日開かれる世界最大の花のオークションであるアールスメール花市場に由来する。しかし、ダッチオークションは意外に広く用いられている。店で売れ残った商品を値下げしたり、市場で受け入れられると思われる上限の家賃を家主がアパートにつけたりするのも、ダッチオークションの基本的な性質を備えたやり方だ。売り手はまず強気の姿勢をとり、それから買い手が見つかるまで価格を少しずつ下げていく。買い手は自分の考えている範囲の上限付近の金額を払えば（評価額が二五ドルなら、二五ドル近くまで下がってきたところで入札の態勢に入る）勝てる可能性が高くなるので、複雑な戦略にもとづいて入札額を控えめにしたくなる。この点で、ダッチオークションは第一価格オークションと似ている。二五ドルで買うか、それとも我慢してもっと下がるのを待つか。一ドル節約するごとに、すべてを手に入れ損ねるリスクが高まっていく。

ダッチ式または競り下げ式の逆にあたるのが「イングリッシュオークション」または「競り上げ式オークション」と呼ばれるやり方で、オークションの形式としてはこれが最もよく知られている。イングリッシュオークションでは、入札者が降りて最後の一人となるまで、次々に入札価格を上げていく。これはわれわれが求めるのに近いものを与えてくれそうだ。この方式では、相手が物件を二五ドルと評価し、こちらが一〇ドルと評価した場合、相手は二五ドルまで値を上げずにすみ、戦略によってウサギの穴に落ちていくこともなく、一〇ドルを少しだけ上回る価格で落札できる。

しかしダッチ式もイングリッシュ式も、封印入札と比べれば複雑さが一レベル上回る。各入札者が私的情報をもっているだけでなく、入札行動の流れを見て取ることもできる（ダッチ式では、入札がなければそれはほかの入札者の評価額が現在の価格水準とは異なるという意味なので、入札の有無が情報を伝えることになる）。状況によっては、このように私的情報と周知の情報の混在が有害となることもある。

オークションの物件について、入札者たちは自らのつけた評価額が適正かどうか自信がないと想定しよう。オークションにかけられているのは、ある海域で石油を掘削する権利とする。ゲーム理論研究者のケン・ビンモアは「その区域に埋蔵されている石油の量は誰にとっても等しい。しかし、石油の埋蔵量に対する買い手の推定値は、彼らが行う地質調査の結果によって違ってくる。このような地質調査は高額なだけでなく、恐ろしくあてにならないものである」（『ゲーム理論』海野道郎・金澤悠介訳、岩波書店より引用）と指摘している。このような場合、競争相手の入札をよく観察して、自分のもつ乏しい私的情報を周知の情報で補強するのは当然と思われる。

しかしこの周知の情報が期待には程遠く、まるで役に立たないということもあるかもしれない。ほかの入札者の考えを真に知ることはできず、わかるのは彼らの行動だけだ。しかもこちらの行動が相手の行動に影響されているのと同じく、相手の行動もこちらの行動を踏まえているという可能性も十分にある。「ほかのみんな」が何の問題もなさそうにふるまっているからと、一団となって崖の向こうへ落ちていくという状況は容易に想像できる。各自がじつは不安を覚えつつも、集団内の誰もが自信をもっているように見えるので自分も不安を表には出さないようにする、というときにはこうなりやすい。

共有地の悲劇の場合と同様、この失敗は必ずしも参加者のせいとは限らない。スシル・ビクチャンダニ、デイヴィッド・ヒルシュライファー、イヴォ・ウェルチという三人の経済学者は、一定の状況のもとでは、完璧に合理的で完璧に適切な行動をとっている人の集団が、それにもかかわらずほぼ無限の誤情報の餌食になってしまう場合があるということを証明する論文を発表し、大きな反響を呼んだ。今ではこの現象は「情報カスケード」と呼ばれている。

石油掘削権のシナリオを続けて、ある海域の掘削権の入札に一〇社が参加する可能性があるとしよう。一社の地質調査では、その海域には石油が大量に埋蔵されているという結果が出ている。別の一社の調査でははっきりした結論が得られず、残る八社の調査ではこの地域の石油埋蔵量は貧弱だと判断された。しかし当然ながら各社は互いにライバルなので、調査結果を共有することはなく、ただ互いの行動を観察するしかない。入札が始まると、有望な調査結果をもつ会社が最初に高額の入札額を提示する。二番めの会社は、一社めが高値を提示したことで自社のあいまいな調査結果を楽観的にとらえる機運となり、さらに高い金額で入札する。三番めの会社の調査結果は消極的だったが、よその二社が別個に行なった調査ではそこが金脈だという結果が出たらしいと考えて、自社の調査を信頼するのをやめて、新たに高値を提示する。四番めの会社も調査結果はぱっとしなかったが、先の三社が一様に高い評価をしているようなので、自社の調査結果を無視したいという意向をさらに強く抱く。そこで四社めも入札する。こうして「コンセンサス」が現実から乖離していき、情報カスケードが生じる。

不合理な行動をとった会社は一つもない。それなのに、最終的には悲惨な結果に至った。ヒルシュライファーはこう語っている。「誰かが自分自身の情報シグナルを無視して、ただやみくもに先行者についていこうと決めると、非常に重大な影響が生じます。この人の行動が、それよりあとで意思決定する誰にとっても情報として役立たなくなるのです。周知の情報の蓄積はもはや増えることがなく、周知の情報をもつことによる恩恵は……なくなってしまいます」。

現実世界で情報カスケードが支配的になり、入札者が物件の価値を評価するのに他者の行動以外にほとんど手がかりがないという場合にはどんなことが起きるのか。それが知りたければ、ピーター・A・ローレンスによる発達生物学の教科書『ハエの発生』を見るとよい。この本は二〇一一年四月の時点で、アマゾンのサードパーティー・マーケットプレイスで二三六九万八六五五ドル九三セント（プラス送料三ドル九九セント）の値段がついていた。いったいなぜ、どんな経緯で、この（評価が高いことは間違いない）本に二三〇〇万ドル以上もの売り値がついたのだろうか。じつは、二人の売り手がそれぞれ相手の売り値に対して一定の比率となるように、アルゴリズムを使って値段を設定していたのだ。一方は常に競争相手のつけた値段の〇・九九八三〇倍となるようにして、他方は自動的に相手の値段の一・二七〇五九倍となるようにした。どちらもこれで決まる金額に限界を設けようとは考えなかったらしい。その結果、プロセスが完全に暴走してしまったのだった。

二〇一〇年五月六日に株式市場で発生して謎と議論を巻き起こした「瞬間暴落《フラッシュクラッシュ》」でも、同様のメカニズムが作用していた可能性がある。ほんの数分のうちに、一見ランダムな企業数社のＳ＆Ｐ５００株価が一株一〇万ドル以上に急騰し、別の数社の株価が急落した。一株〇・〇一ドルまで値を下げたものもあった。一兆ドル近くが一瞬にして消えた。生放送でこれを報じたＣＮＢＣのジム・クレイマーは、唖然としたようすでこう語った。「こんなことは……ありえません。この株価は本物ではありません。ですから、そうですね、プロクターを買いましょう！　プロクター・アンド・ギャンブルは大丈夫です。四半期の報告はまずまずでしたから。これにしましょう。……つまりですね、これはとんでもな――いえ、これはよいチャンスです」。クレイマーは自分のもつ私的情報が周知の情報に反しているということを信じようとしない。彼は市場が（このケースでは）四〇ドル以下と評価しているらしい株を四九ドルで買うのにやぶさかでない、世界で唯一の人物と思われる。それでも彼は気にしない。四半期報告書を見たので、自分のもつ情報に自信があるのだ。

投資家は大きく二つに分かれると言われる。企業の基礎的な価値と思われるデータにもとづいて取引する「ファンダメンタル」投資家と、市場の変動にもとづいて取引する「テクニカル」投資家の二陣営である。アルゴリズムを用いた高速取引の登場によって、両陣営のバランスが崩れた。そして現実世界の商品価値を無視して教科書に何千万ドルもの値段をつけたり優良株に一セントの値をつけたりするのも平気なコンピューターが、市場の不合理性を悪化させているという不満がしばしば聞かれるようになった。しかし、この手の批判はコンピューターに向けられるのがふつうだが、人間も同様の行動をとることがある。何度も起きている投資バブルがその証拠だ。繰り返しになるが、しばしば問題はプレイヤーではなくゲームそのものにある。

情報カスケードは、バブルだけでなく、もっと広範に流行や群衆行動についても合理的な見方を与えてくれる。不合理性、悪意、不正がなくても市場が容易に急騰と急落を起こす仕組みがこれで説明できる。ここから教訓がいくつか得られる。まず、周知の情報が私的情報を超えていると思われる場合には用心すること。つまり、人の行動の理由よりも行動そのものについての情報が多く、自分の判断を事実に合致させるのをおいてもコンセンサスに合致させたくなる場合には注意が必要だ。もっぱら他人が道すじを定めてくれるのをあてにしている場合、向こうも同じようにこちらをあてにしているかもしれない。二つめの教訓として、行動と考えは違うということを忘れてはならない。情報カスケードが発生する状況の一つは、他者の行動から他者の考えを間違って解釈した場合である。特に、自分自身の疑念を抑えつけることには慎重でなくてはならない。疑念を抑えつけるなら、事が進んでいるさなかであっても、なんとかしてその疑念をほかの人に伝えることはしたほうがいい。そうしないと、本心では気が進まないのに、積極的に行動していると誤解されかねない。最後の教訓は、囚人のジレンマから学んだとおり、どうしようもなくひどいルールをもつゲームもあるということを覚えておけというものだ。ゲームに参加してしまってからでは手遅れかもしれないが、情報カスケードの理論はそんなゲームをあらかじめ避ける助けとなるかもしれない。

他人にどう思われようとも正しいと思うことを常に実行するタイプの人には、残念な話をしなくてはならない。そういうタイプの人は、集団に従う人よりも間違いを犯すことがおそらく多いのだ。しかし、うれしい話もある。自分の信念を守っていれば対外的にポジティブな効果が生じ、その人の行動からほかの人が正しい推測をしてくれるのだ。このような人が集団全体を惨事から守る日がいつか訪れるかもしれない。

汝自身のために計算せよ（訳注　『ハムレット』中の名ゼリフのもじり）

コンピューター科学をゲーム理論に応用することによって、戦略の考案を強《し》いられることはわれわれが他者と競う際に払う代償の一部――しばしば大きな一部――であることが明らかになった。再帰がかかわってくる場合の厄介さからわかるとおり、この代償が最も大きくなるのは相手の心を読まなくてはならないときである。ここで、アルゴリズム的ゲーム理論はメカニズムデザインについて考え直す一つの方法を与えてくれる。ゲームの結果だけでなく、プレイヤーに課される計算作業も考慮に入れるのだ。

たとえば一見無害なオークションの仕組みが、過度の深読み、払いすぎ、カスケードの暴走など、さまざまな問題にぶつかる可能性があるということを見てきた。しかしそのような状況も、まったく手の施しようがないというわけではない。実際、バターの塊《かたまり》に熱いナイフを走らせるように、再帰に伴う精神的負担を振り払ってくれるオークションの方式が一つある。ヴィックリー・オークションと呼ばれるものだ。

ノーベル賞を受賞した経済学者のウィリアム・ヴィックリーの名を冠したヴィックリー・オークションは、第一価格オークションと同じく「封印入札」方式で行なわれる。参加者は非公開で値段を一つ書くだけで、最も高い値をつけた入札者が落札できる。しかしヴィックリー・オークションでは、落札者は自分の書いた入札額を払うのではなく、二番めに高い値をつけた入札者の金額を払う。つまり、相手が二五ドル、自分が一〇ドルで入札していたら、落札するのは相手だが、価格はこちらの書いた金額となり、一〇ドルだけ払えばよいのだ。

ゲーム理論研究者から見ると、ヴィックリー・オークションには多数の魅力的な性質が備わっている。特にアルゴリズム的ゲーム理論を研究する者にとっては、とりわけ際立った特徴が一つある。参加者は正直であることが奨励されるという点だ。実際、自分の考える「真の価値」、つまり評価額ちょうどで入札するのが最良の戦略となる。自分の思う真の価値より高い金額で入札したら、自分の思う価値よりも高い値段で買うことになるかもしれないので、明らかに不合理である。自分の思う真の価値より低い金額で入札する（つまり控えめに入札する）と、無駄に負けるおそれがある。落札できた場合には自分がどれほど高い値をつけていようとも二番めに高い金額を払うだけでよいのだから、低い値をつけたところで出費の節約にはならないのだ。この性質ゆえに、ヴィックリー・オークションはメカニズムデザイナーたちから「耐戦略性」戦略とか単に「正直」戦略と言われている。ヴィックリー・オークションでは、まさに「正直は最良の策」なのだ。

さらにすばらしいことに、ほかの入札者が正直かどうかにかかわらず、正直は常に最良の策となる。囚人のジレンマでは、裏切りが「支配」戦略となることを確かめた。共犯者が裏切りと協力のどちらを選ぶかにかかわらず、こちらとしては裏切るのが最善の策なのだ。ところがヴィックリー・オークションでは、「正直」が支配戦略となる。これはメカニズムデザイナーにとってまさに聖杯である。策を弄したり相手の考えを深読みしたりする必要がないのだ。

ヴィックリー・オークションでは第一価格オークションと比べて売り手の払う金額がいく

らか多くなると思われるかもしれないが、必ずしもそうとは限らない。第一価格オークションでは、どの入札者も払い過ぎを避けるために入札額を控えめにしている。一方、第二価格が採用されるヴィックリー・オークションではその必要がない。オークション自体が入札者に代わって金額を最適に調節すると言ってもよい。実際、「収入同値定理」と呼ばれるゲーム理論の定理によって、第一価格オークションでは時間の経過とともに落札価格の期待値がヴィックリー・オークションを行なった場合とまったく同じ値に近づいていくことが証明されている。つまりヴィックリー・オークションの均衡においては、どの入札者も戦略を画策したりせず、第一価格オークションのときと同じ入札者が同じ価格で落札することになる。

ティム・ラフガーデンがスタンフォード大学で指導している学生に言った言葉を借りれば、ヴィックリー・オークションは「すごい」のだ。

ヘブライ大学のアルゴリズム的ゲーム理論研究者のノアム・ニサンは、このすごさにユートピア的なものを感じている。「嘘をついても何の得にもならないという社会の掟があれば、人はあまり嘘をつかなくなるでしょう？　それが基本的な考え方です。これは私見ですが、一般には人が嘘をつかなくなることなどありえないと思えるがゆえに、ヴィックリーはすばらしい、そう思いませんか？　特にオークションのような場では、もちろん払う金額は少ないほうがありがたいわけですが、いったいどうするのがよいのでしょう。ここでヴィックリーがその答えを教えてくれるのです。本当にすばらしいと思います」。

じつは、正直が最善という教えはオークションにとどまらない。「顕示原理」と呼ばれる画期的な発見において、ノーベル賞受賞者のロジャー・マイヤーソンは、戦略的に真実を隠すことが必要とされるどんなゲームも、単純な正直さ以外に何も必要としないゲームに変換できることを証明した。そのころマイヤーソンの同僚だったポール・ミルグロムはこう語っている。「さまざまな面から見てみると、ある面ではとにかくショッキングで驚くべきものが、別の面では取るに足りないものだということを示す結果の一つです。じつにすばらしい。とにかくすごい。自分の見ているものは自分に見ることのできる最良のものの一つだということが確信できるのです」。

一見しただけだと、顕示原理は納得しがたいと思われるかもしれない。しかしその証明は、じつはとてもすっきりと腑《ふ》に落ちる。代理人か弁護士が自分の代わりにゲームをしてくれるとしよう。こちらの利益を代表してくれると信頼しているなら、自分の希望を正確に伝えて、あとは戦略的な入札額調節や再帰的な戦略策定を任せてしまえばよい。ヴィックリー・オークションでは、ゲーム自体がこの役割を果たす。顕示原理はこの考えをただ拡張しただけだ。この原理によれば、代理人にしてほしい行動がゲームのルール自体に組み込まれているなら、真実を伝えた代理人が本人の代わりに参加できるゲームはすべて「正直は最良の策」タイプのゲームとなるはずだ。ニサンの言葉を借りれば、「要するに、こちらの意に反した最適化をクライアントにしてほしくなければ、こちらがクライアントのために最適化をすべきだということです。証明はそれに尽きます。……もともと最適化してくれるアルゴリズムが設計されているなら、手の出しようがありません」。

この二〇年間、アルゴリズム的ゲーム理論は幅広い実際的な用途に多大な貢献をしてきた。インターネット上のパケットの経路選択について理解するのを助け、（目に見えないにしても）貴重な公共財を配分する連邦通信委員会電波帯域オークションのやり方を改善し、医学生と病院とを結びつけるマッチングアルゴリズムを拡充するなど、幅広く役立っている。とはいえ、おそらくこれらははるかに大きな変革の端緒《たんしょ》にすぎない。「まだ上っ面をなでているだけです」とニサンは言う。「理論のレベルに限っても、アルゴリズム的ゲーム理論については理解が始まったばかりです。今の時点で理論的には完全に理解できていることが人間にうまく応用できるようになるまでには、たぶんあと一世代ほどかかるでしょう。一世代です。それよりかかることはないと思いますが、一世代はかかるのです」。

フランスの実存主義哲学者ジャン＝ポール・サルトルは「地獄とは他人のことだ」（『出口なし』伊吹武彦訳（『筑摩世界文学大系89サルトル』筑摩書房所収）より引用）という有名な言葉を残している。他人が本質的に悪意に満ちているとか不愉快だとかいう意味ではなく、他人はこちらの思考や信念をややこしくするという意味である。

自分のことを考えるとき、自分のことを知ろうとするとき……われわれは他人がすでに抱いている自分に関する知識を使います。他人がもっていて、われわれが自分について判断できるようにと与えてくれた手段を使って、自分を判断します。私が自分について語れば、そこには必ずほかの誰かの判断が入ってきます。心のうちで何かを感じれば、そこには必ずほかの誰かの判断が入ってきます。……だからといって、人が他人と関係をもてないというわけではまったくありません。われわれ一人ひとりにとってあらゆる他人のもつきわめて大きな重要性を明らかにしてくれるだけです。

本章で見てきたことから考えて、われわれはサルトルの言葉を書き直してみてもよいかもしれない。他者との交わりが悪夢である必要はない。もっとも、不適切なゲームをしていれば確かに悪夢になるかもしれないが。ケインズが看破したとおり、人気とは複雑で扱いにくく、反射を繰り返す鏡の部屋のようなものだ。しかし、見る者の目に宿る美は、そんなものとは違う。他者の方策に応じて期待や予想や深読みや方針変更をする必要のない戦略を用いることは、再帰という難題を解く一つの方法である。その戦略は単に容易であるだけでなく、それこそが最適戦略という場合もある。

戦略を変更してもだめなときには、ゲームのやり方を変えてみればよい。それが無理でも、少なくともプレイするゲームの選択をいくらかコントロールすることはできる。昔ながらの警句をもじって言えば、地獄への道は、手に負えない再帰、悪い均衡、情報カスケードで舗装されている（訳注　「地獄への道は、思うだけでなされなかった善行で舗装されている」という警句がある）。正直が支配戦略となるゲームを探そう。そして、自分に正直であれ。

結論

計算の負担を軽くする

人間に関する重要な事柄には社会的な性質があり、機械によって現在の厳しい知的作業から解放されれば、人類はうまく共生する方法を学ぶ時間と動機をようやく手に入れられる。私は心からそう信じている。

——メリル・フラッド

空間と時間の制約を受けるあらゆるダイナミックなシステムは、根本的で不可避ないくつもの問題に直面する。これらの問題は計算を必要とするもので、それゆえコンピューターがツールとなるだけでなく味方となってくれる。このことから、三つのシンプルな教えが得られる。

第一に、コンピューター科学者や数学者が見出したすぐれたアルゴリズム的アプローチを人間の問題にそのまま応用できるケースがある。「三七パーセントルール」、あふれたキャッシュに対処するための「最長未使用時間法」、探索のガイドとしての「信頼上限アルゴリズム」は、すべてこの例だ。

第二に、自分の使っているのが最適アルゴリズムだとわかっていれば、求めていた結果が得られなくても慰めとなるはずだ。三七パーセントルールを使えば、六三パーセントの割合で失敗する。キャッシュを最長未使用時間法で管理しても、探しているものが必ず見つかるとは限らない。実際、どちらのアルゴリズムも「千里眼」ではない。探索と活用のトレードオフに対して信頼上限アルゴリズムを使ったからといって、後悔が避けられるわけではない。暮らしを送っていくなかで、そうした後悔の蓄積するペースがどんどん下がっていくだけだ。最良の戦略でも、悪い結果をもたらすことがある。だからこそ、コンピューター科学者は「プロセス」と「結果」の区別に注意を払うのだ。可能な限り最良のプロセスに従ったなら、最善を尽くしたわけだから、思いどおりの結果が得られなくても自分を責めるべきでない。

結果が出れば目立つ——そして、われわれの暮らす世界はそれによって変わる——ので、われわれはそれに目を奪われやすい。しかし、われわれにはプロセスを制御する力がある。バートランド・ラッセルは「客観的な正しさを判断する際には、蓋然性を考慮すべきと思われる。……客観的に正しい行ないは、おそらく最も幸運をもたらすものとなるだろう。私はこれを最も賢明な行ないと定義したい」と述べている。われわれは幸運を期待してもよい。しかし、賢明であるように努めるべきだ。これは一種の計算ストイシズムと言えよう。

そして三つめは、単純な解を許す問題と許さない問題とのあいだに明確な線を引くことができるという教えだ。手に負えないシナリオで行き詰まってしまったら、実行可能な解を見つけるのにヒューリスティック、近似、ランダム性の戦略的利用が助けとなることを思い出そう。本書の著者らがコンピューター科学者たちから話を聞くなかで、何度も遭遇したテーマが一つある。「十分によい」は本当に十分によい場合もあるということだ。さらに、複雑性を認識していれば、問題を選ぶ助けになる。自分の遭遇する状況を選べるなら、手に負える状況を選ぶべきだ。

さらに、われわれは自分が取り組む問題だけを選ぶのではない。都市の設計にせよ、人に質問をする方法にせよ、他者に任せる問題も選ぶ。このことから、コンピューター科学から他者への配慮につながる思いがけない橋が生まれる――「計算の負担軽減」と呼ばれる原理として。

◆

本書のために取材の計画を立てたとき、著者二人はあるパラドックスを目《ま》の当たりにした。インタビューを申し込む場合、「来週の都合のよいとき」と言うより「来週の火曜日のPST（太平洋標準時）で午後一時から二時」と提案するほうが、承諾してもらえる確率が概して高かった。初めのうちは妙な話だと感じた。人はペンギン八〇〇〇羽の命を救うよりも一羽の命を救うためのほうが平均するとたくさんの金を寄付するとか、テロを含むあらゆる原因で死ぬことよりもテロで死ぬことを恐れているということを示した有名な研究のようだと思った。インタビューについては、まったく制約のない問題よりも制約のある問題（その制約がどこから生じたか定かでないとしても）を受け取るほうが好まれるらしい。インタビューの相手にとっては、自分の制約にもとづいてよりよい選択肢を計算するよりも、こちらの希望や制約に合わせるほうがどうやら簡単だったらしい。コンピューター科学者ならこの話を聞いて、「検証」と「検索」では計算量が違うからねと、心得顔《こころえがお》でうなずくのではないだろうか。その違いというのは、すばらしい曲を聴いてそのすばらしさがわかることと、即興ですばらしい曲をつくることとの違いと同じくらい大きい。

おかしな話に聞こえるかもしれないが、コンピューター科学においては、計算とは悪いものだということが暗黙の原則となっている。すぐれたアルゴリズムの根底には必ず、思考の労力を最小限に抑えよという命令がある。われわれは他者と交わるとき、相手に計算の必要な問題を与える。明確な依頼や要求だけでなく、こちらの意図や信念や好みを解釈してみろという暗黙の挑戦も与えるのだ。したがって当然ながら、その種の問題を計算によって理解すると、人間の相互交流の本質が明らかになる。われわれは、根底にある計算の問題を容易にしてくれる言葉で問題を提示することによって、他者に対して「計算の負担軽減」を与えることができる。これが大事なのは、多くの問題は——すでに見たとおり、人間関係にかかわる問題は特に——本質的にどうしようもなく困難だからだ。

ごくありふれたシナリオで考えてみよう。友人どうしのグループが集まって、どこで夕食を食べるか決めようとしている。全員がなんらかの希望（強いものではないかもしれないが）をもっているのは明らかだ。しかし、誰も自分の希望をはっきりと口にしたがらない。そこで推測やあいまいなヒントによって、この人間関係の危険を円満に乗りきる。

全員が満足できる決定に至ることもあるかもしれない。しかしじつは、このやり方は不首尾に終わりやすい。大学を卒業した夏に、本書の著者のブライアンは友人二人とスペイン旅行に出かけた。旅程については現地で移動しながら相談した。途中で、あらかじめ調べて予定に入れていた闘牛を見に行く時間がないことがわかった。「残念だったな」「次があるさ」といったやりとりをしかけた段になって、じつは三人とも闘牛はもともと見たいと思っていなかったことがにわかに判明した。それぞれが仲間と同じと思われる程度の熱意をけなげにも装い、それによって仲間がけなげに装ったのと同程度の熱意を演じていただけだった。

同様に、「うん、都合はつけられるよ」とか「今夜は何をしたい？」といった一見無害な言葉にも、熟考を要求する計算がひそんでいる。うわべは相手を思いやっているかのように聞こえるが、じつは十分に警戒すべき点が二つある。第一に、認知の責任転嫁が行なわれている。「問題がある。君が片づけてくれ」ということだ。もう一つ、希望を表明しないことによって、その希望をシミュレートしたり想像したりする負担をほかの人に押しつけることになる。前に見たとおり、他者の心のシミュレーションは、心（または機械）が直面する計算問題のなかで最大級の難題の一つだ。

そのような状況では、計算の負担軽減と一般的なエチケットは一致しない。礼儀として希望を言わずにいると、仲間は希望を推測するために計算の必要な問題を解かされることになる。反対に、礼儀正しく希望を主張すれば（「個人的には○○がいいと思う。君は？」）、グループを決定に向けて押し進めることに伴う認知的負荷を処理する助けとなる。

あるいは、他者に与える選択肢を増やすのではなく減らしてもよい。たとえばレストランを一〇軒から選ぶのではなく、二、三軒から選んでもらうようにする。グループの各メンバーに最も気の進まない選択肢を外してもらえば、作業は誰にとってももっと容易になる。誰かをランチに誘う場合、または会議のスケジュールを決める場合、受け入れるか断るかを選ぶだけの具体的な案を一つか二つ提示するのは、よい出発点となる。

これらの行動は必ずしも「礼儀にかなう」わけではないが、いずれも人間関係における計算に伴うコストを大幅に引き下げることができる。

◆

計算の負担軽減は、行動の原理となるだけではない。デザインの原理にもなる。

二〇〇三年、ウォータールー大学のコンピューター科学者ジェフリー・シャリットは、アメリカ国内で新たな硬貨を一種類流通させるとしたら、おつりを渡すときに必要な硬貨の平均枚数を最小化するのに最も有効なのは額面いくらの硬貨かという問題について研究した。愉快なことに、答えは一八セント硬貨だった。ただしシャリットは計算が煩雑になることを考えて、この硬貨について政策提言をするのは控えた。

現状のおつりの支払い方法はごく単純だ。まずはおつりの金額を超えない範囲で最大枚数の二五セント硬貨を出し、それから最大枚数の一〇セント硬貨を出し、それからさらに額面の小さな硬貨へと進んでいく。たとえば五四セントのおつりを渡す場合には、まず二五セント硬貨二枚、それから一セント硬貨四枚となる。仮に一八セント硬貨が導入されたら、この単純なアルゴリズムが最適でなくなってしまう。五四セントのおつりを出すのに最良のパターンは一八セント硬貨三枚で、二五セント硬貨の出番はない。実際、シャリットはこのようなややこしい額面設定はおつりの支払いを「少なくとも巡回セールスマン問題と同じくらい難しく」してしまうと述べている。これはレジ係にとって大きな負担となる。計算しやすさを考慮に入れると、アメリカの通貨制度には二セント硬貨か三セント硬貨を導入するのが最も有効であることをシャリットは発見した。一八セント硬貨ほどおもしろくはないが、効果はほぼ同程度であり、計算の負担軽減という点ではこちらのほうが確実にまさっている。

さらに大事なのは、デザインのちょっとした変更によって、ユーザーに課される認知的問題が大きく変えられるという点だ。たとえば建築設計者や都市計画者は、われわれの環境をどう設計するか決めることができる。ということは、われわれが解決しなくてはいけない計算問題の構造も変えることができるのだ。

スタジアムやショッピングセンターにあるような、何本ものレーンからなる広い駐車場について考えてみよう。目的地に向かってあるレーンを進み、空いたスペースを見つけたが、先へ行けばもっとよい駐車スペースがあると（楽観的に）考えて進み続けることにする。しかし結局そんな幸運に恵まれないまま目的地に到着してしまったので、今度は近くの別のレーンで目的地から遠ざかる方向へ進んでいく。ある程度走って空いたスペースが見つかったら、そこでよいか、それとも遠すぎるのでまた別のレーンで探すか、判断しなくてはならない。

この問題については、アルゴリズム的な視点がドライバーだけでなく建築設計者にも役立つ。このような駐車場でぶつかる手ごわくてややこしい意思決定問題を、目的地から遠ざかる一本のレーンと対比させてみよう。レーンが一本しかない場合、最初の空きスペースに駐車するだけだ。ゲーム理論も分析も「見てから跳べ」ルールも要《い》らない。このように設計された駐車場は実際に存在し、地上レベルから一本のらせん状の通路を上がっていくようになっている。計算の負担はゼロであり、ただ車を進めていって空いたスペースがあればそこに停めるだけだ。ほかにどんな長所や短所がこのタイプの設計にあろうとも、ドライバーの認知的負荷が少ないということは断言できる。つまり計算の負担が軽いのだ。

デザインの主たる目的の一つは、人を無用な対立や摩擦や精神的負担から守ることであるべきだ(これは単に抽象的な問題ではない。たとえばショッピングセンターでの駐車がストレスとなるなら、買い物客はあまりそこで買い物をしなくなり、客足が遠のくかもしれない)。都市計画者と建築設計者は、さまざまな駐車場の設計において限られた空間や資材や資金といった資源がどう使われるかを日々検討している。しかし、駐車場を利用する人が計算に費やす労力に対して、駐車場の設計がどんな負担を与えるかを考慮することはほとんどない。日々の生活を支えるアルゴリズム(今の例では最適停止)を理解すれば、ドライバーが特定のシナリオにおいて最良の判断を下せるだけでなく、何よりも設計者がドライバーに強《し》いている問題についてもっと配慮できるようにもなるだろう。

計算の負担の軽いデザインが用いられているケースはほかにもたくさんある。たとえば、レストランで客を着席させるときの方法について考えてみよう。客を待たせておいて、テーブルが空いたら先に来た客から案内するという「先着順」方式を採用する店がある。その一方で、客の名前を聞いて、バーで飲み物を飲みながら待ってもらい、テーブルの準備ができたら客に知らせるという店もある。希少な共有資源の管理に対するこれらのアプローチの違いは、コンピューター科学における「スピン」と「ブロック」の区別とよく似ている。ある処理スレッドで要求されたリソースが準備できない場合、コンピューターはそのスレッドを「スピン」(「もう準備はできたか?」という問いを絶えず繰り返しながらリソースをチェックし続ける)させるか、「ブロック」(そのスレッドを中断して別の作業をし、リソースが空いたらもとのスレッドを再開する)するかのいずれかの方法をとることができる。コンピューター科学者にとって、これは現実的なトレードオフである。スピンに伴う時間損失とコンテキストスイッチに伴う時間損失を比較するのだ。しかしレストランでは、トレードオフの対象となる資源がすべて店のものというわけではない。「スピン」方式のほうが空いたテーブルを早く埋めることができるが、空転するCPUは、退屈しながらいらいらと待たされる客の気持ちに相当する。

これと似た例として、バス停で遭遇する計算問題を考えよう。次のバスが「一〇分後に到着します」と教えてくれるリアルタイムのディスプレイがあれば、待つかどうか一度決めるだけですむ。少し時間が経つごとに、依然としてバスが来ないことを一連の根拠として推測し、何度も判断を繰り返す必要はないのだ。そのうえ、バスが来るまで一〇分間ずっと道路を注視している（つまりスピンしている）必要もなくなる（次のバスの到着時刻を予想するのに必要な施策を計画していない町については、ベイズ推論を用いれば最後にバスが出発した時刻を知るだけでもそれが代替手段として役立つということを本書で確かめた）。こうした計算の負担軽減につながるささやかな行為から、乗客は運賃の助成に劣らない恩恵を受ける。言うなれば、認知的な助成である。

◆

ほかの人の負担を軽減できるなら、自分の負担も軽減できるはずだ。計算の負担軽減という点では、本書で取り上げてきたすべてのアルゴリズムやアイディアがその助けとなるだろう。しかしそれだけでなく、もっと寛容にもなれるはずだ。

合理的な意思決定の方法として直感的に納得のいく標準的なやり方は、利用できるすべての選択肢を入念に検討し、そのなかで最良のものを選ぶことだ。ちょっと考えると、コンピューターはまさにこのアプローチの典型で、完璧な答えが出るまでひたすら複雑な計算を続けていくように思われる。しかし本書で見てきたとおり、それはコンピューターがする仕事についての時代遅れな見方にすぎない。そんなやり方は、簡単な問題だけに許されるぜいたく、なのだ。難しい問題を扱う場合には、最短の時間で最も合理的な答えを出せる方法こそ最良のアルゴリズムであり、この場合にはすべての要素をじっくり検討したりすべての計算を完遂したりすることは決してない。現実の生活は、そんなことでは片づけられないくらい複雑なのだ。

本書で取り上げたほとんどの領域で、現実世界の要素をたくさん取り入れるほど、完璧な答えを見つけるのに理不尽なくらい時間がかかる状況に陥りやすいということを確認してきた――仕事の採用面接で応募者に関する情報が不完全な場合にせよ、変動する世界に対処しながら探索と活用のジレンマを解決しようとする場合にせよ、あるいは仕事を片づけようとしているときに一部の作業がほかの作業に依存する場合にせよ。そして実際、人はほぼ絶え間なく、コンピューター科学で困難なケースと見なされる状況に向きあっている。このようなときに有効なアルゴリズムがあれば、推測を行ない、より単純な解決策を優先し、エラーのコストと遅延のコストのトレードオフを行ない、賭けに出ることができる。

これらは合理的なやり方が使えないときの妥協策ではない。まさに合理的なやり方なのだ。

謝辞

私たちの取材に時間を割き、ご自身の仕事やもっと幅広い展望についてお話しくださった研究者、実務家、専門家の皆さんにまずお礼を伝えたい。ディヴ・アクリー、スティーヴ・アルバート、ジョン・アンダーソン、ジェフ・アトウッド、ニール・ビアデン、リック・ブリュー、ドナルド・ベリー、アヴリム・ブルーム、ローラ・カーステンセン、ニック・チェイター、スチュアート・チェシャー、パラス・チョプラ、ハーバート・クラーク、ルース・コービン、ロバート・X・クリンジリー、ピーター・デニング、レイモンド・ドング、エリザベス・デュピュイ、ジョゼフ・ドワイヤー、デイヴィッド・エストランド、クリスティナ・ファング、トマス・ファーガソン、ジェシカ・フラック、ジェイムズ・フォガーティー、ジーン・E・フォックス・ツリー、ロバート・フランク、スチュアート・ジェマン、ジム・ゲティス、ジョン・ギッティンズ、アリソン・ゴプニック、デボラ・ゴードン、マイケル・ゴットリーブ、スティーヴ・ハノフ、アンドリュー・ハービソン、アイザック・ハクストン、ジョン・ヘネシー、ジェフ・ヒントン、デイヴィッド・ヒルシュライファー、ジョーダン・ホー、トニー・ホーア、カマル・ジャイン、クリス・ジョーンズ、ウィリアム・ジョーンズ、レスリー・ケルブリング、デイヴィッド・カルガー、リチャード・カープ、スコット・カークパトリック、バイロン・ノール、コン・コリヴァス、マイケル・リー、ヤン・カレル・レンストラ、ポール・リンチ、プレストン・マカフィー、ジェイ・マクレランド、ローラ・アルバート・マクレイ、ポール・ミルグロム、アンソニー・ミランダ、マイケル・ミッツェンマチャー、ローズマリー・ネイゲル、クリストフ・ノイマン、ノアム・ニサン、野口悠紀雄、ピーター・ノーヴィグ、クリストス・パパディミトリウ、メーガン・ピーターソン、スコット・プラジェンホーフ、アニータ・ポメランツ、バラジ・プラバカー、カーク・プルーズ、アムノン・ラパポート、ロナルド・リヴェスト、ルース・ローゼンホルツ、ティム・ラフガーデン、スチュアート・ラッセル、ローマ・シャー、ドナルド・シャウプ、スティーヴン・スキーナ、ダン・スミス、ポール・スモレンスキー、マーク・スタイヴァーズ、クリス・スタチオ、ミリンド・タムベ、ロバート・タージャン、ジェフ・ソープ、ジャクソン・トリンズ、マイケル・トリック、ハル・ヴァリアン、ジェイムズ・ウェア、ロングヘアー・ウォリアー、スティーヴ・ホイッテカー、アヴィ・ヴィグダーソン、ジェイコブ・ウォブロック、ジェイソン・ウルフ、ペーテル・ゼイルストラに感謝する。

キング郡公共図書館、シアトル公共図書館、北部地域図書保管施設、カリフォルニア大学バークリー校図書館には、図書館のバックステージでの業務を見学させてくださったことを感謝する。

問い合わせに応じてくださった方々、知る価値のある研究分野をご教示くださった方々、なかでもシャロン・ゲッツ、マイク・ジョーンズ、テヴィエ・クリンスキ、エリフ・クシュ、フォーク・リーダー、スティーヴン・A・リップマン、フィリップ・モーン、サム・マッケンジー、ハロ・ランター、ダリル・A・シール、スティーヴン・スティグラー、ケヴィン・トムソン、ピーター・トッド、サラ・M・ワトソン、シェルドン・ゼデックに感謝する。

対話によって、本書に盛り込まれた洞察の多くへとすばやく導いてくださったたくさんの方々、そしてここで名前を挙げきれなかった多くの方々に感謝する。エリオット・アギラール、ベン・バッカス、リアト・ベルドゥゴ、デイヴ・ブレイ、ベン・ブルーム、ジョー・ダマート、エファ・デ・ファルク、エミリー・ドルーリー、ピーター・エカーズリー、ジェシー・ファーマー、アラン・ファインバーグ、クリックス・フィン、ルーカス・フォグリア、ジョン・ゴーント、リー・ギルマン、マーティン・グレイジャー、アダム・ゴールドスタイン、サラ・グリーンリーフ、グラフ・ヘイリー、ベン・ヤートマン、グレッグ・ジェンセン、ヘンリー・カプラン、シャーミン・カリム、フォーク・リーダー、ポール・リンク、ローズ・リンク、タニア・ロンブローゾ、ブランドン・マーティン゠アンダーソン、サム・マッケンジー、イーロン・マスク、コロンビア大学ニューライト・グループ、ハナ・ニューマン、エイブ・オスマン、スー・ペニー、ディロン・プランケット、クリスティン・ポロック、ディエゴ・ポントリエロ、エイヴィ・プレス、マット・リチャーズ、アニー・ローチ、フェリシティー・ローズ、アンダーズ・サンドバーグ、クレア・シュライバー、ゲイル・シャンリー、リック・シャンリー、マックス・シュロン、チャーリー・シンプソン、ナジーブ・タラジ、ジョシュ・テネンバウム、ピーター・トッド、ペーテル・ファン・ヴェセプ、ショーン・ウェン、ジェレド・ヴィエジュビツキ、マージャ・ウィルソン、クリステン・ヤング。

本書の完成を可能にしてくれたオープンソースのすばらしいフリーソフトウェアに感謝する。代表として、Git、LaTeX、TeXShop、TextMate 2 を挙げる。

さまざまな場面でスキルと労力を提供してくださった方々に感謝する。リンジー・バゲット、デイヴィッド・ブルジャン、タニア・ロンブローゾは、書誌と保存資料の調査で力を貸してくださった。

ケンブリッジ大学図書館からはダーウィンのすばらしい日記のページを掲載する許可をいただき、マイケル・ランガンはその画像を明瞭に修復してくださった。

ヘンリー・ヤングには鮮やかな著者近影を撮影していただいた。

草稿を読んで貴重なフィードバックをくださった以下の方々にお礼を申し上げる。ベン・ブルーム、ヴィント・サーフ、エリザベス・クリスチャン、ランディー・クリスチャン、ピーター・デニング、ピーター・エカーズリー、クリックス・フィン、リック・フレッチャー、アダム・ゴールドスタイン、アリソン・ゴプニック、サラ・グリーンリーフ、グラフ・ヘイリー、グレッグ・ジェンセン、チャールズ・ケンプ、ラファエル・リー、ローズ・リンク、タニア・ロンブローゾ、リベカ・オットー、ディエゴ・ポントリエロ、ダニエル・ライヒマン、マット・リチャーズ、フィル・リシャーム、メリッサ・リース・ジェイムズ、カーチャ・サフチュク、サミール・シャリフ、ジャネット・シルヴァー、ナジーブ・タラジ、ケヴィン・トムソン。皆さんのご鞭撻と賢慮のおかげで、本書は格段にすばらしいものとなった。ブロックマン社のエージェントのマックス・ブロックマンと彼のチームは、的確に力強く執筆作業を支えてくださった。

ヘンリー・ホルト社の編集者グリゴリー・トヴビスと彼のチームは、先を見通した根気強く熱意あふれる仕事ぶりで本書を限界まで磨き上げ、堂々と世に送り出してくださった。

タニア・ロンブローゾ、ヴィヴィアナ・ロンブローゾ、エンリケ・ロンブローゾ、ジュディー・グリフィス、ロッド・グリフィス、ジュリエス・モレノは、子どもの世話に関して手の回らない部分をたびたび助けてくれた。ロンブローゾ家とグリフィス家の人たちとカリフォルニア大学バークリー校計算認知科学研究室のメンバー、そして本書の執筆に伴って生じたスケジュールの制約を寛容に受け入れてくださったすべての人に感謝する。

直接または間接に支援を提供してくださった各種機関に感謝する。まずはカリフォルニア大学バークリー校にお礼を申し上げたい。同校の認知脳科学研究所の客員研究員プログラムは二年間の有意義な研究期間を与えてくれ、心理学部は絶えずサポートしてくれた。フィラデルフィア自由図書館、カリフォルニア大学、バークリー図書館、機械工協会図書館、サンフランシスコ公共図書館は、スペースと蔵書を提供してくれた。ペンシルヴェニア大学フィッシャー美術図書館は、学生でない著者がいきなり訪ねていっても、いつも迎え入れてくれた。ヤドー、マクダウェル・コロニー、ポート・タウンゼンド作家会議は、実りが多くすばらしい滞在研究の場でインスピレーションをかき立ててくれた。米国郵政公社のメディアメールのおかげで、各地を移動しながらも紙媒体の資料を受け取ることができた。米国認知科学会と米国人工知能学会から年次大会にお招きいただいたおかげで、私たちはそこで研究分野をまたぎ地球の両半球もまたいだ人脈をたくさんつくることができた。サンフランシスコで音楽を流さずにコーヒーを出してくれる店として私たちの知る唯一の存在であるボーダーランズ・カフェにも感謝する。いつまでも皆さんに栄えあれ。

ありがとう、ローズ・リンク――

ありがとう、タニア・ロンブローゾ――

――読者として、パートナーとして、サポーターとして、インスピレーションを与えてくれる存在として、いつも本当にありがとう。

訳者あとがき

僕たちは閾値《いきち》を過ぎている。
——ブライアン・クリスチャン

私の妻は本当にすばらしい女性です。
——トム・グリフィス

サイエンスライターのブライアン・クリスチャンと、認知科学者のトム・グリフィス。この二人がタッグを組んで書き上げたのが、本書『アルゴリズム思考術——問題解決の最強ツール』である。本書はアルゴリズムを「問題を解くための一連の単純な手順」と定義し、数学やコンピューター科学、経済学などの学問分野から生まれたアルゴリズムを人の暮らしに応用して、私たちが日々ぶつかる問題に対処するための効率的な解決策を提示する。複数の仕事があるときにベストな段取りを決めるのに役立つ「スケジューリング」、整理整頓の指針となる「キャッシュ」や「ソート」など、問題解決を助けてくれるアルゴリズムの応用例が幅広く紹介されている。

著者の一人のクリスチャンは、大学でコンピューター科学と哲学、大学院で詩学を学んだライターで、《ニューヨーカー》や《ウォールストリートジャーナル》などの有力媒体に寄稿し、二〇一一年に刊行した『機械より人間らしくなれるか?』(吉田晋治訳、草思社文庫)はベストセラーとなった。グリフィスは心理学と統計学を学び、現在はカリフォルニア大学バークリー校で計算認知科学ラボと認知脳科学研究所の教授を務めている。こんな二人の幅広い経験と豊富な学識に裏打ちされて、『アルゴリズム思考術』はよくあるハウツー本とは一線を画し、さまざまなアルゴリズムの歴史や学問的意義の説明も交えながら、身近な問題に対するアルゴリズム的解決策をたっぷり教えてくれる。

たとえば「最適停止問題」(本書第1章)の代表とも言える「秘書問題」では、一人ずつ現れる秘書候補のうち全体の三七パーセントに会うまでは選択せずに検討だけを続けて基準を定め、三七パーセントを過ぎたらその基準に従って選択する態勢に入るという「三七パーセントルール」がある。このルールに従えば、最良の候補者を採用できる確率が最高になるとされる。

この三七パーセントルールは、候補者数だけでなく探索期間に適用することもできる。カナダのテレビ局TVOの報道番組《ジ・アジェンダ》に出演したクリスチャンは、婚約中のフィアンセは自分が二六・一歳を過ぎて最初につきあった相手だったと語る(https://www.

youtube.com/watch?v=gAaLZt0-uAsで視聴可能）。配偶者を探す一般的な年齢を一八歳から四〇歳までとすると、この期間のうち検討から選択に切り替えるべき閾値となる三七パーセントの時点にあたるのが二六・一歳なのだ。それで本稿冒頭に引用した言葉を交際相手に告げて、二人の関係を一段階先へ進めたらしい。

一方グリフィスは、番組ホストのスティーヴ・ペイキンから配偶者を選んだときのことを尋ねられると、三七パーセントルールではないが、秘書問題に対する別のタイプのアルゴリズムを使ったと答える。「閾値」以前からつきあっていたので、古典的な秘書問題の設定とは異なり、相手に関する情報があって、候補者全体の分布において相手がどこに位置するかがわかっている場合のアルゴリズムを用いたという。それを説明してから口にしたのが、これも冒頭の彼の言葉である。二人とも数学的に有効性が証明されているアルゴリズムを使って、どうやら人生における大事な意思決定で成功を収めたようだ。

配偶者選びというきわめて重大な問題だけでなく、もっと日常的な問題へのアルゴリズム的解決策も、本書ではたくさん紹介されている。たとえば日々増えていく書類の整理に悩む人には、野口式ファイリングシステム（第4章）。これは一九九三年に刊行されてベストセラーとなった野口悠紀雄の『「超」整理法』（中公新書）で説かれている、あの方法である。書類箱一つか棚一段を用意し、書類を入れた封筒をしまうときには必ず左端に差し込んでいく。これだけで書類が整理できる。じつは私もこの方法を多少アレンジして実践している。書類をしまうのも見つけるのも簡単だという実感はあったが、これが「最長未使用時間（ＬＲ

U）法」というコンピューターアルゴリズムの応用例にあたり、書類が「自己組織化」するのだと知って、なるほどと思った。

随所にちりばめられた引用句も味わい深い。文学、映画、音楽などの多彩な出典から、真理をつくもの、皮肉の利いたものなどが引かれている。解くのが難しい問題において、最良の解を目指さずに問題の制約をゆるめて真の解に近いものを目指す「制約緩和」を扱うセクション（第8章）では、ヴォルテールの詩から「完璧は善の敵である」という一行が引用されている。完璧な答えを求めて立ちすくむよりも、いくらか妥協してほどほどの答えを手に入れるほうが、確かに現実の生活では意味のあることが多い。

完璧を目指さないといえば、コンピューターによる問題解決も、必ずしも一般に思われているような「完璧」なプロセスではないということが本書で繰り返し指摘される。コンピューターを使えば、どんな問題でもあらゆる可能性を片っ端から調べ上げて最良の答えが見つけ出せると、少なくともかつては期待されていた。しかし現実世界にはコンピューターで正解を導き出すことのできない問題があふれている。そのような問題に対しては、ひたすら力ずくで計算して正解を出そうとするのではなく、トレードオフや近似などを用いて現実的な答えを出せばよい――あるいは出すしかない。

本書の「結論」の章では、人間関係や社会的な活動を円滑にする「計算の負担軽減」という意表をついたアイディアが示される。対人関係において一般的な礼儀を守ろうとすると、相手に計算の負担を強いる結果となることがある。グループで食事に行くときに誰も店についての希望を言わないというシチュエーションが例として挙げられている。希望を主張しないのは一般的な礼儀にはかなうかもしれないが、互いに本心を探りあう「計算」が必要になる。「思考の労力を最小限に抑えよ」というアルゴリズム的視点に立てば、明確に希望を表明したり選択肢を絞って提示したりすることで相手側の計算の負担を軽減するほうが、よい解決策につながる。もっと大きなスケールで、バスの運行サービスや駐車場の設計でも「計算の負担軽減」の原理を応用して、利用者に恩恵を与えることができるという。

現実的で良心的、なおかつ科学的な根拠のある解決策の数々は、今日からさっそく日常生活に役立ちそうだ。

＊＊＊

本書の翻訳を任せてくださり、緻密な編集作業でゴールまで導いてくださった、早川書房の伊藤浩氏にお礼を申し上げる。また、訳文の問題点をきめ細かくご指摘くださった山口英則氏にも感謝する。

二〇一七年秋

田沢恭子

（単行本版より転載）

解説

帝京大学教授、数学エッセイスト
小島寛之

「アルゴリズム」という言葉は、現在ではコンピューター・プログラミングに関連する用語だが、広くは「問題を解決する手順」を意味する。本書は、さまざまなジャンルの問題を「アルゴリズム思考術」で解決するための指南書である。

本書が扱う学問領域は、最適化数学、オペレーションズ・リサーチ（ＯＲ）、統計学、意思決定理論、工学、情報理論、経済学と非常に広範に及ぶ。こういうとひどく専門的な本と誤解されてしまうかもしれないがまったく違う。本書の多くの部分では日常的な問題を扱っている。たとえば、次のような問題は、皆さんにも身近なものだろう。

（１）結婚紹介所で紹介された候補者の何人目に決断をするべきか
（２）業績の向上には、定番の商品を強化するべきか、新商品を投入するべきか
（３）引き出しに放置しておいたたくさんの名刺をアイウエオ順に並べ替えるにはどういう手順が速いか

（4）書類をどう分類して収納したら、あとで必要になったときに見つけやすいか
（5）遅れている仕事を納期に間に合わせるために、どの作業を優先したらいいか
（6）本当に有能な部下とただ調子いいだけの部下をどう見分けたらいいか
読者はきっと、これらのいくつか、あるいは全部に遭遇し、頭を悩ませたことがあるに違いない。本書はこれらの問題を専門的な知見から分析し、「アルゴリズム思考」で解決する方法を教えてくれるのである。

実際、（1）は最適停止問題という分野における問題である。ある種の最適性を備える戦略として、「三七パーセントルール」を紹介している。このルールは、お見合いだけでなく、持ち家を売却する場合や、駐車場を選ぶタイミングなどにも利用できる。
（2）は、「多腕バンディット問題」と呼ばれる特有の問題群に属する。簡単に言えば、複数のスロットマシンがあるとき、どの程度試してから他のマシンに移動したらいいか、という案件だ。これに対しては、ロビンズという数学者が与えた「勝てばキープ、負ければスイッチ」という有望な戦略を解説している。
（3）は、ソーティング（並べ替え）のテクニックに関することだ。名称順や数字順にものを並べ替えることは、私たちが普段から経験する作業だ。しかし、そのやり方はみな自己流なのではあるまいか。こういうソーティングに関して、本書が紹介する「マージソート」という効率的な方法があることをご存知だろうか。実は筆者は知らなかった。筆者は、学生の期末テストを採点するとき、いつも番号順ソーティングをするのだが、面倒で辟易としてい

た。次回からこのマージソートを実行しようと思う。本書の解説を引き受けてよかった(笑)。こういうソーティングのテクニックは他にも活かすことができる。スポーツ大会での対戦組み合わせの設計から、検索エンジンの表示順序など用途は広い。

(4)は、作業場のスペースが限られるときの効率的な出し入れの問題で、本書では「キャッシュ」と呼んでいる。コンピューターの情報処理に関する用語で、「どの情報をとっておいてどの情報を捨てるか」という選択問題が与えられる。これに関して、本書は「ベラーディのアルゴリズム」という方法を解説する。このような選択問題は、キャパの限られた作業全般に関わっている。図書館での本の置き方、商品在庫の配置、あるいは家庭で不要なものを捨てる断捨離など。

(5)は、「スケジューリング」という私たちが常に頭を痛める問題である。スケジュール管理の失敗で、手痛い目にあうことも多い。これに対して、本書は製本工程について数学者ジョンソンの与えた効率的工程や、「ムーアのアルゴリズム」と呼ばれる戦略を解説する。何より、スケジューリングという問題を数理的にモデル化できることが驚きである。

(6)は、「オーバーフィッティング」という私たちの陥りがちな誤りに関する問題である。私たちは、何かの傾向を持つ現象に関して、その背後のメカニズムを予想する。その典型的な方法論が統計学だ。しかし私たちは、現象を的確に説明したいあまり荒唐無稽なモデルにはめ込みがちである。これがオーバーフィッティングと呼ばれる過失なのである。本書ではこういう過失から脱出するためのテクニックとして、「クロス確認」や「正則化」を紹介する。

　このような解説を読んでくると、アルゴリズムに関する学問は、数学のような「象牙の塔」の学問ではなく、「活き活きとして実践的」な学問だとわかるだろう。なぜなら、数学では「解が存在すること」を示せれば十分だが、アルゴリズム理論は「実際にどうやったら解を出せるのか」を追求する学問だからである。また、その手順が「真に最適」でなくとも、「有効性がある」ならば良しとする分野だからだ。

　本書の楽しみ方は多様にある。

　もちろん、ここまでに示したような「ライフハック（生活の効率化・最適化）」の参考に読むことができるが、それだけにとどまらない。

　第一に、本書には現代のビジネスシーンのエピソードがふんだんに登場する。ＧＡＦＡの立役者であるアマゾン社のベゾス、アップル社のジョブズ、グーグル社の技術者たちなどだ。彼らは、「アルゴリズム思考術」をみごとにビジネスに応用し、大きな成果を出していることがわかる。現代のネット・ビジネスでは、アルゴリズムの知識がそのまま利益に直結していることに驚く。

　第二に、本書は、インター・ディシプリナリー（学際的）な内容を持っている。たとえば、「多腕バンディット問題」では、幼児の呼吸不全の治療法の治験に触れている。また、ソーティングとの関わりで行動生物学における動物の序列（エサや交尾の優先順位）を説明している。あるいは、「キャッシュ」の章では、高齢者のもの忘れは老化ではなく「学習」の一種だと（嬉しい）仮説を提示している。「ネットワーキング」の章では、言語学との関係が明らかにされる。

第三に、本書には、魅力的な映画や音楽や文学がふんだんに紹介される。映画『いまを生きる』やブライアン・イーノの音楽など本文中に紹介されるものもあるが、多くは、節の冒頭に引用されている。著者たちの好奇心の広さがわかる。

第四に、本書は最近話題となっている数学分野のわかりやすい啓蒙書としても読める。3章「ソート」で出てくる「計算量」を表すランダウ記号（$O(n^2)$など）は、コンピューターの限界を問題とする「P≠NP問題」の入り口になるし、6章「ベイズの法則」は、現在話題の中心である人工知能の機械学習の基礎となるものだ。7章「オーバーフィッティング」は、推測統計の重要なコンセプトである。また、大学の微積分で「ラグランジュ乗数法」を習った人なら、8章「緩和法」に出てくる「ラグランジュ緩和」がこれを一般化したものであるとわかるだろう。そして、9章「ランダム性」は、パスワードの安全性と関わる素数判定アルゴリズムや、シミュレーションによる確率の推定法などと関係する。このように、普通に勉強すると難解な数学知識へのわかりやすい入門篇となっている。

第五に、最後の謝辞からわかるように、本書は膨大な専門家への取材によって成立している。著者たちのその努力によって、登場する多くの学者の来歴が仔細にわかるようになっていて、解説されている専門知識に深みと彩りが与えられている。

以上のように、本書は、実によく考えられ、よく取材され、工夫された本であると言える。

そして、ところどころに著者本人たちの「アルゴリズム思考術」が披露されているのも嬉しい。

最後に、本書を足掛かりにもっと先に進みたい読者のために、筆者の知識範囲内で、関連する発展事項をガイドしておく。筆者が専門とする数学、経済学、意思決定理論の分野からピックアップしよう。

まず、2章で出てくる「多腕バンディット」と呼ばれるモデルについて。これに対しては、経済学者マイケル・ロスチャイルドが一九七三年に興味深い論文を書いた。それは「二本腕バンディット」問題を解いて、商品の価格付けを分析した論文だ。解くのには、七一ページに登場するリチャード・ベルマンの与えたベルマン方程式というのを利用する。この論文でロスチャイルドは、売り手が「間違った価格付け」をしたままそれを変更しないことがある種の合理性から起こりうることを証明した。

次は、11章に出てくる「情報カスケード」モデルだ。これは、投資家たちの間違った推論によってバブルが発生するメカニズムを説明するモデルだが、本書ではそういった推論の肝だけを比喩的に説明している。ビクチャンダニらがこの論文で設定しているプレーヤーの推論方法は実は6章の「ベイズの法則」なのである。ベイズの法則は人間にとって自然でしばしば有用な推論だが、時にこのような悪戯をするのだ。

「ベイズの法則」についてはもう一つある。この法則を使った「ベイズ統計」が現在、ビッグデータ社会の花形となっている。ベイズ統計を可能にするのは、コンピューター・シミュレーション技術である。それは、「モンテカルロ・マルコフチェーン（MCMC）」と呼ばれる技法であり、9章「ランダム性」三三五ページに触れられているものの発展形だ。10章「ネットワーキング」に現れる「ビザンチン将軍問題」は、ゲーム理論において、「共有知識」として定式化され、「グローバル・ゲーム」と呼ばれる魅力的な理論に発展している。また、最近話題の暗号通貨の「ブロックチェーン技術」とも関連する。

さらには、11章で触れられている「ナッシュ均衡のアルゴリズムの困難性」について。本書四二四ページでは、パパディミトリウがこの問題を「手に負えない問題」と証明した、とある。このことをもうちょっと詳しくいうと、この問題が「PPAD完全」と呼ばれるクラスに属する問題だと証明したのである。「PPAD完全」というのは、ミレニアム問題の一つ「P≠NP問題」に表れる「NP完全」に対応する概念で、「これが多項式時間で計算可能なら、このクラスに属するすべてが同じになる」という意味だ。したがって、「手に負えない」と評価されるのである。

本書で「アルゴリズム」に目覚めた読者は、是非、発展したこれらのアイテムに挑戦してみてほしい。しかし、それより何より、読後の新鮮なまなざしで、自分の仕事や日常生活を見返して、そのどこかに「アルゴリズム思考術」が応用できないかを考えてみると良いのではないか。そうしてみると、自分の日常がワクワクするゲーム盤に様変わりしていることに気が付くだろう。

本書は、2017年10月に早川書房より単行本として刊行された作品を文庫化したものです。

本書の原注本文・参考文献リスト（邦訳版）は、以下からダウンロードしていただけます。
http://www.hayakawa-online.co.jp/algorithmstoliveby/

ウォール街の物理学者

THE PHYSICS OF WALL STREET

ジェイムズ・オーウェン・ウェザーオール

高橋璃子訳

ハヤカワ文庫ＮＦ

「証券取引所だってカジノみたいなもの」確率論とギャンブルを愛する男による世界初の株価予測モデルが20世紀半ばに発見された。以降、カオス理論、複雑系、アルゴリズムなどをつかう理系〈クオンツ〉たちは金融界で切磋琢磨し莫大な利益を生むのだが……。投資必勝法に挑む天才の群像と金融史。解説／池内了